I0110696

LOS EVANGELIOS APÓCRIFOS

TOMO PRIMERO

CONTIENE:

PRÓLOGO - INTRODUCCIÓN CRÍTICA

EL PROTOEVANGELIO DE SANTIAGO

EL EVANGELIO DEL PSEUDO-MATEO

EL EVANGELIO DE LA NATIVIDAD DE MARÍA

Edición de
JUAN BAUTISTA BERGUA

Traducción, introducción crítica y notas de
EDMUNDO GONZÁLEZ BLANCO

Colección La Crítica Literaria
www.LaCriticaLiteraria.com

Copyright del texto: ©2012 Ediciones Ibéricas
Ediciones Ibéricas - Clásicos Bergua - Librería Editorial Bergua
Madrid (España)

Copyright de esta edición: ©2012 LaCriticaLiteraria.com
Colección La Crítica Literaria
www.LaCriticaLiteraria.com
ISBN: 978-84-7083-960-3

Versión original: "LOS EVANGELIOS APÓCRIFOS: Tomo Primero" de la Librería Editorial Bergua, por Juan Bautista Bergua, 1934

Imagen de la portada: Sermone della Montagna, Cosimo Rosselli (1482)

Ediciones Ibéricas - LaCriticaLiteraria.com
Calle Ferraz, 26
28008 Madrid
www.EdicionesIbericas.es
www.LaCriticaLiteraria.com

Todos los derechos reservados. Esta publicación no puede ser reproducida, ni en su totalidad ni en parte, ni ser registrada en, o transmitida por, un sistema de recuperación de información, en ninguna forma ni por ningún medio, sea mecánico, fotoquímico, electrónico, magnético, electroóptico, por fotocopia, o cualquier otro, sin el permiso previo por escrito de la editorial.

Cualquier forma de reproducción, distribución, comunicación pública o transformación de esta obra sólo puede ser realizada con la autorización de sus titulares, salvo excepción prevista por la ley. Diríjase a CEDRO (Centro Español de Derechos Reprográficos - www.cedro.org) para más información.

All rights reserved. No part of this book may be reproduced or transmitted in any form, by any means (digital, electronic, recording, photocopying or otherwise) without the prior permission of the publisher.

ÍNDICE

PRÓLOGO

§ I.—OBSERVACIONES PREVIAS SOBRE LOS EVANGELIOS EN GENERAL

En los comienzos del cristianismo, no existió propiamente una literatura evangélica (o, si se prefiere la palabra, *jesunista),* y sí sólo relaciones orales, confusas, vagas y contradictorias. Mas luego vinieron escritos en que se afirmaban opiniones de partidos teológicos, cada uno de los cuales procuraba escudar su doctrina en la autoridad del llamado Cristo, y perjudicar al rival, arreglando esa autoridad a su modo. Las cualidades que la conciencia cristiana daba a aquella figura, se sentían mejor que se definían, y más fácilmente se notaba su necesidad, cuando faltaban, que se describían sus contornos, sin caer en la vulgaridad. Naturalmente, si buscamos el protoplasma evangélico, no en el texto de los Evangelios actuales, sino en los elementos más antiguos que ese mismo texto nos descubre, aunque sin dar sello a cada Evangelio, todo lo que hallamos, y no sólo partes, corresponde a una tradición genuinamente judaica. Pero ¿cuál fue esta tradición? ¿Dónde buscar el escrito que fielmente la interprete?

Empiezo por consignar que *el Evangelio es anterior a los Evangelios, y* me fundo, para hacer esta afirmación, en la opinión, muy recibida entre los críticos imparciales del Nuevo Testamento y modernamente puesta en claro por Loisy[(1)], según la cual la palabra Evangelio no se aplicaba originariamente a escritos, no siendo más que la *buena nueva* de salud (correspondiente al hebreo *הרשב*, el mensaje de liberación de que habían hablado los profetas, y principalmente Isaías en el pasaje (LXI, 1): έχρσέν με ευαγγελίοσασθαι πτωχοις, citado por San Lucas (IV, 18), y refrendado por el mismo redactor (VII, 22) y por San Mateo (XI, 5). El εύαγγελιον proclama el cumplimiento de la επαγγελία profética, como se ve en los *Acta apostolorum* (XIII, 32), pero la palabra no se encuentra en San Lucas (que hace, sin embargo, gran uso del verbo εύαγγέλίξεσθαι), ni en San Juan, pocas veces en la *Epístola Petri Prima* (por ejemplo, IV, 17) y en el *Apocalipsis* (XIV, 6), y algunas más en San Mateo, San Marcos y San Pablo. Con toda claridad percibe Ricci[(2)] en el Deutero-Isaías la

---

(1) *Les Evangiles Synoptiques,* I, 3.
(2) *La documentación de los orígenes del cristianismo,* 121.

preparación para la acepción cristiana de la palabra. Así, en uno de los pasajes (XL, 9), el profeta envía un mensajero a una alta montaña, para anunciar a Sión la buena nueva de la venida de Dios (ἐπ΄όρος οωηλόν αναβῆθι, ό εόαγγελιζόμενος Σείων... ό εόαγγελιζόαενος' Ιερονσαλήμ), como asimismo en otro pasaje (LII, 7) se nos invita a admirar a los rápidos mensajeros por el modo como llevan su jubiloso mensaje a las montañas de Judea y Jerusalén (ώ; πόδες εύαγγελιζομένου άχοήν ειρήνης, ως ευαγγελισμένος αγαθά). Y aun más explícitamente se proclama la misma función "evangélica" por el propio Siervo del Señor, en las palabras antes transcritas. Con tal motivo, Ricci emite una hipótesis, que, aunque algo atrevida, le parece altamente probable, y es que el citado pasaje de Isaías fue el que influyó de una manera decisiva sobre la evolución del vocablo εύαγγελιον en el lenguaje cristiano, pues basta recordar al efecto el episodio relatado en San Lucas, episodio en que Jesús, leyendo en la sinagoga de Nazareth el pasaje del profeta en que se habla del "venido para anunciar buenas nuevas a los pobres", etc., añade con toda decisión y claridad: "¡Hoy es cumplida esta Escritura en vuestros oídos!" Y aún hay más, y es que el mismo Ricci, sin entrar en discusión acerca del fondo de realidad de la escena referida por San Lucas, en el capítulo IV, hace constar su incorporación primitiva. Ahora bien: la expresión εύαγγελίσασΟαι πτωοχοίς, que recibe allí la sanción directa del Señor, y que éste aprovecha para sintetizar todo el alcance de su misión, fue la que determinó, la difusión primero, y luego la confirmación, del neologismo cristiano. Y ello sin que sea digna de notarse la circunstancia apuntada anteriormente, a saber: que es tan sólo el verbo ευαγγελίζομαι el que ocurre en todo el Tercer Evangelio, sin que entre en él de ningún modo el substantivo εύαγγέλιον. Pero, de una manera general, el Evangelio, como tal Evangelio, era un mensaje dirigido a los pobres, y, ya en los relatos y en los discursos evangélicos, la palabra Evangelio se entiende del Cristo en cuanto objeto de la predicación cristiana(3), de donde se sigue que la idea representada por esa palabra no pertenece a la enseñanza personal atribuida a Jesús. Así, la exhortación al arrepentimiento, mirando al juicio último, predicación inaugurada por San Juan Bautista y aceptada por su sucesor, no era precisamente una "buena nueva". En la predicación apostólica *(Acta apostolorum,* I, 22; II, 22; IV, 8, 12; V, 42; VIII, 12, 35; X, 36, 43; XI, 20; XIII, 23, 41), el Evangelio es el anuncio de la salvación traída por el Cristo, y la fuente del significado cristiano del vocablo debe buscarse en los salmos (versión de los LXX), donde ευαγγελίζομαι se

---

(3) Wellhausen, *Das Evangelium Marci,* 93.

emplea para proclamar la justicia y la salvación de Dios: εύγγελισοίμνιν δικαιοσυνών... εύαγγελίζεσθε... τὸ σωτήριο ν αύτου *(Sepher Thillim,* XL, 10; XCVI, 1). "Instructivo es, en este respecto, examinar la forma asumida por el substantivo *Evangelio* en los dos primeros *Sinópticos.* En San Marcos (I, 1), hállase quizá el único lugar donde la palabra εύαγγέλιον se usa en su sentido posterior y definitivo de *documento para la vida y para la enseñanza del Señor,* y la sola excepción que podría acaso señalarse al carácter no escrito ni documental del Evangelio primitivo sería también la de las palabras iniciales del mismo evangelista: αρχή του εύαγγέλιον Ίπσοοχρισταν, palabras que bien pudieran compararse con las equivalentes de Oseas: αρχή λόγου χνρίου έν Ωσηε... En otros pasajes (I, 4, 14), se aplica más bien para exponer el concepto de la proclamación de Jesús en contraposición a la del Precursor (χηρύσσων βαπτισυα μετανοίας... κηρύσσων το *εύαγγελ ον* του θεού), y en otros (I, 15; VIII, 35) indica ya la suma de la doctrina cristiana (πιστεύετε έν τω εύαγγελίψ... ος δαν απολεσει τήν ψυχήν αύτου ένεκεν έμου χαι τούεύαγγέλΙονκτλ)"[4]. En sentido análogo usa el término San Mateo, para quien el Evangelio significa el objeto de la enseñanza de su héroe y de los apóstoles por la fórmula de Evangelio del reino (εύαγγέλον της βασιλείας).

En resolución: fuera de los Evangelios mismos, nada de cuanto se llama Evangelio se parece a un relato biográfico. El único libro del Nuevo Testamento que se podría atribuir a uno de los supuestos doce apóstoles, el *Apocalipsis,* parece natural que fuese el que se extendiese más en recordar los hechos y los dichos de Jesús, cuya fecha era aún tan reciente. Todo menos eso. El *Apocalipsis* no habla para nada de la ascensión, ni de la resurrección, y no nos conduce más allá de la noción de que Jesús, cuya descendencia davídica afirma el autor[5], fue muerto, y luego llamado a

---

[4] Ricci, *La documentación de los orígenes del cristianismo,* 122, 124.

[5] Compárese con el *Sepher Bereschith* (XLIX, 9), con el *Sepher Vaieddaber* (XXIV, 17) y con el *Sepher Isaiah* (XI, 1). El redactor de la *Epistola ad hebraeos* (VII, 14), dice que Jesús salió de la tribu de Judá (πρόδηλον γάρ εξ Ιούδα άνατεταλχεν ό χύριος ημών) mas no indica su origen davídico. Según Loisy *(Les Evangiles Synoptiques,* I, 14), el *Apocalipsis* depende, no sólo de San Pablo, sino de escritos evangélicos. Los datos del texto ponen corrección a este exclusivismo; pero ya Loisy, en el mismo párrafo, reconoce que los tres primeros Evangelios adquirieron en la atmósfera del *Apocalipsis* su definitiva forma. De aquí que Kaltoff haya podido considerar los Evangelios como novelas apocalípticas, compuestas en Roma por los judeocristianos, en virtud del movimiento económico y social. A la demostración de esta tesis consagra Kaltoff la sugestiva obra que intitula *Das ChristusProblem,* y que es una aplicación interesante del

una vida inmortal (I, 5; II, 8, etc.). A la crucifixión hace una vaga referencia (I, 7), de sabor pronunciadamente mesiánico (...χαί οίτινες αύτόν εξεχε'ντησαν: compárese con el *Sepher Zachariah,* XII, 10). La entrada guerrera *(Apocalipsis,* XIX, 11, 16) del Cristo apocalíptico (βασιλεύς βασιλέων χαί χύρς χυρίων), juzgando y peleando sobre un caballo blanco (χαι χεκληται το όνομα αύψτον ό λόγος τού θεού), contrasta notablemente con su entrada pacífica en Jerusalén sobre un asno, tal como la describen los evangelistas canónicos. El primer evangelista, con ser el más penetrado de judaísmo conservador, apenas puede llamarse un judaizante comparado con el autor del *Apocalipsis.* Aquél (San Mateo, IV, 5; XXVII, 53) llama a Jerusalén la Ciudad Santa, pero la hace perecer con el templo, y reemplaza a los judíos con los paganos. El *Apocalipsis* (XI, 2) conserva el templo, no destruye más que la mitad de la población, y convierte a la mayoría de los habitantes. El Cristo-Pascua se ha convertido en la víctima pascual, o en el "cordero inmolado", cuya sangre purifica de sus pecados a los que creen en él (έσφαγης χαι *ηγόραοας* τώ θεώ έν τώ αιματι σου έχ πασης φυλης κτλ). Loisy[(6)] encuentra en el *Apocalipsis* la idea que a fines del siglo I formaban los cristianos del Cristo en su gloria (idea que parece el retrato de un dios solar, ajustándonos a las mismas expresiones del escritor), y la manera como su carrera terrestre era simbólicamente interpretada por medio de las antiguas profecías y de otras imágenes cuya procedencia primaria debe ser buscada fuera de la tradición religiosa de Israel. Notables son, en efecto, las formas míticas solares que se hallan en el *Apocalipsis,* y complementarias de otras cuya persistencia en el mundo cristiano consigna Guichot[(7)]. Para este mitólogo, "la naturaleza del *Apocalipsis* explícanos su importancia en los estudios de teología comparada. No fue admitido el *Apocalipsis* por los obispos de los primeros tiempos como libro canónico. Pero, en el siglo IV, los Padres lo declararon tal, y los fieles lo leyeron como revelación profética hecha por Jesucristo a San Juan, a fines del siglo I, en la isla de Patmos[(8)], lugar de destierro del apóstol, con objeto de que la escribiera

---

criterio del materialismo histórico a la investigación de los orígenes del cristianismo.

(6) *Les Evangiles Synoptiques,* I, 14.

(7) *Ciencia de la mitología,* 429, 431.

(8) Sin embargo, ya en el siglo III, Dionisio de Alejandría, que había sido discípulo de Orígenes y obispo de aquella ciudad desde el año 248 hasta el 265, en un escrito rotulado Περί Ευαγγελίων, de que da noticia Eusebio en su *Historia ecclesiastica* (VII, XXIV), manifestó sus dudas sobre la paternidad del *Apocalipsis,* y taxativamente expuso la actitud de algunos cristianos anteriores a

para las siete iglesias principales del Asia Menor, que se pretendía él mismo había fundado. Ha habido muchos comentadores y varias interpretaciones del *Apocalipsis,* dividido en 22 capítulos. Unos lo entendieron como poema hermético, otros como poema literario, los más como producción emblemática de profecías reveladas[(9)], cumplidas unas y que se cumplirían otras, en cuyas interpretaciones, sentido, doctrina, enigma y explicación, se han combatido apasionadamente católicos y protestantes, pero conviniendo en que cada palabra es un arcano y cada forma un símbolo profundo, de donde las dificultades para entenderlo. El

---

él, que "pusieron de lado y rechazaron el libro completamente, criticándolo capítulo por capítulo, declarándolo sin sentido ni argumento, sosteniendo que el título es fraudulento, y afirmando que no es obra de Juan". Él, sin aventurarse a rechazar el libro, por cuanto algunos "hermanos" lo tenían en alto concepto (πολλών αυτό διά σπουδής έχότων αδελφοίν), entiende que el que haya sido un Juan el que lo escribiera, desde que él lo dice, puede ser creíble, pero quién haya sido este Juan, nadie lo sabe (οτι μέν ουν Ἰωαννες εστίνό ταυτα γραφων, αυτψ λεγοστι πιοτευτεον ποιος δε ουτς, αδηλον.) Viniendo a los críticos modernos, Ricci *(La documentación de los orígenes del cristianismo,* 185) observa que, "al fijar la fecha del *Apocalipsis,* como antes se hacía, en la época de Nerón, cabía subsistiese la hipótesis de que el Evangelio atribuido a San Juan se escribiese en los últimos años de la vida del autor, cuando éste hubiera conseguido posesionarse definitivamente del idioma griego. Pero volviendo, como ahora se hace, a la fecha tradicional bajo Domiciano, ya no hay lugar para esa suposición". Véanse la exposición y la refutación contundentes del parecer ortodoxo en Hort *(The Apocalypse of Saint John,* 11), para quien la transición entre el *Apocalipsis* y el Evangelio no puede comprenderse sin el largo lapso de tiempo y el cambio producido por la caída de Jerusalén, y que cree más fácil suponer que el primer libro haya sido redactado por un Juan desconocido, que no el que ambos libros pertenezcan igualmente a la última vejez de San Juan. *It is, however, true that without the long lapse of time and the change made by the fall of Jerusalem the transition cannot he accounted for... It would be easier to believe that the Apocalypse was written by an unknown John than that both books belong alike to Saint John extreme old age.*

(9) Desde 1886, Vischer *(Texte und Untersuchungen ueber die Offenbarung Johannis,* II, 3), sostuvo que la índole particular del *Apocalipsis* tenía su característica en la circunstancia de ser, por su contenido, un escrito judío trabajado por mano cristiana, de donde el subtítulo de su obra (que lleva prólogo de Harnack): *Eine jüdische Apocalypse in christlicher Bearbeitung.* No he de pararme a indagar lo que tenga de exacta y de rigurosa esta caracterización de Vischer. Al hablar del Cuarto Evangelio, volveré sobre el asunto.

Apocalipsis es un libro muy interesante, de materia muy antigua[10], de mítica religiosa predominantemente simbólica, antievemerista y parabólica, de estilo ardiente y apologético, como de creyente que combate por su fe y por su inspiración, y producto de dos elementos fundidos: el tradicional, mítico, objetivo, que es clara expresión de sus orígenes, y el subjetivo, de la fantasía creadora de su autor sobre los elementos míticos, que es lo que obscurece el simbolismo, y dificulta la explicación, por cuya mezcla es extravagante en mitología, y cae en la monstruosidad[11], mientras que en tropología interesa, y tiene valor. Cuanto a las formas míticas solares que he indicado, se refieren a la aparición de Jesús a San Juan. Jesús se apareció en medio de los siete candeleros de oro, con la cabeza blanca como la nieve, sus ojos como llamas de fuego, su rostro como el sol en su fuerza, sus pies como latón fino en horno encendido, de su boca salía una espada aguda de dos filos, y a su derecha había siete estrellas. También la descripción del trono de Dios en el cielo (IV, 2, 8; V, 1, 6, 8, 11, 13) pertenece a aquellas formas. Dice que en el trono estaba sentado uno semejante a una piedra de jaspe y de sardónica. Alrededor del trono, lucía un iris de color de esmeralda, y de él salían voces, relámpagos y truenos. Veinticuatro ancianos sentados, vestidos de blanco y con coronas de oro, y cuatro animales, león, becerro, águila y uno con cara humana[12], glorificaban incesantemente a Dios. Ante el trono brillaban siete lámparas ardiendo y un mar transparente como cristal. El que estaba sentado en el trono portaba en la diestra un

---

[10] Muchos críticos señalan el origen del *Apocalipsis* en fuentes babilónicas o persas. Véase el bellísimo libro de Grunkel *Schöpung und Chaos,* y el muy interesante de Bousset *Der Antichrist in der Oberlieferung des Judentums, des Neuen Testaments und der alten Kirche.*

[11] Swete *(The Apocalypse of Saint John,* prolegómenos, 124), comparando este libro con el Cuarto Evangelio, nota que el evangelista se halla en el polo opuesto de las excentricidades, de las rudezas y de las audacias *(stands at the opposite pole to the eccentricities, the roughnesses and the audacities)* del autor del *Apocalipsis.*

[12] En la tumba real de Tebas, se descubrió una pintura, que simboliza uno de los episodios del gran mito solar de Egipto, y que representa a *Anubis* guardando la momia de *Osiris.* Los cuatro vasos, con cabezas de hombre, de mono, de chacal y de gavilán, colocados debajo del lecho funerario, son dioses inferiores, encargados de custodiar las vísceras del muerto, y que se depositaron en esos vasos antes de embalsamar el cuerpo. Este simbolismo recuerda el del *Apocalipsis.*

libro con siete sellos, que nadie podía abrir más que un cordero[13], que tenía siete cuernos y siete ojos. Abierto el libro, los ancianos y los animales, con arpas y con perfumes, y millares de ángeles, cantaron la gloria del cordero, y adoraron al que estaba sentado en el trono".

El antievemerismo del *Apocalipsis*, señalado por Guichot, encuentra su confirmación en una circunstancia notable. Aunque el nombre propio de *Jesús*, que rara vez ocurre en los escritos paulinos, y nunca en los atribuidos a San Pedro, es allí comúnmente usado (I, I, 5, 9: XII, 17; XVII, 6; XIX, 10; XX, 4; XXII, 16), la referencia se dirige más bien a la vida celestial que a la terrenal, y, cuando se examinan con cuidado los demás pasajes de la obra, adviértese que no indican el uso de relatos evangélicos, sino que deben haber sido derivados de *Apocalipsis* judaicos que circulaban ampliamente en aquellos días[14]. Dada la enorme suma de material común al pensamiento apocalíptico general de tales tiempos y sobre la que Kalthoff[15] ha sido el primero en llamar la atención, no es de admirar que ese pensamiento haya inspirado todo un género de literatura sin duda alguna rico en numerosísimas producciones, muy interesantes, y leídas en el mundo helénico, pero en las cuales la denominación ευαγγέλι'ον rebasaba ya, desde época tempranísima, los alcances del sentido que en singular tenía antiguamente de "recompensa" por buenas nuevas, como en Hornero[16], o también en plural de "ofrecimiento de gracias" por buenas nuevas (ευαγγέλια θόειν... έβουθυτει ως ευαγγέλια), como en Aristófanes[17] y en Jenofonte[18]. Que el Evangelio original o

---

[13] Hace aquí a mi propósito aducir el dictamen de Ricci *(La documentación de los orígenes del cristianismo,* 181): "En el *Apocalipsis,* el nombre que mejor expresa aquello que el Cristo constituía para los cristianos, es el de *cordero,* usado veintinueve veces en el libro. Y el autor es capaz de valerse de la figura de un cordero sacrificado de manera tal, que produzca una impresión de potencia, y que excite sentimientos de reverencia y de temor. Aun cuando el cordero sacrificado es una notable transformación cristiana del león de la tribu de Judá, sin embargo, quedan dominantes las cualidades del león más bien que las del cordero. Los siete cuernos y los siete ojos pintan el poder real y el conocimiento divino. El Mesías cristiano es, en efecto, crucificado, pero sin perder nada de su realeza, ni de su dominio, en su calidad de valeroso guerrero y de justo juez (VI, 16; XIV, 10; XVII, 14). Su lugar está primero cerca del trono de Dios (VII, 9, 17) y, por último, sobre él (XXI, 22; XXII, 1, 3)."

[14] Ricci, *La documentación de los orígenes del cristianismo,* 178, 182.

[15] *Das Christus-Problem,* 39, 48. Compárese con Hilgenfeld, *Judische Apokaliptik,* 177.

[16] *Odisea,* XIV, 152, 166.

[17] *Equites,* 654.

primitivo (*Protevangelium*) nunca existió sino en la imaginación de sus inventores modernos, y que entonces servía ese nombre como término común para designar todo un género de literatura basada en el pensamiento apocalíptico general de tales tiempos, pensamiento cuyos materiales se manejaban con la libertad más absoluta, lucidísimamente lo demuestra Ricci[(19)] por estas palabras: "No deja de ser extraña la circunstancia de hallarse usadas las dos expresiones ευαγγέλιον y ευαγγελίζομαι, que sólo ocasionalmente ocurrían en los escritos anteriores de la Biblia, y con su significación preponderante en el vocabulario cristiano (significación destinada a perdurar a través de todos los siglos), en documentos tan tempranos como los que han entrado en la composición del San Marcos y del San Mateo actuales, si se tiene en cuenta que, en los demás escritores neotestamentarios, apenas si ocurren. Por de pronto, ni en la *Epístola* de Santiago, ni en las de San Juan, ni en el Cuarto Evangelio, ocurren. En cambio, en el *Apocalipsis* (XIV, 6) se emplea el substantivo (έχοντα ευαγγέλιον αιωνιον), y también el verbo en la muy rara forma activa εόαγγλίξω que se hizo común en el griego posterior. En la *Epístola Petri Prima* el substantivo aparece una vez (IV, 17), y el verbo tres veces (I, 12, 25; IV, 6). En la *Epístola ad Hebraeos,* sólo dos veces (IV, 2, 6) encontramos el verbo. San Pablo constituye, en esto, una excepción notable, pues ambas formas del vocablo, el substantivo y el verbo, se presentan, en los escritos que llevan su nombre, en cantidad y de manera tan impresionantes como para pensar que, dentro del mensaje por él misteriosamente recibido, aquellos términos debían haber afectado muy hondamente su espíritu, hasta el punto de hacerle sentir en forma irresistible toda la potencia en ellos encerrada, influyendo al mismo tiempo para que insistiera vez tras vez sobre ellos con sus prosélitos y amanuenses. Así es como el substantivo ευαγγέλιον se halla hasta sesenta veces en las cartas paulinas, y las comprende todas, con la sola excepción de la que va dirigida a Tito, y el verbo se repite hasta veinte veces, en su peculiar sentido cristiano, y abarcando los más amplios significados. En *Ad Romanos* (X, 16), resume todo el contenido del mensaje evangélico; en *Ad Thessalanicenses Prima* (I, 5; II, 2; III, 2) y (II, 14), define más particularmente su relación con Dios y con Cristo, y se refiere a la autoridad de la proclamación misma del Apóstol; y, en otros pasajes, llama la atención sobre los aspectos característicos de su misión con frases como ésta: ή αλήθεια *του* ευαγγελίου *(Ad Galatas,* II, 14), o bien: *ή* πώτις

---

(18) *Hellenicarum,* IV, III, 14.

(19) *La documentación de los orígenes del cristianismo,* 121, 123.

του ευαγγελίου *(Ad Philippenses,* I, 27). Por lo cual puede verse que el término *Evangelio* aplicábase, en los escritos primitivos, tan sólo para designar el cuerpo doctrinal cristiano, y que aún no había recibido la acepción de *libro* o *documento* concerniente a la historia de los orígenes de nuestra religión, que asumió después... Para hallar los primeros testimonios de esa acepción, preciso es alcanzar los pasajes de la *Didaqué* (VIII, 2), en que se hace alusión evidente a un Evangelio como colección de *datos escritos,* colección que, por el contexto, parece haber sido la de San Mateo. Otro pasaje, muy citado a este propósito, parece haber sido el de San Ignacio (obispo de Antioquía, muerto en 107 ó 114), en el capítulo V de su *Epistola ad Philip penses,* donde se sienta ya la distinción entre las dos clases de obras *escritas* que entran en nuestro Nuevo Testamento: el Evangelio o los Evangelios (το ευαγγέλιον) y las Epístolas (oí απόστολοι)... Una evolución análoga fue la que determinó el significado del vocablo οαγγελιστείς, usado, en el Nuevo Testamento, únicamente para designar a quien lleva primero el mensaje evangélico a cualquier región extraña *(Acta apostolorum,* XXI, 8; *Epistola Panli ad Ephesios,* IV, 11; *Epistola Pauli ad Timotheum Secunda,* IV, 5), y, para hallarle aplicado a quien *escribe* un Evangelio, hay que llegar a San Hipólito y a Orígenes".

Encontrar el primer cristiano, es empresa mucho más fácil que encontrar el primer *mebarser* o evangelista. En esta materia, conviene llamar la atención sobre un asunto de la mayor importancia para los investigadores, a saber: que los Evangelios conocidos no son originales, sino simples *excerpta,* hechos para el uso privado e interno de cada secta, y que, en ellos, muchas redacciones tienen la fecha incierta, por lo cual es preciso mucha cautela para no incurrir en errores cronológicos, al manejar estos documentos. ¿Quién, en cambio, no está autorizado para calificar de cristianos, en toda la extensión de la palabra, a Hillel, a San Juan Bautista o a cualquier figura sectaria de los esenios, de los terapeutas, de los nazarenos, o de otra escuela judaica anterior a la fecha canónica de Jesús? Filón es todavía algo más que un *cristiano* en este sentido, pues es casi un *evangelista* calificado, y Focio opina que de él procede el lenguaje histórico de la Escritura[20]. No está exento Filón de frases de sabor evangélico, ni falta en su sistema la fundamental concepción del *reino de los cielos,* que, desde Jesús o antes de Jesús, presidía la moral transcendente de los judíos helenistas y de los terapeutas. Los mismos

---

[20] Sobre todo lo relativo al espíritu del Evangelio en los tiempos precristianos, nunca será bastante recomendado el riquísimo libro de Ganeval: *Jésus devant l'histoire n'a jamais vécu.* Véase especialmente el capítulo II.

exégetas católicos reconocen[21] que, para comprender la utilidad de Filón como guía de interpretación, basta observar que, de igual modo que Josefo, era contemporáneo de los apóstoles, y que los dos escribieron en griego. Filón era un verdadero helenista y gran partidario de la interpretación alegórica, y su modo de escribir se asemeja mucho al de San Pablo, por lo cual sirve tanto su lectura en la explicación de las palabras del Nuevo Testamento. Biavatsky[22] observa que, cuando las concepciones del segundo gnosticismo, que convertían el Cristo en el *Logos,* empezaron a ganar terreno, los cristianos primitivos se separaron de los nazarenos, los cuales acusaban a aquéllos de pervertir la doctrina de Juan el Bautista, y de desnaturalizar su rito simbólico. Directamente, a medida que el Evangelio se esparcía más allá de las fronteras de Palestina, y el nombre de su protagonista adquiría santidad y veneración en las ciudades orientales, se convertía en una especie de personificación metafísica, al paso que la buena nueva perdía su aspecto puramente social, y tomaba un carácter éticamente teosófico[23]. El único documento medio original que nos queda de este ciclo, son los λόγία de San Mateo y los πραχθέντα de San Marcos, especialmente los primeros, que quizá constituyeron la trama del Evangelio de los Hebreos o Nazarenos. Si San Jerónimo confesaba ser para él "un trabajo difícil de ejecutar", la interpretación del significado de los largos discursos contenidos en el Evangelio de San Mateo, ello se debe a que, en este Evangelio y bajo la forma de las *sentencias de Jesús,* mencionadas por Papias[24], se encerraba la real y legítima *doctrina secreta,* tal como en manos de los nazarenos se conservaba. Aquellos λογία eran, sin duda alguna, de la misma naturaleza que los pequeños manuscritos que se ponían en manos de los neófitos o candidatos a las iniciaciones en los misterios, y que contenían *απορήρτα* o discursos secretos, reveladores de algunos ritos y símbolos importantes. Si de otro modo hubiera sido, ¿con qué idea hubiera el autor de aquel Evangelio tomado tantas precauciones para mantener sus revelaciones secretas?

Es indudable que Jesús, al hablar del Evangelio o de la buena nueva, no podía pretender consignar la historia de su propia vida, lo que convence de inauténticas las palabras que San Mateo (XXVI, 6, 13) y San Marcos

---

[21] Glaire, *Introduction historique et critique à l'Ecriture Saint e,* I, IV.
[22] *Isis unveiled,* II, IV.
[23] Milman, *History of Christianity,* 200.
[24] Eusebio, *Historia ecclesiastica,* III, XXXIX. Compárese con San Ireneo, *Adrersus haereses,* III, I.

(XIV, 3, 9) ponen en su boca, después de haber sido perfumado por manos de una mujer, durante la comida en Bethania: "Dondequiera que sea predicado este Evangelio, lo que esta mujer hizo será referido en memoria suya". Y es que no hay ninguna, absolutamente ninguna, de las palabras atribuidas al Cristo, que tenga verdadera autenticidad. El Cristo dogmático y legendario se ha tan estrechamente fundido con el problemático Jesús, que es imposible discernir la realidad, y separarla de la ficción. Tal imposibilidad se presenta, lo mismo en la exageración rebuscada y en el realismo ficticio de San Marcos, que en la tendencia de San Mateo a referir sus narraciones a los profetas del Antiguo Testamento, y a fundir en discursos completos las frases sueltas que la tradición atribuía a Jesús, que en las pretensiones historiográficas de San Lucas y en su manera de encuadrar las sentencias en sus relatos. Y es que, aunque los Evangelios sean apologías, no lo son directas, quiero decir, emanadas de un testimonio contemporáneo y bien conocido, sino el resumen y el eco de tradiciones orales, en cuyo origen se sitúa a San Mateo, San Marcos, San Lucas y San Juan, sin conocer con certeza qué personajes corresponden a estas designaciones, porque no son los Evangelios de San Mateo, de San Marcos, de San Lucas, o de San Juan, sino según (χστα) San Mateo, San Marcos, San Lucas y San Juan. Son, en suma, la tradición de varias tradiciones, para hablar con Dide[25]. Los nombres de Evangelio de San Mateo, San Marcos, San Lucas y San Juan se reducen a denominaciones convenidas e independientes de la cuestión de saber si esos personajes tomaron una parte directa, indirecta o nula en la composición de los libros que llevan sus nombres. Insistir en esto, parece empeño vano. Los ortodoxos dan el ejemplo de encogerse de hombros. El mito creó los Evangelios, el espíritu dogmático los conservó, y la crítica los ha destruido.

La historia evangélica constituía al principio un mesianismo, cuya fuerza era una gran hipérbole apocalíptica que había asustado a muchos, como su elocuencia era una cascada brillante y sonora que aturdía y que deslumbraba. Pero semejante historia tardó mucho en adquirir precisión y homogeneidad. San Justino Mártir, que escribió por los años de 138 a 161, y que murió en 166, cuando cita discursos y hechos de la vida de Jesús, indica las fuentes donde ha bebido, lo que no hacen casi nunca los Padres apostólicos, pero no nos dice si esas fuentes son o no nuestros Evangelios, llamándolas de ordinario los *Memorables de los apóstoles* (απομνημονεύματα των αποστόλων), sin duda por analogía con los

---

[25] *La fin des religions,* 39.

Memorables de Jenofonte. Una sola vez dice que estos *Memorables* llevan también el nombre de Evangelios (ευαγγέλια), pero este conocidísimo pasaje es sospechoso de interpolación(26). Por otra parte, no nombra particularmente a los autores, y habla del Evangelio en singular, lo que hace suponer a Strauss(27) que no conocía más que uno, tanto más cuanto que en Jenofonte el mismo plural no designa más que una sola obra. Otros, por el contrario, han creído que él quería designar, así en singular, toda una serie de Evangelios tomada colectivamente. Dice, además, San Justino que estos *Memorables* fueron compuestos por los apóstoles y por sus compañeros, lo que concuerda con la opinión ortodoxa sobre el origen de nuestros Evangelios, pero no nos enseña de quién tomó este informe, y si no es sólo una simple conjetura, fundada en mera verosimilitud. Finalmente, aunque algunas de sus citas concuerden a menudo con pasajes de San Mateo, hay a la vez elementos que no se encuentran en nuestros Evangelios en la misma forma, ni con el mismo sentido, que en su *Apología.* San Justino, como Celso, atribuye los escritos evangélicos a los apóstoles en general, pero nadie ignora que esta atribución no puede referirse a cada escrito en particular, y que muchos sufrían cambios hasta en el título, según la consideración particular que gozasen en un partido o en una comarca. Así, el Evangelio de los Hebreos pasó por tres clases de denominaciones: 1) conforme al círculo de sus lectores, Εὐαγγέλιον καθ' Εβραίους; 2*)* de una manera general, *Evangelium juxta Duodecim Apostolos;* 3) de una manera precisa, *Evangelium. secundum Mathaeum.* En el primer caso, como en el de Εὐαγγέλιον καθ' Αιγυπτίους, la denominación se refiere a aquellos que usaban el escrito anónimo, y que le habían dado su última forma (compárese η παλαιά διαθήκη κατά τους *εβ*διομηχ*οντα)*, más bien que a las doctrinas y a las tendencias particulares que podían representar. En el segundo caso, los partidarios del apócrifo veían en él la redacción de la enseñanza común a los apóstoles del Cristo, y no un libro compuesto después de su predicación y recomendado por

(26) *Apologia,* I, LXIV: οἱ γαρ ἀπόςτολοι ¿ν τοις γενομενοις οχ αυτών απομνημονευμασιν, ἁ καλεἰται ευαγγέλια. Ricci (*La documentación de los orígenes del cristianismo,* 124) se equivoca, o, a lo menos, exagera mucho, al ver en ese párrafo la primera referencia positiva a nuestros cuatro Evangelios Canónicos, en el plural ευαγγέλια. La combinación de semejante texto patrístico (aun suponiéndolo auténtico) con las tradiciones o documentos orales no produce ningún nuevo y excepcional progreso referente a la explicación de la literatura evangélica.

(27) *Neue Bearbeitung des Leben Jesu,* I, 11. Compárese con Wette, *Einleitung in die Bibel Alte und Neuen Testament,* I, 19.

ellos[28]. En el tercer caso, se le tenía por una obra documental escrita y merecedora de estimación en la medida en que podía ostentar fidelidad a la tradición oral. Nuestros tres primeros Evangelios no eran otra cosa que recopilaciones de la última especie, compuestas de piezas de relación episódica (εχθέντα) y de exposición doctrinal, después de la llamada era apostólica. Pero los exégetas no se han conformado con un criterio tan general, y se han esforzado en buscar a los *Sinópticos* la base concreta de un Protoevangelio escrito, anterior al mismo San Marcos y mejor o peor representado por San Mateo y por San Lucas. Sólo así creen poder explicar que tres compositores que, sin previo concierto, bebieron en una fuente evangélica, convengan entre sí de modo que se ocupen los tres casi de los mismos episodios y de las mismas doctrinas. Ahora bien: la seguridad histórica de los *Sinópticos* como anales genuinos y auténticos de hechos verdaderos no ha sido legítimamente establecida, por faltarles la base histórica necesaria, ¿qué pensar del orden de su redacción, dado lo visible de la semejanza, no ya de la idea fundamental, sino de los elementos accesorios? Ésta es una cuestión que ha sido en todos tiempos agitada por los teólogos, pero que será imposible resolver por la vía evolucionista. Solamente por medio de las coexistencias sectarias se llega a la hipótesis probable de que proceden de fuentes, no sólo distintas, sino separadas en sus ideales. De otro modo, difícilmente podríamos conciliar el principio fundamental del evolucionismo histórico con las múltiples razones presentadas por los exégetas en pro y en contra de la prioridad de un Evangelio respecto a otros. Los redactores de los dos primeros Evangelios han sido unos bárbaros sublimes. Sólo San Lucas ha sido un hombre de mundo y casi un teólogo en su narración. San Lucas es el paganismo cristianizado, de donde el evangelista expurgador aparta las supersticiones y las tinieblas, y en donde hace entrar el amor, el perdón, la unción, la vida, en oleadas superabundantes.

Pero no hablo con propiedad, al usar de una frase que implica que el Tercer Evangelio fue obra de un solo hombre. Su confección depuradora duró mucho tiempo (por lo menos un siglo), y más de un famoso escritor pagano puso en él las manos y el entendimiento. De igual manera que los otros *Sinópticos,* es una obra de segunda mano, posterior a los apóstoles y basada sobre documentos de valor dudoso. Y, como a ninguno de los tres, puede aplicársele la confesión hecha por el dominico francés Didon, en su

---

[28] Holtzmann *(Einleitung in das Neuen Testament,* 342) conjetura que por esa denominación se quería significar que aquel Evangelio no era "según San Pablo". Loisy *(Les Evangiles Synoptiques,* I, 5) lo duda.

Vie de Jésus, es a saber: que "conviene preservarse del prejuicio de que los Evangelios son estenografías". En la época de la redacción de los dos primeros, los espíritus, preocupados por las cuestiones de actualidad, engendradas por las epístolas paulinas, y por la cuestión del porvenir (*Parusia*), que suscitara el *Apocalipsis*, empezaban ya, sin embargo, a mirar hacia otras, y a buscar en el Antiguo Testamento contornos mesiánicos generales, que se trataba de rellenar y de embellecer, a fin de que se glorificase a aquel que aún se esperaba ver venir sobre las nubes del cielo. De ahí procede esa multitud de historias milagrosas que Strauss[(29)] llama, muy acertadamente, las escorias del período de enfriamiento del volcán apocalíptico. De ahí también esos episodios radiantes, como la escena del bautismo, la transfiguración y la ascensión a la gloria del que debía descender de ella, abierta y luciente ya, a través de las oscuridades de su existencia terrena. Al principio, no se hicieron sino relatos desordenados y confusos, llenos de prejuicios judaicos, basados en tradiciones fabulosas y en acomodaciones mesiánicas, contradictorios entre sí, y que atribuían al protagonista evangélico máximas y actos propios para apoyar ciertas miras y ciertas tendencias. El Evangelio de San Mateo responde en parte todavía a este estado de cosas, y no se aleja mucho de él San Marcos, a pesar de haber eliminado las instrucciones dadas a los *doce* y la prohibición de dirigirse a los gentiles y a los samaritanos. Por fin, advino un día en que toda esta materia de novela apocalíptica, que en rigor no pertenecía a nadie, y que, a fuerza de rodar por todas las manos, había llegado a vulgarizarse con mengua de su grandeza, se condensó en la obra de un narrador, que la libertó del inflexible exclusivismo judaico, y que la renovó con los acentos de la unción más pura y con un no sé qué de grave y de melancólico, de tierno y de trágico a la vez, que es la esencia de su Evangelio.

Y ahora, llegado el momento de dar a mi crítica preparatoria la manumisión, y de despegarme del asunto general que toqué, quiero hacer una observación final. Insinuaré más tarde que no conozco libro que parezca escrito con mayor descuido que el Evangelio de San Marcos. Pero el inconveniente alcanza también a los demás Evangelios canónicos. Aun el Cuarto, tan elevado en su teología y en su metafísica, es quizá, por su estilo, el más sencillo de todos, tanto en el vocabulario como en la fraseología. "Las mismas palabras ocurren, vez tras vez, con monótona repetición, y las cláusulas se suceden en forma coordinada, mediante una

---

[(29)] *Neue Bearbeitung des Leben Jesu,* I, 22.

profusión de χαι. (= y), intolerable para oídos no semíticos"[30]. San Lucas se precia de saber escribir, y, llegado más tarde que los dos primeros evangelistas, y más versado también en las letras griegas, como se nota en seguida por el lenguaje que usa en su preámbulo, supera en estilo a sus congéneres, pero dista mucho de llegar a la corrección y a la perfección áticas. En San Mateo, lengua *y* dicción carecen de arte, y sería inútil querer encontrar rebuscamiento alguno en ese autor, las características de cuyo Evangelio son la claridad y la simplicidad en el pensamiento y en la expresión. En su *Histoire critique de Jésus Christ,* el barón de Holbach, célebre incrédulo del siglo XVIII, observaba, hablando de los Evangelios, que "su estilo es de una vulgaridad que se hace insufrible a los hombres ilustrados. Dícese que el Espíritu Santo inspiró tales libros, y son, sin embargo, tales, que, sin su auxilio, los hubieran podido escribir muy bien los hombres groseros e ignorantes que se asegura haber sido sus autores. Historias profanas escritas en semejante estilo, nadie las leería, y serían universalmente despreciadas, y, no obstante, interesarían mucho más al género humano, siendo verdaderas". Sin llegar a tales extremos de simplismo sectario, Havet, en el tomo I de su libro acerca de *Le christianisme et ses origines,* se pregunta cómo una revolución tan grande ha podido nacer de aquella *literatura tan mediocre.* Para un juzgador incomprensivo, es, en efecto, asombroso que una literatura de tamaña pobreza técnica haya producido la revolución más vasta que haya visto nunca la historia, y esto en un siglo en que las ciencias y las artes se hallaban en su más alto grado de esplendor y de magnificencia. Pero no menos misérrima y mezquina ha sido la literatura socialista de la pasada y de la presente centuria, y, con todo, de ella ha surgido otra revolución, que iguala y aun supera a la cristiana, si no en sublimidad religiosa y en elevación ética, en eficacia persuasiva y en extensión material. El secreto de toda literatura popular está precisamente en que sus redactores desciendan y se acomoden a la ingenuidad sentimental y a la pequeñez intelectual de las multitudes, y así es como han logrado siempre instruir y convencer a más gentes que hubieran podido hacerlo jamás los oradores y los filósofos con toda la pompa y el brillo de sus discursos. La literatura

[30] Ricci, *La documentación de los orígenes del cristianismo,* 200. Deissmann *(Licht vom Osten,* 88, 99) se encargó de destruir ese preconcepto, basándose en ejemplos de escritos igualmente paratácticos, en que la conjunción se repetía tan a menudo como en el Evangelio johánico, sin que por ello denunciaran la menor influencia semítica. Punto es éste que trasciende de la simple estructura literaria del documento, puesto que se relaciona con la misma significación del contenido, pero que aquí sólo puedo tocar de pasada.

que al vulgo de las masas toma por público directo, como apoyada en un fundamento común a todos los mortales, ha florecido en todas las épocas, y habría reinado, aunque nuestra especie no se hubiera elevado al orden superior de la ciencia y del arte, y no se ha dejado ver ociosa y estéril, cual si en vano el hombre la leyese, sino que ha hecho brotar y dado por fruto mitos y epopeyas, que han embelesado con visiones sobrehumanas generaciones y generaciones. El objeto de los evangelistas era conmover y moralizar a todos los hombres, de cualquiera clase o condición que fuesen, y ese objeto lo lograron, escribiendo con lisura y sin el énfasis de los historiadores profanos, que abultan y amplifican los hechos más sencillos. Ellos, por lo contrario, refieren los hechos más prodigiosos con sencillez, pero con sencillez majestuosa y fortificante. Esteban Périer, en el jugoso prefacio que puso a la primera edición (167Q) de los *Pensées* de Pascal, hecha por los jansenistas de PortRoyal, escribía a este propósito: "Pascal había hecho varias observaciones muy personales sobre el estilo de la Escritura, y principalmente del Evangelio, donde encontraba bellezas que nadie había notado antes de él. Entre otras cosas, admiraba la candidez, la sencillez y en cierto modo la frialdad con que Jesucristo habla allí de las cosas más grandes y más relevantes". Pascal, en efecto, hizo, en su citada obra[31], las observaciones siguientes: "Jesucristo ha dicho las cosas más grandes tan sencillamente, que parece que no las ha pensado, y tan claramente, que se ve bien que las pensaba. Es admirable esa netitud unida a esa candidez... El estilo del Evangelio ofrece gran sublimidad por muchos conceptos, y especialmente por no lanzar invectiva alguna contra los verdugos y los enemigos de Jesucristo. Ninguna hay contra Judas, ni contra Pilatos, ni contra los judíos. Si esta modestia de los evangelistas hubiese sido afectada, y se hubiese dirigido a no afear los rasgos de un carácter tan bello como el de su héroe, no hubieran dejado de buscar amigos que se encargasen de señalar lo que ellos no se atrevían a hacer por sí mismos. Pero, como obraron sin afectación y por un movimiento desinteresado, no señalaron nada, ni encargaron de ello a nadie, y creo que esto es algo que no se ha notado hasta aquí, y que atestigua la frialdad con que los evangelistas procedieron". Además, en el estilo de los Evangelios se esconden rayos de exquisita espiritualidad e incontrastable edificación. Guyau, que, por merecer renombre de racionalista sincero y gloria de positivista radical, no vaciló en titular rotundamente uno de sus más celebrados libros *L'irreligion de l'avenir,* hace cala en el meollo de los Evangelios, y descubre existir en ellos "algo enteramente original, que no

---

[31] *Pensées,* 283 (edición Giraud).

se encuentra en Roma, ni en Grecia, ni aun en el Antiguo Testamento, y es el sentido de la ternura. Hay también un procedimiento nuevo de estilo, la unción, que iguala y aun supera al lirismo de los profetas. Late allí, en fin, una moral popular, a la vez cándida y profunda, como el instinto, y donde cada palabra hace vibrar nuestro corazón. El éxito literario del Evangelio fue, en tal concepto, un éxito merecido". Los que estudian la historia en serio, saben a qué atenerse a este propósito, pues no ignoran que cuanto más artística y refinada es la forma de un escrito tanta menos popularidad alcanza, y, viceversa, cuanto más primitiva e inculta es la forma de un escrito, tanto mayores son sus probabilidades de divulgación. El erudito Ricci, prendado de esa índole de los relatos evangélicos, hasta el extremo de ver en ella (a mi parecer, sin razón) *la más sólida e inatacable garantía de su credibilidad,* en el prefacio de su obra sobre *La documentación de los orígenes del cristianismo,* publicada en 1915, toma tal circunstancias por norte y por guía de sus razonamientos optimistas en punto a la historicidad de aquellos relatos. El fruto de sus exploraciones exegéticas se contiene en la siguiente reflexión: "La lectura de los Evangelios, sin otro interés que el histórico, es, indudablemente, difícil, pesada, casi inaguantable. Pero ello se debe a que la documentación evangélica ha quedado, por un verdadero milagro, inmune de la *deformación literaria* a que nos han tenido acostumbrados los grandes historiadores artistas, Tucídides, Polibio, César, Tácito y los italianos del Renacimiento. Y en ello, repito, estriba justamente la irresistible e invencible fuerza emocional de los Evangelios. ¡Ay de la nueva fe naciente, si, en lugar de haber tenido aquellos expositores anónimos e iletrados, que redactaron, o mejor, compilaron los Evangelios, hubiese llegado hasta nosotros, como la filosofía de Sócrates, en el deslumbramiento de la prosa maravillosa de un Jenofonte o de un Platón! ¡Ay de la historia del cristianismo, si sus fuentes primitivas y originarias, en vez de haber sido incorporadas rudamente a las ingenuas e inartísticas narraciones evangélicas, hubieran sido diluidas y magnificadas en los brillantes períodos de un Herodoto o de un Tito Livio!" El intento de quien se arroja a discurrir tan sinceramente no puede ser otro sino señalar el error de los que confunden e identifican el valor y la vitalidad de las obras con la perfección del estilo en que se envuelvan. Hacer de la belleza técnica el símbolo de la verdad práctica y del bien moral, sólo cabe, efectivamente, en entendimientos incomprensivos.

Y esto sea dicho y apuntado en previsión de que algún lector o algún crítico me reproche el no haber traducido más literariamente de lo que lo hago los escritos que componen esta colección. ¿Podría atreverme a tal, sin desnaturalizarlos por completo? ¿Iba a permitirme una licencia que no se permitieron exégetas y traductores de la talla de Orígenes, San Jerónimo, Arias Montano, Juan de Valdés, Cipriano de Valera, Scio,

Rosenmüller, Westcott, etc.? A la cortesía de los que consulten mi versión dejo que la juzguen como mejor les pareciere. Mas no olviden que, en los Evangelios apócrifos, como en los canónicos y como en todos los libros de la Biblia, las incorrecciones de la forma se corresponden con las contradicciones del fondo, con los rasgos enojosos y pueriles, con los detalles vulgares, exagerados e insignificantes. Borrar lo primero, no sería más lícito, hermenéuticamente hablando, que suprimir lo segundo. Y, en lo primero, hay que resignarse a soportar con paciencia la lectura de escritos llenos de modismos extravagantes, construcciones libres, significados contrahechos, sentidos voluntarios, expresiones caprichosas, tropel de dichos amanerados, figuras sin arte, palabras inútiles, voces confusísimas, lenguaje, en fin, propio de gente que, echada la capa al mar de la propaganda religiosa y de la edificación de los prosélitos, vase de rienda tras la musaraña de cuentos idealmente piadosos, pero carentes de toda humana realidad y de toda histórica verosimilitud.

§ 2.—EVANGELIOS CANÓNICOS Y EVANGELIOS APÓCRIFOS

Hace cerca de dos siglos que el docto Fréret (1688 a 1749), uno de los más eminentes filólogos y orientalistas de su época, y el que mejor supo aplicar la filosofía a la erudición, según frase de Turgot en su *Etymologie*[32], escribió, al margen de sus numerosos trabajos de crítica histórica, uno de crítica religiosa, que por cierto no figura en la edición de sus *Œuvres complètes*: el *Examen critique des apologistes de la religion chrétienne.* Y, en el capítulo XII, al hablar de los motivos para creer en los milagros y en cada uno de los que se refieren en los Evangelios canónicos, pide largamente Fréret que cada cual se asegure por demostración de la autoridad de tales libros, y también de que las pruebas de que son auténticos exceden en firmeza a cuanto han dicho las demás sectas cristianas en favor de sus Evangelios respectivos, para llamarlos inspirados. Conforme a tan sano criterio, Fréret examina los Evangelios, oponiendo a la autenticidad de los reputados verdaderos los muchos reputados falsos que corrían desde un principio. "Es (decía) un hecho cierto, reconocido por todos los sabios, confesado por los defensores del cristianismo, que, desde los primeros tiempos de la Iglesia, y aun desde los de la fecha misma de los libros del Nuevo Testamento, se publicaron una multitud de escritos falsamente atribuidos, ya a Jesús, ya a la Virgen, ya a los apóstoles, ya a los discípulos. Fabricio, que recogió cuantos pudo reunir, cuenta hasta cincuenta con el solo título de *Evangelios,* y un número mucho mayor bajo diferentes títulos. Cada uno de estos escritos tenía en aquel tiempo sus partidarios. De aquí resulta con evidencia que, entre los cristianos de aquel tiempo, unos eran trapaceros e impostores, y otros, hombres sencillos y crédulos. Si con tanta facilidad se logró engañar a estos primeros fieles, y si tan factible era inducirles a ilusión con libros supuestos, ¿en qué vienen a parar todos los sofismas con que se pretende demostrar la imposibilidad de una suposición con respecto a los Evangelios canónicos? En medio de tamaño caos de libros publicados a un mismo tiempo, y todos recibidos entonces con respeto, ¿cómo podremos ahora distinguir los que eran auténticos y los que no lo eran? Pero lo que hace aún más imposible esta distinción, es que vemos citados con veneración por los primeros Padres de la Iglesia los Evangelios apócrifos. Las *Constitutiones Apostolicae,* San Clemente Romano, Santiago, San

---

[32] *OEuvres,* III, 83. Véase mi libro sobre *Voltaire,* 269, 274.

Bernabé y aun San Pablo, citan palabras de Jesucristo tomadas de esos Evangelios. Hay más, y es que no vemos que los apologistas de la secta que quedó dominante, hayan conocido los cuatro Evangelios que se han conservado como canónicos y auténticos. Hasta San Justino, no se hallan en sus escritos más que citas de Evangelios apócrifos. Desde San Justino hasta Clemente Alejandrino, los Padres se sirven de la autoridad, ya de los Evangelios supuestos, ya de los que ahora pasan por canónicos. Finalmente, desde Clemente Alejandrino, estos últimos triunfan, y eclipsan totalmente a los demás. Es verdad que, en los primeros Padres, se ven algunos pasajes semejantes a las palabras de los actuales Evangelios. Pero ¿de dónde consta que están tomados de ellos? San Mateo, San Marcos, San Lucas y San Juan, no están nombrados, ni en San Clemente Romano, ni en San Ignacio, ni en otro alguno de los escritores de los primeros tiempos. Las sentencias de Jesucristo, que estos Padres repiten, podían haberlas aprendido de viva voz por el canal de la tradición, sin haberlas tomado de libro alguno. O, si se quiere que hayan sido tomadas de algún Evangelio esas palabras, no hay una razón que nos obligue a creer que se tomaron más bien de los cuatro que nos quedan, que de los muchos otros que se han suprimido. Los Evangelios que se han reconocido como apócrifos, se publicaron al mismo tiempo que los que pasan por canónicos, y de la misma manera y con igual respeto se recibieron, y con idéntica confianza, y aun con preferencia, se citaron. Luego no hay un motivo para creer en la autenticidad de los unos que no milite, a lo menos con igual fuerza, en favor de la autenticidad de los otros. Y, puesto que éstos han sido, evidentemente y por confesión de todos, unos escritos *supuestos,* nos hallamos autorizados para creer que aquéllos han podido serlo asimismo".

Es indiscutible lo que Fréret asienta. Hacia el final del siglo II, la literatura evangélica o *jesunista* parece agotada. Pero el canon documental del cristianismo, si bien tiene en su pro la autoridad de los tres grandes doctores de la época, Clemente Alejandrino, San Ireneo y Tertuliano, dista mucho de haberse establecido definitivamente. Al lado de los escritos canónicos, circulaba un número considerable de Evangelios, los de los Hebreos, de los Egipcios, de San Pedro, de San Bartolomé, de Santo Tomás, de San Matías, de los Doce Apóstoles, etcétera, Evangelios que no eran de uso exclusivo de las sectas llamadas heréticas, y de los cuales se servían los doctores ortodoxos más de una vez. Pero, desde comienzos del siglo III hasta la celebración del Concilio de Nicea, el año 325, las autoridades eclesiásticas se inclinaron a la admisión exclusiva de los cuatro Evangelios simétricos, sobre los que, aun los Padres de la Iglesia de más sentido crítico, pensaban lo siguiente: 1) que el Evangelio de San Mateo era una colección de sentencias, discursos y parábolas de Jesús, hecha por su autor en lengua aramea, y anterior al relato de San Marcos, y que el Cristo mismo eligió a aquel apóstol para que fuese testigo de los hechos, y para que diese de ellos un testimonio público, poniéndolo por escrito; 2) que San Marcos, discípulo e intérprete de San Pedro, a quien acompañó a Roma el año 44 de Jesucristo, redactó, en forma de Evangelio, un resumen de la predicación de su maestro, a instancias de los fieles que a éste habían oído, y que el apóstol lo aprobó, y mandó que se leyese en las iglesias como escritura auténtica; 3) que San Lucas, discípulo e intérprete de San Pablo, hizo lo mismo con la predicación del gran evangelizador de los gentiles, y que su obra lleva todos los caracteres de la certidumbre; 4) que San Juan escribió sobre Jesús pasado ya de los noventa años, con objeto de confundir a los herejes gnósticos, y que su Evangelio, como el de San Mateo, es el de un testigo de mayor excepción. En suma: de los cuatro evangelistas, se *suponía* que dos de ellos, San Marcos y San Lucas, escribieron de oídas lo que les contaron San Pedro y San Pablo, respectivamente, y, de los otros dos, se *suponía* que referían los hechos como testigos. Ambas *suposiciones* atravesaron el tiempo y el espacio, tanto en el catolicismo como en el protestantismo, llegando hasta últimos del siglo XVIII, en que algunos sabios de la última religión empezaron a dudar de que tales suposiciones fueran verosímiles[33]. La primera duda recayó sobre que fuera escrito por orden de Cristo el Evangelio de San Mateo. Recordóse que, según San Epifanio y San Juan Crisóstomo (que, por lo demás, vinieron al mundo algunos siglos más tarde), San Mateo escribió su Evangelio, no por orden del Cristo, sino "a ruegos de los judíos convertidos, y como seis años después de la muerte del Señor". No se vio inconveniente en que hubiese escrito su libro en arameo, pero se descubrió que de él circularon varias traducciones griegas, algunas muy antiguas, con numerosas faltas, bastante esenciales algunas de ellas, sin que se lograse averiguar quién hizo la primera traducción

---

[33] He de advertir que ya antes hubo ciertas dudas, sobre todo con relación al Evangelio de San Mateo, que es aquel cuya autenticidad ha parecido siempre menos sostenible a la crítica. No me sería difícil dar a conocer algunos dictámenes de críticos ortodoxos, poco favorables a este respecto. Pero sólo recordaré, por lo longincuo de la época, y por tratarse de un español (aunque no ortodoxo), que, en plena Edad Media, el escolar valenciano Riera tachaba de falsedad el Evangelio de San Mateo, como nos informa Eymerich, en el decimoquinto de los tratados suyos que encierra el Códice 3.171 de la Biblioteca Nacional de París, que es una refutación de veinte proposiciones divulgadas por aquel heterodoxo en el Estudio de Lérida, y que se intitula *Super XX articulis per quemdam Riera studentem valentinum... ibi diseminatis... in Studio Ilerdensi.*

griega, ni quién sacó del griego la versión latina. Surgieron nuevas dudas, y se juzgó aventurado creer que poseamos realmente la colección de sentencias, discursos y parábolas de Jesús escrita por el apóstol San Mateo. Muy particularmente, empero, fue Lessing quien, con su nueva hipótesis sobre los evangelistas considerados como simples historiadores humanos(34), estatuyó: 1) que Papias se había equivocado al atribuir a San Mateo un Evangelio hebraico, que cada cual habría traducido después a su manera al griego; 2) que ese Evangelio recibió el nombre de San Mateo del primer redactor griego, y no de la tradición; 3) que San Mateo había dado simplemente un extracto del Evangelio de los Nazarenos; 4) que este último y más antiguo Evangelio apócrifo, denominado también de los Hebreos (dos nombres que sin cesar se vienen a la pluma de los Padres más antiguos para designar un solo y mismo escrito), se llamó así, por los lectores a que estaba destinado; 5) que se llamó asimismo Evangelio de los Doce Apóstoles, por las autoridades primeras, cuyos relatos reproduce; 6) que erróneamente se atribuyó a San Mateo ese Evangelio, salido de las tradiciones de las iglesias cristianas de Galilea, arreglado en adelante muchas veces, y acomodado a los progresos que iba haciendo el dogma. Avanzando por este camino, la investigación llegó a que nuestro primer Evangelio ha sido, en efecto, formado por un ingenioso redactor, que añadió a un plan nuevo, y según un interés apologético preciso, el resumen de San Marcos y los primitivos *logia* de San Mateo, no sin agregar cierto número de tradiciones orales, que, precisamente por ello, a los ojos del crítico disfrutan de menor crédito. El Evangelio mismo no anuncia en parte alguna ser obra de San Mateo. Aunque éste figure en el catálogo de los apóstoles, lo cita sólo una vez, dando el nombre de Mateo (IX, 9) al sujeto sentado en la casa en que se cobraban los impuestos, al que los otros dos *Sinópticos* llaman Levi, y del cual se hizo seguir Jesús, y esto es todo, pues San Mateo no desempeña un papel privilegiado. Como diría más tarde Strauss(35), nuestro primer Evangelio es más *petrista* que el de San Marcos, el supuesto discípulo e intérprete de San Pedro. Más que ningún otro Evangelio, y desde el principio hasta el fin, el de San Mateo reserva a San Pedro el papel de príncipe de los apóstoles, pero, según cierto rumor recogido por muchos Padres de la Iglesia, San Mateo pasaba por ser uno de los dos que habían anunciado el Evangelio a los judíos, y, en su calidad de antiguo publicano, parecía más apto que nadie para

---

(34) *Neue Hypothese die Evangelisten als bloss menschliche Schriftsteller betrachtet* (1878, publicada en 1784 en *Theologischen Nachlass).*

(35) *Neue Bearbeitung des Leben Jesu,* I, 101.

servirse de la pluma, lo cual era bastante para unir su nombre a un Evangelio del que no había escrito una línea. Investigaciones posteriores a Lessing, llevadas a cabo por Schulz (1824), Sieffert (1832), Schenekenburger (1834) y otros, acabaron de desvirtuar la autenticidad del Evangelio de San Mateo, y de negarle su autoridad de obra apostólica. Y con gran profundidad y discreción observó Schulz[36] que no puede ser un hombre apostólico quien se cuida de hacer figurar la remisión de los pecados en las palabras con que Jesús instituye la Cena. Para Schleiermacher, es un argumento poderoso contra San Mateo el hecho de que, a partir del capítulo IX, en que refiere su vocación, el apóstol tan sugestivamente reclutado en el telonio de las contribuciones no cambia de tono en lo que escribe. No obstante empezar a compartir los trabajos y la fortuna del maestro, no es su narración más animada, más nutrida, más rica en circunstancias. Se prolonga sin diferencia sensible con la anterior, por un método igualmente sumario y con indicaciones tan vagas de lugar y de tiempo como antes. Su procedimiento no es el de un testigo ocular, sino el de un autor que saca de la tradición datos más o menos borrosos y en cierta manera desmonetizados por la usura del tiempo. Este raciocinio del ilustre pensador alemán tiene mucha fuerza a nuestro propósito. ¿Cómo, además, explicar, de modo medianamente satisfactorio que el evangelista ponga en boca de Jesús largos discursos, haciéndole decir de una vez lo que, por su incongruencia, ofrece evidente señal de corresponder, en caso de historicidad, a ocasiones distintas? Tal se nota en el Sermón de la Montaña del capítulo VII, en las instrucciones a los apóstoles del X, en el gran discurso contra los fariseos del XXIII, y en las siete parábolas del XIII. Igual anomalía ofrece la duplicación de personajes y de acontecimientos: dos ciegos, dos leprosos, dos poseídos, dos comidas milagrosas. Añádase todavía la ignorancia de diversos acontecimientos de que un apóstol debía estar informado, si se concede crédito a los otros tres evangelistas: la elección de los setenta discípulos, la ascensión visible, los viajes de Jerusalén por las fiestas (San Mateo no consigna más que uno, San Juan tres), y la resurrección de Lázaro. Claro es que, así apreciados los hechos, se ve, con perfecta luz y con convicción indiscutible, cuán inmotivada y deleznable es la exagerada autoridad que de antiguo ha venido concediéndose al primero de los *Sinópticos*.

Por lo que toca a San Marcos, la crítica del siglo XVIII no vaciló en dirigir nuevos ataques contra su origen apostólico. Dudó, en primer lugar, de que San Marcos fuese compañero de San Pedro y su *alter ego,*

---

[36] *Die heiligen Abendmahl,* apéndice.

alegando que nadie sabe positivamente quién fue la persona de ese evangelista, que ni debe confundirse con el Marcos, primo de San Bernabé, ni parece probable que se identifique con aquel a quien San Pedro llama hijo suyo, ni es posible, como hacen ciertos teólogos católicos, creerle judío y de la familia sacerdotal de Aarón. Si así fuese, ¿cómo hubiera podido escribir en griego y en Roma su Evangelio? Que un judío no helenista escribiese en griego, por muy en boga que esta lengua estuviese en toda la extensión del Imperio, no es verosímil. Que en Roma fue escrito, es hipótesis confirmada por los latinismos de su texto, más abundantes que en otra obra alguna del Nuevo Testamento. Y esto se explica, no por el falso viaje de San Pedro a Roma, sino por pruebas internas que llevan a poner su redacción en la ciudad donde se consumó la unión de los dos partidos, petrista y paulista, y donde, bajo los auspicios de los nombres de los dos apóstoles, se fundó la unidad católica. Tal fue la opinión de los que creían al Evangelio de San Marcos posterior al de San Mateo y coetáneo del de San Lucas. Otros, remontando su redacción del año 60 al 70, distinguieron el San Marcos primitivo del San Marcos actual, haciendo lo mismo con San Mateo. Para estos investigadores, el San Marcos primitivo era el resumen de la predicación de San Pedro, resumen que forma el fondo del San Marcos actual, y cuyas líneas primitivas trataron de restablecer mediante la comparación de este Evangelio con el de San Mateo y San Lucas, estimándolo reproducido por ambos. En esta nueva hipótesis, los *logia* del primer Evangelio debían remontarse diez años más atrás que el relato primordial de San Marcos, y San Lucas y el actual San Mateo habrían seguido dos copias diferentes, comprobables la una por la otra. Por último, hubo quien negó todo lo anterior, conviene a saber: que un discípulo cualquiera de San Pedro haya resumido la predicación del apóstol (suposición que no tiene más garantía que la de Papias, la cual es muy discutida); que este resumen sea el fondo, o, a lo menos, la forma primitiva del Evangelio de San Marcos; y que su fecha oscile entre los años 60 ó 70. En todo caso, repito que se ignora en absoluto la verdadera personalidad de ese autor, pareciéndome del todo desprovista de fundamento la suposición que lo confunde e identifica con el Juan Marcos de que se habla en los *Acta apostolorum* (XIII, 13), judío de origen, pero con relaciones entre los helenizantes, que habría viajado por el Asia Menor y por otras partes, y cuyo nombre ocurre nueve veces en el Nuevo Testamento *(Acta apostolorum,* XI, 36; XII, 12, 25; XIII, 5, 13. *Epistola Pauli ad Colossenses,* IV, 10. *Epistola Pauli ad Timotheum Secunda,* II, 11. *Epistola Palili ad Philemanem,* 24. *Epistola Petti Prima,* V, 13). En los escritos patrísticos, hay rastros de una tradición muy primitiva y muy difundida, según la cual San Marcos habría ido en sus últimos años a Egipto y fundado una escuela catequista en Alejandría, muriendo mártir en dicha ciudad. Pero, ni Clemente, ni Orígenes, mencionan el hecho, y este silencio resulta inexplicable en dos representantes tan ilustres de la escuela cristiana de Alejandría, y el primero de los cuales había recibido directamente las lecciones de Panteno, su fundador. La conjetura que aquí rebato, no se basa en otro indicio que en haber San Jerónimo hecho remontar esa escuela hasta un tal Juan Marcos, institutor de la colonia cristiana de aquella población[(37)]. Pero Panteno es quien pasa por su primer jefe[(38)]. Ello no obstante, ciertos críticos, como Ricci[(39)], encuentran ingeniosa la hipótesis de Holdsworth, en cuyo sentir "San Marcos habría publicado tres ediciones de su Evangelio (una en Palestina, otra en Egipto, para uso de los judeocristianos allí residentes, y otra en Roma, para los gentiles), y el texto de la primera edición habría sido incorporado en San Lucas, el de la segunda en San Mateo, y el de la tercera constituiría nuestro San Marcos actual. Otros, en cambio, resuelven la dificultad, suponiendo que San Lucas tuviera conocimiento de San Mateo, opinión sostenida por Holtzmann, Weizsäcker, Vendt, Halévy, Soltau, Allen, etc. Algunos, a su vez, atribuyen, tanto a San Marcos, como a San Mateo y a San Lucas, el conocimiento de un Protoevangelio escrito o documento común, que los exégetas han convenido llamar Q (del alemán *Queller* — fuente), siendo éste el modo de ver aceptado por Weiss, Jüïicher, Soden, Bousset, Loisy, Bacon, Adeney, etc., quienes explican el limitado uso que San Marcos habría hecho del Protoevangelio escrito por la circunstancia de que su redactor no habría pensado en componer una obra que compitiera con el documento común, entonces universalmente reconocido como el repertorio más autorizado de los oráculos del Señor". No tardaré en demostrar que la existencia de semejante Protoevangelio escrito o documento común no resiste el examen de una crítica seria. Pero, ya desde ahora puedo adelantar que aun la crítica más prudente se halla incapacitada para asentar sobre un base sólida la autenticidad del Evangelio de San Marcos. ¿Y qué decir de la validez del *original* mismo? En el famoso manuscrito de Aquilea, en donde concluye el Evangelio de San Mateo, se lee: *Explicit Evangelium secundum Matthaeum, incipit*

---

(37) Consúltese mi obra sobre *El universo invisible,* 144.

(38) Véase a Halloix, *(Vita Pentaeni,* 851), Ceillier *(Histoire générale des auteurs sacrés et ecclésiastiques,* I, 335, 339), Tillemont *(Mémoires pour servir à l'histoire ecclésiastique,* III, 170), Moehler *(Patrologie,* 399) y Alzog *(Patrologie,* 145).

(39) *La documentación de los orígenes del cristianismo.* 137.

secundum Marcum. El juicio de los bibliógrafos sobre ese manuscrito ha sido muy vario. Dobrowsky publicó, en Praga, en 1778 y con el rótulo de *Fragmentum pragense Evangelii Sancii Marci vulgo autographi,* las 16 páginas obtenidas y conservadas por Carlos IV, que resultaron ser, no la antigua versión italiana, sino la enmendada por San Jerónimo. Porque es de saber que, en San Marcos de Venecia, pretendían tener *el texto latino escrito por el mismo evangelista* (¡ !), y que formaba parte de una colección de los cuatro Evangelios, conservada en Aquilea. Cuando Carlos IV pasó por aquella ciudad (1354), obtuvo del patriarca los dos cuadernos últimos de dicho Evangelio, que comprendían desde el versículo 20 del capítulo XII hasta el fin. De los cinco cuadernos restantes se hizo cargo Mocénigo, pero de tal modo había estropeado la humedad el manuscrito, que no fue posible leerlo, y hasta se discutió si era o no latino, y si estaba en papiro o en pergamino. Lo cierto se averiguó, al fin, gracias a la laboriosidad de Lorenzo de la Torre, como puede verse en Bianchini[40]. Pero es inútil seguir por este sendero, y concretaré mi opinión sobre el Segundo Evangelio, afirmando que el San Marcos descrito por Papias, transformado en nuestro San Marcos actual, y admitido generalmente como el más antiguo de nuestros evangelistas canónicos, no es autor de una obra apostólica, ni histórica, ni auténtica, por ende, en el sentido de la exegesis tradicional.

En San Lucas, se admitió, desde el siglo XVIII y hasta por los más conservadores, además del relato primitivo de San Marcos, de los *logia* de San Mateo y de otros escritos que derivaban de la tradición oral o παράδοσις, un nuevo documento: el Evangelio de los viajes de Jesús (IX, 5; XVIII, 44), gran fragmento que se estimó original y propio de San Lucas, y en el que se encuentran particularmente hechos como la visita de Jesús a las dos hermanas Marta y María, la historia de Zaqueo, y parábolas admirables, como la del buen samaritano, del hijo pródigo, del fariseo, del peajero y de la higuera estéril. No dejó de observarse que el prólogo de San Lucas (al que tanta importancia testimonial han concedido siempre los críticos ortodoxos), como referencia personal y como observación privada del redactor del Evangelio, va separado del cuerpo del libro, lo que hace pensar no sea otra cosa que una adición posterior e intencional. Amén de esto, estableciose que el Tercer Evangelio pertenece a una época en la que no habría podido escribir un compañero de San Pablo llamado Lucas, el "amado médico" de *Ad Colossenses* (IV, 14), mencionado también *en Ad Philemonem* (24) y en la segunda carta *Ad Timothemn* (IV, 11), y que, si

---

[40] *Evangeliorum quadruplex,* II, 548.

fue atribuido a ese supuesto compañero, se debe al narrador de los *Acta Apostolorum* (XVI, 10, 17; XX, 5, 15; XXI, 1, 18; XXVII, 1, 28; XXVIII, 1, 16), que, en efecto, usurpó varias veces tal papel. Pero de que el libro de los *Acta* pueda y deba ser obra de un miembro paulino de la iglesia de Roma(41), y de que San Pablo lleve hasta Roma a sus compañeros, y de que, en las cartas que se supone escribió durante su prisión en esta ciudad, figure un Lucas en el número de sus más fieles amigos, no se infiere que fuese su compañero por excelencia, ni que aquel libro haya sido redactado por el mismo autor del Evangelio que lleva el nombre de Lucas. Aparte la conjetura de Focio(42), que insinúa la posibilidad de haber sido San Bárnabas o San Clemente el autor de ese relato de πράξεις (των) αποστόλων, incluido por Eusebio(43) entre los *homologumena,* y, aparte la autenticidad más que sospechosa de las mencionadas cartas paulinas, las dos deducciones de la ortodoxia son completamente gratuitas. ¿Por ventura era San Lucas el único amigo que estaba cerca de San Pablo, y el único que intervino juntamente con él en los acontecimientos apostólicos? Aunque las dos obras, el Evangelio y los *Acta,* estuviesen destinadas a la lectura privada de Teófilo (a quien el χρατιστε parece señalar como personaje real), la suposición de que el escritor usase con la sencillez y naturalidad de un testigo el verbo en la primera persona de plural reposa sobre un fundamento erróneo, es a saber: que el narrador que, en diversos lugares de los *Acta,* designa por el pronombre "nosotros" a San Pablo y a él mismo debe ser el autor de la obra entera, cuando, a lo sumo, lo que ello probaría es que el compilador de los *Acta* pudo haber derivado sus extractos de un "documento de viaje" que hubo de llegar a sus manos, y pudo haber dejado en su libro, accidental o descuidadamente, los "nosotros", sin tomarse el trabajo de declarar que transcribía o que citaba, y que su relato era una redacción sobre redacciones antiguas hecha al desgaire, como tantas otras de que hallamos ejemplos análogos en los cronistas de la Edad Media. Empero semejante conjetura no es verdadera ni aun respecto de la segunda parte de los *Acta,* donde los ήμεις, en el relato de los viajes, han sido dejados de intento por el autor del libro, en su deseo de ser reconocido, por ese medio indirecto, como un colega de San

---

(41) Véase a Zeiler, *Apostelgeschichte nach Inhalt und Ursprung,* 488. Compárese con Strauss, *Neue Bearbeitwng des Leben, Jesu,* I, 20.

(42) *Quaestionum Amphilochum,* 145: τὸν δέ συγγαφέα των πραξεων οί μεν Κλήμεντα λίουσι τὸν 'Ρώμης, άλλα δε Βαρνάβαν χαί άλλοι Αουχάν τον ευαγγελιστην.

(43) *Historia ecclesiastica,* III, xxv.

Pablo, tratando así de reforzar la credibilidad de la narración y la eficacia de la argumentación apologética. Si el que lleva la palabra en tales lugares fuera el autor de toda la obra, nos indicaría cada vez de dónde viene y adónde va. Pero esos "nosotros" aparecen y desaparecen sin motivo, y no hay otra manera de explicarlos que admitiendo que fueron puestos advertidamente y con propósito deliberado, por el afán del narrador de identificarse con el antiguo cronista, y pasar por uno de los compañeros de San Pablo, con el fin de recomendar su producción. Ricci[44] observa que el libro de los *Acta* fue, hasta época ya muy adelantada, mucho más conocido y leído que el Tercer Evangelio, y por tal circunstancia explica que muchos, que conocían indirectamente, pero que no habían llegado a leer el primero de dichos libros (pues, de lo contrario, el mismo primer versículo habríales indicado a San Lucas como autor), se encontrasen perplejos acerca del escritor a quien pudiera con alguna razón ser atribuido. Aun los que se atenían, para ambos libros, a San Lucas, no consiguieron llegar a averiguarse acerca de la verdadera personalidad del autor, y estas dudas subsisten hoy todavía, puesto que de él afirman unos que fue hebreo, y otros que fue gentil, fundándose los últimos en que el nombre de *Lucas,* que le fue dado, se considera por los críticos como una alteración de *Lucanus,* y en que el primer nombre era muy poco común, por lo que se ha creído, tal vez acertadamente, que representaba uno de esos homónimos de que la exégesis del Nuevo Testamento nos ofrece tantos ejemplos. Pero nadie le hace discípulo del Cristo, y sí compañero de San Pablo, de quien aseguran aprendió lo que refiere. Algunos suponen que no fue él el redactor, sino San Pablo, y que su papel se limitó al de amanuense. No se sabe dónde ni cuándo murió, y del original tampoco se sabe nada, por haber desaparecido. Hay quien cuenta que fue médico, y hay quien cuenta que fue pintor, sin que falte quien diga que Lucas, el pintor, es un florentino del siglo XI, y que el verdadero redactor del Evangelio ha introducido con bastante negligencia en su relación extractos de memorias de algún compañero de San Pablo, cuyo nombre se ha olvidado de enseñarnos. Cuanto al lugar en que escribió, Strauss[45] duda entre Roma y el Asia Menor. Pudo ser en Roma, si se considera que los *Acta apostolorum,* en la hipótesis de ser esta obra del mismo autor que el Tercer Evangelio, llegan a su conclusión en esa capital del mundo, y que el redactor se esfuerza en absorber, en la unidad de la Iglesia, las tendencias opuestas de los judeocristianos y de los paulistas. Pudo ser en

---

(44) *La documentación de los orígenes del cristianismo,* 165, 174.
(45) *Neue Bearbeitung des Leben Jesu,* I, 20.

el Asia Menor, a causa de los detalles circunstanciados sobre las misiones de San Pablo en esas comarcas, y de un cierto predominio del espíritu helénico. Pero, de cualquier modo, siempre será un lugar situado fuera de Palestina, y donde no prevalecía el espíritu estrecho del cristianismo judaico.

El Evangelio de San Juan merece estudio independiente, el cual no voy a hacer aquí. Cúmpleme, empero, señalar, tanto sus relaciones con los *Sinópticos,* como las diferencias que de ellos le separan. Ahora bien: el presentar a la *Sinopsis* en un plano documental distinto del en que está situado el Cuarto Evangelio, es algo relativamente moderno[(46)], pues dicha palabra no apareció hasta 1585, en la obra de Jorge Sigelio intitulada *Synopsis historiae Jesu Christi quemadmodum Mathaeus, Marcus, Lucas, descripsere in forma tabulae proposita.* En 1774, Griesbach volvió a la carga, en sus *Synopsis Evangeliorum,* y su iniciativa fue tanto más notable, cuanto que, en el siglo XVIII, se seguía creyendo, aun por enemigos tan fanáticos del cristianismo como Reimarus[(47)], que el autor del Cuarto Evangelio, como los de los *Sinópticos,* estaba, por lo que hace al tiempo y a las referencias, demasiado cerca de los sucesos que narraba, para no merecer ser contado entre los elementos primarios, con los cuales la historia podía y debía operar la síntesis y la unidad dramática de la vida de Jesús. Sin embargo, ya Lessing, en 1784, destacó ese Evangelio del grupo canónico, y formó con él solo una clase aparte, y, en 1792, Evanson acentuó este criterio[(48)], cuya extrema agudización se marcó en 1820 con reforzadas y sagaces investigaciones de Bretschneider[(49)]. A pesar de la reacción romántica provocada por la escuela de Schleiermacher en favor del Cuarto Evangelio, éste sucumbió a los embates de nuevas y poderosas críticas, de tal modo que, aun los que no se atrevieron a rechazarlo en absoluto, encontraban en su fondo, a todo más, la tradición johánica, independiente de la tradición sinóptica precedente, a la que completa y corrige. Análisis posteriores más detenidos, y que abarcan toda una gran época exegética, que va desde Baur[(50)] hasta Harnack[(51)], acrecentaron la

---

(46) Véase a Farrar, *The messages of the books,* 10.

(47) Véase a Strauss, *Reimarus und seine Schutzschrift für die vernünftigen Verchrer Gottes,* 202, 205.

(48) La obra de Evanson, publicada en dicho año, se intitula *The dissonance of the four generally received evangelists.*

(49) El libro de Bretschneider, aparecido en aquella fecha, lleva el rótulo de *Probabilia de Evangellii et Epistolarum apostoli Johannis indole et origine.*

(50) *Kritische Untersuchungen über die kanonischen Evangelien,* 71, 344, 349.

(51) *Chronologie der altchrislichen Literatur,* I, 333, 340. 156, 662, 680.

crítica negativa del Cuarto Evangelio, y, hace pocos años todavía, nadie veía en él más que una obra tendenciosa, cuyo objeto era, indudablemente, la defensa del cristianismo contra los ataques de los judíos y su difusión en el mundo helénico. Pero, en los días actuales, las cosas han variado mucho. No es que se trate de volver por la *autenticidad canónica* del Cuarto Evangelio, sino que el aspecto *cronológico* de la cuestión ha tomado rumbos inesperados, y que los críticos, más que a los datos e inducciones de la *exégesis,* se han atenido principalmente a los datos e inducciones de la *historia.* El Cuarto Evangelio señala, en principio, la terminación de los esfuerzos que tuvo que sostener el cristianismo, para introducir a Jesús en la historia, y en el de Drews[(52)] una especie de transacción entre la *gnosis* y la novela de los *Sinópticos,* transacción que produjo una conciliación pasadera del dato primordial del dios Cristo con la determinación concreta de su leyenda en la serie de los hechos humanos. En el mismo sentido se mueve el criterio de Kalthoff[(53)], para quien San Juan está enlazado, más o menos directamente, con toda la tradición evangélica. Sin duda que esta observación es demasiado general, pero es la única que cabe hacer prudentemente sobre la relación de los cuatro Evangelios entre sí, y ello representa bastante en una indagación en que nuestro primer deber es la confianza en la crítica, aun cuando no se descubriera en ella ninguna claridad alentadora, y mientras no se produzca una certidumbre contraria. Por lo demás, la cuestión cronológica no es la verdaderamente importante, desde que se afirma el carácter gnóstico del cristianismo primitivo, y creo que Drews acierta en la opinión antes citada acerca del Cuarto Evangelio, opinión formulada ya por mí en 1904, refrendada muy recientemente por Bultmann, y que destruye todas las teorías aceptadas hasta hoy. La meditación johánica sobre el Verbo, que los ortodoxos, en su ignorancia o en su mala fe, llaman una predicación de Jesús tan auténtica como la contenida en los *Sinópticos,* tiene, no más valor histórico, pero sí más importancia histórica que éstos, por cuanto revela la fase realmente primordial de la fe cristiana, al comienzo completamente gnóstica. El cristianismo johánico representa el tipo más antiguo, probablemente el tipo original, de nuestra religión, y es muy anterior al cristianismo encarnado en los *Sinópticos.* Los Evangelios de la *Sinopsis* representan una reacción judaica contra el espíritu helenizante del cristianismo primitivo encarnado en el Cuarto Evangelio.

---

(52) *Die Christusmythe,* 174.
(53) *Das Christus-Problem,* 15.

Y, puesto un pie en el estribo de las rectificaciones críticas, y lanzada la curiosidad al vasto campo de las suposiciones exegéticas, cúmpleme apuntar una que no está, en verdad, rigurosamente demostrada, pero que tampoco adolece de improbabilidad absoluta. Me refiero a la hipótesis que tiene por autor del Cuarto Evangelio a Filón, el judío helenista, cuyos escritos ofrecen, por lo menos, la inapreciable ventaja de mostrarnos los pensamientos que, en el tiempo en que se coloca la fecha canónica de Jesús, fermentaban en las almas ocupadas en las grandes cuestiones religiosas. Filón, el "Platón hebreo", en cuyas doctrinas tan profundamente se inspiraron los Padres de la Iglesia Griega, es una figura histórica cada vez más atractiva e interesante para la erudición[(54)]. La importancia de su papel en los orígenes del cristianismo y del neoplatonismo de Alejandría crece día por día, en proporción al progreso de los estudios modernos. Se ha llegado, repito, a sospechar que él es el verdadero autor del Cuarto Evangelio. Por lo menos, abundan indicios de que escribió sobre *Serapis,* el dios bueno, el dios muerto y resucitado de Egipto, un Evangelio, anterior en un siglo, pero esencialmente semejante a los que luego fueron Evangelios cristianos, al Cuarto especialmente. Posible es que los copistas posteriores no hayan hecho otra cosa que reproducirlo, con ciertas modificaciones, sustituyendo el nombre de *Serapis* por el de Jesús, y convirtiendo el *Logos* de Filón en el Cristo. Bréhier[(55)] ha probado que muchos de los discursos que, en sus interpretaciones alegóricas, pone Filón en boca de los personajes del *Sepher Bereschit* corresponden a otros que aparecen en los relatos del Cuarto Evangelio, tales como la escena de Jesús con la Samaritana, su comparecencia ante Pilatos, etc. Muy particularmente, empero, *filoniza* el evangelista en su famoso prólogo. Y aquí es donde viene la solución dada por Filón al problema planteado posteriormente por Ammonio Saccas. Su *Logos* es un dios, pero no el Dios Supremo, sino un subgerente (ὕπαρχος) de éste, y solamente θεός en un sentido subordinado[(56)]. Sin embargo, reivindica para sí, como el *Logos* del Cuarto Evangelio, y lo reivindica de una manera exclusiva, el título de Hijo de Dios, de primogénito (πρωτόγονος υιός) del Padre, en virtud de su derivación inmediata y de su comunidad de esencia con Él. Filón le llama también ángel antiquísimo (ἄγγλος πρεσβύτατος), imagen del Sumo Bien, capitán del gran rey

---

[(54)] Consúltese mi obra sobre *El universo invisible,* 139, 143.

[(55)] *Les idées philosophiques et religieuses de Philon d'Alexandrie,* III, 199, 237.

[(56)] *De agricultura,* XII. *De somniis,* XXIX, CLI.

LACRITICALITERARIA.COM

(μεγάλου βασιλέως ὕπαρχος). El primero de estos títulos bien pudiera corresponder al *ángel del Señor,* tan nombrado en el Antiguo Testamento[(57)], y que los targumistas Onkelos y Jonathan llaman verbo y habitación[(58)], reconociendo una persona medianera entre Dios y su pueblo, distinta de la palabra impersonal y distinta de la personal de *Jehovah*[(59)]. Así, Filón, al interpretar el episodio del *Sepher Veellesemoth* (III, 2) de la zarza que ardía sin consumirse, observa que fue el *ángel del Señor* el que en ella se apareció a Moisés. Como quiera, está reconocido por Eusebio de Cesárea[(60)] que Filón llamaba al *Logos* ó δεύτερος θεός, y que constantemente lo describe como o θείος λόγος, y en un pasaje[(61)] como σο tac πηγή, bebiendo cuya agua lógrase alcanzar, en vez de la muerte, la vida eterna. Los demás títulos que Filón da al *Logos,* intermediario, intercesor, sumo sacerdote del universo y como tal libre de pecado, etc., convencen de que su Verbo y el del Cuarto Evangelio no difieren en nada fundamental. Es cierto que los teólogos ortodoxos oponen que el *Logos* de Filón no es, como el de San Juan, igual, eterno y consubstancial al Padre. A esto respondo, primeramente, que Filón afirma que el *Logos* eterno (αιδίος λόγος) es ó χαρακτήρ de Dios[(62)], y, en segundo lugar, que, si se ha traducido bien la expresión del evangelista filonizante: χαι θεδς ην δ λόγος por "y el Verbo era *Dios*", la introducción de la mayúscula en *Dios* echa a perder la propiedad gramatical de la versión. La versión correcta, en efecto, es: "y el Verbo era *dios*", pero *dios* con minúscula, "única forma apropiada y correspondiente al θεός griego, cuando va sin artículo, sobre todo en un pasaje como este en cuestión, en el que la distinción está netamente indicada. Allí el evangelista quiere expresar que el *Logos* o Verbo es de naturaleza divina, aunque en grado inferior, por definición, a la fuente de que procede... Difícil es comprender la doctrina del Cuarto Evangelio, sin tener en cuenta la teología de los egipcios, tal como la recogiera Filón de manos de los filósofos alejandrinos, y la adaptara a la revelación hebrea... El Cuarto Evangelio vino a resultar como un producto de la fusión del helenismo politeístico con la forma judaica del monoteísmo, cuya fuente común podría ser hallada en la civilización egipcia más primitiva"[(63)]. Y, no solamente el

---

(57) Corluy, *Commentarium in Evangelium Johannis,* 17.
(58) Véanse los *Vaieddaber* (XXIII, 21) del *Targum.*
(59) Mir, *La religión,* 627.
(60) *Praeparatio evangelica,* VII, XIII.
(61) *De profugis,* XVIII.
(62) *De plantatione,* v.
(63) Ricci, *La documentación de los orígenes del cristianismo,* 151, 153.

autor de los escritos que llevan el nombre de San Juan, sino que también otros de los autores neotestamentarios, proceden directamente de Filón. Presumen autorizados críticos que el desconocido autor de la *Epistola ad Hebraeos* fue un adepto de la secta filoniana. En el resto de las epístolas atribuidas a San Pablo, se emplea el mismo procedimiento alegórico usado por Filón en la interpretación del Antiguo Testamento. De Filón también tomó San Justino su famosa teoría de la inspiración o *teopneustia,* que todavía profesan los teólogos ortodoxos, así católicos como protestantes. Y ya empecé diciendo que los Padres de la Iglesia Griega saquearon literalmente al judío helenista en sus lucubraciones teológicas. Bien es cierto que le tenían por cristiano, lo cual no dista mucho de la verdad, puesto que todas las enseñanzas de Filón pueden pasar por cristianas, hasta el punto de que Havet (en el tomo I de *Le christianisme et ses origines)* no ha vacilado en llamar a Filón un verdadero Padre de la Iglesia, y, en todo caso, indudable es que contribuyó poderosamente a formar el cristianismo, y que debe considerársele como uno de sus principales fundadores. Repito, sin embargo, que, al hacer tales afirmaciones, singularmente la de la afinidad entre la doctrina de Filón y la del Cuarto Evangelio, no olvido que los exégetas independientes de la segunda mitad del siglo XIX consideraron ese Evangelio como el más moderno de todos, señalándole por fecha probable la de la segunda mitad del siglo II. Pero tampoco ignoro que, en lo que va de siglo XX, semejante hipótesis ha sufrido rudos ataques de parte de otros exégetas, más atenidos a la filiación históricodoctrinal que a la mera cronología. No que pretenda seguir a los que (como Chavin, en su libro intitulado *Les idées de Loisy sur le Quatrième Evangile y* publicado en 1906) han vuelto por la autenticidad del Evangelio atribuido a San Juan, apoyándose en el testimonio de San Ireneo, recusable a todas luces. Únicamente quiero significar que el carácter profundamente gnóstico de dicho Evangelio nos lleva a darle la prioridad cronológica sobre los tres *Sinópticos.* Para comprender esto, hay que ver en los últimos una desviación de los símbolos de aquél, y una *evemerisación* judaica del tipo, completamente alegórico, que sirve de protagonista al Cuarto Evangelio. Los *Sinópticos* humanizaron lo que el Cuarto Evangelio divinizara, aunque en la medida que ya se indicó, y que fue la propia de Filón. El gnosticismo, tanto el anterior a Filón como el contemporáneo de él, representa *la más antigua forma conocida de cristianismo,* y el Cuarto Evangelio corresponde a esta forma y a esta tendencia de la nueva concepción. La tendencia subsiguiente, que en los *Sinópticos* se presenta, venía a transformar la tradición gnóstica con otro estilo más tosco y con otra finalidad más popular. La figura alegórica del Verbo se convierte, en esos tres Evangelios *judaizantes,* en un hombre de carne y hueso, llamado Jesús, y héroe, en su patria, de una misión divina. Pero, en los *Sinópticos,* el nuevo elemento era una doctrina moral y social, sin teología y sin metafísica. En otros términos: era una concepción *antignóstica,* y, por ende, más moderna y más adaptable a la mentalidad del vulgo que la que se contiene en el Cuarto Evangelio. Así, éste se halla más cercano a las prístinas fuentes de nuestra religión, cuyo soplo helénicooriental transmite, mientras que los *Sinópticos* denuncian una acomodación judía de la gnosis evangélica a la inteligencia de las clases populares. Y, en tal sentido, y dada la fecha conocida de Filón, y la fecha canónica de Jesús, completamente desconocida y supuesta, quizá no parezca temeraria conjetura la que atribuya a Filón el Cuarto Evangelio, no en su redacción actual, mas sí en su redacción primordial. Filón fue, probablemente, el autor del *documento primitivo,* que sirvio de base a nuestro San Juan canónico, y que los *Sinópticos* imitaron, pero rebajándolo de categoría, para sus fines de propaganda vulgar.

Tales fueron los resultados generales a que vino llegando la crítica histórica, en una u otra forma. Como se ve, de ellos se infiere hasta qué punto es disparatada la hipótesis ortodoxa de la redacción de los Evangelios. La vida del fundador del cristianismo no nos es conocida más que por biografías posteriores en muchos años a su problemática predicación, y profundamente impregnadas de leyendas y aun de verdaderos elementos mitológicos. La ciencia ha demostrado, de una manera irrefutable, la existencia, en la biografía legendaria del Cristo, de un ciclo de mitos solares, que se encuentran, bajo otra forma, en la historia puramente mitológica de *Krishna* (de la que pasó a la leyenda de *Buda*) y que tienen analogía con los relatos de los poetas griegos sobre *Hércules.* Por eso, aquellos que, sin negar la realidad histórica del Cristo, quieren a la vez atenerse a la verdad histórica de sus biografías, tienen que reducir su vida propiamente dicha a un muy pequeño número de hechos, y dar de mano, con la mayor energía, a la autenticidad de los escritos evangélicos.

Las iglesias cristianas, católica, griega y protestante, impusieron, desde el Concilio de Laodicea hasta el siglo XVIII, cuatro Evangelios simétricos, con prohibición absoluta de dar crédito a otros. Y vivieron confiadas en su autenticidad y en su veracidad, durante todo ese tiempo, como las Islas Baleares vivieron felices, durante quinientos años, con sólo siete leyes, una de las cuales prohibía introducir otra nueva. La crítica, empero, desde sus primeros pasos en el terreno de la investigación documental, halló que el número de Evangelios tenidos al comienzo por divinos, y de cuya existencia no cabe dudar, por conocerse sus títulos, o mejor dicho, los nombres de sus supuestos autores, así como el contenido de muchos ellos, era, no de cuatro, sino de sesenta y dos, o por lo menos de cincuenta (según Fabricio). Del terreno removido por la crítica brotaron documentos tan exuberantes, tan originales, tan monstruosos en ocasiones, que sería realmente curioso el estudio que hiciera de estos productos humanos una pluma privilegiada, que, al acero penetrante de Tácito, juntase el colorido y la profundidad psicológica de Shakespeare.

Entre los Evangelios desechados, se cuentan los de San Pedro, Santo Tomás, Nicodemo, San Andrés, San Bartolomé, San Pablo, Santiago, San Matías, San Tadeo, el Evangelio de la Perfección, el de la Infancia, el de los Doce Apóstoles, el de los Egipcios, los de San Bernabé, San Felipe, Marción, Apeles, etc., etc. Largo se haría el discurso, si tuviéramos que entretenerle en el examen minucioso de lo que la mera existencia de documentos tales representa frente a las pretensiones dogmáticas de la ortodoxia. La ortodoxia, en esto cerno en otras muchas cosas, careció de selección crítica, y careció de lógica, aunque, en tal particular, casi se le debe agradecer que no haya sido consecuente, porque ¡dónde iríamos a parar con un credo de fe católica que contuviera todas las escorias, todos los *detritus* de las trabajosas tentativas de un judaísmo mesiánico y supersticioso en tiempos de informe literatura, todos los conatos desgraciados, todas las puerilidades, todos los absurdos de los apocalípticos noveladores evangélicos! Pero, a falta de lógica, no puede negarse que la ortodoxia tuvo una preocupación, la que explica su victoria social. Cuando los católicos se hicieron poderosos, empezaron a relegar al olvido o a destruir los libros cuya candidez o cuya exageración les era molesta. El estado actual de la cultura histórica permite trazar exactamente un cuadro de la aparición, proceso evolutivo y desaparición a mano airada de los apócrifos en general. Se ha reconocido que los apócrifos calificados de *heterodoxos* por el catolicismo son los más antiguos, por lo que, según su criterio tradicionalista, debieran ser los más autorizados. Lo contrario sucede, por confesión de los historiadores de la Iglesia Romana[(64)], a los apócrifos *ortodoxos,* fabricados con el fin de satisfacer la curiosidad de los fieles en los puntos que tocan de pasada la narración evangélica y la de los *Acta apostolorum.* Son generalmente posteriores a los libros heréticos, con cuyos despojos se arrearon más de una vez. El más conocido y el que menos vale de estos apócrifos ortodoxos es la compilación del falso Abdias, formada quizá en el siglo VI.

Mas este apetito de innovación iba regulado por la conveniencia, cuando no por la necesidad. En esta parte, los redactores no formaban escrúpulos de exaltar dogmas nuevos, que ahora vemos son extraños al credo de la Iglesia Romana. Lamentando la casi segura pérdida de

---

[(64)] Menéndez Pelayo, *Historia de los heterodoxos españoles, I,* 129.

innumerables documentos de la primitiva literatura cristiana, creo que entre lo perdido y lo conservado hay materia bastante para reconstruir una colección apócrifa, cuyos caracteres de originalidad y diversidad en nada cederían a la colección canónica. La máxima: Τινεσθε τραπεζιται δοχιαο ("sed buenos banqueros"), que Orígenes, Clemente Alejandrino, San Jerónimo y otros Padres de la Iglesia atribuyen a Jesús, tal vez formaba parte de la parábola de los talentos en el texto del Evangelio de los Hebreos. Este Evangelio fue calcado e imitado por el mismo San Mateo en el suyo; San Marcos le hizo también no pocos préstamos; San Lucas marchó sobre sus huellas; y San Juan puso por remate, sobre el tipo genial creado por él, la policromía fantástica del plumero gnóstico. Es el verdadero Evangelio judeocristiano. Y, sin embargo, para justificar su despreocupado proceder de no haber hecho uso alguno de los Evangelios apócrifos, en su *Vie de Jésus,* Renán da, por toda disculpa, la siguiente: *Ces compositions ne doivent être en aucune facon mises sur le même pied que les Evangiles canoniques. Ce sont de plates et puériles amplifications, ayant les canoniques par base et n'y ajoutant rien qui ait du prix.* Renán empieza por confundir los Evangelios apócrifos posteriores a los canónicos con los que les fueron anteriores o coetáneos, y, además, no advierte que algunos mineros de la literatura evangélica apócrifa se explotaron por los redactores de la canónica, y que, en los tres primeros siglos, antes que los cuatro Evangelios simétricos se canonizasen, los Padres de la Iglesia se sirvieron indistintamente de ellos y de los apócrifos. Sucedió en esto lo que hoy y siempre sucederá en tantas cosas pasadas lejos de nosotros, y de que apenas quedan relaciones auténticas. Cada uno escoge aquellas noticias que mejor arman con su designio preconcebido, y, dando de mano a los conceptos contrarios, se ufana de haber hallado la verdad en el tópico o tópicos de su preferencia. Los Padres carecían, generalmente, de espíritu crítico, y encontraban creíble todo lo que les parecía edificante. El criterio que, en efecto, presidía y dirigía la selección por ellos realizada, era esencialmente emotivo o piadoso, y, cuando no, teológico o doctrinario, sin los alcances críticos e históricos, indispensables a todo lo atañedero a lo que empezaba a entenderse por canon. Además, el simbolismo exegético formaba entonces, frente al literalismo escriturario, una tendencia de fondo místico, que se desenvolvía paralelamente a la tendencia realista, sin abrir surcos en el campo del análisis histórico. Todo nacía de la inclinación de los Padres a pagarse de socorridas superficialidades exegéticas, sin meterse a calar las dificultades críticas e históricas, que ofrecía la apreciación analítica de la documentación neotestamentaria. Así, atribuían crédito y autoridad a unos libros, y rechazaban otros, sin atenerse a más norma que a los dictados de la comodidad intelectual o de las preocupaciones religiosas.

Mahoma, que tanto loaba a Moisés y a Cristo, tenía por falsificados la *Thorah* y los Evangelios. El reproche que hacía a los judíos de haber corrompido sus libros santos, lo dirigía también a los cristianos de su tiempo con relación al Evangelio. Probablemente, si se le hubiese pedido que probase este juicio, lo habría especificado haciéndolo recaer sobre ciertos dogmas que siempre se han considerado como auténticos. Mas no deja de ser verdad que, en la forma general que da a su acusación, tiene razón indiscutible, porque los cristianos que conocía habían falsificado los Evangelios. Las herejías entonces existentes en el Asia Central, apoyadas en otras herejías ya desaparecidas, dominaban allí absolutamente, y los libros de que se servían no eran otra cosa que comentarios sobre las Escrituras, impregnados del sectarismo de sus autores y apoyados en algunos de los Evangelios o Actas apócrifas por las cuales el Oriente, en los primeros siglos de la Iglesia, tan célebre se hizo. Cuantas veces cita Mahoma el Nuevo Testamento lo hace en falso, según Gobineau[(65)]. Pero cita muy justamente según un apócrifo, y, mirando así las cosas, pueden ponerse de lado en este punto las inculpaciones de suposición de escritos, y más bien debemos lamentar que el profeta se haya expuesto de ese modo a hacer penetrar en el seno de su propia doctrina todas las falsedades de que están cargados aquellos documentos. Es evidente que en ellos existen cosas inexplicables, y que, en el curso de sus relatos, se advierten contradicciones y absurdos incomprensibles, que saltan a la vista del más lerdo. Pero los ortodoxos pretenden que no por eso dejan de ser un testimonio deficiente e indirecto de que el Cristo ha existido. Admitiendo (arguyen) que tales Evangelios no son auténticos, y que no hablan de hechos certificados, éstas no serían razones suficientes para rechazar documentos de los siglos I y II, y cuyo testimonio concuerda con el de otros autores contemporáneos, a menos que los Padres apostólicos y los primeros apologistas sean también noveleros que no merecen fe, o que un apócrifo, por el mero hecho de serlo, quede del todo desvirtuado[(66)]. Que así juzguen los críticos historicistas más o menos radicales, se explica, puesto que dan el mismo valor humano a los Evangelios canónicos que a los apócrifos, y de ambas clases de documentos se sirven con igual desenvoltura, para hacer sus reconstrucciones fantásticas. Pero los ortodoxos ¿cómo podrían adoptar su criterio sin retractarse o contradecirse? En verdad, cuando, después de haber quemado los

---

(65) *Les religions et les philosophies dans l'Asie Centrale,* 38.

(66) Codina, *Nuevas cartas abiertas a Don Edmundo González-Blanco sobre la crucifixión de Jesús,* 66.

Evangelios no canónicos primitivos, tienen el aplomo de remitirnos a ellos, es como si, después de haber reducido una casa a cenizas, el incendiario nos enviara a buscar los muebles y a encontrar el lugar de cada cuarto.

Es imposible determinar qué autenticidad poseen los Evangelios oficialmente consagrados por la Iglesia, por más que los seguidores del canon ortodoxo les atribuyan autoridad absoluta sobre los apócrifos o desechados, los cuales estiman muy posteriores y de ningún precio, por los lances mitológicos que contienen. Pero ¿en qué fundaban su preferencia los Padres? ¿Por qué redujeron a cuatro los Evangelios admisibles? Oigamos a San Ireneo[(67)]: "El Evangelio es la columna de la Iglesia, la Iglesia está extendida por todo el mundo, el mundo tiene cuatro regiones, y conviene, por tanto, que haya también cuatro Evangelios... El Evangelio es el soplo o viento divino de la vida para los hombres, y, pues que hay cuatro vientos cardinales, de ahí la necesidad de cuatro Evangelios... El Verbo creador del universo reina y brilla sobre los querubines, los querubines tienen cuatro formas, y he aquí por qué el Verbo nos ha obsequiado con cuatro Evangelios". El lector discreto observará que estas extrañas demostraciones no se parecen a las de Euclides. Absurda y levantada contra toda razón de crítica sensata es la singular argumentación de San Ireneo, que no hace más que dar consagración subjetiva a un hecho consumado en su tiempo, pero cuyos motivos no eran, ciertamente, aceptables. Porque, al trazar su supuesta biografía de Jesús, los evangelistas canónicos, ni más ni menos que los apócrifos, colaboraron con la tradición, y engrandecieron los hechos, consignando las preocupaciones teológicas del tiempo en que escribían más bien que las de aquel que en sus novelas apocalípticas relataban. Además, los que pretenden probar la autenticidad de los cuatro Evangelios canónicos, por el hecho de haberlos recibido universalmente la Iglesia desde los primeros siglos, ignoran u olvidan que ese hecho no es exacto. Por los escritos de muchos Padres de la Iglesia, vemos que algunos de aquellos Evangelios (como otros varios libros del Nuevo Testamento canónico) estuvieron largo tiempo sin ser recibidos, y sin ser tenidos por de los autores con cuyo nombre corrían en el seno de ciertas sectas cristianas. Únicamente después de muchos años vinieron a reconocerse por canónicos los Evangelios cuya autoridad no había sido hasta de entonces reconocida. ¿Y podrá fundarse en esto alguna certeza? Ya Holbach, en el prólogo a su *Histoire critique de Jésus Christ,* recordaba que fue el Concilio de Nicea,

---

[(67)] *Adversus haereses,* III, XI, 8.

el año 325 (refrendado, en este punto, por el Concilio de Laodicea, el año 363), el que hizo la separación de Evangelios canónicos y Evangelios apócrifos, y el que, entre una cincuentena que a la sazón existían, escogió solamente cuatro, desechando los demás. Un milagro, según cuenta el autor anónimo de la obra intitulada *Libelus Synodicus,* decidió de la elección. Empero, prescindiendo de que se trata de un autor desconocido, visionario e ignorante, y de una obra llena de fábulas, errores, anacronismos y bagatelas, desestimada de todos los críticos, y de la cual nadie ha hecho jamás ningún uso, como nota Harduino, al final del tomo V de su *Collectio Conciliorum:* prescindiendo, repito, de este origen sospechoso del milagro, hay que apuntar también sus diversas y extrañas versiones, a cuál más absurda. Según una versión, en fuerza de las oraciones de los obispos, los Evangelios inspirados fueron por sí mismos a colocarse sobre un altar. Conforme a otra versión (más grosera y tan imprudente, que llevó a los racionalistas a asegurar que el altar se hallaba dispuesto artificiosamente y con deliberado propósito), se pusieron todos los Evangelios, canónicos y apócrifos, sobre el altar, y los apócrifos cayeron bajo él. Una tercera versión da la variante de que sólo se pusieron sobre el altar los cuatro Evangelios verdaderos, y que los obispos, en sentida y ferviente plegaria, pidieron a Dios que, si en alguno de ellos hubiese una sola palabra que no fuese cierta, cayera aquel Evangelio al suelo, lo que no se verificó. ¡Milagro por cierto bien fácil de conseguir, y cuya candidez raya en lo bufo! Pero más inocente es todavía su cuarta versión, la cual, cambiando el aparato de las anteriores, afirma que el mismo Espíritu Santo entró en el Concilio en figura de paloma, que ésta pasó a través del cristal de una ventana sin romperlo, que voló por el recinto con las alas abiertas e inmóviles, que se posó sobre el hombro derecho de cada obispo en particular, y que empezó a decir, al oído de todos, cuáles eran los Evangelios inspirados. En verdad que, al lado de semejantes desatinos, las citadas fantasías de San Ireneo merecen disculpa casi respetuosa, pues representan, a lo menos, cierto esfuerzo acomodaticio para dar validez teórica a la reducción a cuatro del número de los Evangelios verdaderos.

Ni vale porfiar que los Evangelios apócrifos, en vez de fijar la tradición oral, como los canónicos, dándole el sello de imperecedera, la desfiguraron con multitud de adiciones y de ficciones ridículas. Algunos Evangelios apócrifos abundan en enseñanzas más humanas que las de los *Sinópticos, y* en milagros verdaderamente bellos y muy superiores a los referidos en San Marcos. En uno de los Evangelios apócrifos de la Infancia, da Jesús una hermosa y práctica lección a su maestro. Quiso el futuro Cristo ir a la escuela, y fue conducido a ella. "Cuando el maestro vio a Jesús, escribió un alfabeto, y le mandó que pronunciara *Aleph.* No bien Jesús lo hubo hecho, le mandó que pronunciara *Beth*. Mas Jesús le dijo: Infórmame primero de lo que significa *Aleph*, y entonces pronunciaré *Beth*". Verdad es que algunos redactores estropean tan discreto episodio, haciendo que Jesús explique a continuación a su preceptor el sentido místico del alfabeto, y que, con sus preguntas, confunda a sus instructores todos, mucho antes de cumplir los diez años. Comoquiera, en estas fábulas se inspiró, sin duda, San Lucas (II, 42, 50) para su relato de la conversación del niño Jesús con los doctores del templo. Pero el tercer evangelista es más moderado (da doce años a Jesús), y su relato en nada excede de lo que el historiador judío Josefo[(68)] cuenta de sí mismo, y del efecto que produjo, desde la edad de catorce años, con sus conocimientos y con su madurez de juicio.

Es de una gracia verdaderamente infantil la leyenda de Jesús y de los leones. Por el camino de Jericó al Jordán, cerca del río, había una caverna habitada por una leona y sus cachorros. El terror se había apoderado de la vecindad, y nadie se atrevía a pasar por allí. El niño Jesús, a fin de tranquilizar a los habitantes, fue a la caverna, y penetró en ella. Los cachorros se pusieron a brincar, y a lamerle sus manos divinas. Viejos leones llegaron, mirando al pequeño con ternura. En la ciudad prodújose gran emoción. ¿Qué le habrá pasado al niño Jesús? Lo habrán devorado los leones. Todo el mundo se decía esto, pero nadie se movía, pues el miedo se había apoderado de todos. Y he aquí que el niño reaparece, seguido de un cortejo de leones, jóvenes y viejos, pero todos dóciles y acariciadores. Jesús anuncia al pueblo que las grandes fieras son más inteligentes que los hombres, porque saben reconocer a la Divinidad. Después, el niño se dirige a los leones, y les exhorta a no comerse a los hombres, que también se volverán sabios[(69)]. Dicho lo cual, Jesús vuelve al lado de su madre.

Pero ya se indicó más arriba el límite que alcanza esta superioridad de los Evangelios apócrifos, y cómo no llegará nunca a destruir lo que, en definitiva, importa: el carácter mítico de Jesús, cuya figura, en ellos precisa y principalmente, es la de un taumaturgo *encombrant* en francés, y en español insoportable. El lado práctico de la actividad de Jesús, consistente en el cumplimiento de los milagros, los Evangelios apócrifos colócanlo en su primera niñez y en su primera juventud. El Evangelio de

---

(68) *Vita,* 2.

(69) Hay en esto, como una reminiscencia de la profecía de Isaías, según la cual, en los tiempos mesiánicos, el león y la oveja comerían juntos la hierba de los campos, y todo el hierro se convertiría en reja de arado.

Santo Tomás, en los capítulos II, III y V, abre, en el quinto año de la vida de Jesús, el relato de sus milagros, y el Evangelio árabe de la Infancia, en los capítulos X, XXXVI y XLVI, llena el viaje a Egipto de una multitud de milagros, que la madre de Jesús opera con ayuda de los pañales de su hijo, o del agua que servía para lavarle. Los milagros que, según estos Evangelios apócrifos, hace Jesús, niño y adolescente, son análogos a los del Nuevo Testamento (curaciones de enfermos y resurrecciones de muertos), pero los otros son de un tipo diametralmente opuesto a los de los Evangelios canónicos, conviene a saber: castigos espantosos que paralizan los miembros, y que hasta destruyen la vida de todo el que se muestre contrario al niño Jesús, o fantasías extravagantes, tales como la vida dada a gorriones formados con barro, y el hablar en la cuna, declarándose hijo de Dios. El *Codex* de Thilo, en su tomo I, abunda en esta erudición bíblica, propia de la literatura apócrifa, y nos trae la conclusión de que no hubo tal niño Jesús hacedor de milagros, y que todo se debió a la necesidad de llenar las lagunas de la leyenda, otorgando al protagonista evangélico, desde su puericia, la preeminencia y la dignidad mesiánicas. Ninguno de esos milagros es verdaderamente histórico, y los evangelistas apócrifos los tomaron de la literatura popular pagana, como los evangelistas canónicos sacaron el Nuevo Testamento del Antiguo[(70)]. Y es, en verdad, casi portentoso que tales cosas hayan sido escritas. Pero "nada hay, ni en leyenda, ni en poesía, que las supere. De aquella brumosa edad han llegado a nosotros como dones incomparables de belleza. Sea o no verdad que ello sucediera, los retratos de María, de José y de Jesús, en el establo de Bethlehem, representan lo más grande y lo más sublime que el hombre haya jamás pintado. La historia de los reyes magos, que siguen a la estrella, y que ofrecen sus presentes al niño, es poesía de la más tierna y

---

[(70)] Aparte el calco mesiánico sobre las historias de Moisés y de Samuel, ofrécense otras analogías en las historias paganas. Refiere Suetonio *(Octavius,* 57), conforme a las memorias de Cayo Druso, que la nodriza de Augusto, habiéndole colocado una tarde en su cuna, por la mañana no le encontró, y, después de haberle buscado largo tiempo, hallolo en lo alto de una torre, y con la mirada fija hacia el Oriente. Hay que advertir que, según el mismo Suetonio, Augusto pasó por hijo de *Apolo,* el dios sol, dueño natural del Oriente. En Herodoto *(Historiarum,* I, CXIV), Ciro, nieto de rey y educado por un pastor bajo apariencia de esclavo, es elegido por sus compañeros infantiles jefe de los juegos, y hace su papel tan bien y con tanta dignidad y gravedad, que esto determina el descubrimiento de su origen. Ambas clases de episodios se repiten con suma frecuencia, aplicados a la supuesta historia del niño Jesús, en los Evangelios apócrifos de la Infancia.

de la más exaltada. Si nos la robaran, perderíamos lo mejor que poseemos en el orden espiritual, y nos la están robando los que quieren que creamos que todo aquello es históricamente verdad. ¿Acaso importa? Es una gema de belleza, y las almas de los hombres necesitan el purificador y fortificante poder de la belleza, de la imaginación y del ensueño, para no marchitarse y morir sobre los desnudos hechos de la historia"[71].

Dejando aquí este punto, que habré de tomar otra vez, pasaré a examinar algunos mineros de riqueza neotestamentaria, que guardan estrecha relación con la literatura evangélica, así canónica como apócrifa. La expresión *Nuevo Testamento* es bastante antigua, pues la encontramos empleada ya por San Marcos (XIV, 24)[72], pero la idea que abordamos ahora es completamente moderna. Se trata de saber si en el grupo de pequeños escritos a que se ha dado el extraño título colectivo de Nuevo Testamento, cabe distinguir, como pretende la Iglesia, libros auténticos o canónicos y libros espúreos o apócrifos, sin cometer un delito de lesa historicidad. Adviértase, en primer término, que esos libros, tomados en conjunto, no se hallan colocados, en el canon eclesiástico ortodoxo, en un orden cronológico exacto, en que el más antiguo vaya el primero, y después el resto, por las fechas respectivas de su producción. La Iglesia no ha conseguido establecer orden y fechas con absoluta certidumbre, y, al disponer dichos libros en escala serial, lo ha hecho arbitrariamente, sin serias razones críticas, y recurriendo a la imposición dogmática. Pero, en el primitivo período neotestamentario, la redacción epistolar, apocalíptica, pseudoapostólica y evangélica, se ofrece en estado de caos anecdótico y sin cronología alguna. Es también muy cierto que esa redacción no concuerda de un modo fijo con el orden cronológico en que aparecieron los documentos de referencia, y que el Nuevo Testamento perdió su pureza, desde el momento en que sus compiladores se hicieron reos de interpolaciones, enmiendas, eliminaciones y añadiduras, de suerte que con frecuencia diversas partes de un mismo texto son de fecha distinta. Para su composición, no se había seguido ningún orden cronológico, y cada uno distribuía la materia a su capricho. Y lo que ocasiona que el problema se complique aún más, haciéndose dificultoso en grado sumo, es que la verdad histórica era sacrificada sin piedad por los autores neotestamentarios, para la consecución de fines proselitistas, y para

---

[71] Rodríguez de la Peña, *La poesía y la historia* (en *El Liberal* de 20 de marzo de 1932).

[72] *Nuevo Pacto,* y no precisamente *Nuevo Testamento,* es, en realidad, la palabra empleada por el segundo evangelista, pero el concepto es equivalente.

mantener contiendas teológicas. Con relación concreta a los Evangelios, ¿qué autoridad cronológica y qué valor histórico pueden merecer a una sana crítica? Hemos visto, basándonos en un pasaje del Segundo Isaías, que lo que, al comienzo, se llamaba la "buena nueva", en hebreo *besora,* en griego *evangelión,* no era tema o asunto de relatos escritos. Hasta cuando los Evangelios se redactaron con pretensiones de ser historias verdaderas, sus autores tomaban directamente sus modelos de originales más antiguos, y no es bien que la ortodoxia defraude este hecho innegable. Y, como la ortodoxia es la Iglesia, y ésta se gloria de ser la juzgadora infalible en materia de distinción entre Evangelios canónicos o verdaderos y apócrifos o falsos, yo pregunto cómo sea posible justificar esa distinción, sabiendo, como sabemos, que los Evangelios existían ya en una época en que la Iglesia no existía todavía. Los Evangelios surgieron, no de la Iglesia ortodoxa, sino de las múltiples y variadas sectas, principalmente gnósticas, que componían la totalidad del cristianismo primordial. Para la Iglesia, la vida y la muerte de Jesús son una serie de dichos y de hechos reales, consignados por cuatro testigos independientes, que le conocieron o que, a lo menos, conocieron a sus amigos, es decir, "algo tan histórico como la vida y la muerte del Gran Capitán"[(73)]. Pero los Evangelios heréticos, especialmente los de procedencia gnóstica, dan muy diferente idea del Cristo. Los ofitas, por ejemplo, consideraban a *Christos* como una *Ennoia* o emanación de la esencia misma del *Pneivma* o espíritu del Padre innominado, y le llamaban *Ophis* o símbolo de la sabiduría divina sumida en la materia. Otros gnósticos daban nuevos y misteriosos significados simbólicos a la dicción general *Christos,* y los de origen judío, verbigracia, le consideraban como encarnación de aquella sabiduría en cuanto perfecta y distinta de la imperfecta o *hakhantoth,* y lo concebían como mediador entre los mundos intelectual y material, o sea, entre el Dios más elevado y todo lo que es espiritual en el hombre. Mientras la Iglesia no dio comienzo, no hizo progresos, y no acabó por imponer su dominación, los Evangelios del gnosticismo no supieron más que de un Cristo alegórico, para concluir ficción en su ser individual, para secuestrarle la persona, o cercenarle siquiera gran parte de ella, y para negarle existencia real y efectiva. El andar las cosas del Cristo envueltas en tanto trasiego confuso y nebuloso de alegorías, fábulas, mitos y prodigios imaginarios, esparcidos en la personalidad supuesta e inventada de Jesús, es motivo para deducir que la vida, doctrina, enseñanza,

---

[(73)] Rodríguez de la Peña, *La poesía y la historia* (en *El Liberal* de 20 de marzo de 1932).

predicación y muerte de este personaje, son como si no fuesen, y entran en mínima parte dentro del terreno de la verdad histórica. Así como Zoroastro careció de realidad biográfica, y el mazdeísmo fue obra de un colegio sacerdotal, la realidad biográfica de Jesús es igualmente una conjetura, y el cristianismo, en su origen, debe mirarse como obra de un conglomerado de sectas gnósticas. Esta convicción va haciendo, a través de la crítica moderna, su camino, pese a las ilusiones dogmáticas de la Iglesia. En los Evangelios nos hallamos con un laberinto de mitología tal, que por ellos no podemos saber con ninguna exactitud ni siquiera dónde nació Jesús, ni cuándo, ni cómo. Los documentos que pretenden atestiguar tales hechos, son datos fehacientes y de muy dudoso crédito. Por eso, en sentir de muchos críticos, nulos resultan ser los elementos históricos contenidos en la épica, lírica y dramática leyenda de Jesús, y no dejan de llevar razón. ¿De qué sirve la oposición de la Iglesia a los avances del análisis crítico de los Evangelios, compuestos en una época en que ella todavía no había dado fe de vida? Precisamente es ésta una circunstancia que, desde muy antiguo, ha colocado a la ortodoxia en la situación antinómica y lógicamente absurda de probar la Iglesia por los Evangelios, y los Evangelios por la Iglesia. Semejante situación ha ocasionado irreparables daños, propagando una multitud de invencibles prejuicios, y haciendo casi imposible, aun para los elementos mejor informados de nuestra generación, el tener un conocimiento más exacto de los hechos religiosos, ocurridos a comienzos de nuestra era, en lugar de aquellos otros adoptados de modo convencional[(74)]. Éste es uno de los hechos más constantes, pero también más desconcertantes, de la historia eclesiástica. Luego, en aquella época, ninguno de los Evangelios existentes estaba general y unánimemente reconocido. Sobre esto reposa, pues, toda la fe de los cristianos, quiero decir, sobre el círculo vicioso de fundar la autenticidad de los Evangelios en la autoridad de la Iglesia, cuando esta autoridad se prueba por los Evangelios mismos. ¿Cabe mayor absurdo?

Pero hay más todavía, y es que la concepción de una Iglesia es completamente extraña a los Evangelios. Tampoco en los restantes escritos del Nuevo Testamento se descubre traza alguna, ni el menor germen, de la Iglesia, en sentido católico. Los *Acta apostolorum y* el *Apocalipsis* guardan silencio sobre este importantísimo punto, y la "Iglesia" que allí se nombra significa simplemente la reunión de los hermanos, o sea, la Sinagoga cristiana. San Pablo *(Epistola Pauli ad Romanos,* XVI, 4, 16; *Epistola Pauli ad Corinthios Prima,* I, 2;. IV, 17;

[(74)] Brandés, *Jesús es un mito,* 32.

VII, 17; XI, 18), no hace mención de otra Iglesia que de la congregación de los fieles, considerada como el cuerpo del Cristo, animada de su espíritu y continuadora de su predicación y de sus sufrimientos para ser con él glorificada, el día de su vuelta al mundo[75]. En las epístolas a los Efesios (I, 22; III, 10, 21; IV, 12, 16; V, 23, 27, 32) y a los Colosenses (I, 18, 24; II, 10), la noción de la Iglesia se idealiza más aún, hasta el extremo de convertirse en una especie de entidad metafísica y gnóstica, destinada a manifestar de una manera visible la plenitud de la vida del Cristo, como el Cristo manifiesta la plenitud de la vida de Dios (πλήρωμα του *Χριστου)*[76]. Las llamadas *epístolas pastorales* fueron escritas, según toda apariencia, no por San Pablo, sino por un discípulo suyo, en los primeros años del siglo II, y señalan el tránsito de la asociación libre a la organización eclesiástica. Conservan todavía rasgos de las comunidades apostólicas, en las que dominaban la inspiración, el entusiasmo, el sentimiento. Pero otros rasgos indican que se empezaba ya a confundir la fe individual con la creencia firme, y la fe de la comunidad con la adhesión a una doctrina ortodoxa. La fe individual, en su sentido más profundo e íntimo, queda reducida a la *piedad* personal del creyente *(Epistola Pauli ad Timotheum Prima,* IV, 7; VI, 11), y la fe de la comunidad se transforma en una sindéresis intelectual, que se atiene a lo que el catolicismo llamó después *tradición,* única fuente *sana y buena* de enseñanza, la cual constituye un *depósito* sagrado, retenido cuidadosamente por el jefe eclesiástico de la comunidad misma, y que éste debe transmitir a los hombres encargados de sucederle en la predicación *(Epistola Pauli ad Timotheum Secunda,* I, 13; II, 1). Por primera vez aparece la terrible palabra *hereje* (αιρετιχος ανθρνόπος) *(Epistola Pauli ad Titum,* III, 10), y se inicia la tendencia de la Iglesia invisible a traducirse de hecho en la constitución única y reglamentada de una Iglesia visible. El dogma se prepara, y el catolicismo va a presentarse en escena. La relación directa entre el alma y Dios cede su puesto a la relación entre el *fiel* y la autoridad eclesiástica, que enseña en nombre de aquél, y que aboca a una organización también eclesiástica, en que se operan la petrificación y la cristalización de las creencias tradicionalmente recibidas[77]. El apóstol y el profeta son reemplazados por

---

[75] Moehler (*Symbolik,* II, v, 48) pretende ver en este hecho, es decir, en "haber dado Jesucristo a sus apóstoles la misión *exterior,* de sembrar, a lo lejos, la doctrina de la salvación", la prueba más evidente de que, "en todos los siglos, la Iglesia invisible ha dimanado de la visible". Lo que en el texto indico, más adelante, basta para echar por tierra tan arbitraria aserción.

[76] Sabatier, *Les religions d'autorité et la religion de l'esprit,* 63.

[77] Hébert, *L'évolution de la foi catholique,* 45.

el diácono y por el obispo, y la comunicación del espíritu por la regla de fe[(78)]. Nos hallamos, pues, muy lejos ya de la religiosidad de la era apostólica, tal como se transparenta, por ejemplo, en una de las dos epístolas universales atribuidas a San Juan *(Epistola Catholica Johantnis Prima,* II, 20, 27), donde leemos: "Mas vosotros tenéis la unción del Santo, y conocéis todas las cosas... Y la unción que habéis recibido de Él mora en vosotros, y no necesitáis que ninguno os enseñe, porque la unción misma os enseña todas las cosas". Cuyas palabras son un eco (o un anuncio) de las del cuarto evangelista (VI, 45): "Escrito está en los profetas: Y serán todos enseñados por Dios. Así que todo aquel que oyó al Padre, y aprendió, viene a mí". Comparada esta doctrina con la de las epístolas pastorales, resaltan en ellas dos concepciones antinómicas: necesidad de la enseñanza e inutilidad de la enseñanza, necesidad de un intermediario entre el alma y Dios e inutilidad de este intermediario[(79)]. Tales fueron las dos hipótesis que se plantearon en los comienzos del cristianismo, y, si la primera acabó por triunfar de la segunda, ello fue a costa del abandono paulatino de las tradiciones más claras de la era apostólica. Si los apóstoles, en efecto, hubieran creado alguna Iglesia o pertenecido a ella, no hubiesen dejado de legarnos, en algún escrito auténtico, las reglas de su organización. ¿Dónde están esos escritos, que hubiesen hecho imposible, en la historia del cristianismo, toda modificación y toda adición en materia de disciplina, dejando sentadas las bases de toda comunión verdaderamente evangélica? En parte alguna, y sería perfectamente inútil buscarlos. Pues las *Constitutiones Apostolícae,* en las cuales existen los mayores detalles sobre el asunto, como se ve en casi todos sus capítulos, está hoy día probado de un modo evidente que fueron falsamente atribuidas a San Clemente Romano. Esta obra, si ha sido escrita por un autor posterior (como el sentido de la tradición declara, lo mismo que los modernos comentadores), no puede servir de apoyo a la idea de la existencia de una Iglesia apostólica cualquiera[(80)]. Los mismos teólogos católicos la incluyen entre las obras apócrifas, y, ciertamente, así por la letra como por el espíritu que en ella domina, resulta imposible que los apóstoles hayan podido dictar constituciones semejantes[(81)]. Me será

[(78)] Sabatier, *Las religions d'autorité et la religion de l'esprit,* 63.

[(79)] Hébert, *L'évolution de la foi catholique,* 46.

[(80)] Véase mi *Nueva teoría sobre los orígenes de nuestra religión* (en la revista *Cosmópolis* de agosto de 1922).

[(81)] Llenose de escrúpulos Renán *(Les Evangiles,* introducción), al ver con qué libertad los investigadores de la escuela de Tubinga juzgaban las *Constitutiones,* y aun la célebre *Epístola* atribuida a San Clemente Romano, pareciéndole que su

suficiente traer un solo ejemplo a colación. En el capítulo I del libro I, se exige que los obispos sean sabios. Difícil les sería, a los que sostengan la autenticidad de las *Constitutiones,* explicar esa regla. Creo que hasta les sería imposible emitir una *conjetura* fundada, que nos dijera cómo los apóstoles, que, según la tradición y la Escritura, iban predicando de ciudad en ciudad y de aldea en aldea, que se llamaban apóstoles, y no obispos, y, sobre todo, que no se creían sabios, pudieran ordenar tal cosa, en una época en que no existía aún la jerarquía eclesiástica, ni había obispos al frente de ninguna Iglesia, ni menos una Iglesia general y central, puesto que las sectas cristianas de entonces navegaban en el mar de la propaganda evangélica, como lo hacen las naves que por el Océano cruzan, sin tropezar unas con otras, por muchos que sean los círculos que sobre las ondas describan. Basta, para demostrar todos estos extremos, comparar las *Constitutiones* con los escritos más antiguos o verdaderamente primitivos, con los documentos judíos, tal vez precristianos, adaptados tardíamente a su forma cristiana y elevados a la categoría de libros canónicos, como el *Apocalipsis* y la epístola atribuida a Santiago. El *Apocalipsis,* que aparece en último lugar en el Nuevo Testamento, fue escrito realmente con anterioridad a todo lo demás, y, en la actualidad, sabios investigadores se inclinan a creer que, en su origen, no fue una obra cristiana, sino judaica, y

---

crítica, si no se sujetaba a ley, redundaría en abuso, o daría lugar a torpes desafueros contra los sistemas tradicionales. Recelaba el exégeta francés que, dueños del argadillo los críticos de espíritu demoledor, no incurriesen en ese escepticismo exagerado, que desecha en conjunto y *a priori* todo lo que el cristianismo cuenta de sus primeros orígenes, y temía que, al rechazar los sistemas tradicionales, edificados, en verdad, con frecuencia, en fundamentos frágiles, los sustituyesen por sistemas fundados sobre autoridades más frágiles todavía. No consultó sus recelos y sus temores con otros críticos más competentes, y tan negativos, sin embargo, y de ahí le vino la inquietud y mala espina, que le llevó a mantenerse en un término medio entre esos críticos y los que emplean todos los recursos de su erudición en defender textos mucho más heridos por el descrédito. Pero reconoce que, si se admite que San Clemente Romano ha existido, hay que aclarar todo lo concerniente a su confusión posible y hasta probable con Flavio Clemente, y disipar multitud de errores, basados en datos contradictorios e indecisos. Y, en definitiva, confiesa que "la cuestión de averiguar si las *Constitutiones* y la *Epístola* llamadas de San Clemente son realmente de este personaje, sólo tiene una importancia mediana, puesto que los escritos de que se trata aparecen como *la obra colectiva de la Iglesia de Roma,* y el problema se limita a saber quién sostuvo la pluma en la circunstancia aquélla". Donde se ve que Renán juzga imposible soltar las dudas críticas, sin tener una opinión decidida en el asunto.

que ha adquirido su forma actual merced a reescritos mucho más posteriores. A pesar de este cambio, nada indica que la figura sobrenatural mencionada en el *Apocalipsis* tenga algo de común con el joven carpintero (o albañil), y luego predicador de Galilea, que constituye el argumento del Evangelio de San Mateo, y en modo alguno le supone fundador de una Iglesia visible, pues su imagen, totalmente alegórica, está copiada en parte y en parte parafraseada del *Sepher Daniel* (VI, 9), y esa imagen sacada del profeta judío se modificó mucho tiempo después con la pintura de aquel joven predicador errante, aludido en diversas partes de los Evangelios[(82)]. Cuanto a la epístola atribuida a Santiago, juzgándola en el terreno doctrinal e histórico[(83)], resalta en ella, no sólo la extremada pobreza de doctrinarismo cristiano, sino la sencillez de la jerarquía eclesiástica, porque habla de "maestros" (διδαχαλοι) y de "ancianos" (πρεσβυτέρους), pero no todavía de obispos, ni de diáconos, y hasta aconseja que "no se hagan muchos maestros, no ignorando que recibirán mayor condenación", y que los sabios y avisados de la comunidad lo sean "con buenas palabras y mansedumbre" *(Epistola Jacobi,* III, 1, 13). Estos libros anónimos de edificación, que tienen tan poco valor histórico, se hallan colocados, en el Nuevo Testamento, con mucha prioridad a las epístolas de San Pablo, aunque las contadas páginas de éstas, que algunos críticos juzgan auténticas, nos revelan el grado de sentimientos de una época mucho más lejana[(84)]. Sin embargo, los ortodoxos han creído encontrar un documento, la *Didaqué tón Apostolón* o "Enseñanza de los Doce Apóstoles", que estiman eco aún más fiel que los *Sinópticos* de la fe primitiva y de la predicación de Jesús, cuya redacción colocan hacia la mitad del siglo I[(85)], es decir, antes de los grandes viajes misioneros de San Pablo, de sus epístolas y de los Evangelios, y, en cuyo capítulo xv se aconseja u ordena: "Elegid, pues, obispos y diáconos, hombres dulces, verídicos, de experiencia probada y no apegados al dinero, para que llenen, cerca de vosotros, el oficio de los profetas y de los doctores". ¡He aquí, claman los ortodoxos, cómo, en tan lejana época, el *episcopos* era ya *didáscalos* o doctor oficial, prevalido de la fórmula dogmática como de un criterio indiscutible! Pero creo que los ortodoxos cantan victoria demasiado pronto. Ante todo, en las palabras "elegid, pues", el *pues* equivale a *puesto*

---

(82) Brandés, *Jesús es un mito,* 31.

(83) Véase a Ricci, *La documentación de los orígenes del cristianismo,* 92.

(84) Brandés, *Jesús es un mito,* 32.

(85) "Antes del final del siglo I", dice el muy ortodoxo Bardenhewer *(Die Kirchensväter,* I, 41).

que no podéis pasar sin un director, o *puesto que el buen orden lo exige.* Ello probaría, a lo sumo, que las funciones del entonces llamado obispo fueron primeramente análogas a la vez a las de un ecónomo y a las de comisario de policía[(86)]. Mas vamos a lo importante, que es el carácter interno de la *Didaqué* y la fecha de su redacción. En su origen, ese opúsculo fue, como el *Apocalipsis,* un documento puramente judaico, más tarde dispuesto para uso de la Iglesia, lo que explicaría la intercalación, en sus páginas, de un supuesto episcopado y de un supuesto diaconado. No falta quien lo considere, en su primitiva redacción, como una especie de edicto público, dirigido por el Sumo Sacerdote a los judíos dispersados por todo el Imperio Romano[(87)]. Pero los que así opinan reconocen que, después del nuevo destino que se le dio, sus partes concluyentes fueron objeto de la manipulación eclesiástica. Nadie ha puesto en duda la autenticidad de tan interesante manuscrito, descubierto en 1873 por Filoteo Briennio, arzobispo de Nicomedia, en una biblioteca perteneciente al Monasterio de Jerusalén del Santo Sepulcro, y trasladada al barrio griego de Constantinopla. Que tal documento existía en la antigua Iglesia, se sabía por los testimonios de Eusebio y de San Atanasio. Empero hubo buenas razones para que la Iglesia no quisiera, durante largo tiempo, que la *Didaqué* saliese a la luz pública. Sea de ello lo que fuere, cúmpleme advertir que su descubridor Filoteo Briennio, Harnack y otros eruditos, colocan la fecha de esa pequeña obra, escrita sin duda en Siria o en Palestina, no hacia la mitad del siglo I, sino en el año 150, esto es, todo un siglo más tarde. Si admitimos este parecer, el más seguido hoy día, comprenderemos por qué, en la *Didaqué,* las funciones episcopales, anteriormente inferiores y *despreciadas*[(88)], aparezcan allí transformadas y realzadas singularmente, como también comprenderemos que, en los capítulos X y XI, se hable del *conocimiento,* con relación a la fe y a la inmortalidad, en un sentido netamente gnóstico, y que separa su doctrina de la de la Iglesia, puesto que la lucha de ésta contra el gnosticismo fue la que determinó la formación de la ortodoxia, del dogma, de la disciplina, del culto y del episcopado monárquico autoritario[(89)]. Pero no necesitamos ir tan lejos, pues, por confesión de Sabatier[(90)], editor crítico y comentador

---

[(86)] Véase a Hébert, *L'évolution de la foi catholique,* 58.

[(87)] Véase a Brandés, *Jesús es un mito,* 123.

[(88)] Compárese el capítulo XI de la misma *Didáqué* con el III de la *Epistola Pauli ad Timotheum Prima.*

[(89)] Véase a Reville, *Les origines de l'épiscopat,* 81, 94. Compárese con Harnack, *Das Wessen des Christenthums,* 215 217

[(90)] *La Didaché,* 118, 126, 132, 164.

concienzudo de la *Didaqué,* no aparece, en todo el contenido de tan discutido libro, ninguna preocupación teológica, ni ninguna intransigencia eclesiástica, y el juicio de ese autor es tanto más significativo para nuestro objeto cuanto que, como los ortodoxos, pone la redacción del documento en plena era apostólica. No hay Iglesia ortodoxa sin herejías. Pero la *Didaqué* no conoce la herejía en concepto alguno, y no es, por ende, una Iglesia lo que revelan sus páginas. No descarta de la comunión a los que piensan libremente, en mayor o menor disconformidad con la tradición, sino a los que obran mal, y el anatema recae sobre la conducta, y no sobre la inteligencia. Nos hallamos ante una verdadera comunidad evangélica, que ignora la herejía dogmática, pero que prohibe toda comunicación con el que haya cometido, o pueda cometer, una especie de herejía moral. "Se trata de no ser explotados por falsos hermanos, que, bajo el nombre de apóstoles o de profetas, se hayan de albergar en el seno de la comunidad mucho tiempo, o hagan extorsión en los recursos económicos, mas no se toma precaución alguna contra las desviaciones doctrinales, y se eligen los directores de dicha comunidad según sus costumbres y su conducta, sin exigirles una profesión de fe. La palabra *doctor* se repite en varios pasajes, y lo mismo la palabra *enseñanza,* que hasta sirve de título a la obra. Pero los primeros capítulos, consagrados a resumir aquella enseñanza, si prueban que el autor admite (esto no es cuestionable) las *creencias* cristianas relativas a Dios, a la persona del Cristo y a su próxima vuelta entre las nubes, prueban asimismo que semejante enseñanza nada tiene de intelectual, a sus ojos, siendo una enseñanza práctica por completo, que se dirige al corazón, a la fantasía, a la conciencia y a la voluntad"[(91)]. De donde infiero que la sociedad retratada por la *Didaqué* no era una Iglesia, sino una secta extraña a todo dogmatismo disciplinario y atenida a una ética sobrenaturalista, mesiánica, escatológica. Para la *Didaqué,* corno para San Pablo, no hay más Iglesia que el hombre identificado con el Cristo, a fin de vivir en el espíritu de éste, en lugar de seguir el impulso de sus afecciones carnales, y que, redimido de la triple servidumbre de la culpa, del pecado y de la ley, se hace digno de alcanzar la bienaventuranza eterna[(92)]. Punto es éste que me limito a desflorar, aunque requeriría más amplias explicaciones, que no juzgo pertinentes a mi designio. No obstante, merece todavía consideración en esta crítica la siguiente advertencia. La lectura de los capítulos XII, XIII y XIV de la *Didaqué*

[(91)] Hébert, *L'évolution de la foi catholique,* 22.

[(92)] Véase a Reuss, *Histoire de la théologie chrétienne aux temps apostoliques,* II, 127.

prueba que, en el ánimo del autor de este libro, no entraba para nada la idea de una sucesión apostólica, tal como la concebida por el catolicismo, y cuyo germen aparece por primera vez en las *Epistolae* falsamente atribuidas a San Ignacio[(93)]. No se vislumbra allí la formación de una Iglesia general y central, que enlazase en unidad, no sólo espiritual, sino que también jerárquica, las asociaciones cristianas dispersadas por el Imperio. En fin, no se encuentra huella alguna de coincidencia entre la inspiración divina y la jurisdicción eclesiástica. ¿Por qué este silencio, este olvido, esta preterición del funcionarismo eclesiástico que apareció posteriormente? La respuesta es sencilla: porque, para fundar una Iglesia, habría sido preciso que los apóstoles hubiesen pensado en la posteridad, y nadie entonces pensaba en tal cosa. Para los apóstoles, el Evangelio no era la profecía de una próxima regeneración moral del hombre, ni la preparación de una sociedad nueva, sino el anuncio del fin del mundo, en cuyos últimos días creían vivir. El porvenir estaba, para ellos, cerrado e interceptado por una catástrofe inminente, que renovaría la tierra, manchada aún por el pecado original de nuestros primeros padres y por los crímenes de sus hijos. ¿A qué, pues, escribir una línea, redactar una liturgia, fundar una institución eclesiástica para un futuro, que consistiría en la destrucción de la tierra y en la inauguración del reino de los cielos? A la luz de esta su creencia mesiánica y de esta su esperanza apocalíptica, nos explicamos muchas cosas que nos sorprenden en sus ideas y en su conducta, y comprendemos que viviesen en pleno comunismo, y que no contrajesen matrimonio, ni se dedicasen a la agricultura y al comercio, ni se interesasen en la gobernación del Estado, ni temiesen las amenazas, ni se preocupasen por las persecuciones. No sólo el pueblo de Israel, sino todos los pueblos del orbe profesaban la creencia de que el mundo tocaba a su fin, por hallarse la perversión y la iniquidad en su colmo, y abrigaban al propio tiempo la esperanza de que el aliento de Dios o la fuerza misma de las cosas habría de venir a aniquilar el mal sobre la tierra. La fe en las revoluciones periódicas del globo era, en aquella sazón, universal, y se

---

[(93)] Baur *(Kirchengeschichte der drei ersten Jahrhunderte,* 145, 163, 187) ha probado que las piezas que componen esa colección fueron obra de un falsario del siglo II, y que se fabricaron en Roma, con objeto de crear las bases de la autoridad, cada día más creciente, del episcopado. Renán *(Les Evangiles*, introducción) concede que, en tal hipótesis, las siete epístolas pseudoignacianas son, cuando menos, sesenta años posteriores a la muerte de San Ignacio, y que, habiéndose realizado cambios eclesiásticos de importancia suma, en ese espacio de tiempo, el valor documental de dichas cartas resulta variable en absoluto y altamente dudoso.

juzgaba próximo uno de esos cambios destinados a restituir al globo terrestre su primitiva fecundidad y su hermosura, y al género humano su primitiva paz y su justicia[94]. Tanto Terencio, en el libro V del *De rerum natura*[95], como Ovidio, en el libro I de su *Metamorphoseos*[96], y Virgilio, en la IV de sus *Eglogae*[97], habían vaticinado el fin del mundo, y saludado el alba del nuevo reino de *Saturno.* Los judíos, apoyados en los textos de sus profetas, sobre todo después de la aparición del *Sepher Daniel,* creían haber alcanzado el último período de la historia, y, no sólo aguardaban la venida de la venturosa época futura, sino que suspiraban por ella, y clamaban al cielo por que les enviase su Mesías. Sabatier[98] nota que se condena uno a no comprender nada de la predicación de Jesús, si no se la pone en presencia y en el cuadro de las esperanzas mesiánicas a que respondía. En los dos últimos siglos anteriores a la era cristiana, se había elaborado, en el seno del judaísmo, una cronología apocalíptica muy curiosa y conforme a la cual el postrer período de la vida del mundo se inauguraría por la reaparición del profeta Elías y por la venida del Mesías. En el Nuevo Testamento, todas las miras sobre el porvenir suponen esa cronología, y Jesús no hace excepción, pues, de otro modo, no hubiera podido creerse el Mesías, ni anunciar a plazo breve el advenimiento del reino mesiánico. Los evangelistas y los apóstoles, persuadidos de que el Mesías había llegado, no podían imaginar que el mundo pudiese durar mucho, y seguían la creencia y la esperanza generales de que el siglo presente *(δ α ιών* οΰτο) tocaba a su fin, y que el siglo futuro (ó *αιών* μέλλον) iba a comenzar. San Mateo (XIV, 20, 31; XIX; 28, 30), San Marcos (XIII, 24, 27), San Lucas (XVII, 20; XXI, 25, 28), San Juan (V, 25; XIV, 28; XVI, 23; *Epistola Catholica Johannis Prima* II, 18), los *Acta apostolorum* (I, 6), San Pablo *(Epistola Pauli ad Romanos,* XIII, 11; *Ad Corinthios Prima,* X, 11; *Ad Philip penses,* III, 11; *Ad Thessalonicenses Secunda, I,* 7; *Ad Hebraeos,* IX, 26), San Pedro (*Epistola Catholica Petri Secunda,* III, 9, 11), Santiago *(Epistola Jacobi,* V, 7, 10) y el *Apocalipsis* (I, 1, 3; XXII, 7, 12, 20), esperaban, sin ninguna excepción y de día en día, el retorno triunfante del Cristo sobre las nubes, retorno precedido, como

---

[94] Véase mi libro sobre *El federalismo expuesto por Pi Margall,* 86.

[95] *Una dies dabit exitio, multosque per annos sustentata ruet moles et maquina mundi.*

[96] *Esse quoque in fatis reminiscitur, affore temptis quo mare, quo tellus, correptaque regia coeli ardeat, et mundi moles operosa laboret.*

[97] *Ultima Cumaei venit, jam carminis aetas: Magnus ab integra saeculorum nascitur ord: Jam redit et virgo, redeunt Saturnia regna.*

[98] *Les religions d'autorité et la religion de l'esprit,* 56.

era lógico esperar de quien severa y definitivamente iba a juzgar a vivos y a muertos, de terroríficas señales en el cielo, de espantosos cataclismos en el mar, de temerosos trastornos en la tierra y de angustiosa confusión entre los hombres. El último tiempo había llegado; acercábase el remate de todas las cosas; el reino de los cielos estaba a la puerta, y no pasaría aquella generación sin que sonase la hora en que la máquina del mundo se parase, las profecías se cumpliesen, y apareciesen nuevos cielos y un nuevo orden terráqueo. Ante esta muerte universal, seguida de una palingenesia no menos universal, ¿quién iba a pensar en establecer una Iglesia, y en organizar la vida religiosa? Lo mismo la organización de esta vida que la de la vida política, civil y económica quedó en situación de empresa abandonada, y la moral evangélica se resintió de la creencia y de la esperanza apocalípticas que imperaban en aquel ambiente de fiebre y de exaltación. Únicamente cuando, cuarenta años después, Jerusalén fue tomada y destruida por los romanos, los judeocristianos, sintiendo debilitarse su fe en la revolución gloriosa que esperaban, empezaron a perder el ardiente entusiasmo primitivo, y el fin del mundo, el juicio final y la resurrección de los muertos se confundieron e identificaron con la ruina de la Ciudad Santa y con la devastación de Judea. Entonces se volvieron los ojos a las durezas e impurezas de la realidad, y comenzó a formarse el sacerdocio. Presbiteriado, diaconado, episcopado, papado, se desarrollaron sucesivamente, naciendo el uno del otro y conservando una moral que, como la cristiana, había estado íntimamente ligada a una visión profética a todas luces errónea, pero que aún podía ser de gran provecho espiritual, si se atenía a las necesidades y a las leyes de la existencia ordinaria y común. Sólo a partir de este cambio fue posible la constitución de la Iglesia.

Réstanos volver nuestras miradas al dilatado reino de las epístolas paulinas. Empezando por las cuatro primeras, la crítica ha demostrado que estos documentos nada tienen de hebreo, pero la tradición cristiana los ha atribuido al Apóstol de los Gentiles. Esta es también la teoría de Renán[99] y de otros. Hase dicho de ella que estaba ya generalmente reconocida, mas lo cierto es que Van Manen[100], entre varios críticos de nota, no es muy amigo de "distinciones y oposiciones de las epístolas entre sí y contra los *Acta apostolorum*", y entiende que "esos son detalles de ficciones gratuitas, y todo menos que inferencias derivadas por ilación exacta de

---

(99) *Saint-Paul,* introducción. Compárese con Baur, *Vorlesungen über neutestamentliche Theologie,* IV, III, 2.

(100) *Biblical Encyclopœdia* (en la palabra *Sanct Paul).*

cualquier observación exegética... Respecto de las epístolas canónicas de San Pablo, o a él atribuidas tradicionalmente, la crítica más reciente y mejor orientada ha llegado a reconocer que ninguna de ellas es suya: ni catorce, ni trece, ni diez, ni nueve, ni ocho, ni siete, ni siquiera las cuatro por tanto tiempo consideradas universalmente como inatacables". Sin incurrir en exageración, podemos afirmar que esa crítica no tiene, de hoy más, derecho a fundarse en los *Acta* y en las epístolas canónicas, ni aun siquiera en las epístolas solamente, y mucho menos en una selección de las mismas. La conclusión a que, según Van Manen, hay que atenerse es ésta: que no poseemos epístola alguna de San Pablo, y que los escritos que llevan su nombre se le atribuyen falsamente, y contienen lo que parecen datos históricos de la vida y trabajos del apóstol, datos que no cabe aceptar como exactos sin un examen más minucioso, siendo, probablemente, tomados en su mayor parte del libro apócrifo titulado *Acta Pauli,* que a su vez es el fundamento de nuestro libro canónico de los *Acta apostolorum.* Mucho menos nos da este libro, ni aun incompletamente, un relato histórico de la carrera de San Pablo. Lo que proporciona es una variedad de relatos referentes a él, que difieren en sus fechas, así como respecto a las influencias bajo las cuales fueron escritos. Con esto se compadece perfectamente el que las lagunas estén llenas de cualesquiera partículas de ficción que resistan a todo análisis. Debemos decir, pues, con el citado Van Manen: "Aunque el deber de los historiadores del cristianismo primitivo sea saber apreciar en lo posible el valor de lo que ha llegado hasta nosotros a través de ambos conductos, *Acta* y epístolas, para compararlos, ordenarlos y arreglarlos en una relación coordenada y consistente, no hay que esperar que esto se consiga nunca, pues, una vez abandonada la relativa autenticidad de los principales escritos de San Pablo, ya no queda criterio seguro ni legítimo". Todos los ensayos de las críticas exegéticas comprueban que el paulismo de los perdidos *Acta Pauli,* y, según mi firme opinión, de las epístolas canónicas atribuidas al mismo, no es la *teología* o el *sistema* del San Pablo histórico, aunque finalmente haya sido, identificado con aquélla, y lo sea todavía por la mayoría de los teólogos. Es (sirviéndome una vez más de frases de Van Manen) el último desarrollo de una escuela, o, si se prefiere, la expresión de un círculo de creyentes progresivos, que se dieron el nombre de San Pablo, y que se colocaron, por decirlo así, bajo su égida. Supuesto tal modo de ver y de apreciar, no puede dudarse que los piadosos sectarios de ese círculo recibirían y elaborarían con diligentísima solicitud todo cuanto el mundo cristiano no judío poseía en doctrinas de redención, doctrinas que idearon poner retrospectivamente en boca de aquel propagandista hebreo, de aquel Saulo que murió desconocido. No es preciso que nos detengamos mucho en este hecho incontestable (aunque sus particularidades geográficas no se puedan determinar claramente), puesto que el importante papel desempeñado por los gnósticos y por otros iluminados no judíos en el desarrollo de la idea general cristiana es una de las conquistas más indisputables de la ciencia histórica. Dice Van Manen: "A no dudarlo, el círculo paulista era un medio en donde, desde luego, no se sufrió obstrucción alguna de parte de los judíos, o, quizá aun peor, de parte de los discípulos que se les parecían demasiado, y donde los hombres, como amigos de la gnosis, de la especulación y del misticismo, probablemente bajo la influencia de la filosofía griega, y más especialmente alejandrina, habían aprendido a no considerarse obligados por la tradición, y se sentían en libertad de tender su vuelo en todas direcciones. Aprovechándome de una expresión algún tanto posterior, insinuaré que fue entre *herejes.* Las epístolas fueron puestas primeramente en lista entre los gnósticos. Los testigos más antiguos de su existencia, como Meyer y otros críticos lo han estado declarando con una unanimidad algo sorprendente durante más de medio siglo, son Basilides, Valentino y Heracleon. Marción es el primero en quien se encuentran, a creer lo que afirma Tertuliano, vestigios de un grupo autorizado de epístolas de San Pablo. Tertuliano lo llama, sin embargo, el *apóstol de los herejes,* y *vuestro apóstol,* dirigiéndose a Marción"[(101)]. Efectivamente: las epístolas paulinas, como el Cuarto Evangelio y como los *Acta apostolorum,* están llenas de expresiones gnósticas. Orígenes[(102)] reconoce que el Dios de San Pablo es el λόγος de la gnosis, por medio del cual los más elevados misterios de esta disciplina espiritual, a la vez religiosa y científica, son revelados al creyente y al sabio. Los gnósticos, como San Pablo, consideraban al primogénito emanado de Dios como el espíritu de unción,

---

[(101)] Según Tertuliano *(Adversus Marcionem,* III, XII, 12), Marción, como los demás gnósticos, sostenía lo falaz de la idea de un Dios encarnado, y, por ende, negaba la realidad del cuerpo viviente del Cristo. En su sentir, la entidad de éste era mera ilusión, pues no estaba compuesto de carne y sangre humanas, ni había nacido de madre humana, y, por su naturaleza divina, no podía haber sido manchado por un contacto cualquiera de la materia pecadora. Tertuliano añade que Marción aceptaba a San Pablo como al único apóstol que predicaba el puro Evangelio de la Verdad, y que acusaba a los demás discípulos de haber depravado la forma nítida de las doctrinas que les habían sido comunicadas por el maestro, mezclando ideas de la Ley Antigua con las palabras del Salvador. Y, si con atención se leen las epístolas paulinas, se descubrirá toda la herejía del marcionismo puesta en acción contra el dogma católico. Esto va dicho conforme al dictamen del apologista alegado.

[(102)] *Philosophumena,* XXIV.

y por eso le llamaban el Ungido del Altísimo[(103)]. La teología de San Pablo era simbólica por completo, y en ella abundan términos tomados al gnosticismo, como plenitud (*Pleroma*), emanación *(Æon),* corona o dignidad *(Archonte),* sabiduría *(Jeh),* prudencia *(Jehovah),* belleza o magnificencia *(El),* severidad *(Elohim),* victoria o gloria *(Sabaoth),* fundación *(Kadmon),* imperio o dominación *(Adonai),* que es el décimo de los *sephirot* cabalísticos, equivalente al fuego consumidor, y cuya esposa es la Iglesia, doctrina la última repetida a porfía en las cartas del Apóstol de los Gentiles, pero cuyo sentido gnóstico no han comprendido jamás los teólogos ortodoxos, los cuales, en demasía apegados al sentido literal, tornaron a aquél confuso, en vez de místico. Además, en los escritos de San Pablo, como en los de la escuela gnóstica, el compuesto humano se divide en tres partes: la *carne,* la existencia psíquica o *alma y* la entidad patrocinadora, y al mismo tiempo interna, o *espíritu.* Más adelante veremos las consecuencias místicas que de esta doctrina saca San Pablo. Por ahora, me interesa sólo indicar que su fraseología es muy definida cuando enseña la αναστασις, o sea, la continuación de la vida de aquellos que han muerto[(104)]. Por de esenio cuño puede estimarse su concepción, señaladísima también entre los gnósticos, y enlazada por toda la sabiduría antigua al dogma de la transmigración de las almas. Josefo[(105)] y Filón[(106)] deponen que los esenios creían que las almas eran inmortales, que el espacio estaba lleno de ellas, y que las que se hallaban más cerca de la tierra deseaban vivir en cuerpos mortales (παλινδρυμυοσι αύθις), y descendían de las regiones etéreas, para unirse a éstos. San Pablo sostiene que existe un cuerpo *psíquico,* basado en sustancia corruptible, y un cuerpo *espiritual,* basado en sustancia incorruptible. “El primer hombre es de la tierra, y el segundo de los cielos”. Hasta Santiago (III, 15) habla del alma, diciendo que su “sabiduría no es la que desciende de lo alto, sino que es terrena, animal, *diabólica”.* Y una circunstancia sumamente curiosa la constituye el hecho de que semejantes ideas deriven directamente de Egipto y de Grecia. Los egipcios veneraban al espíritu divino, que conceptuaban como *uno solo uno;* que afirmaban ser el padre de los dioses, y que llamaban *Nut* o *Nuter,* y también *Nu o Nun.* Blavastsky[(107)]

---

(103) Kleuker, *Natur und Ursprung der Emanations Lehre bei den Kabbalisten,* 10, 12.

(104) Blavatsky, *Isis unveiled,* II, VI.

(105) *De bello judaico,* II, XII.

(106) *De somniis* (en las *Ópera,* 455 d).

(107) *Isis unveiled,* II, VI. Compárese con mi trabajo sobre *La civilización del antiguo Egipto,* 57, 103, 107, 109.

juzga evidentísimo que de esta palabra copió el filósofo griego Anaxágoras su denominativo νουσδ, razón, mente o inteligencia (νουν αυτσματης), potente por sí misma (αρχητης μινησευς), y engendradora de todas las cosas. En la religión egipcia, según consta del capítulo xv del *Peremhru,* significaba el sol antes de nacer, cuando sólo reinan en el mundo las tinieblas y la noche fría. Pero esta idea sólo dominaba en la mitología popular, pues aquel mismo libro sagrado, en su capítulo XVII, ateniéndose a la cosmogonía genuina del sacerdocio egipcio, insinúa que más adelante *Nu* representó el abismo, el agua terrestre, el caos primitivo[(108)] y que tuvo su personificación en *Ra* y en *Amon Ra.* Eusebio de Cesárea[(109)], que lo denomina *Cneph (Knun o Kem),* consigna que las fábulas del país del Nilo contaban que ese numen lanzó de su boca un huevo, del cual nació aquel dios que los egipcios llamaban *Phtha* y los griegos *Vulcano* (Ηφαιστον), y añade que decían que el huevo era el universo (ἑρμηνεύειν δε το ὠόν τόν χὸσμον). No va mucha diferencia de este concepto al que propugnó Anaxágoras, cuando sentenció que, primitivamente, "todas las cosas estaban en el caos", pero que, más tarde, "vino νους, e introdujo el orden". También designa este νους como "el Uno que gobierna a los muchos"[(110)]. En su opinión, el νους era Dios, y el λόγος era hombre y encarnación del primero. Los sentidos percibían *fenómenos* y el νους solamente conocía *númenos,* o seres suprasensibles, que, por sustraerse al continuo flujo y reflujo de todo lo sensible, son los únicos seres verdaderamente reales. Esto es puro gnosticismo paulinista, que se presenta de igual modo en el platonismo original. Platón, hablando del alma (ψυχέ), observa que, cuando se alía con el νους, todo lo hace rectamente, sucediendo lo contrario cuando se une a ανvοια. A lo que Platón llama νους, San Pablo lo denomina espíritu (πνευμα), y lo que el Evangelio dice del *corazón,* el Apóstol de los Gentiles lo dice de la *carne.* La condición natural del género humano se designaba en lengua griega por αποστασία, y la condición nueva por αναστασις. Según San Pablo, en Adán vino la primera (muerte), y en Cristo la segunda (resurrección), pues él fue el primero que enseñó públicamente a la humanidad la noble senda del "reino de los cielos", que conduce a esa vida eterna, que los sectarios

---

(108) El Padre Mir *(La religión,* 160) juzga "muy dudoso si *Nu* representa el caos primitivo, o el hemisferio celeste, en que se oculta el sol, al ponerse, y de donde sale por la mañana a iluminar el nuestro. El himno a *Shu,* sol saliente, dice así: *¡Oh sér que ha formado su propio cuerpo!; Oh señor único, salido de Nu !"*

(109) *De praeparatione evangelica,* III, IX.

(110) Véase a Aristóteles, *Metaphysicorum,* I, VI; XIII, IV.

LaCriticaLiteraria.com

de *Brahma* llamaron *moksha,* los budistas *nirvana,* los gnósticos "plenitud de luz perpetua", y el *Zohar* hebreo de los cabalistas "palacio de amor" y mansión de inmortal reposo y de perdurable bienaventuranza. ¿Cómo lograr tan altos fines? San Pablo y los gnósticos señalaban cuatro medios: pobreza, castidad, contemplación o plegaria interna y desprecio de las riquezas y de los goces ilusorios de este mundo.

Insistiendo en tan importante punto, vemos con qué fidelidad en unas materias, y con qué libertad en otras, discurre San Pablo sobre el doctrinal del gnosticismo. Porque evidente cosa es que de semejante doctrinal sacó el Apóstol de los Gentiles sus principales concepciones, y las tuvo por muy suyas, al revés de los apóstoles San Pedro y San Judas, que, aunque las conocieron todas, sólo admitieron algunas pertenecientes a la gnosis cabalística oriental[(111)] y declamaron ferozmente contra las otras, dando así el modelo original para los denuestos posteriores de Tertuliano y de San Ireneo. La segunda epístola de San Pedro y el fragmento de San Judas conservado en el Nuevo Testamento demuestran que ambos apóstoles empleaban las mismas expresiones cabalísticas de los gnósticos cristianos que formaron una parte de su sistema, valiéndose de las luces que les procuró la secular teología asiática. Esta consideración, y otras que no son de este lugar, han inducido a varios críticos a tener las epístolas atribuidas a aquellos apóstoles por muestras genuinas de gnosticismo judaizante. Encarándose con los *ofitas,* San Pedro *(Epistola Catholica Petri Secunda,* II, 10) exclama: "Presuntuosos son ellos, atrevidos, contumaces, y tan despreciadores de toda *potestad,* que no temen hablar mal de las *dignidades* superiores". San Judas, en los versículos 6 a 8 del capítulo único de su *Epistola Catholica,* repite las acusaciones de San Pedro por este tenor: "Como a los ángeles que no guardaron su *dignidad,* mas dejaron su habitación, los ha reservado el Señor debajo de prisiones eternas hasta el juicio del gran día, y como Sodoma y Gomorra, y las ciudades comarcanas, las cuales, por haber fornicado, y por haber seguido la carne extraña, fueron puestas por ejemplo, sufriendo el juicio del fuego eterno, así también estos impuros soñadores corrompen la carne, menosprecian la *dominación,* y vituperan las *potestades* superiores".

Varias cosas merecen consideración en los precedentes pasajes. La primera concierne a las sectas gnósticas a que los apóstoles se refieren. San Pedro dirígese, evidentemente, a los *ofitas* u *ophnitas,* secta derivada de la de los maniqueos, y que consideraba al arcángel Miguel o *Michael* (calificado por el *Talmud* de "príncipe del agua"), idéntico a su

---

(111) Véase a Drach, *La Cabale des hébreux vengée,* 18, 64.

Ophiomorphos. Los ofitas se dividían en dos grandes categorías: la de los que, en vez de adorar el recuerdo de la Virgen María abrazándose al árbol de la cruz, adoraban a la serpiente genesíaca retorciéndose y apretando sus escamas y sus anillos al tronco de la ciencia del bien y del mal; y la de los que doblaban sus rodillas ante el hermano de Abel, ante el fratricida, por lo cual se les designaba con el nombre de *cainitas.* Estos eran tan gnósticos como los primeros, con la sola diferencia que su gnosticismo era antinómico, porque, para estos sectarios del siglo II, Caín era el representante del principio espiritual más elevado[(112)]. En consecuencia, profesaban el principio de que la muerte de Jesús, el Hombre Dios, en la cruz, fue el crimen más estupendo del universo, y que, no obstante, fue necesario para que la humanidad (los predestinados para la vida eterna) pudiera salvarse[(113)]. En su odio al Antiguo Testamento, deificaban lo que éste condena, y se hicieron representantes de la *Sophia.* Los apóstoles, según ellos, eran seres inferiores, pero Judas Iscariote poseyó la verdadera gnosis, porque provocó la muerte de Jesucristo[(114)]. Se les ha acusado (a mi

---

(112) Las doctrinas de los cainitas están encerradas en el apócrifo *Evangelium Judae* y en la *Ascensio Pauli.* Véase a San Ireneo *(Adversus haereses,* III, XVI), a San Epifanio *(Haereses,* XXXVIII, II) y a Tertuliano *(De Praescriptione,* XXXII, XXXIII). Léase también la muy justa apreciación de Lichtenberg *(Enciclopédie des sciences religieuses,* II, 506) sobre esa extraña secta. Consúltese asimismo mi obra sobre *El universo invisible,* 201.

(113) Conocida es la aplicación que se ha hecho de este principio al caso concreto de la traición de Judas. Si la felonía del discípulo traidor estaba prevista en los designios de la Providencia, era preciso que su ambición se hallase dispuesta para recibir los treinta dineros; su alevosía para premeditar la entrega; su hipocresía para dar al maestro el beso de paz. Era preciso que su misma depravación hubiese puesto en su cerebro el necesario instinto para comprender que en semejante acción radicaba el gérmen de la redención del hombre y la causa ocasional de la economía divina. Tales fueron los males anunciados por el mismo Jesucristo como precedentes indispensables del bien supremo de su inmolación, y Judas, al consumarlos, fue un instrumento de la lógica providencial, pues sin ellos no se hubiera realizado la salvación del mundo. Cuánto se manifiesta con todo esto el rigorismo inmoral de los hechos consumados, se echará de ver reparando que el ejemplo citado es el único en que se verifica lo de sacar bienes del fondo del mal. Se admite en general, por protestantes y por católicos, que al diablo y a sus ángeles debemos en absoluto nuestro Salvador, y que sin ellos no hubiéramos tenido, ni Jesús, ni cristianismo. De aquí la exclamación famosa: *Oh beata culpa, qui talem meruisti Redemptorem!* ¡Oh bendita culpa, que tal Redentor mereciste!

(114) Compárese con Anatole France (*Le jardín d'Epicure,* 55): "El destino de Judas de Kerioth nos sumerge en un abismo de admiración, porque, al cabo, ese

juicio, sin razón) de entregarse a todo género de torpezas, y de colocarlas bajo la invocación de los ángeles, para destruir la obra del *Demiurgo.* Pero esta acusación es poco válida, por proceder del mismo San Pedro, quien les reprocha el que, "siguiendo la carne, andan en concupiscencia e inmundicia" *(Epistola Catholìca Petri Secunda,* II, 10). Ahora bien: buscar en la historia posterior de las herejías vestigios o restos de cainismo, parece intento casi excusado[115]. Sólo advertiré que, en la época

---

hombre vino para cumplir las profecías, y era preciso que vendiera al Hijo de Dios por treinta dineros. Y el ósculo del traidor es, como la lanza y como los clavos venerados, uno de los instrumentos necesarios de la pasión. Sin Judas, ni se hubiese realizado el misterio, ni salvado el género humano. Y, sin embargo, es opinión constante entre los teólogos que Judas se condenó. Fúndanla en esta frase de Cristo: *Más le valiera no haber nacido* (San Mateo, XXVI, 24; San Marcos, XIV, 21; San Lucas, XXII, 22)." San Juan (XIII, 21, 29) da otra versión, pues supone que Jesús, después de anunciar a sus discípulos, en la noche de la Cena, que uno de ellos le entregaría, y preguntado por éstos que quién era, respondioles que aquel a quien diera el pan mojado. Mas, aunque se lo dio a Judas Iscariotes, *ninguno de los que estaban a la mesa entendió a qué propósito dijo aquello. Porque algunos pensaban que, por tener Judas la bolsa, Jesús le indicaba que comprase lo que se necesitaba para las fiestas, o que diese algo a los pobres.*

[115] Sin embargo, la idea de que Judas no debió perder su alma, por haber trabajado por la salvación del mundo, persistió oscuramente en la conciencia cristiana como tormento místico, siendo su última víctima el abate Œgger, primer vicario de la catedral de París. Anatole France *(Le jardin d'Epicure,* 57) refiere que "ese sacerdote, que poseía un alma llena de piedad, no podía soportar la idea de que Judas padeciese en el infierno las penas eternas. En él pensaba constantemente, y sus angustias crecían con sus perpetuas meditaciones... Llegó a creer que el rescate de aquella alma desventurada interesó a la divina misericordia, y que, no obstante la oscura frase del Evangelio y la tradición eclesiástica, el hombre de Kerioth pudo salvarse. Las dudas se le hacían insoportables, y quiso aclararlas. Una noche de insomnio se levantó, y entró por la sacristía en la iglesia desierta, donde las lámparas ardían perpetuamente, rodeadas de tinieblas profundas. Prosternose ante el altar mayor, y oró así: *Dios mío, Dios de clemencia y de amor, si es cierto que has recibido en tu gloria al más desventurado de tus discípulos, y si es cierto, como lo espero y quiero creerlo, que Judas Iscariotes está sentado a tu diestra, ordena que descienda hasta mí, y que él mismo me anuncie el más grande milagro de tu misericordia. Y tú, a quien maldicen desde hace dieciocho siglos, y a quien yo venero, porque has preferido el infierno para ti solo, por reservarnos el cielo, macho cabrío emisario de traidores y de infames, ¡oh Judas!, ven a imponerme tus manos, para que pueda consagrarme al sacerdocio de la misericordia y del amor...* Terminada esta oración, el sacerdote prosternado sintió dos manos que se posaban en su cabeza,

a que me estoy refiriendo, menudeaban sobre el cristianismo herejías tantas, que no se daban vagar unas a otras. Nuestra religión se descomponía cada vez más bajo la influencia de los dogmáticos literalistas, y señaladamente de los gnósticos judaizantes, que negaban la divinidad de Jesucristo, y que concebían el reino de Dios en sentido popular o exotérico. Las herejías de este género, que en aquel siglo eran sólo cinco, tuvieron tiempo de multiplicarse, pues en el siguiente había ya treinta y tres, y en el siglo V subió su número hasta cincuenta. Cada herejía era a su vez semillero de herejías. Así el satanismo cainita dio origen a la secta de los *coreítas,* que reconocían por Dios a *Coré.* Muchas de las doctrinas teológicas de estos sectarios y algunas de las provocadas por determinadas influencias sugieren la atribución de cierto gnosticismo avanzado. Pero me he convencido de que no hay testimonio suficiente de que siguiesen la sabiduría esotérica, y, conforme a nuestro canon, tampoco lo hay de que ofrezcan verdadero sentido universalista. Por eso, me limito a hacer de esta secta una pequeña mención, no sin recordar que San Judas, en su versículo 11, se refiere a sus secuaces y a los cainitas, declamando: "¡Ay de ellos! Porque han seguido el camino de Caín, y se lanzaron en el error de Balaam por recompensa, y perecieron en la contradicción de Coré". Esta secta, como la de los ofitas, adquirió forma definida allá por los tiempos de Basílides y de Marción, y en ella podemos hallar la razón de que los Padres de la Iglesia considerasen como herejías todas las demás sectas gnósticas, al paso que los partidarios de éstas desechaban por completo la Biblia Mosaica, en que pretendía fundarse el catolicismo. Sin embargo, la teología de los ofitas, aparte algunas deducciones originales, como las de otros varios de los más importantes fundadores de las diferentes ramas del gnosticismo, no era nueva, puesto que, pasando a través de la tradición cabalística de Caldea, recogió sus materiales en los libros egipcios atribuidos a Hermes Trismegisto y en las enseñanzas de la India brahmánica y búdica[(116)]. Dentro de tan extraña comunión, se

---

cual las del obispo el día de su ordenación. Al día siguiente, anunció su vocación al arzobispo. Soy sacerdote de la misericordia (le dijo) según la orden de Judas, *secundum ordinem Judas...* Y, desde ese mismo día, Œgger se fue por el mundo a predicar el Evangelio de la Piedad Infinita, en nombre de Judas redimido. Su apostolado le abismó en la miseria y la locura. Œgger se hizo swedemborgiano, y murió en Munich. Fue el postrero y más dulce de los cainitas".

[(116)] Blavatsky, *Isis unveiled,* II, IV. Digna es de considerar la afinidad entre el sistema ofita y los sistemas babilónico e indio. Su gran causa primera, el germen primordial del universo, el no revelado *Uno-Todo* (como le llamaban los neoplatónicos de Alejandría), que existe por sí mismo, y que no es jamás

produjeron otras muchas sectas. El *setheísmo o sethenianismo,* que era una teoría francamente bíblica, negaba el culto de *Coré,* para reemplazarlo por el de *Seth,* hijo de Adán. El apócrifo Evangelio armenio de la Infancia (XI, II), coincidente en esto con el *Opus imperfectum in Mathaeum* (II, 2)[117], supone que los magos fueron a Bethlehem para obedecer a un mandato divino, que sus antecesores les habían transmitido, al mismo tiempo que un libro dado por Dios a Adán, al ocurrir el nacimiento de su hijo Seth, libro que se llamó indistintamente *Sepher Seth* o *Sepher Adam.* Compréndese que los setheístas convirtiesen ese libro en la Biblia particular de su secta, y que lo tuviesen en gran veneración, porque la tradición religiosa, recogida por el Evangelio armenio y por el *Opus imperfectum,* aseguraba que dicho libro lo había dado Adán a su hijo Seth, Seth a Enoch, Enoch a sus descendientes, pasando de esta suerte de padres a hijos hasta Noé, el cual lo había dado a Sem, Sem a sus hijos, y sus hijos a sus hijos, hasta Abraham, que lo dio al pontífice Melquisedec, y éste a otros, y estos otros a otros todavía, hasta que llegó a manos del rey persa Ciro, que lo depositó con gran honor en una sala, donde permaneció guardado cuidadosamente, hasta que los magos lo leyeron, y, haciéndose cargo de su anuncio, habían ido a Judea, en busca del Redentor, cuyo lugar y cuya fecha de nacimiento allí se vaticinaban.

---

nombrado, sino sólo reconocido mentalmente, corresponde, en la doctrina de los ofitas, al *Ad* o *Adad* de Caldea (equivalente, a su vez, al *Ensoph* cabalístico) y al *Brahma-Zyaus,* y también *Svayambhura,* de la India. Este Ser Supremo o espíritu innominado (*Eikon* babilónico y *Brahma* indio), al despertar de su reposo eterno, y desear manifestarse, se convierte en doble deidad sexuada, padre y madre universal de las cosas. De aquí, en el sistema ofita, *Abrasax* (varón) y *Bythos* (hembra), iguales a *Anu* (varón) y *Anata* (hembra), de Caldea, y a *Nora* (varón) y *Nari* (hembra) de la India. De la unión de los dos principios surge un tercer principio creador, el Hijo o *Logos* manifestado, producto de la mente divina, y que los ofitas denominaban *Ophis,* los caldeos *Bel* y los indios *Viradj.* Además, cada uno de estos principios poseía una triple trinidad masculina, cada una de las cuales procedía por separado de una divinidad femenina. Así, en el sistema ofita, la trinidad consistía en el misterio llamado *Sige, Bythos, Ennoia,* mezclados en UNO, que es *Abrasax,* por la Virgen *Sophia* o *Pneuma,* la cual es por sí misma una emanación del segundo de aquellos númenes, y de ellos dimana *Christos.* En Caldea, la trinidad de *Anu, Bel, Uva* (o *Sin, Sarnas, Bin),* están mezclados en UNO, que es el primer numen, por la Virgen *Ishtar o Mylita,* y, en la India, la trinidad de *Brahma, Vishnu, Siva,* están mezclados en UNO, que es *Brahm* (voz neutra y significativa de lo divino abstracto e impersonal), por la Virgen *Nari,* progenitora de fecundidad perpetua.

(117) Véase a Migne, *Patrologia graeca,* LVI, 638.

Para sacar en limpio con más claro fundamento la significación genuina de las opiniones religiosas de San Pedro y de San Judas, parece bien tomarlas desde sus principios, esto es, acudiendo a sus raíces ofitas y setheítas, cuyo valor no hicieron aquellos apóstoles más que conservar en su propio ser, a pesar de creer que hacían todo lo contrario. Los ofitas, una secta puramente griega, y los setheítas, una rama de los nazarenos judíos, concordaban en gran parte con las doctrinas de Cerinto, discípulo directo de Simón Mago, y admitían los seis radicales que, en su *Pistis Sophia,* estableció Valentino, conviene a saber: *Micael* (espíritu o mente), *Gabriel* (verdad o inteligencia), *Suvid* (mundo o voz), *Rafael* (vida o nombre), *Tàntabaoth* (iglesia o razón) y *Erataoth* (pensamiento u hombre), correspondientes a las constelaciones que se les asignaban (la Osa, el Dragón, el Águila, el León, el Can y el Toro)[(118)]. Pues resulta que San Pedro y San Judas, no sólo adoraban a Miguel y a los demás arcángeles, sino que veneraban también a Satán, porque el último, antes de su caída, era igualmente un ángel. Su actitud es abiertamente franca, puesto que apostrofaban a los gnósticos, por hablar "mal" de él. Pero entiéndase ésto: es más probable que ambos apostrofaran a San Pablo, que predicaba en contra de tal creencia, y que el hablar de los gnósticos era únicamente un pretexto[(119)]. Nadie puede negar lo siguiente: cuando San Pedro denuncia a aquellos que no temen hablar mal de las *dignidades,* añade inmediatamente: "Como quiera que los mismos ángeles, que son mayores en fuerza y en potencia, no pronuncian juicio de maldad contra las dignidades delante del Señor" *(Epistola Catholica Petri Secunda,* II, 11). ¿Quiénes eran las *dignidades?* San Judas, en el versículo 9 de su *Epistola Catholica,* presenta la palabra tan clara como el día. ¡Las *dignidades* eran los *diablos!* Quejándose de la falta de respeto demostrada por los gnósticos hacia los *poderes* y las *dominaciones,* San Judas arguye con las mismas palabras de San Pedro: "Y, a pesar de todo, cuando el arcángel Miguel contendía con el diablo, disputando sobre el cuerpo de Moisés, no se atrevió a usar de juicio de maldición contra él, sino que dijo: El Señor te reprenda". ¿Es esto bastante claro? Si no lo es, tenemos aún la religión mazdea para probar quiénes eran las *dignidades.* La consonancia de los textos de los dos apóstoles es indicio concluyente de creencia plagiada de la *Cabala* y del zoroastrismo, en que las dignidades o *potestades* son los genios subordinados de los ángeles y arcángeles del *Zohar,* y el mismo

---

(118) Véase a Urbano, *El sello de Salomón,* 74. Compárese con mi obra sobre *El universo invisible,* 215.

(119) Blavatsky, *Isis unveiled,* II, IV.

Talmud, en su estado actual, está todo él tomado del *Zend-Avesta.* ¿Qué religionista ignora hoy día que los siete espíritus angélicos de la creencia cristiana provienen del ciclo avéstico, en que son venerados los *fravashis* y los *amesha spentes,* emblemas de nociones elevadísimas?[(120)]. Al adoptar las opiniones de San Pedro, de San Judas y de otros apóstoles judaicos, los cristianos primitivos se convirtieron en una secta disidente de los persas, pues ni siquiera interpretaron la significación de su angeología como lo hicieron los cabalistas consumados.

Y ahora, si comparamos la doctrina de San Pedro y de San Judas con la de San Pablo, hallamos ser la última más alambicada, por más gnóstica. Dice muy a nuestro propósito Blavatsky[(121)]: "La advertencia de San Pablo a sus conversos, contraria a la adoración de los ángeles, prueba lo bien que reconocía, hasta en un período tan remoto, los peligros de acogerse a una teoría teológica, cuya filosofía tan sólo podía ser interpretada debidamente por los magos iranios y por los *tamaim* judíos. Cuando, en su *Epistola ad Colossenses* (II, 18), ordena a sus conversos que *nadie les prive de su premio, afectando humildad y culto a los ángeles, y metiéndose en lo que no han visto, vanamente hinchados en el sentido de su propia carne,* esta sentencia va oportunamente dirigida contra San Pedro, San Judas y sus campeones. En el *Talmud,* el arcángel Miguel tiene siete espíritus inferiores que están sujetos a su dominio, y es el patrono o ángel guardián de los judíos, según nos lo enseña Daniel (V, 21). Los ofitas griegos, que le consideraban como la personificación de la malicia y de la envidia de *Ilda-Baoth,* o sea del *Eón, Archante o Demiurgo* de la materia, eran mirados como blasfemos por los judíos. Pero ¿sancionó el Evangelio en ninguna ocasión esa creencia en los ángeles, como no fuese para indicar simplemente que eran los subordinados y los mensajeros de Dios? De aquí que el origen de las diferencias posteriores entre las sectas cristianas se relacione directamente con esas dos antiguas y contradictorias opiniones. Mas precisamente las invectivas de San Pablo contra el culto angélico, comparadas con las doctrinas ofitas, patentizan de una manera inequívoca que el apóstol de los gentiles, no obstante algunas discordancias con las ideas más importantes de los gnósticos, participaba de sus opiniones cosmogónicas sobre las emanaciones, y que sabía perfectamente que el *Eón, Archonte* o *Demiurgo* que había por nombre judío *Jehovah,* no era el Dios predicado por el Evangelio". San Pablo, en efecto, creía en esos poderes ocultos en el mundo "invisible", pero siempre "presente", y lo

---

(120) Véase mi obra sobre *El universo invisible,* 40.

(121) *Isis unveiled,* II, IV.

único que prohibía era rendirles el homenaje debido tan sólo a la causa primera o numen soberano. Que esto es así, poquísimo costará convencerlo, cotejando su teología y su cristología con la teología y con la cristología de los ofitas. Para él, como para éstos, y también para los partidarios del sistema *nazareno,* una de las ramas del gnosticismo judaizante, *Christos* es uno de los siete *eones* o de los siete espíritus de Dios de San Juan. Según los ofitas, *Sophia Achamoth* hace emanar de sí a *Ilda-Baoth,* el *Demiurgo,* que da origen a la creación material e inanimada, y por cuyo influjo se produce, en el orden espiritual, la *gracia,* poder justificativo de las *obras hechas con fe.* Reconócese aquí la doctrina de San Pablo, el gnóstico platonizante, diametralmente opuesta a la de Santiago, el talmudista ortodoxo, para quien "la fe sin las obras es muerta" *(Epistola Jacobi,* II, 26). San Pablo llamaba al Cristo el *segundo Adán,* y los ofitas y los nazarenos entendían lo mismo, pero en el sentido de ser un *Adán restaurado,* es decir, el Adán anterior a su caída, cuando poseía el espíritu de *Adonai,* su padre, y de *Shekinah,* su madre[(122)], idéntica la última a la *gracia,* corona de salvación y luz de la más *interna* de todas las luces[(123)], y equivalente, por tanto, a la propia substancia de las tinieblas, de donde el carácter misterioso de la eficacia de ese factor prodigiosísimo en el alma humana. Esto es paulismo puro, y los ofitas, de acuerdo con el *Codex Nazaraeus* (III, 73), explicaban gnósticamente toda la economía de la redención y todo su proceso. Debemos a King[(124)] una exposición detallada de la teoría de los ofitas, que paso a compendiar brevemente, y cuyo punto de partida es que *Achamoth,* afligida por los males que pesaban sobre la humanidad, a pesar de su protección, suplica a *Sophia,* su madre y su arquetipo, que envíe a *Christos,* emanación o hijo de la Virgen

---

(122) Para los cabalistas, el primer Adán es *Adon, Adonai* o *Adonis,* y los ofitas hicieron de él el tercer hijo de *Ilda-Baoth,* genio maligno y enemigo constante del hombre, cuyo divino e inmortal espíritu le daba medios de convertirse en su rival. Véase a Tholuck, *De ortu Cabbalae,* 18, 22, 57.

(123) Blavatsky, *Isis univeiled,* II, v.

(124) *The gnostics and their remains,* 31. King adopta principalmente la información dada por Teodoreto, con adiciones de San Ireneo y de San Epifanio. Pero Teodoreto da una versión muy imperfecta, aliñada en parte con los datos de San Ireneo, y en parte con sus propios conocimientos acerca de los últimos ofitas, quienes, al final del siglo III, se habían ya mezclado con otras varias sectas. También San Epifanio los confunde con frecuencia, y ninguno de ellos reproduce correctamente la verdadera teoría de los ofitas, que, exceptuando un cambio de nombre, es la de todos los gnósticos, y también la de los nazarenos, como consta del *Codex Nazaraeus* (I, 118). Véase a Blavatsky, *Isis unveiled,* II, IV.

LACRITICALITERARIA.COM

Celestial, en auxilio de la humanidad que perece, pues *Ilda-Baoth* y sus seis hijos materiales están apartando la luz divina de ella, que, sin embargo, debe ser salvada. *Ilda-Baoth* ha enviado ya a su propio agente Juan el Bautista, de la raza de Seth, al cual protege en calidad de profeta de su pueblo. Pero sólo le escucharon un pequeño número de nazarenos, antagonistas de los judíos, a causa de adorar éstos a *Iurbo-Adonai*(125). *Achamoth* había asegurado a su hijo *Ilda-Baoth* que el reino del Cristo sería sólo temporal, y así le indujo a enviar al predecesor o precursor. Además, ello fue causa de que él diese lugar al nacimiento del hombre Jesús de la Virgen María, su prototipo en la tierra, pues la creación de un personaje físico tan sólo podía ser obra del *Demiurgo,* para no caer en las atribuciones de un poder más elevado. Tan pronto nació Jesús, *Christos,* el perfecto, uniéndose a sí mismo con *Sophia* (sabiduría y espiritualidad), descendió a las siete regiones planetarias, asumiendo, en cada una de ellas, una forma análoga, y ocultando su verdadera naturaleza a sus genios respectivos(126), al paso que atraía hacia sí los destellos de luz divina que

---

(125) Importa no olvidar que, según los ofitas, *Iurbo y Adonai o Adunai* eran nombres de *laoJehoyah,* una de las emanaciones de *Ilda-Baoth.* La voz *Adonai* era la versión vulgar de *Iaveh o Yaveh,* que los samaritanos pronunciaban *Iavé o Yahva,* y los judíos *Yaho* o *Ihuh.* En realidad, las raíces *Ah y Jah* significan, en hebreo, "respiración" y "vida". Y así, el autor del *Sepher Bereschith* da a la palabra *Evah* el significado de "madre de todos los *vivientes".*

(126) El *Codex Nazaraeus* habla de *"siete* astros mal dispuestos", que representan *"siete* figuras" en la materia conservadas y faltas de inteligencia. En el *Apocalipsis,* el Espíritu Santo está subdividido en *"siete* espíritus", colocados ante el trono de Dios. San Justino, en su *Cohortatio ad graecos,* hace la misma subdivisión en *"siete* espíritus" (πνευματα), y remite a los "profetas sagrados que eso dicen". Los más antiguos gnósticos del comienzo de nuestra era sostenían que, habiendo emitido el *Eón* Supremo otros eones de sí mismo, uno de ellos, hembra, que había por nombre *Prunnikos,* descendió de lo alto del cielo al báratro del caos, del que fue incapaz de escapar, quedando suspendida en el espacio medio, por estar demasiado obstruida por la materia para volver arriba, y no poder caer más abajo, donde no había nada afín con su naturaleza. Entonces creó a su hijo *Ilda-Baoth,* el Dios de los judíos, el cual, a su vez, produjo siete *eones* o ángeles, que formaron los *siete* cielos. San Pablo (*Epistola Pauli ad Corinthios Secunda,* XII, 2), se hizo eco de esta doctrina, cuando afirmó haber sido "transportado al *tercer* cielo", y cuando *(Epistola Pauli ad Philippenses,* II, 10) dividió a los pobladores visibles e invisibles del universo en tres categorías: χαταχθόνι o o seres subterráneos, επίγειοι o moradores de la tierra, y επουράνιοι o habitantes de las esferas superiores. Ahora bien: conforme a la doctrina gnóstica que estoy exponiendo, y cuyo desarrollo más amplio puede verse en King *(The*

ellos conservaban en esencia. Y *Christos* u *Ophis* [(127)] entró en el hombre Jesús, en el momento de ser éste bautizado en el Jordán. Antes de su bautismo, Jesús había ignorado por completo su misión, y sólo desde entonces empezó a hacer milagros. Mas, al descubrir *Ilda-Baoth* que *Christos* iba a acabar con su reinado material, incitó a los judíos en contra suya, y Jesús fue condenado a muerte. En el apócrifo Evangelio de Nicodemo (XXI, 4), *Ilda-Baoth* es llamado *Satán,* en cuya boca, al excusarse ante el príncipe del infierno, pone el piadoso y anónimo autor de aquel documento espúreo las siguientes palabras: "Cuanto a mí, he tentado a Jesús, y he sublevado a mi antiguo pueblo de los judíos contra él"[(128)]. Y,

---

gnostics and their remains, 78), *Ilda-Baoth* ocultó a los siete ángeles, hechuras suyas, todo cuanto estaba por encima de él, a fin de que no conocieran algo que le fuera superior, determinación que recuerda la prohibición hecha a Adán y a Eva por Dios, y las palabras que éste se dirige a sí mismo, después de la defección de aquéllos: "He aquí que el hombre es como uno de *nosotros,* sabiendo el bien y el mal" (S*epher Bereschith,* III, 22). Aunque el autor bíblico atribuya esta frase a *Jehovah,* el uso del plural *nosotros* (o *nos,* en algunas versiones) prueba que fueron los *Elohim* los que crearon a Adán, y los que deseaban que el hombre no se convirtiera en "como uno de *nosotros".* Nuevamente coincide con el *Sepher Bereschith* (V, 1) el primitivo sistema gnóstico, al afirmar que, enfrentándose con *Ilda-Baoth,* los siete ángeles o *Elohim* crearon al hombre a imagen y semejanza del Padre Supremo, bien que encorvado y arrastrándose por la tierra como un gusano. Mas, deseando la madre celeste, *Prunnikos,* privar a *Ilda-Baoth* del poder de que inadvertidamente le había dotado, infundió en el hombre el destello superior del espíritu. Inmediatamente se levantó el hombre sobre sus pies, remontó su mente más allá de los límites de las siete esferas, y glorificó al Padre Supremo, que está por encima de *Ilda-Baoth,* por lo cual el último, lleno de celos, dirigió la vista hacia el depósito más inferior de la materia, y engendró una potencia en forma de serpiente, a la cual los ofitas llaman su hijo. Y Eva, obedeciéndola como a hijo de Dios, fue atraída a comer del fruto del árbol de la ciencia.

(127) No estará de más advertir que *Ophis* ofrece evidente afinidad con el dios egipcio *Chnupis,* o la "buena serpiente", que tenía una radiante cabeza de león, y que era considerado, desde la antigüedad más remota, como un emblema de la sabiduría o *Thauth,* Hijo de Dios e instructor y Salvador de la humanidad.

(128) "Nos encontramos aquí con una de las últimas burlas dirigidas al enemigo destruido. De todos los ejemplos de cristiana ingratitud, éste es, indudablemente, el más irónico. Se roba primero a los judíos sus libros sagrados, y después, en un Evangelio falso, se les insulta como representantes de *Satán,* que les llama *su contiguo pueblo.* Si constituían un pueblo, y al propio tiempo eran el *pueblo escogido de Dios,* en tal caso semejante Dios debe ser *Satán,* y no *Jehovah.* Ello

cuando Jesús estaba en la cruz, *Christos* y *Sophia* abandonaron su cuerpo, y volvieron a su propia esfera. Se restituyó a la tierra el cuerpo del hombre Jesús, pero dándole otro cuerpo etéreo, astral o psíquico y, en adelante, quedó constituido en *alma* y en *espíritu,* lo cual motivó que sus discípulos no le reconociesen después de su resurrección, a la que sobrevivió dieciocho meses, en ese estado anímico y espiritual de *simulacrum,* y durante cuya última estancia recibió de *Sophia* aquella ciencia perfecta y aquella verdadera gnosis que comunicó a algunos pocos de entre sus apóstoles, aptos para recibirla. Ascendiendo luego al espacio medio del cielo, está sentado a la diestra de *Ilda-Baoth,* pero sin que éste le perciba, y allí acoge a todas las almas que hayan sido purificadas por el conocimiento de *Christos.* Cuando haya recogido toda la luz divina que existe en la materia, sacándola del imperio de *Ilda-Baoth,* se habrá cumplido la redención, y el mundo será destruido. Tal es el significado de la reabsorción de toda la luz divina, de donde descendio originariamente.

No me parece necesita de más apoyo la conclusión de ser alegóricas por completo las concepciones evangélicas del gnosticismo, y del paulismo, por ende. Más tarde, tocaremos otras parecidas teclas de igual o mayor desarmonía con el sentido evemérico de los evangelistas canónicos, a quienes no les pasaba por el pensamiento convertir en simbólicos y abstractos los hechos biográficos y concretos, al estilo de los gnósticos, cuyas mañas no quisieron imitar en sus relatos. Échase de ver, por otra parte, que el ofismo es la negación de evemerismo tan tosco. Mas, como rama del maniqueísmo que era, el ofismo partía de un panteísmo entreverado de ideas dualistas. Y es que, después de haber parecido panteísta por sus bases, el sistema maniqueo acaba siendo dualista en sus consecuencias y resultas. Y esta importantísima teoría del dualismo nadie negará la influencia que ha ejercido en las religiones de Moisés y de los discípulos de Jesús, tales como aparecen en el *Sepher Bereschisth* y hasta en las páginas de los Evangelios, y a pesar de cuanto han declamado sus sucesores contra el maniqueísmo[129]. En el *Sepher Bereschisth,* sobre todo, se encuentra descrita, bajo el velo más o menos transparente de la alegoría, la lucha eterna del bien y del mal, de la vida y de la muerte, de la luz y de las tinieblas. Al Dios próvido que ha creado al hombre, que le ha enriquecido con los dones de su mano, y que enciende y mantiene el fuego

---

es lógico, pero dudo mucho que pueda ser mirado como una lisonja dirigida al *Señor Dios de Israel"* (Blavatsky, *Isis unveiled,* II, IV).

[129] Varona, *Estudios literarios y filosóficos,* 10. Compárese con Cabrera, *Razón contra Razón,* 5, 9.

sagrado vivificador del mundo, se opone (bajo la figura de serpiente tentadora) el Dios maléfico, que mancilla la obra admirable de su competidor, y que tiende a destruirla, sembrando en el corazón del hombre las malas pasiones, y desencadenando sobre la tierra los furiosos elementos. Esta parte de la doctrina de *Manés,* que queda en segundo término en los demás libros de la Antigua Ley, reaparece con bastante fuerza y color en las páginas de los Evangelios[(130)]. Y se ha de decir también que la denominación de *vas electionis,* dada a San Pablo por la Iglesia Católica, es en todos conceptos maniquea, y expone gravemente a esa Iglesia a los ataques de que es objeto de parte de los que la acusan de ignorancia e incompleta investigación, por otorgar a sus más santos apóstoles títulos usurpados a sus enemigos más violentos, los herejes y los gnósticos. En efecto: el verdadero nombre de *Manés,* como nacido que había en Persia, era *Cubribus* o *Cubribo*[(131)]. Pero el sobrenombre adoptado de *Manes o Mamis* (= *Masses* o UNGIDO), que significa, en lenguaje babilónico, vasija escogida o receptáculo[(132)], dio nacimiento a la leyenda que lo representa, de igual modo que a San Pablo, como "vaso de elección", es decir, como vaso lleno de la luz que Dios vierte sobre aquel que como intérprete ha elegido[(133)].

Y aquí levanto la mano del bosquejo de esta secta[(134)], que, a fines del siglo III, había adquirido ya numerosos prosélitos en Asia, África y

---

(130) En todas o casi todas las religiones existentes, el dualismo se manifiesta por la caída, y los ofitas refrendaban, de acuerdo con la Biblia, que, con el conocimiento, viene la tentación del *Ophiomorphos,* el cual prevalece en Abel y en Caín, símbolos del bien y del mal, de la vida y de la muerte, de la luz y de las tinieblas. No dejan de ser extrañas a este propósito las frases con que el *Sepher Bereschit* comienza su capítulo IV: "Y conoció Adán a Eva *(Hua),* su mujer *(astu),* que concibió y parió a Caín *(Kin),* y dijo: Adquirido he varón por *Jehovah* (*Riniti ais Yahva).* Algunos intérpretes ponen *de,* en vez de *por,* en la primera frase, y traducen la última: "He logrado u obtenido un *marido",* ateniéndose al significado genérico de *hombre* de los vocablos *is, ais, Yava.* Pero, ni atienden a la propiedad concreta del giro, ni dan otra razón de su preciso significado sino el parecerle a ellos así.

(131) San Epifanio, *Haereses,* LXV, I.

(132) King, *The gnostics and their remains,* 38.

(133) Blavatsky, *Isis unveiled,* II, IV.

(134) Su fundador y jefe, como ya advertí en otra obra *(El universo invisible,* 208), era un esclavo comprado por la viuda de un comerciante rico domiciliado en Persia, y que, imbuido en doctrinas mazdeas, fue a buscar en las obras del mago y metafísico egipcio Escitiano datos para fundar una nueva fe. Combinando las teorías de los libros mazdeos con las teorías gnósticas, con el antiguo dualismo

Europa, y que, por mil canales secretos, infiltró sus doctrinas en todas las herejías religiosas y sociales de la Edad Media. Hubo también gnósticos judaizantes, que negaban la divinidad del Cristo, y que concebían el reino de Dios en sentido popular y exotérico. Otrosí hubo sectarios que renunciaron a todos los bienes de la tierra, condenando a los que poseían algo, y no recibiéndolos en su comunión, los cuales sectarios llamábanse *apostólicos,* porque tenían la pretensión de imitar la vida de los apóstoles[135]. Otros, inspirándose en un exagerado sentimiento de la igualdad, extendieron la comunidad hasta las mujeres, y tales fueron los *carpocracianos,* de cuyos dogmas nos ha conservado Clemente Alejandrino[136] un notable fragmento. Ni son de olvidar los *coliridianos,* de cuyo círculo salió el apócrifo Evangelio de la Natividad *(De nativitalc Marine),* falsamente atribuido a San Mateo, y que traspasaron el culto de la *Astoreth* pagana a María, reina de los cielos, como aquélla. Estos sectarios fueron condenados y perseguidos a muerte, como heréticos, por los cristianos ortodoxos. Pero, si tales gnósticos establecieron su culto, ofreciéndole sacrificios de bollos, roscas o pastas finas, era porque creían que María había nacido de una virgen inmaculada, como se pretende que nació el Cristo de su madre. Y, en el siglo XIX, cuando la infalibilidad del Papa quedó reconocida y aceptada, la primera disposición práctica de Pío IX fue la restauración de la creencia coliridiana como un artículo de fe[137].

Aunque más indirecta relación guarda con la doctrina de San Pablo el *montanismo,* que engendró las sectas de los *tascodrujitas, catar finíanos, quintilianos, astotiriias y tertulianistas,* todas las cuales veían en su jefe Montano al mismo Espíritu Santo, y entendían, participando de las

---

persa y con el nuevo misticismo cristiano, sacó a luz el sistema religioso de los dos principios. Mas, aunque el maniqueísmo, ya dogmático, ya político, proviniese en línea recta de la religión zoroástrica, el verdadero mazdeísmo protestó, y el rey Varano (277 P. C.) levantó contra Manés una persecución, que él esquivó prudentemente, fugándose de su calabozo. Véase mi *Historia general de la literatura,* 76, 79. Consúltese también a San Epifanio *(Haereses,* LXVI, III), a San Cirilo de Jerusalén *(Catechesis,* VI, I), a Sócrates *(Historia ecclesiastica,* I, XXII), a Teodoreto *(Haeretici Fabulae,* I, *xxvI),* a Neander *(Geschichte der christliche Religion,* I, 824) y a Beausobre *(Essai critique sur l'histoire de Manichèe y du manichéisme,* II, 440). El mejor trabajo que existe acerca de la secta maniquea, es la monografía que Baur publicó en Tubinga y en la ya remota fecha de 1831.

(135) Tillemont, *Mémoires pour servir à l'histoire ecclésiastique,* II, 453.

(136) *Stremata,* III, 512.

(137) Blavatsky, *Isis unveiled,* II, IX.

doctrinas evangélicas, que el alma del hombre no es espiritual[138]. También proclamaban la corporeidad del Ser Supremo, y, en cambio, llegaban en moral a un extremo tal de estrechez, que Tertuliano se separó de la Iglesia, por parecerle una Iglesia *carnal,* alejada en todo y por todo del ideal evangélico. A pesar de su profundidad y de su elevación teológicas, el montanismo hubiese pasado tal vez inadvertido, como otras muchas sectas, así de gnósticos judeocristianos *(elceasitas, ebionitas, nazaritas, hemerobaptistas, sampseanos, sabeanos, nicolaitas, cerintictnos,* etc.), como de gnósticos paganos *(docetas, valentinianos, basilidianos, bardesiwnos, cerdonianos, apellesianos, marcionitas, cavpocracianos, epifaneanos, saturnianos, eucarísticos,* etc.), si no le hubiese cabido la gloria de consolidar la del célebre Tertuliano. A juicio de éste, la debilidad del hombre no soportaría nunca el peso de la verdad absoluta y de los deberes que trae consigo su conocimiento. Jesús no la ha revelado enteramente, y el *Paracleto* terminará la obra empezada por el Cristo. Tertuliano[139] no admite ni aun que la revelación *montanista* sea la última. Para él, "la gracia de Dios iluminará al hombre hasta el fin de los siglos". El objeto de semejante intervención divina es el perfeccionamiento de nuestra raza. Esto obliga a consignar aquí un recuerdo sumamente oportuno e interesante para los historiadores. El montanismo, como teología y como ideal, inspiró todavía en la Edad Media una de las profecías más atrevidas y más extrañas que surgieron del seno de la misma Iglesia Católica. Me refiero al *Evangelio Eterno* del abate Joaquín de Fiore, hombre ilustre, que sus contemporáneos consideraron como santo, y que el Dante[140] celebró como vidente. El autor del *Evangelio Eterno* partió del mismo punto de vista que Montano, y acusó a la Iglesia de Roma de explotar al mundo en provecho de su avaricia, y de hacer de la religión "un oficio y un objeto de comercio". ¿Era ésta la Iglesia que Jesucristo había querido fundar? Joaquín de Fiore no podía creerlo. De aquí su reacción contra la Iglesia exterior, rica, corrompida, y de aquí su fe en una Iglesia puramente espiritual. La forma que adquirieron tales esperanzas estaba tomada de las profundidades de la teología cristiana[141], y el Papa Víctor I aprobó el montanismo en 129, si bien después lo condenó. La doctrina de Montano y las visiones del abate proceden de idéntico origen, y el sectario y el sacerdote se basan en

[138] Véase mi obra sobre *El universo invisible,* 200, 202, 204, 206.
[139] *De virginitate velata, I.*
[140] *Paradiso,* XII, 140.
[141] Laurent, *La Reforme,* II, II, 2.

pasajes de la Biblia para robustecer la confianza en el progreso religioso. El Evangelio según San Juan (V, 17), atribuye la ley antigua al Padre, y la nueva al Hijo. *Mi Padre ha obrado hasta el presente, y ahora obro yo.* ¿Será la ley del Hijo de Dios la última? No, puesto que San Pablo *(Epistola Pauli ad Corinthios Prima,* XIII, 9) declara que es imperfecta, y que, cuando venga la perfección, entonces lo que es imperfecto será abolido. ¿Quién revelará esta religión perfecta? Jesucristo nos dice que será el *Paracleto,* el Consolador, el Espíritu Santo (San Juan, XVI, 7). Tal fue también, exactamente, la opinión de Montano.

En mi interés por relacionar amplia e históricamente las doctrinas de San Pablo con las del cristianismo de los tres primeros siglos, me he apartado un poco de la controversia crítica concerniente al valor documental de las epístolas que al Apóstol de los Gentiles se atribuyen. Como observación general que origina *a priori* serias dudas respecto de su autenticidad, puedo hacer la de que el propio San Pablo, en varias partes *(Epistola Palili ad Thessalonicenses Secunda,* II, 2; III, 17; *Ad Corinthios Prima,* VI, 21; *Ad Colossenses,* IV, 18; *Ad Galatas,* VI, 11), da claros testimonios de ello, asegurando que, antes de él, hubo muchas cartas completamente apócrifas, las que, como ya queda consignado, se propusieron, sin duda, por objeto la conciliación del paganismo con el judaísmo. Aunque no haya razones para atribuir al propio San Pablo esta advertencia, las hay, y muy grandes, para atribuir la redacción de aquellos documentos a círculos gnósticos, porque en el fondo de la teología de las epístolas existen todas las concepciones religiosas que pertenecen al Oriente. Tal se observa aun en las epístolas que la mayoría de los críticos admiten sin inconveniente alguno, como son la dirigida a los Gálatas, las dos de los Corintios y la de los Romanos. El gnosticismo está en ellas completamente desarrollado. El capítulo V de la *Epistola ad Galatas* es un rompimiento decisivo con la circuncisión y con el sentido de la Ley Antigua (versículo 2 y siguientes), y una afirmación del Espíritu que "está por encima de toda Ley", conforme en un todo con las ideas gnósticas. También son comprobaciones muy curiosas el final del capítulo II y el principio del III de la *Epistola ad Corinthios Prima:* "Porque ¿quién de los hombres sabe las cosas del hombre, sino el espíritu del hombre que está en él? Así tampoco nadie conoce lo de Dios, sino el Espíritu de Dios. Y nosotros hemos recibido, no el espíritu del mundo, sino el Espíritu procedente de Dios, para que conozcamos lo que Dios nos ha dado. Lo cual también hablamos, no con doctas palabras de humana sabiduría, sino con doctrina del espíritu, juzgando lo espiritual espiritualmente. Mas el hombre animal no recibe lo del Espíritu de Dios, pues es para él locura, y no lo puede entender, porque hay que juzgarlo espiritualmente. El espiritual, empero, juzga las cosas todas, mas él por nadie es juzgado.

Porque ¿quién conoció la mente del Señor, y quién le instruyó? Mas nosotros tenemos la mente de Cristo. De manera que yo, hermanos, no puedo hablaros como a espirituales, sino como a carnales, como a niños en Cristo. Os di leche, y no vianda, porque aún no podíais comer, y ni todavía podéis ahora[142]. Porque todavía sois carnales...". Es verdad que en éste, como en otros puntos, la doctrina de San Pablo se contradice. Él dice (en el capítulo VII de la *Epistola ad Romanos)* que tiene en sí al hombre espiritual y al hombre carnal, al hombre justo y al hombre de pecado, y en otra parte (capítulo II de la *Epistola ad Galatas)* asegura que está libre de la ley del pecado. Ya enseña que el hombre se justifica por las obras, ya que por la fe sin las obras. Asevera que Dios quiere salvar a todos los hombres, y al mismo tiempo afirma que los que no han sido escogidos han sido hechos ciegos, y que Dios tiene misericordia con quien quiere, y endurece a quien le place. Pero esto, que no puede abonar la causa que defendía, ni la autenticidad de sus epístolas, no destruye el origen gnóstico de las últimas. Preciso sería para ello convertir a San Pablo en secuaz del cristianismo judaico, cerrando los ojos al espiritualismo y a la universalidad que en su sistema campean (en medio de sombras y de contradicciones), y que le han valido tantas simpatías de parte de los teósofos contemporáneos (Wilder, Blavatsky, Mead, etc.). Repasando su *Epistola ad Romanos* y la *Ad Corinthios Prima,* encontramos aquellas tres clases de hombres: los carnales o *sarcinos* (σαρχινοι), los animales o *psíquicos* (φοσυχιχοι), y los espirituales o *pneumáticos* (πνευματικοι). En el versículo 14 del capítulo VII a los Romanos, se lee que "sabemos que la ley es espiritual, pero yo soy carnal vendido al pecado". Y, en el 44 del XV de la primera a los Corintios, que hay cuerpo animal y cuerpo espiritual, porque, para el Apóstol, la πσιχε era algo inferior, al modo casi de la que más tarde habría de llamarse fuerza vital o alma sensitiva, común a hombres y animales, y el πνεύμα, por el contrario, la parte superior del alma, el espíritu, lo *hegemónico* de los estoicos, algo que sobrevive al cuerpo[143]. Valentino admite también tres clases de hombres: los *pneumáticos,* que tienen gérmenes de vida divina; los *hílicos,* que siguen ciegamente sus pasiones; y los *psíquicos,* que flotan indecisos entre el

---

[142] Basílides recomendaba también que se tuvieran sus misterios en secreto, y trataba a los demás hombres de perros y puercos, a quienes, según el Evangelio, no debían darse a conocer las cosas santas, porque esto sería prostituirlas. Véase a San Epifanio *(Haereses,* XXIV, v).

[143] Unamuno, *Intelectualidad y espiritualidad* (en *La España Moderna* de marzo de 1904).

LACRITICALITERARIA.COM

espíritu y la materia. Los *hílicos* perecen por entero, los *psíquicos* no llegan sino a un grado muy inferior de felicidad, y solamente los *pneumáticos* alcanzarán la perfección[144]. Esta clasificación se extiende a los pueblos como a los individuos, pues los *cristianos* son los verdaderamente espirituales, los *idólatras* pertenecen a Satanás, y los *judíos* proceden de un *espíritu inferior*[145].

Conocemos, pues, lo bastante el estado de la teología del Apóstol de las Gentes en el siglo II después de Cristo, y puede esperarse fundadamente la reconstitución de un texto *según Valentino,* con pocos errores, texto que contendría aproximadamente la mejor autoridad religiosa en el más alto grado del dogmatismo cristiano. Al decir esto, no pienso precisamente en la *Epistola ad Philippenses* o en la I y II a los *Thessalonicenses.* Respecto a estas notables epístolas, por cierto muy propias para creer en algo más que en la redacción limitada de un judío, puede decirse tan sólo, según mi opinión, que no justifican de un modo suficiente el carácter de autenticidad que tan a menudo se les otorga. El asunto, sin embargo, está erizado de dificultades, y no son las menores las tocantes a la segunda *Ad Tessalonicenses,* cuyo capítulo II expone la teoría del *Anticristo,* tal como se halla en el *Apocalipsis,* lo que hace suponer que Nerón debía haber fallecido ya cuando se escribió. Por otra parte, el contexto de la teoría citada en el *Apocalipsis* está impregnado de gnosticismo (a pesar de haber sido Cerinto, un judío, su probable autor), tanto que, más adelante, preséntase al *Apocalipsis* como libro típico desde este punto de vista. Así, aunque supongamos, con Renán[146], que el redactor del *Apocalipsis* no hizo otra cosa que aplicar a su tiempo un conjunto de ideas, de las cuales una parte se remontaba a los orígenes de la creencia cristiana, mientras que la otra fue introducida hacia la época de Calígula, todavía persiste como algo maravilloso el que se explanasen sobre tales bases sin hechos aparentes y sin causas o razones inmediatas.

El refinamiento de la teología gnóstica se ofrece en la *Epistola ad Colossenses,* a la cual va unida la carta a Filemón. Las expresiones empleadas en ella para fijar el papel del Cristo en el seno de la Divinidad, como creador y como prototipo de toda creación (I, 5, 19), difieren mucho del lenguaje de las epístolas calificadas de verdaderas, y se aproximan, en

---

(144) San Ireneo, *Adversus haereses,* I, VI, 2; II, xxIx, 1

(145) Ritter, *Geschichte der christlichen Philosophie,* I, 236. Neander, *Geschichte der cristlichen Religion,* I, 736. Matter, *Histoire critique du gnosticisme,* II, 139, 144. Laurent, *Le christianisme,* V, II, 2.

(146) *Saint-Paul,* introducción.

cambio, al estilo de los escritos atribuidos a San Juan. "Leyendo semejantes páginas, parece que estamos en pleno gnosticismo", confiesa Renán a este propósito. Renán, sin embargo, no parece nunca sospechar de la *Epistola ad Colossenses.* Y así arguye que "el tinte de gnosticismo que se encuentra en esa epístola, se advierte, aunque menos caracterizado, en otros escritos del Nuevo Testamento, y en particular en el *Apocalipsis* (XIX, 13), y en los capítulos I y II de la *Epistola ad Hebraeos",* escritos fechados, según él, con la mayor precisión y ¡posteriores solamente en tres o cuatro años a la fecha en que San Pablo había escrito la *Epistola ad Colossenses*! "En vez de dudar (continúa Renán) de los pasajes del Nuevo Testamento donde existen distintos rasgos de gnosticismo, es necesario razonar a la inversa, y buscar en estos pasajes el origen de las ideas gnósticas que prevalecieron en el siglo II, y, *toda vez que eran anteriores al cristianismo, nada más natural que éste, naciente entonces, tomase algo de ellas".* Pero esa trasposición, así formulada, es absurda. ¿Acaso la teología gnóstica no es anterior a la redacción del Nuevo Testamento y aun a los ciclos evangélico y apostólico? Cuando Valentino escribió los *Philosophumena,* difícilmente circularían otros libros cristianos que pequeñas leyendas inspiradas en las de los dioses redentores asiáticos y egipcios y cartas eclesiásticas de procedencia dudosa. Y, desde los antecesores y sucesores inmediatos, desde Filón, desde Menandro, desde Saturnino, ¡qué continua afluencia de ideas, sucediéndose y chocando sin fin, prohijándose las unas a las otras, y estrellándose todas en una tempestad en que tan difícil era ver claro!

La *Epistola ad Ephesios,* privada de hebraísmos y de expresiones especiales propias para interesar el fervor de las iglesias, entorpecida por una construcción llena de pleonasmos y de dificultades, y limitada por una dicción vaga, insistente, abrumada de términos superfluos y de repeticiones combinadas con incidentes parásitos, puede aun menos guiar la crítica hacia el estilo paulino. Reflexionando sobre su contenido, hallamos la gran idea madre de los teólogos gnósticos[(147)], pues concíbese a la Iglesia como un organismo viviente (II, 1, 22). El comentario se halla en muy mal estado, y a menudo es difícil encontrarle el sentido o su conexión. Se refiere a los apóstoles en un concepto que pasma. La doctrina de la unión conyugal (III, 5) difiere en todo y por todo de la que aparece desarrollada en la *Epistola ad Corinthios Prima* (XV, 9). Además, aquella epístola está reproducida, en gran parte, de la dirigida a los Colosenses, y no sabemos si el autor de la primera se fundó en la copia de un original o

---

[(147)] Véase a Valentino, *Philosophumena,* VI, xxxIv.

en una traducción. Hasta ignoramos cuál de las dos sirvió de base al calco, aunque la indicada sea la opinión más generalmente admitida, y a ella nos inclinemos.

Pasemos a ocuparnos de las *epístolas pastorales,* dirigidas a Timoteo y a Tito. El carácter general de estas epístolas anula, desde luego, su valor como testigos primordiales del cristianismo paulino. Los mismos que, como Deismann[(148)], no tienen dudas respecto de la autenticidad de diez de las cartas de San Pablo, en cambio, respecto de las epístolas pastorales, sólo se atreven a admitir, cuando más, que "quizá contengan fragmentos de cartas genuinas suyas". Hlymont[(149)], otro tradicionalista, hace una declaración no menos franca. Y, para no citar más autores, Renán[(150)], que divide las epístolas paulinas en epístolas *incontestables* (Romanos, Gálatas y I y II Corintios), epístolas *ciertas,* a las cuales se han hecho algunas objeciones (Filipenses y I y II Tesalonicenses), epístolas *probables,* pero sujetas a dificultades mayores (Colosenses y su apéndice o carta a Filemón), y epístola *dudosa* (la dirigida a los Efesios), coloca las dos de Timoteo y la de Tito en el grupo o número de las epístolas *falsas.* Tales epístolas distínguense, en efecto, de las demás por su desacuerdo histórico con los períodos de la vida de San Pablo, según que la refiere el libro de los *Acta apostolorum,* así como también por su individualidad fuertemente pronunciada, tanto en el estilo como en la sustancia. Pretenden muchos, sin embargo, que esto puede obviarse en gran parte, suponiendo que fueron escritas en el último año de la vida del Apóstol. Ninguna opinión más inexacta, observa Mead, y, por mi parte, opino que está en lo cierto. Porque, aunque semejante suposición pudiera desvanecer la dificultad de los *Acta,* no afecta en lo más mínimo al argumento principal de la diferencia de estilo y de sustancia. Las tres epístolas presentan a la crítica particularidades que demuestran fueron escritas en la capital del Imperio, y no en las ciudades del Oriente, pues contienen muchos latinismos. Un oriental no traduciría la expresión "sana doctrina" por γ'υγιχινευςχ διδαχαλια, y un latino sí. Su exorno y maquinaria, si estas expresiones pueden usarse con propiedad, son completamente latinas, y no orientales. Claro es que no pueden atribuirse solamente a la autoridad de San Pablo, porque se oponen a sus doctrinas, aun a las que se supone profesó en sus últimos años, y claro es asimismo que no fueron escritas sino muchos años

(148) *Biblical Encyclopaedia* (en la palabra *Epistolary Literature).*

(149) Véase su artículo sobre *The New Testament* (en el *Dictionnary* de Hastings).

(150) *Saint-Paul,* introducción.

después de su muerte, toda vez que hacen referencia a hechos que no ocurrieron sino cerca del reinado de Vespasiano. Por lo demás, no hay razón para asignar una fecha más antigua a estas epístolas, y sí muchas para vacilar al hacerlo. Marción (140 de nuestra era) no habla de ellas, y no están en su canon paulino. Esto, por supuesto, es un testimonio negativo, pero positivo no tenemos ninguno. Puede muy bien haber existido, y lo más probable es que haya existido en los días de Marción, pues su colección debía responder a la crítica doctrinal, y no a la histórica, como nota el citado Mead. Hubo en esto tantas omisiones, que puede esperarse encontrar algunos testimonios indirectos en los escritores cuya filiación pagana o cristiana aparece dudosa. Se asegura que una referencia análoga a la de los ortodoxos se ha encontrado en Hegesipo[(151)], y que no está fuera de los límites de lo probable que puedan obtenerse de un modo semejante otras varias.

Los ortodoxos atribuyen firmemente a la redacción inmediata de San Pablo la *Epistola ad Romanos,* y aun heterodoxos, como Baur y como Renán, la diputan perfectamente auténtica. Los primeros aseguran que el Apóstol de las Gentes escribió a los Romanos esa carta el año 58 del nacimiento de Cristo, es decir, reinando el emperador Nerón, tan cruel y tan enemigo del nombre cristiano, como ellos creen. Y, sin embargo, la tal epístola es precisamente aquella en que el autor inculca a los fieles la más estricta obediencia a la autoridad de los soberanos. Conocidas son las sentencias de los primeros versículos de su capítulo XIII: "Toda alma, toda persona, esté sometida a las potestades superiores. Porque no hay potestad sino de Dios, y las que son, de Dios son ordenadas. Por lo cual el que resiste a la potestad resiste a la ordenación de Dios, y los que resisten se atraen la condenación a sí mismos. Porque los príncipes no son para temor de los que obran lo bueno, sino lo malo. ¿Quieres tú no temer la potestad? Haz lo bueno, y tendrás alabanza de ella. Porque es ministro de Dios para tu bien. Mas, si hicieres el mal, teme, porque no en vano trae la espada, pues es ministro de Dios, vengador en ira contra el que obra el mal. Por lo cual es necesario que le estéis sometidos, no solamente por la ira, sino que también por la conciencia". Ahora bien: ¿no es una gran revelación esta circunstancia? ¿Son concebibles ni posibles esos consejos y ese lenguaje en los momentos críticos en que Nerón perseguía, acosaba y mataba a los cristianos, como si fuesen ratones?

Viniendo ahora a la *Epistola ad Hebraeos,* no está siquiera en la misma categoría que las de Timoteo y de Tito, y el autor no quiso por ningún

---

(151) Citado por Eusebio *(Historia eclesiástica,* III.

concepto que su obra pasase por un escrito del Apóstol. Además, esa epístola jamás se atribuyó a San Pablo en los manuscritos grecolatinos, ni en los ejemplares antiguos del Nuevo Testamento, ni se la llama *Epístola de San Pablo* en el *Canon* de Muratori, ni en los códices de transcripción, y sí únicamente en las traducciones modernas. Sería ofender la ilustración histórica del lector querer entrar en pormenores demostrativos de que tal epístola es inauténtica, y, por otra parte, su examen no estaría aquí en su lugar, por tratarse de un documento referible, no al gnosticismo, sino a un círculo de cristianos judaizantes. Tampoco enumeraré ninguna de las hipótesis que se han presentado para salvar a algunas de las demás epístolas, y la principal de las cuales, que ha encontrado defensores, y no los menos numerosos, consiste en colocar la redacción de dichas cartas en un período de la vida de San Pablo, sobre el que los *Acta apostolorum* guardan silencio. Suposición semejante queda desvirtuada de antemano por las reflexiones críticas, hechas en las páginas anteriores, y no merece en modo alguno que en ella nos detengamos.

Cuanto al mismo supuesto autor de las epístolas paulinas, hay quien niega rotundamente que haya habido *Saoio* en el mundo. La palabra *Pablo,* equivalente a *hombre pequeño,* no es hebrea, y de sus elementos metafóricos se compuso sin duda la novela del *Saúl* por excelencia, a causa de su visión del paraíso *(Saúl* o *Scheol* es el nombre hebreo del otro mundo), o también del *Aher* (otro), ente imaginario, fingido por la tendencia helenizante al apostolado gentílico (*Aher* se aplica siempre en la Escritura a las personas extrañas a la política judaica), o acaso como un mote amoroso contraído y reemplazado a un nombre concreto. La hipótesis que ve este nombre del Apóstol en *Elisha ben Abuiah* carece de fundamento en absoluto. Por lo demás, yo admito de buen grado la existencia de San Pablo en concepto de jefe de una de las muchas sectas del cristianismo primordial, de la que tuvo por teatro a Antioquía. El dictamen más aceptable a este propósito se contiene en la opinión de Drews[(152)], quien, negando la realidad histórica de Jesús, admite, sin embargo, la obra de propaganda de un Pablo predicador de un Cristo impersonal, y que, sublimando y transformando los preceptos de la ley mosaica, resucitaba toda la vida espiritual, y hasta se esforzaba en crear un contraste entre su ética y la ética judaica, por más que todas las prescripciones atribuidas a su inspiración hayan sido tomadas, no sólo en la idea, sino hasta en la forma y en la redacción, a moralistas judíos

---

[(152)] Das *Cristusmythe,* 128, 136.

anteriores, en muchos siglos, a Sócrates y a Platón. Brandés[153], que rechaza también la existencia de Jesús, reconoce, empero, la de San Pablo, de quien hace el fundador real y efectivo de la religión cristiana. "Las epístolas que llevan su nombre, auténticas o no, son mucho más antiguas que los Evangelios. El autor de estas epístolas nunca había visto a Jesús, y nada sabe, ni nada nos refiere en absoluto, de la vida de éste, del que tiene una concepción puramente teológica, que, según la *Epistola ad Colossenses* (I, 15), es como sigue: *Él es la imagen del Dios oculto y la primera de todas las criaturas. Por él y para él fueron creadas todas las cosas, las invisibles* y *las visibles, las que están en el cielo y las que están en la tierra, ya sean dominaciones, tronos, imperios o principados.* Mediante definiciones como ésta, quedamos, a no dudarlo, bien informados acerca del entusiasta y elocuente hijo de un constructor de obras de Galilea, el cual, a causa de su agitación puramente espiritual, se pretendió que fue ejecutado por el gobernador romano en Jerusalén. Empero, más adelante, parece como si nos apartásemos del más débil reflejo de verdadero sentido humano... San Pablo nada nos dice acerca de la personalidad de Jesús, ni nunca le había visto, y tampoco le habían visto nunca los autores anónimos de los Evangelios. Cuando San Pablo, en la *Epistola ad Corinthios Prima* (IX, 1), exclama: *¿No he visto yo a Jesucristo nuestro Señor?,* lo que tiene en la imaginación calenturienta es su visión alucinante del camino de Damasco, y lo que popularmente se denomina el Evangelio de San Mateo, San Marcos y demás, significa solamente, a juzgar por el vocablo exacto empleado en los textos (χατά), que el Evangelio en cuestión se suponía que había sido escrito por un secuaz del discípulo, y llamado o titulado según éste, pero no que había sido escrito por el discípulo en persona. Y ni una sola línea de dichos Evangelios se escribió hasta que las actividades de San Pablo llevaban largos años de duración en el mundo judaico y en el mundo gentílico".

Las investigaciones críticas sobre el origen redaccional del Nuevo Testamento quedarían incompletas, si no recayesen en el extraño libro que

---

[153] *Jesús es un mito,* 53, 63. Tampoco es Brandés de los críticos radicales, para quienes ninguna de las epístolas atribuidas a San Pablo halla gracia a sus censuras. Su tono, al hablar de ellas, es más bien dudoso. "Durante muchos años (escribe), *ha habido* controversias muy apasionadas tocante a qué epístolas paulinas podrían considerarse como auténticas, pues se sospechaba que en todas ellas se introdujeron interpolaciones posteriores, y que varias de ellas no pudieron ser escritas por él en modo alguno. Lo más verosímil es que sólo las epístolas a los galatas, a los romanos y ciertas partes de la primera a los corintios pueden considerarse como auténticas."

parece ser resultado de la primera persecución dirigida por el emperador Nerón contra los cristianos: me refiero al *Apocalipsis.* Hablando en plata, ¿qué interpretación cabe respecto del sentido o significación de sus páginas, sino la de que en ellas late la natural cólera de los perseguidos, velada bajo imágenes místicas? Allí no se predice realmente otra cosa que la ruina del Imperio. Leamos con cuidado y atención los primeros párrafos, y hallaremos que ya en ellos se confunde al paganismo con el Imperio, y se les envuelve en una misma maldición. Esto puede ser también demostrado examinando críticamente el género de inspiración que ha quedado y quedará siempre como inspiración del cristianismo militante. El famoso Strauss[(154)] dejó columbrar el sentido de esta controversia, cuando dijo, parte formalmente y parte chanceándose: "La precipitación de la crítica moderna para reconocer como auténtico el *Apocalipsis* de San Juan es bastante desagradable a la teología ortodoxa contemporánea, que gustosamente hubiera abandonado esa obra fantástica, para conservar mejor el Evangelio, ya que no es posible atribuir al mismo autor los dos escritos. Mas esa malhadada crítica hizo todo lo contrario, pues quitó al apóstol el Evangelio, y le dejó el *Apocalipsis,* demostrando a la vez que toda la profecía del último escrito gira alrededor del Nerón caído y esperado de nuevo como el Anticristo, y que fue en consecuencia inspirada, no por el Espíritu Santo, sino por una ilusión popular contemporánea". El espíritu de ilusión puede, en efecto, obrar todo lo que el Espíritu Santo.

Gibbon[(155)] ha dicho: "Una profecía misteriosa que constituye parte de los sagrados cánones, pero que se creyó favorable al dictamen ya reprobado del *milenio,* ha estado a pique de naufragar en la Iglesia". En el Concilio de Laodicea (año 363) el *Apocalipsis* fue tácitamente excluido del sagrado canon por las mismas iglesias del Asia a las cuales estaba dirigido, y sabemos, por las quejas de Sulpicio Severo, que su sentencia había sido ratificada por la mayoría de los cristianos de su tiempo. ¿Qué causas, pues, habrán motivado que el *Apocalipsis* esté ahora tan generalmente recibido por las iglesias romana, griega y protestante? Pueden darse varias. En primer lugar, los griegos fueron subyugados por la autoridad de un impostor, que en el siglo VI se arrogó el carácter de San Dionisio Areopagita. Por otra parte, el justo temor de que los gramáticos se hiciesen más importantes que los teólogos, determinó al Concilio de Trento a fijar el sello de su infalibilidad sobre todos los libros de la

---

(154) *Der alte und der neue Glaube,* I, XIII.
(155) *History of the decline and fall of the Roman Empire,* I, xv.

Sagrada Escritura contenidos en la Vulgata Latina, en cuyo número fue afortunadamente incluido el *Apocalipsis*[156]. En fin, la ventaja de dirigir aquellas misteriosas profecías contra la Silla Apostólica inspiró a los protestantes tan útil alianza. Sobre este particular, que tan poco promete, ilustran algún tanto los ingeniosos y elegantes discursos del obispo Litchfield. Algunos autores, como Milman[157], creen que la exclusión del *Apocalipsis* no es improbable se pueda atribuir a la impropiedad que hay de leerlo en las iglesias. Es de temer que una historia de la interpretación del *Apocalipsis* no diese un aspecto muy favorable, ni de la sabiduría, ni de la caridad, de los siglos sucesivos de la cristiandad. La interpretación de Wesstein, diferentemente modificada, está aceptada por los más de los literatos del Continente.

Debemos discutir con mucha sobriedad acerca del sentido del *Apocalipsis,* para que no caigamos en alguna aserción temeraria. Nadie ignora por cierto que hombres ilustres en otros terrenos han caído de bruces aquí. Célebre es en la historia del pensamiento anglicano, y en todas las teologías anda mencionado como curiosidad, el comentario sobre el *Apocalipsis* debido a la pluma del astrónomo y matemático inglés Newton. Se ha insinuado, con cierta ironía, que, con sus interpretaciones sobre el asunto, la Providencia se encargó de vengar al descubridor de la atracción universal de las altas dotes intelectuales que toda Europa reconocía en él. "Parece (reproduzco una frase literal de Voltaire)[158]que con su hermenéutica de última hora trataba de consolar a la raza humana de la superioridad que sobre ella tenía". Moleschott[159], por su parte, dice: "Sabido es que Newton vivió ochenta y cinco años, y que, en su vejez, se ocupaba del profeta Daniel y del *Apocalipsis* de San Juan. ¡El *Apocalipsis,* esto es, una bicoca para el genio que descubrió las leyes de la gravitación!" Y Büchner[160], imitando, y aun copiando, como acostumbra, a su maestro, exclama, como si fuera por cuenta propia y con cierto desprecio: "¡¡El gran Newton, a quien son deudoras las ciencias naturales de sus mayores descubrimientos, se preocupaba, en su vejez, de los estudios de teología y de interpretar el *Apocalipsis!!"* El doble signo de admiración debe mirarse como la expresión del asombro que esa orientación final de Newton produjo en los enemigos de Dios y amigos del

---

[156] Fra Paolo, *Storia del Concilio Tridentino,* I, II.
[157] *Notas* en el Gibbon.
[158] *Dictionnaire philosophique (*en la palabra *Newton).*
[159] *Kreislauf des Lebens,* xvIII.
[160] *Kraft un Stoff,* 189.

progreso, que trataron ingeniosamente de desvirtuar su importancia, diciendo que Newton no estuvo en sí cuando escribió ensueños sobre el *Apocalipsis,* y cuando trató de probar que el Papa era el Anticristo. Una profesión de fe tan explícita y tan franca es, a los ojos de nuestros "sacerdotes de la ciencia", precisamente un lunar que oscurece el brillo del ingenio de Newton, y apenas alguno de ellos pasa por delante del gran león sin pegarle la coz de costumbre. Explican su "imperdonable flaqueza" y sus "locuras científicas"[161] por razones de "evolución psicológica", o sea, por una "debilidad de anciano". Todo el mundo sabe que con los años disminuye la inteligencia, y que los viejos se convierten en niños. Es sumamente raro que el cerebro conserve en el viejo la potencia intelectual de la edad madura, pues en general disminuye aquélla considerablemente[162]. Por consiguiente, concluyen, estamos ante un caso de involución cerebral, y no queremos caer en el absurdo despotismo de condenar todas las producciones de un autor, porque algunas sean defectuosas. Al juzgar a todo sabio o artista, se separa el oro de buena ley de las escorias. Las exégesis *apocalípticas* de Newton fueron una herencia de su siglo, y una preocupación que le imbuyó el medio en que vivía, pero sus teorías sobre la atracción y sobre los rayos luminosos no dejan por eso de ser excelentes, ni de estar admitidas. El teólogo y el exégeta se han desvanecido, mientras que el genio astronómico vive y vivirá eternamente.

Así hablan, ya lo sé, muchos hombres serios y sinceros. Sin embargo, cuando Newton creía su loca explicación del *Apocalipsis* tan cierta como su sistema acerca del mundo, algún fundamento tendría. Su aberración es un ejemplo notable de la influencia que pueden ejercer las impresiones

---

(161) Fourier, *Théorie des quatre mouvements,* prefacio.

(162) "El pensador más grande de su siglo (escribe Tuttle en su *History and laws of creation)* puede perder toda su inteligencia en una hora, si cae enfermo. Vuelve a la infancia, cuando llega a la vejez, y es tan torpe y tan inocente como cuando era niño. Con la decadencia del cuerpo se debilita siempre la razón". Es un hecho reconocido que en pasando de cierta edad, el cerebro empieza a atrofiarse, se forman concavidades en las circunvoluciones antes yuxtapuestas, la sangre oxigenada lo riega con menos abundancia, su color es más gris y su sustancia más tenaz, acercándose por su composición química a la del cerebro de los niños, fenómenos que corresponden a la depresión de la inteligencia. Liebig, Scholssberger, Sims y Peacock han confirmado que el cerebro del hombre va aumentando de peso hasta la edad de veinticinco años, se mantiene estacionario hasta los cincuenta, y, pasada esta edad, vuelve a disminuir de peso. La masa, a su vez, se acrecienta hasta los treinta, y no llega al máximo de su volumen hasta los cuarenta.

primeras y las ideas adquiridas en la infancia. Newton había sido destinado primeramente al estado eclesiástico. Anglicano de joven y cofundador del socinianismo, declaróse más tarde discípulo de Arrio, cuyas doctrinas, modificadas, siguió hasta los últimos días de su vida, en que se hizo otra vez sectario de la Iglesia anglicana, abandonando sólo la doctrina, en ésta imperante, de la consubstancialidad. No tiene, pues, absoluta razón Voltaire(163), al decir que "semejante estudio (el del *Apocalipsis)* no estaba en armonía con la ciencia que le hizo famoso". Fontenelle, más justo y más profundo que Voltaire, nos asegura que "el gran hombre no se limitaba a la religión natural, pues estaba tan persuadido de la revelación, que, de todos los libros que poseía y estudiaba, el que leía con más frecuencia y con más atención, era la Biblia". Pero volvamos al propósito.

Antes de descender a calificar las doctrinas del *Apocalipsis* en sí mismas y en sus relaciones con las sectas religiosas de la época, permítaseme hacer una observación importante. Existen no pocos escritos del siglo II que exponen revelaciones análogas al *Apocalipsis.* Algunos de ellos (como el *Apocalipsis Petri)* fueron atribuidos a los mismos apóstoles por la conciencia popular cristiana. Empero otros (como el *Apocalipsis Pauli* de los cainitas o el *Apocalipsis Thomae)* proceden de fuentes claramente heréticas(164). Los primeros milenarios, con el heresiarca Cerinto a la cabeza, habían compuesto otro libro del mismo género, para propagar sus sueños proféticos(165); los montanistas pretendieron fundar también en el *Apocalipsis* su teoría del reino de los mil años; y hasta sabemos que Cayo, en su polémica con Proclo, atribuyó a Cerinto la pretensa obra de San Juan(166). Esto, además de revelar ya suficientemente la inmensa variedad de los orígenes de que derivan las enseñanzas de esa obra, servirá también para reconocer más adelante que el ideal a que la misma responde no es más que una deducción lógica y un desenvolvimiento necesario del cruce de sectas en su lucha contra el Imperio Romano.

---

(163) *Dictionnaire philosophique* (en la palabra *Apocalypse).*

(164) Véanse los pasajes en San Epifanio *(Haereses,* XVIII, XXXVIII) y en Sozomeno *(Historia ecclesiastica,* VII, XIX). Cuanto al lugar correspondiente del catálogo *De libris non recipiendis,* atribuido al papa Gelasio, puede verse en Harduino *(Colectione Conciliorum,* II, 941).

(165) Véase a Eusebio *(Historia ecclesiastica,* III, XXVIII) y a Teodoreto *(Haeretici Fabulae,* II, III).

(166) San Epifanio, *Haereses,* LI, III.

Que la redacción del *Apocalipsis* no puede atribuirse a San Juan, es una cosa que me detendré poco en demostrar, porque lo creo superfluo, después de lo que se ha escrito sobre la materia. Este es un hecho que se halla hoy en la conciencia de todos los sabios que examinaron imparcialmente la cuestión. Aun los antiguos ortodoxos se resistían a creer que el autor del *Apocalipsis* fuese el discípulo predilecto de Jesús. San Dionisio de Alejandría[(167)] (247 a 264) observaba a este propósito que los principios de San Juan y los del *Apocalipsis* parecen difíciles de comprender y de conciliar entre sí. No se encuentra en la comparación de esa producción con el Evangelio y con las epístolas atribuidas al mismo apóstol la afinidad que debiera notarse en el fondo y en la forma. El estilo del *Apocalipsis* es incorrecto e irregular, mientras que el de los otros libros atribuidos a San Juan es puro y elegante. Por confesión de Valroger[(168)], exégeta católico, el estilo no es el mismo que en el Evangelio de San Juan y en sus epístolas, *y el tono es también diferente.* La mención de nombre propio hecha por el autor en algunos pasajes (I, 1, 4, 9; XXII, 18, etc.) de su obra puede explicarse fácilmente como una medida de profetismo. Pero, si se la quiere mirar como adecuada, es difícil conciliarla con los criterios internos que el libro ofrece. Precisamente el apóstol no tenía la costumbre de nombrarse, como lo hace en el *Apocalipsis,* y por otra parte, en los pasajes en que se nombra, no dice, como debiera esperarse, que él es el *apóstol* San Juan. Además, el *Apocalipsis* no hace alusión alguna a las demás obras del mismo apóstol.

Avancemos, empero, algo más en este libro, y veamos si podemos encontrar otra razón más precisa de su redacción. ¿Es el *Apocalipsis* libro "cristiano" de todo punto, profecía universalista y totalmente diferente de las que contienen los libros hebreos reputados apocalípticos (Daniel, Enoch, Baruch, Esdras, etc.)? De ninguna manera. Se les parece tanto, que, desde este punto de vista, se le hubiera podido confundir con ellos. Como San Pedro en su segunda Epístola y como San Judas en la suya, el autor supone y afirma que la distinción de judíos y paganos persistirá hasta en el reino de Dios. Nos pinta el mismo Mesías judío, hijo de David, producto de la Iglesia de Israel (II, 9; III, 9; V, 5; XI, 19; XII, 1; XIV, 3;

---

(167) Véanse los pasajes en Eusebio, *Historia ecclesiastica,* VII, xxv.

(168) *Introduction historique et critique aux livres du Nouveau Testament,* II, 421: *A la vérité, comme le remarquait Saint Denys, le estile n'est tout à fait le même que dans l'Evangile de Saint Jenn et dans sa Première Epître. Les pensées et les expresions qu'affectionnait Saint Jean n'y reviennent pas d'une manière si constante.*

XXI, 12), que San Pedro y San Judas nos habían pintado; anuncia, como estos apóstoles, que las doce tribus comerán los frutos del árbol de la vida, mientras que los gentiles, según su modo de ver y decir irónicos, tendrán que conformarse con una disolución medicinal de sus hojas (ειο Θηραπιαν των εθνον (XXII, 2); mira a los gentiles, aun siendo creyentes y hasta mártires de Jesús, como hijos adoptivos, como extranjeros introducidos en la familia santa elegida por Dios, como plebeyos admitidos por lástima en la nobleza celeste (VII, 9; XIV, 3), y toda tendencia a aproximar la raza pura y los gentiles le parece una abominación.

El *Apocalipsis* insiste igualmente sobre la identidad entre el mundo real y el de los demonios, y, por este lado, se relaciona con la primera epístola de San Pedro. Los paganos consecuentes son allí seres horribles y cubiertos de oprobio, que sólo por la fuerza deben dominarse. Habría motivo para incluir este exclusivismo en la escala sucesiva de las primeras evoluciones cristianas, pero se opone decididamente a ello su continuidad y el sostenido apasionamiento que se observa por todas partes en los pasajes más notables. Nunca el espíritu cristiano ha estado todo entero atacado de una tan grande locura. Y es absolutamente necesario que haya sido inducido a ella por la poderosa razón de algún interés bastante determinante para herir igualmente a todos los secuaces de San Pablo, que se consideran en el *Apocalipsis* como secuaces de Balaam y de Jezabel. San Pablo mismo no está exento de sus condenaciones, pues no se le concede sitio entre "los doce apóstoles del Cordero". La iglesia de Éfeso, cuya paternidad se atribuye a San Pablo, es encarecida precisamente "por haber puesto a prueba a los que se dicen apóstoles sin serlo, y haber descubierto que no son sino impostores". ¿No está indicando esto, por una parte, que se trata de una lucha de sectas, y, por otra, que esta lucha traía siempre por resultado la redacción de un libro independiente?

Ésta no es una hipótesis, sino la historia de la evolución apostólica, y todo lo que los teólogos tradicionalistas dicen sobre San Juan, sobre Patmos y sobre la inspiración divina del *Apocalipsis,* sueños de gente despierta. Y parece cosa evidente que la primitiva redacción de ese libro no fue cristiana, sino judaica, representando una de las producciones escritas que entroncan con el período de *literatura apocalíptica* de la historia de Israel, período derivado de la *literatura profética,* y que sirvió de intermediario entre ésta y la *literatura evangélica.* Los judíos debieron a la religión zoroástrica la forma literaria de las profecías, a las que se habían aficionado, entre los mazdeos, durante la cautividad de Babilonia. El estilo apocalíptico era un género literario de origen persa, que ofrecía grandes recursos al poeta y al creyente. Y que el verdadero y primer autor del *Apocalipsis* no sea el apóstol San Juan, no solamente lo declara la mayoría de los críticos, sino que se reconoce claramente por muchos lugares de él, señalándose como con el dedo que hubo de ser otro el que lo escribió, y que este otro se inspiró en los profetas más próximos a nuestra era. En el *Apocalipsis,* el Mesías aparece en los cielos, tiene una voz como la "gran trompeta" de que habla Isaías (XXVII, 13), y exclama: "Yo soy el *alfa* y la *omega,* el primero y el último", términos empleados por *Jehovah* sobre sí propio, en el mismo profeta (XLVIII, 12). Está de pie en medio de siete grandes candelabros, semejante al *Hijo del Hombre* de Daniel, envuelto en un ropaje que le llega a los pies, y con un cinturón de oro ceñido alrededor de su pecho. Su cabeza y sus cabellos son blancos como la lana o la nieve; sus ojos, como llamas de fuego; sus pies, como hermoso bronce que saliera del horno; su voz, semejante al murmullo de muchas aguas; en la mano derecha sostiene siete estrellas; en su boca asoma una cortante espada de dos filos; su semblante es como el sol, cuando brilla en su esplendor máximo. El autor del *Apocalipsis* ha tenido a la vista el *Sepher Daniel* (VII, 9), y lo ha copiado en parte, y en parte lo ha parafraseado. Pero su Mesías en nada absolutamente se parece al que los Evangelios nos pintan, ni en nada es *cristiano,* por ende.

Ahora podemos comprender cuán sin fundamento llaman los ortodoxos apócrifo a todo lo que no es canónico. Al evangelista independiente, que no sigue el uso de los consagrados por la Iglesia, nótanle con el apodo de espúreo. No reparan que San Mateo, San Marcos, San Lucas, San Juan, las epístolas paulinas, las de otros supuestos apóstoles y el *Apocalipsis,* son documentos tan sospechosos de falsedad como los que llaman apócrifos. También olvidan que esos documentos no son documentos originales y de primera mano, sino compuestos siempre, ya ateniéndose sus autores a la tradición oral, ya consultando textos anteriores. Y como se les puso en la testa, así lo llevaron a cabo. No se les dio un ardite que aquella tradición y aquellos textos fuesen falsos o verdaderos. De donde viene a ser que los escritos canónicos no tienen más validez que los apócrifos. Unos y otros se redactaron sin que sus autores investigasen sobre ninguna raíz tradicional y textual de índole cierta, de suerte que la regla de su historiografía se reducía a plagiar por procedimientos de modificación o de amplificación. Y el plagio modificado o amplificado es la calamidad más desastrosa para la verdad de la historia.

§ 3.—CRONOLOGÍA DE LOS EVANGELIOS CANÓNICOS Y DE LOS EVANGELIOS APÓCRIFOS

Entre los sabios sensatos y circunspectos, no se abriga ya hoy duda alguna de que los Evangelios no son escritos apostólicos, ni históricos, y que sus narraciones pertenecen al mundo de la fábula. Porque, ni los apóstoles escribieron una sola palabra, ni hay libro que tenga traza de ser suyo. Los escritores anónimos de los Evangelios, a los cuales la tradición supuso apóstoles, lo eran, sin duda, en el sentido de propagandistas de la nueva fe, mas no en el de discípulos directos e inmediatos del Cristo. Lo que de ellos nos ha quedado, lo debemos a la tradición oral, tradición contenida en libros compilados mucho tiempo después de la fecha canónica de Jesús. Tales libros eran tan numerosos como diversos en sus tendencias, y las muchas sectas que componían el cristianismo primitivo los confeccionaban sin apoyarse en testimonios de testigos oculares, en datos de primera mano, en hechos ciertos y fidedignos. Su valor histórico es, por ende, nulo, y su gran cantidad aúna sus notorias diferencias narrativas y convierte la literatura evangélica en un verdadero caos. Pretender poner orden en este caos, paréceme como empeñarse en meter en el puño un arrebatado río con toda la furia de su corriente. De forma que de los Evangelios, canónicos o apócrifos, no puede colegirse con certeza, ni cuándo Jesús predicó, ni cuál fue el tema de sus sermones, ni qué portentos hizo, especialmente que los textos, en medio de muchas y hermosas anécdotas y parábolas, andan llenos de sucesos inverosímiles, ridículos y absurdos. Su primitivo objeto parece haber sido servir de escritos exhortatorios a los cristianos de las diferentes sectas dominantes, y ahí radica su mayor interés. Pero carecen de autenticidad, y no se puede formar de ellos cabal concepto, por hallarse la ficción y la leyenda mezcladas en la narración. Por eso, los evangelistas no lograron presentar de Jesús una imagen consistente, homogénea y claramente cincelada. Y, si advertimos que todo su trabajo estribaba en la tradición, la cual había corrido mucho tiempo expuesta a grandes averías, y que demasiadas manos se dedicaron a esa labor en distintas épocas, ¿quién será tan crédulo que conceda gran autoridad a semejantes escritores respecto de las cosas evangélicas, autoridad inferior a la de Plinio o Tito Livio respecto de los primeros reyes romanos? Si la crítica llenó de dudas la historia romana primitiva, y la relegó a la categoría de las fábulas poéticas, hasta suponerla sacada sencillamente de ejercicios de retórica, ¿qué mucho que haya hecho lo mismo con la historia cristiana primitiva, que aun ofrece menos garantías de verosimilitud? Así como los supuestos reinados de los primeros tiempos de Roma se dedujeron de los poemas nacionales, y así como, en los monasterios de la Edad Media, se daba a los estudiantes, como ejercicio, la composición de vidas elogiosas de los santos, tomadas posteriormente por historias verdaderas, del mismo modo el Nuevo Testamento se calcó sobre los mitos del Antiguo, y la mayor parte de los relatos evangélicos (y, en general, neotestamentarios) debieron su origen a la costumbre, vigente en las diversas sectas cristianas, de hacer panegíricos escritos de los héroes consagrados por la tradición oral, y de conservar las composiciones que se juzgaban mejores.

Entrando ahora de lleno en la determinación posible de la cronología respectiva de los Evangelios canónicos, surge, como cuestión obligada, la de saber a cuál de los dos más antiguos *Sinópticos* corresponde la prioridad. La ortodoxia, basándose en que San Mateo era quien sabía mejor las cosas, por haberlas visto, o por testimonios muy recientes, consideró su Evangelio como escrito el primero de todos. Modernamente, por el contrario, muchos de los mejores exégetas se han opuesto a esa pretensión, no viendo más que dos fuentes propiamente dichas de los Evangelios, San Marcos y la tradición oral, y dando la preferencia a ese Evangelio como dato más antiguo de la historia del Cristo. Aun los que rechazan esa hipótesis, y, avanzando más, hablan de una fuente escrita (diferente de nuestro San Marcos presente o de su autógrafo), como fundamento de la materia común a los tres *Sinópticos,* reconocen, sin embargo, que la forma más sencilla de tal materia se conserva todavía en el San Marcos canónico. Por mi parte, admitiría también algo semejante, si la hipótesis a que aludo no tropezase con las graves dificultades críticas que más adelante señalaré. Es incierta, sin duda, la fecha de su redacción, y tampoco sería justo alterar el orden del canon en sentido contrario al que campea en las dos opiniones mencionadas, sólo porque, a primera vista, el Evangelio de San Marcos casi nada ofrezca de original, y porque, en sus diez y seis capítulos, casi todo concuerde con lo relatado por los otros dos *Sinópticos,* especialmente por San Mateo. Empero, deducir de ahí (como ya San Agustín en parte lo intentó, en su tratado *De comsensu evangelistarum)* que San Marcos es un documento posterior y una especie de resumen de San Mateo y de San Lucas (del primero más que del último), me parece que es ir demasiado lejos. Pesadas las cosas con la debida imparcialidad, no puede cuestionarse que los Evangelios *actuales* (dejando a un lado sus primitivas redacciones, que ya no existen) aparecen como simples misceláneas, en que los documentos originales se amalgamaron sin ningún esfuerzo de composición, y sin que, de parte de los autores respectivos, se manifestase y se descubriese ningún punto de vista personal[(169)]. Ni es menos indiscutible que las numerosas semejanzas entre San Mateo y San Lucas no impiden que sus Evangelios sean, en definitiva, independientes en partes muy esenciales de sus narraciones, ni que cada cual tenga partes que le pertenecen exclusivamente, ni que la ordenación no sea igual en las mismas partes comunes, precisamente por representar el último, respecto del primero, un estado de combinación voluntaria y de redacción reflexiva, en que se adivina el esfuerzo hecho para combinar diferentes versiones anteriores[(170)].

Quedemos, pues, en que San Mateo y San Marcos se parecen muchísimo, y en que, comparado con sus Evangelios, el de San Lucas forma una obra de muy distinto orden y casi por completo aparte. Determinar en qué orden San Mateo y San Marcos se copiaron mutuamente, es otra cuestión que importa dilucidar, pero sin olvidar nunca la prudente observación de Lessing, conviene a saber: que ese orden pudo haber obedecido a otras razones que a la sucesión cronológica. Ahora bien: si el Evangelio de San Mateo es el más popular y el más abundante en hechos instructivos, en preceptos éticos y en verdad local, y si en él es donde se encuentra mayor claridad y convicción en el estilo, y más candor y buena fe en la exposición de las enseñanzas de Jesús, en cambio el de San Marcos es un más rudimentario género de historia, sublime en su sencillez, y cual convenía a pobres pescadores, que hallaban la prueba de una misión divina más en la profusión de los milagros que en la elevación de las ideas. No conozco otro libro que parezca escrito con mayor descuido, y, sin estimarle producción de primera mano, encuentro su lenguaje característicamente fuerte y primitivo, y considero su estructura redaccional maciza en su ingenuidad y directa a todas luces[(171)]. Por esto, y por la profusión de los prodigios, demuestra haber precedido al razonado y

---

(169) Véanse los detalles en Reville, *Etudes critiques sur l'Evangile de SaintMatthieu,* 17, 28, 39.

(170) Así lo reconoce Renán, *Vie de Jésus,* introducción. En otra obra *(Les Evangiles,* XIII), Renán afirma ser casi seguro que San Lucas no tuvo en sus manos nuestro Evangelio de San Mateo. Tampoco parece haber utilizado ninguna colección de sermones de Jesús, ni las grandes colecciones de máximas, cuya inserción aparece con toda netitud en el primer evangelista canónico. Si leyó tales colecciones, las olvidó, a no dudarlo. Por otra parte, en los casos en que es superior a San Mateo, se aproxima a veces al primitivo y apócrifo Evangelio según los Hebreos, del cual poseyó tal vez una traducción griega, y que sólo ha llegado a nosotros en fragmentos confusos y en transcripciones esporádicas.

(171) Trata ampliamente este asunto Ricci, en el tomo II de su obra sobre *La significación histórica del cristianismo.*

ético Evangelio de San Mateo. ¿No nos enseña la experiencia que el pueblo procede de lo simple a lo complejo, y que, para asociar dos verdades, necesita antes haberse visto inclinado hacia ellas por signos exteriores? San Mateo es lógico y analítico, y San Marcos preciso y compendioso narrador. Sólo se parecen, como queda dicho, en que han sabido imprimir a sus Evangelios, merced a la vaguedad de sus referencias e informes, un carácter en alto grado impersonal.

Enteramente distinto es el aspecto que ofrece el Evangelio de San Lucas. Aquí hay ya una idea preconcebida y bien determinada, que da más doctrinarismo a los resultados, más sabiduría a los juicios, más sagacidad y delicadeza a las observaciones de detalle, y más gusto y suavidad a la ironía con que a veces se desliza contra el egoísmo nacional de los judíos, que negaban a los paganos el derecho a entrar en el reino del Mesías(172). Nadie, a no ser los ortodoxos, empeñados en sostener a todo trance el crédito y la autoridad de los cánones hermeneúticos de la Iglesia, puede seguir atribuyendo tal obra al médico griego contemporáneo de los apóstoles(173), pero no habrá quien la lea, sin admirar su belleza, su suave y patética dicción, la perfección de sus enseñanzas. Es un Evangelio compuesto con testimonios de segunda mano y el resultado final del trabajo acumulado de la segunda generación cristiana. En él, se hacen ya grandes concesiones al gentilismo conciliador, y se abandonan muchas cosas de gusto judío. San Lucas supera a los demás en pureza y en dignidad, como hombre versado en las letras y en la vida social, y les

---

(172) Es curioso, por ejemplo, el modo que San Lucas tiene de sacar partido de los originales más judaizantes, que aprovechó para magnificar el paulinismo universalista. Fundado Hilgenfeld *(Die Evangelien,* 194) en la frecuencia con que el tercer evangelista usa de tal procedimiento, juzga grande la habilidad con que sabe metamorfosear invectivas judeocristianas contra San Pablo en otras paulinas contra los judeocristianos. Por igual estilo discurre Strauss *(Neue Bearbeitung des Leben Jesu,* I, 20), y aun, si cabe, con más penetración de juicio.

(173) Engañaríase grandemente quien se figurara que el médico de la antigüedad tuviera algo de común con el profesional de nuestros tiempos. Hay, sin embargo, una circunstancia, que recuerda Ricci *(La documentación de los orígenes del cristianismo,* 199), y que parece indicar que el autor del Tercer Evangelio, fuese quien fuese, quizá pertenecía a esa profesión, y es que, al iniciar su relato, mediante una introducción o prefacio, revela serle familiar la lectura de tratados de medicina, en los que tal detalle constituía una especie de obligado convencionalismo literario, observado desde Hipócrates hasta Galeno.

resulta inferior, por el contrario, en detalles locales[(174)], cronológicos y consuetudinarios, como iremos viendo en la serie de nuestras investigaciones. Puede decirse que el objeto de su Evangelio es conciliar el judaísmo con el paganismo; y de ahí nacen sus bellezas y sus defectos; de ahí el gran número de verdades que contiene, y que están expresadas en un estilo brillante; de ahí los errores crasos que lo afean, y las contradicciones con las cuales se tropieza casi en cada versículo; de ahí la incoherencia de todo el sistema, que no construye la unidad sino violentando los textos discordantes de los *logia* y de San Marcos.

Inspirado principalmente en las ideas avanzadas de universalidad religiosa, el Tercer Evangelio ha sido a la vez inspirador de las anécdotas y cuentos que tanto han privado en los apócrifos posteriores a la *Sinopsis*. Su autor anónimo insertó casi todas las fábulas sobre la infancia de Jesús que halló en los apócrifos anteriores. También tomó mucho de San Mateo, de San Marcos, del *Apocalipsis,* de la *Didaqué* y de los *Memorables* apostólicos a que San Justino alude, utilizando, además, algún libro menos conocido. Del Evangelio de los Hebreos hace uso frecuente, y asimismo parece haber utilizado una crónica con frecuencia atribuida a *Rabbí Saúl* (San Pablo), discípulo de Gamaliel. Por la forma y por el fondo revela perfectamente haber sido escrito a fines del siglo I, y, si su autor, hasta de ahora desconocido, no fue, como creemos, el mismo de los *Acta Apostolorum,* no dista mucho de poseer el estilo que distingue a este

---

(174) Uno de los errores más singulares es aquel en que incurre respecto del templo. Después de afirmar que Ana la profetisa "no se apartaba del templo, sirviendo de día y de noche con ayunos y oraciones" (II, 37), supone más adelante (XVIII, 10), al exponer la parábola del fariseo y del publicano, que estos dos hombres "subieron al templo a orar", y al final de su narración (XXIV, 36), llega hasta pretender que "los apóstoles estaban *siempre* en el templo alabando y bendiciendo a Dios". Es decir, que para San Lucas, el templo era una especie de lugar de reunión piadosa, una sinagoga, casi un προστυχα:. No puede llevarse a más alto grado el error en las apreciaciones históricas, puesto que los judíos sólo asistían al templo cuando en él se ofrecían sacrificios, o cuando se celebraban solemnes y colectivas ceremonias del culto, en tiempo de fiestas a que debía acudir todo el pueblo. Los deberes religiosos ordinarios (oración, predicación, lectura e interpretación de los libros sagrados, etc.) practicábanlos los judíos dondequiera, generalmente en las casas de los ancianos instruidos en la ley mosaica, o en lugares de piadosa reunión, que no eran más que sinagogas sin título, donde se reunían, a falta de verdaderas sinagogas. Pero de éstas ni aun se hablaba todavía en tiempo de Antioco Epifanes, a lo menos en Palestina, y sólo comenzaron a establecerse bajo los reyes asmoneos. Véase a Glaire, *Introduction historique et critique à l'Ecriture Sainte,* II, III, 2.

último[175]. Por lo demás, la crítica moderna se siente poco dispuesta a admitir que los *Acta* sean obra de un testigo de los acontecimientos que refiere, y mucho menos de un compañero de San Pablo.

Esta manera de mirar a los Evangelios *Sinópticos* en la escala progresiva de San Marcos, San Mateo y San Lucas, nace en mí precisamente de la inferioridad típica y regional del último. He reconocido en él los síntomas de decadencia, y me admira en extremo que exégetas como Keim[176], Koestlin[177], Eichthal[178], Gfroerer[179] y Streeter[180], sostengan lo contrario y vean en el Evangelio de San Mateo un escrito posterior a San Lucas, y en San Marcos una *sinopsis* de los Evangelios de San Lucas y de San Mateo. Examinemos algunos de sus argumentos.

Nótase, dicen, que San Mateo es, en casi todas sus concepciones, más espiritualista que San Lucas. Éste, por ejemplo, habla simplemente de pobres (VI, 20), y aquél de pobres de *espíritu.* San Lucas se refiere a los que sufren materialmente el hambre y sed, y San Mateo a los que tienen hambre y sed de *justicia.* Admitiendo que la versión más sencilla es la más vieja, ¿no pudiera creerse que se trata de adiciones de San Mateo, adiciones que eran otras tantas precauciones tomadas mirando a una mala inteligencia posible? A esta conjetura responderé que es difícil que San Lucas haya tomado de San Mateo su Sermón de la Montaña, pero no que lo haya sacado de una fuente esenia o de una fuente ebionita, es decir, de un *Evangelium pauperum.* Ni temeré asegurar que cualquier erudito que

---

(175) Davidson *(Introduction to New Testament,* II, 261, 268), Hawkins *(Prolegomena,* I, 4, 23), Burkitt *(The Gospel History and its transmision,* 110, 120), Harnack *(Lukas der Arzt,* 47 56) y Ricci *(La documentación de los orígenes del cristianismo,* 173, 176) citan, como peculiares a los cuatro Evangelios y a los *Acta apostolorum,* 13 palabras de San Juan, 14 de San Marcos, 17 de San Mateo y 58 de San Lucas. Por otra parte, sobre las 41 características de San Marcos, 22 hállanse en las *Acta,* sobre las 95 de San Mateo, 46, y sobre las 151 de San Lucas, 115. Además, las frases propias de San Lucas ocurren en las secciones ημεις de las *Acta* en una proporción de 111 veces, las de San Mateo 216 y las de San Marcos 116. Las palabras y las características de San Marcos ocurren en las mismas secciones 357 veces, las de San Mateo 904 y las de San Lucas 1.483. Por último, las frases *separadas,* abstracción hecha de su frecuencia en el contexto, son 7 de las 41 particulares a San Marcos, 11 de las 95 particulares a San Mateo, y 45 de las 151 particulares a San Lucas.

(176) *Die menschliche Entwickelung Jesu Christi,* 33.

(177) *Der Ursprung und die Composition der Synoptischen Evangelien,* 66.

(178) *Les Evangiles,* I, 67.

(179) *Die heilige Sage,* II, 124.

(180) *The Four Gospels,* I, 11.

lea sin preocupación algunas páginas de aquel libro descubrirá bien presto ser obra de algún retrasado compilador, que, sin embargo, a pesar o a causa de ello, como hombre de estudio y de cultivado espíritu, somete a sus dos antecesores a nuevo examen y a nueva revisión. El haber tratado seca y rotundamente de bienaventurados a los hambrientos y miseriosos, erigiéndolos, como tales, en herederos de la gloria futura, y condenando, por lo contrario, a los ricos, lejos de acusar un criterio más primitivo que el de San Mateo, y de convertir a San Lucas en partidario de la doctrina de los ebionitas, esto es, de los esenios judeocristianos, lo que prueba es el mucho tino y exquisito tacto con que sabía transformar narrativamente un principio en su contrario diametralmente opuesto. Sin salir del Sermón de la Montaña, aunque San Lucas deje casi intactos el exordio, y la peroración de San Mateo, revela haber sacado su noticia del exordio de una fuente más antigua. En efecto: al paso que San Mateo hace decir a Jesús que, mientras no perezcan el cielo y la tierra, tampoco perecerá ni una jota de la *ley* (mosaica), y que él no ha venido a *abrogar,* sino a *cumplir,* la ley y los profetas, San Lucas le hace decir: "El cielo y la tierra pasarán, mas MI *palabra* no fallará", y, en otro pasaje, acrecienta y recalca su paulinismo antijudío por este tenor: "La ley y los profetas hasta Juan, y desde entonces el reino de Dios que os anuncio". No es posible, como se ve, una reacción más viva, ni un rompimiento más radical, con el concepto primitivo de petristas o ebionitas de que la única y verdadera Escritura cristiana era el Antiguo Testamento. Los gnósticos antijudaicos, Marción[(181)] y Basilides, no lo hicieron mejor. Después de San Lucas, ya

---

(181) Algunos hermeneutas han conjeturado que la sustitución de *palabras de la ley* por *las de Jesús,* fue obra de Marción, y que probablemente esa sustitución no figuraba en la redacción primitiva de San Lucas. Pero lo que dice Tertuliano (*De praescriptione,* XXVI), el más feroz y encarnizado enemigo de Marción, no abona suposición tan discutible. Aunque Tertuliano sostiene, contra Marción, el carácter escriturario del Antiguo Testamento, atribuye sin ambages a los Evangelios y a las cartas apostólicas una autoridad, igual de hecho y superior de derecho, a la ley y a los profetas. En la vasta declamación exegética contra las adiciones, modificaciones y falsificaciones, que acusa a Marción de haber hecho al Evangelio de San Lucas, no figura la de que aquí se trata. Lo que sí debe confesarse es que San Lucas no coloca la sentencia paralela a la de San Mateo, y que la contradice, en el capítulo VI, donde expone el Sermón de la Montaña, sino que la lleva al capítulo XVI, intercalándola en un grupo de sentencias fragmentarias, una de las cuales, que va por cierto a continuación de la en el texto citada, reza que "más fácil cosa es desaparecer el cielo y la tierra que frustrarse un tilde de la ley". ¿Cómo concertar estas medidas? ¿Es que la redacción primitiva

no hay vacilación ni tergiversación posibles. La ley mosaica queda abolida *por su inutilidad y flaqueza,* como San Pablo había sentenciado. ¡Cuán lejos nos hallamos del judeocristianismo de San Mateo!

Por lo mismo que tanto han exagerado algunos críticos las concesiones de San Lucas al judeocristianismo de San Mateo, es necesario conocerlas de raíz, según la posibilidad. La idea expresada por San Mateo (XI, 12) de arrebatar el reino de los cielos por la violencia, repítela San Lucas en otra forma, pero ¡qué diferente resulta esta última, asimilada a la parábola del festín! En San Mateo (VII, 21), Jesús aparta de sí a los que le sigan y en su nombre realicen prodigios, pero que no cumplan la voluntad del Padre. En San Lucas (XIV, 24, 29), aparta también de su lado a los que aleguen conocerle, amarle y tratarle, sin perjuicio de no honrar a Dios con buenas obras, pero es para hacerles estallar en quejas ruidosas, cuando vean venir gentes del Oriente, del Occidente, del Norte y del Sur, y tomar puesto en el banquete de los elegidos, en tanto que ellos se quedan a la puerta (αναχλιθησοναί). Por el mismo sesgo y giro, en la parábola del rico y del pobre Lázaro (XVI, 19), basada en las ideas de los judeocristianos, mediante una adición oportuna, vuelve contra los judíos y contra su incredulidad dicha parábola, que respiraba el ebionismo más puro, y, en la imprecación de Jesús contra el pueblo profeticida (X, 49), pone en boca de la *Sabiduría de Dios* palabras enigmáticas, que faltan en el pasaje paralelo de San Mateo (XXIII, 34)[(182)], y que San Lucas tomó probablemente, como tantas otras leyendas que acoge, de una compilación más reciente, en que se miraba sobre todo a excitar sentimientos de antijudaísmo.

El Tercer Evangelio es tenido como el mejor de los *Sinópticos,* pues, si bien es cierto que fatiga por el prolongamiento y repetición de unas mismas enseñanzas, y por el relato de prodigios monótonamente semejantes, tal reparo habrá de hacerse al género antes que a un determinado ejemplar, y, por compensación, tiene ese escrito abundancia de detalles particulares, inventiva más libre y mayor variedad de tono que sus otros congéneres. Su coincidencia casi literal con San Mateo en las partes comunes no supone imitación ni calco, y en esto hay que dar la

---

de San Lucas presentaba aún la ley como intangible y de por sí fecunda, y el presentarla como susceptible todavía de perfeccionamiento no se hizo (sin retrasar la mejora hasta la época de la revisión marcionita) sino en una redacción posterior? No hubiera sido demasiado extraño, y ya Eichthal *(Les Evangiles,* II, 230) suscitó algunas dudas en la materia. Mas, para mí, es indudable que el progresismo paulino estuvo, indiscutiblemente, en la mente del autor del Evangelio de San Lucas.

(182) Strauss, *Neue Bearbeitung des Leben Jesu,* I, 10.

razón a los autores de que se acaba de disentir. Hasta cuando no se separa, o se separa poco, de San Mateo, revela haber tenido ante los ojos originales que el otro parece no haber tenido, y que empleó, en su Evangelio, con prudencia y discernimiento, pero imprimiendo al relato mucha animación, mucha variedad y un gusto muy literario, que faltan al primer evangelista canónico. Por eso, su Jesús, no sólo es un Mesías humano, sino un Mesías humanamente divino, como el de San Pablo, y tal circunstancia ha sido reconocida por aquellos representantes de la extrema izquierda bíblica, que, sin negar en absoluto la existencia de Jesús, ni aventurarse a darla por históricamente real, no le reconocen por fundador de cosa alguna concreta, y juzgan el cristianismo primitivo como una religión redentora, que tenía al Mesías por un dios humanizado.

Aunque muchos historiadores, desde Bauer[(183)], hayan, como yo, querido dar a San Marcos el primer puesto en el orden cronológico, no faltan otros historiadores que no encuentren, para ello, razones formales. Aparte la crítica interna, de que hablaré en seguida, los propugnadores de esa opinión recurren al testimonio de algunos Padres de la Iglesia, que, en rigor, queda reducido al de Papias y al apoyo que le prestaron Eusebio y Clemente Alejandrino. Empero Papias nos ofrece una descripción que no puede aplicarse a nuestro Evangelio de San Marcos, y explica su composición por una redacción que no da cuenta de la de este Evangelio, es decir, que su testimonio nada nos enseña[(184)]. Debe considerarse, además, que los dictámenes patrísticos, en ésta como en otras semejantes materias, tienen un valor crítico muy escaso; que, a excepción de Orígenes[(185)], que pone a San Lucas después de San Marcos, los demás Padres nada indican sobre el orden cronológico en que los *Sinópticos* fueron compuestos, y algunos, como Clemente Alejandrino, dan la prioridad a los Evangelios Primero y Tercero, por la discutible razón de

---

(183) Véase la exposición de sus puntos de vista en mi libro sobre *Strauss y su tiempo,* 33, 37. Bauer es, a su modo, un partidario de la teoría del *documento común,* que examinaré, más adelante, en el texto. Pero este documento común lo confunde e identifica con el Evangelio mismo de San Marcos, sin considerarlo como un escrito embrionario anterior, y sin preguntarse siquiera si es sostenible que el San Marcos actual sea una obra absolutamente semejante a la que Papias leía. Para Bauer, San Marcos fue el primero que inventó la historia de Jesús, llenándola de fábulas y de milagros, y esa historia sirvió de núcleo (G*rundschrift)* a todas las redacciones y ampliaciones posteriores.

(184) Strauss, *Neue Bearbeitung des Leben Jesu,* I, 10. Compárese con Hilgenfeld, *Die Evangelien,* 339.

(185) *Contra Celsum,* II, XXVII.

ser los que contienen genealogías; que el mismo Orígenes sigue el orden canónico, por la razón, más discutible aún, del rango asignado por la Iglesia a los apóstoles San Pedro y San Pablo; que otros Padres hacen citas, que a veces concuerdan, bien con uno, bien con otro, de los Evangelios canónicos, y que a veces no concuerdan con ninguno, y denuncian fuentes evidentemente apócrifas; finalmente, que, hasta cerca de la mitad del siglo II, no aparecen señales claras, en los dictámenes patrísticos, de la existencia de los *Sinópticos* en su forma actual. Y no hay que admirarse de ver a Padres más antiguos acercarse más, en sus opiniones e interpretaciones, a los Evangelios actuales que los Padres posteriores. Este hecho no prueba, ni puede probar, que esos Evangelios sean auténticos y autosotéricos, pues, en la literatura profana, se presentan ejemplos semejantes, en composiciones cuya inautenticidad y heterosoterismo ha demostrado la crítica hace tiempo. ¿No es notable que las citas homéricas de la mayoría de los escritores griegos de los siglos IV y V, y aun las de Aristóteles, por ejemplo, difieran considerablemente de nuestro texto, mientras que las citas de Platón concuerdan con él casi siempre, palabra por palabra? Empero, dejando a un lado este punto, que habré de tratar otra vez, pasaré adelante a examinar los motivos de crítica interna que han llevado a varios exégetas[(186)] a hacer a San Marcos posterior a San Mateo y hasta a San Lucas. En realidad, el único motivo que ofrece algún interés, es puramente literario, y concierne al análisis comparado del estilo de los *Sinópticos.* Nadie ignora que, a excepción del *Apocalipsis,* documento plagado de barbarismos, solecismos, groseras construcciones verbales, etc.[(187)], el Evangelio de San Marcos es el libro peor escrito de todos los del Nuevo Testamento. Digo más: aun cuando libre, sin duda, de las graves faltas gramaticales del *Apocalipsis,* el idioma que usa es aun más pedestre, y todo el contexto del relato, pálido, llano y sin carácter, está completamente destituido de cualidades estilísticas. Estas cualidades son las que se ha atribuido siempre a los libros primitivos de los géneros literarios o a las colecciones literarias, que, a partir de su nacimiento, evolucionan y progresan de un modo lento y gradual. No lo

---

(186) Schleiermacher, *Einleitung ín das Neue Testament,* 313, Schwegler, *Die Hypothese der ursprünglich und schöpserlich Evangelist,* 219. Baur, *Das Evangelium Marci,* 15, 81. *Neulichen Untersuchungen ueber das Evangelium Marci,* 54, 60. Hilgenfeld, *Das Evangelium Marci,* 18, 51. *Neuen Untersuchungen ueber das Evangelium Marci,* 108, 259. Keim, *Die menschliche Entwikelung Jesu Christi,* 117. Koestlin, *Der Ursprung und die Composition der synoptischen Evangelien,* 328. Strauss, *Neue Bearbeitung des Leben Jesu,* I, 21.

(187) Véase a Swete, *The Apocalypse of Saint John,* prolegómenos, 118.

entienden así los exégetas de referencia. Para ellos, el Evangelio de San Marcos, dentro de su simplicidad, ofrece una lengua notable por lo enérgica, y un estilo vivo en grado sumo, por lo cual le consideran como perteneciente al fin del otoño de la literatura evangélica. Y, comparado con el de San Mateo, juzgan que es una obra de fondo prosaico, pero en la cual abunda lo rebuscado de la expresión fuerte y de la descripción florida, esto es, que ofrece el sello de todas las obras de decadencia, tan opuesto al de las clásicas. Pero la crítica filológica se ha encargado de demostrar la insubsistencia de ese modo de ver, basándose en que sería poco juicioso dar el penúltimo o el último lugar, en la serie sucesivoevolutiva de composición, al más breve, compendioso, sencillo y fragmentario de los Evangelios, y los inconvenientes de opinión tan gratuita lo dicen a voces. El afán del redactor del Segundo Evangelio por abreviar y por comprimir, especialmente en la primera parte, hizo pensar que el misterioso epíteto de ó χολοβοδαχτλος, que se le aplicó en el siglo III[(188)], más que a un defecto físico del autor, fuera atribuible a la impresión dejada por su obra, impresión como de algo truncado y mutilado[(189)]. Los filólogos, a costa de gran paciencia, han estudiado el léxico y el estilo de San Marcos, y no hallan cosa más pobre y desabrida[(190)]. San Mateo, en cambio, reduce y aun mejora la dicción de las fuentes. Así, el "inclinarse y desatar la correa de sus zapatos" de San Marcos (I, 7), viene a ser en San Mateo (III, 11) δποδήατα βαστάσαι, y el έπιγινώσχει del capítulo XI corresponde exactamente al γινώσχει τίς εστίν de San Lucas. Otras veces, San Mateo reemplaza con términos selectos los vulgarismos pedestres que ocurren en San Marcos, como χλίνεν por χράβαττον (IX, 6), συμβούλιον ελαβον por σ. έδιδουν (XII, 14), αμφιέννυσιν por άμφιαζει, etc.[(191)]. San Lucas perfecciona aún más el estilo evangélico[(192)], que, en medio de su artística uniformidad, consigue a veces la elegancia en la fraseología y en el giro del período: άπέθανεν άτεχνος (XX, 29), ου χατέλιπον τέχνα *ναι απέθανον* (XX, 31), χατά το έθος (I, 8), χατά τὸ ειθισμένον τοδ νόμου (11, 27), χατά το ειωθός (IV, 16), etcétera[(193)]. Por razón del estilo, debe, pues, darse a San Marcos la prioridad de aparición sobre los otros *Sinópticos.* Se dice que abundan en él episodios y frases que parecen corresponder a un estado

---

(188) San Hipólito, *Philosophumena,* VII, xxx.
(189) Ricci, *La documentación de los orígenes del cristianismo,* 202.
(190) Véase a Norden, *Antike Kunstprosa,* 485.
(191) Ricci, *La documentación de los orígenes del cristianismo,* 200.
(192) Véase a Renán, *Les Evangiles,* 283.
(193) Ricci, *La documentación de los orígenes del cristianismo,* 198.

más avanzado de la conciencia cristiana que los episodios y las frases de los lugares paralelos de San Mateo y de San Lucas. Pero esos rasgos (que no son tantos, en la exegética discusión, como a primer aspecto parece) se pueden explicar, sin retrasar la fecha de redacción del Segundo Evangelio, ni convertir a su autor en mero arreglador y copista, por las interpolaciones que ha sufrido (hechas generalmente con fines sectarios o dogmáticos), como también los otros *Sinópticos,* y, en ocasiones, por las extensas supresiones que se le han hecho, como la historia entera del nacimiento y de la infancia de Jesús, que rechazaban las herejías más poderosas e influyentes del siglo II. Por relacionarse con el Evangelio de San Lucas, recordaré aquí que, en la revisión que de él hizo Marción, no sólo se suprimieron, como en San Marcos, los relatos de los pastores, de los magos y de la huída a Egipto, sino que también los del Bautista y de la tentación en el desierto.

Muy conforme estoy con los que afirman que Marción, el gran hereje ultrapaulino, procede de un círculo completamente antijudaico. Prescindo aquí de si la verdadera fuente de sus enseñanzas, en aquellos pasajes de su Evangelio que inculcan el deber del renunciamiento voluntario a la riqueza, es, como en el de San Lucas, una fuente esenia o una fuente ebionita, es decir, un *Evangelium pauperum*[(194)]. Desde cualquier aspecto que la cuestión se mire, hay algo indudable, y es que, hasta por su filiación sectaria, está fuera del judaísmo. En efecto: Marción era discípulo del sirio Cerdón, cuya doctrina, según el testimonio de Teodoreto[(195)], estribaba en poner el ideal del Cristo en contradicción con el Dios de la ley y hasta de la naturaleza. Por otra parte, Heracleón, el discípulo más eminente del gnóstico Valentino, trataba ya a fines del siglo II, o tal vez a principios del III, de conciliar a San Lucas con algunas sectas afines a la suya. Antes hice una advertencia sobre la oscuridad que envuelve a tales movimientos. Mas destácase de este fondo oscuro con toda claridad apetecible la necesidad de ver en el Evangelio de Marción el texto, fielmente conservado, del escrito original del tercer evangelista, y en el de nuestro San Lucas canónico un arreglo y una ampliación del mismo. La misma sobriedad del primero lo está indicando, puesto que, sin mitología y hasta sin alardes de referencia histórica general, comenzaba, según se cree, diciendo bruscamente: "Jesús llegó a Capernaum...". No es preciso

---

[(194)] Véase, para toda esta historia de la secta marcionita, el resumen tan luminoso de Volkmar en sus obras *Das Evangelium Marcion's, Der Ursprung unserer Evangelien, Die Evangelien oder Markus und die Synopsis.*

[(195)] *Haeretici Fabulae,* I, XXIV.

exponer aquí, en oposición al embolismo de la exégesis ortodoxa, que esa necesidad de ver en el texto primitivo de San Lucas un resultado de las problemáticas "tradiciones de San Matías" (o de su Evangelio apócrifo), significa su proveniencia de un ambiente gnóstico, ya que semejantes tradiciones fueron el penúltimo lazo entre los círculos de Basilides y de Valentino. Afirmo, en tal concepto, que la obra de San Lucas no es apostólica, afirmación tanto más lícita cuanto que el propio autor declara, en su prólogo, no haber empleado sino materiales escritos[(196)]. El Tercer Evangelio sinóptico *supone,* pues, tanto la tradición como los demás Evangelios apócrifos, y con el tiempo, será cada vez menos sostenible la idea de Tertuliano[(197)], conforme a la que el Evangelio de Marción no es más que el Evangelio de San Lucas adulterado y mutilado[(198)].

Deteniéndome un momento en Basilides, debo decir que el origen doctrinal de su secta es, a la verdad, algo oscuro, como el de todas las herejías del Oriente que se han llamado evangélicas y cristianas. Pero los pájaros y los pensamientos de los sabios europeos han volado por allí, y, luego que han visto bien la autoctonía del gnosticismo, vuelven a contarnos las ideas de ese curioso sistema y de sus curiosos secuaces. Es cierto que Basilides sostenía que todas sus doctrinas las había obtenido de los apóstoles San Mateo y San Pedro por medio de Glauco, discípulo de este último[(199)]. Pero los Evangelios interpretados por Basilides no eran nuestros Evangelios actuales, los cuales, como está probado por las mayores autoridades, no existían todavía en aquellos días. Por otra parte,

---

(196) Keim, *Geschichte Jesu,* 34. Semler, en su célebre libro sobre *Richard Simon* (1776 y 1780) veía en el Evangelio de Marción una fuente del de San Lucas. Ello, entiéndase bien, ha de referirse al texto primitivo de San Lucas, y no a su texto canónico actual, porque conviene no olvidar que los autores de ambos textos tenían a su disposición una multitud de tradiciones orales y de Evangelios escritos, ya judaizantes, ya paulinos, que estaban muy lejos de concordar unos con otros, y entre los cuales el canon de la Iglesia no había hecho su selección todavía.

(197) *Contra Marcionem,* IV, IV. Compárese con Godet, *Commentaire sur l'Evangile de SaintLuc,* I, 12.

(198) Idéntica acusación hallamos en San Ireneo *(Adversus haereses,* V, II): Marción, *que recorta muchas cosas al Evangelio de San Lucas,* puede ser convencido, *con los solos pasajes que ha conservado,* de blasfemar contra Dios", etc., etc. El mismo Orígenes *(Contra Celsum,* II, XXVII) cuenta a Marción entre "los corruptores del Evangelio", al lado de Luciano y de Valentino. Pero, a pesar de estas acusaciones patrísticas, la historia *verdadera* y la investigación *leal* han derramado con sus brillantes adelantos más y más luz sobre la verdad que defiendo.

(199) Clemente Alejandrino, *Stromata,* VII, VII.

según Eusebio[200], publicó veinticuatro volúmenes de *Interpretaciones de los Evangelios,* todos los cuales *fueron quemados,* hecho que nos hace suponer, no sólo que *contenían más principios que los que la escuela de San Ireneo estaba preparada para negar*[201], pero también que esos principios eran propios de una secta pagana dominada por el nuevo espíritu del *Logos,* y que no había aceptado las revelaciones y las tendencias mesiánicas de la nación judía, ni el *Jehovah* de Moisés. Casi todo el cristianismo primitivo que hasta nosotros ha llegado es gnóstico, a pesar de lo cual apenas hay documento de aquellas épocas que no lleve en su seno el mesianismo judaico. Y así se da el curioso fenómeno de que, mientras los elementos superiores de la creencia cristiana se han transformado, y se puede seguir su evolución, esa base profunda, que corresponde al pleno mesianismo, permanece inalterable a través de las edades.

Si hemos de hablar con verdad, los Evangelios canónicos son de fecha tan incierta como los apócrifos, por el mero hecho de que unos y otros carecen de unidad interna, y están formados por piezas de relación asaz torpemente yuxtapuestas en épocas distintas[202]. Tal sucede, y es fácil observar, en el apócrifo *Protevangelium Jacobi.* En vano Zahn[203] se ha esforzado en demostrar su unidad interna, pues la incoherencia misma de su composición no lo permite. Sin embargo, el conjunto del texto se deja dividir en tres partes de desigual extensión. La primera, que es la más larga, comprende los capítulos I a XVI; la segunda se extiende del XVII al XXI; la tercera va del XXII al XXIV; y el capítulo XXV forma un epílogo muy corto[204]. Ahora bien: la simple inspección del texto muestra que no se trata de una obra homogénea. El capítulo XVII, que forma la introducción natural de la segunda parte, y que parece no debía destacarse del resto de ella, se destaca, no obstante, como se ve en el relato de la natividad (capítulos XVII a XX). El capítulo XVIII, que describe la brusca detención de la naturaleza, en el tiempo que precede al nacimiento de Jesús, presenta un colorido gnóstico netamente acusado. El trozo que va

---

(200) *Historia ecclesiastica,* IV, VII.

(201) Blavatsky, *Isis unveiled,* II, III.

(202) Véase a Hilgenfeld, *Kritische Untersuchungen über die Evangelien Justins,* 153, 156. Hilgenfeld volvió a la carga en otra obra *(Historische kritische Einleitung im Neue Testaments,* 152, 154), y su argumentación fue renovada por Lipsio, como puede verse en SmithVace *(Dictionnary of Christian biography,* II, 702).

(203) *Geschichte des neutestamentlichen Kanons,* II, 774, 780.

(204) Amann, *Le Protévangile de Jacques et ses remaniements latins, 2.*

del versículo 2 del capítulo XVII al versículo 1 del capítulo XIX, y en el cual José comienza, en primera persona, el relato de los milagros que precedieron al nacimiento de Jesús, del encuentro con la partera y de la llegada a la gruta, se contrapone de una manera resaltante a todo el resto. No deja de ser notable el cambio de persona en una narración hasta allí impersonal. Cuando el narrador reanuda el hilo de su relato, las palabras τους οφθαλμούς ημών (XIX, 2) indican que todo el episodio había sido redactado primitivamente en primera persona[(205)], y queda uno sorprendido de que, en aquel momento, tome José la palabra, y cae en la tentación de rechazar todo el capítulo como una interpolación manifiesta[(206)]. Pero esto no es posible, porque habría al mismo tiempo que excluir una parte del capítulo siguiente, en que José refiere, igualmente en primera persona, su conversación con la partera, por lo que es preciso reconocer aquí una desdichada tentativa de soldadura entre dos documentos de origen distinto[(207)].

Otras observaciones conducen a una conclusión del mismo género. El hilo de la narración se rompe en varios lugares, y, así, después del capítulo XXI, que contiene el relato de la adoración de los magos y de la degollación de los inocentes, adviértese que el autor, a partir del versículo 3 del capítulo XXII, no habla una sola vez de María, ni de Jesús, y que son los parientes de éstos los que ocupan la escena, pues se refiere muy al detalle la huida de Isabel con Juan y el asesinato de Zacarías, todo lo cual se destaca y se separa fácilmente del resto, formando una historia particular. Aun los capítulos I a XVII, que presentan un todo completo, ofrecen algunas inconsistencias en la narración. Por ejemplo: en el capítulo VIII, María tiene doce años, y, en el XII, diez y seis. A menudo, el relato se refiere a hechos que hubieran debido ser precedentemente contados, y que no se encuentran en el contexto. En fin, la historia concluye de un modo singular en extremo, y, en varios casos, los relatos conservados por el Pseudo-Mateo acusan un texto más original[(208)].

El *Protevangelium Jacobi* es, pues, una colección o repertorio, dividido en tres partes. Las dos primeras comprenden la historia de la concepción de María y del nacimiento de Jesús, referido el último por José, y, en ambas partes, se hallan reunidas, en forma de leyenda, las tradiciones que

---

(205) Michel, *Evangiles apocryphes,* introducción.

(206) Así lo hace Hoffmann, *Das Leben Jesu nach den Apokyphen,* 110.

(207) Amann, *Le Protévangile de Jacques et ses remaniements latins,* 83.

(208) Véase a Ehrhard *(Die altchristliche Litteratur,* 144) y a Bardenhewer *(Geschichte der altkirchlichen Litteratur,* I, 405).

LACRITICALITERARIA.COM

sobre ambos puntos corrían en el primitivo mundo cristiano. La tercera parte, más sencilla que las dos primeras, aunque no más antigua que ellas, atañe a la leyenda de Zacarías, y constituye como un apéndice que, en fecha más reciente, se añadió a la obra. Harnack[(209)] admite que los diez y seis capítulos que forman la primera parte derivan de un muy antiguo *Apocryphum Mariae,* y que a ellos sólo corresponde el título que a todo el escrito se ha dado a veces: Γ'εννησις Μαριας τές αγίας θέοτοχου χαι υπερενδοσου μητρος Ιησού Χριστού *(Nacimiento de María, la santa madre de Dios y la muy gloriosa madre de Jesucristo).* En la fuente más antigua de la segunda parte, Harnack reconoce con mucha verosimilitud lo que llama un *Apocryphum Josephi,* al cual hay que remontar, sin duda, el lejano original de la *Historia de José el Carpintero,* poco ha (1924) traducida por Peeters[(210)]. La más reciente de las dos partes es indiscutiblemente la primera. La segunda, que comienza por el relato de la visión de José, y que se diferencia de la primera por el estilo[(211)], debió tener al principio una existencia independiente, y parece haber sido compuesta para afirmar enérgicamente la virginidad de María *in partu et post partum.* Su antigüedad es grande, a buen seguro, pues, aunque el autor parezca conocer y utilizar el Cuarto Evangelio, ya hemos visto que éste es anterior a los *Sinópticos,* por el carácter gnóstico que le distingue, y que fue el del cristianismo verdaderamente primordial. Así se explica que muchos exégetas hayan atribuido al *Protevangelium* una procedencia gnóstica, y hasta hallado en su contexto huellas de docetismo, mientras que otros han hecho de su autor un *ebionita ortodoxo,* palabras que riñen de verse juntas, puesto que el ebionismo se mantuvo siempre al margen de la ortodoxia, y aun enfrentado con ella[(212)]. Cuanto a la tercera parte, Berendts[(213)], que la estudió con cuidado y con perspicacia, mostró que no existe, en sus capítulos, la forma más vieja de la historia de Zacarías, sino

---

(209) *Chronologie der altchristlichen Litteratur Ms Eusebius,* I, 598, 603.

(210) *Evangiles apocryphes,* I, 191, 245.

(211) Véase a Amann, *Le Protévangile de Jacques et ses remaniements latins,* 96.

(212) Me refiero, claro es, a la ortodoxia católica. En otro orden de cosas, el ebionismo, en cuanto rama judeocristiana asimilada al *petrismo,* representaba la ortodoxia judía, en toda su pureza, intransigencia y atenimiento a la antigua ley, frente al *paulinismo,* que representaba la novedad, la tolerancia y la universalidad. San Pedro era un ortodoxo del judeocristianismo o cristianismo de los ebionitas, y San Pablo un heterodoxo y un enemigo acérrimo de la limitación del espíritu judaico.

(213) *Studien über Zacharias-Apokryphen und Zacharias-Legenden,* 157.

que su autor se inspiró, a no dudarlo, en lo que Harnack[(214)] llama un *Apocryphum Zachariae,* de fecha remota. Esa tercera parte hay que considerarla como una adición posterior, hecha en el *Prolevangelium*[(215)]. Pero el escrito fundamental remonta mucho más arriba, y nos coloca casi en la cuna de la primitiva cristiandad.

No solamente las tres partes del *Protevangelium* se distinguen claramente unas de otras, sino que es fácil probar que debieron ser redactadas en épocas distintas. Harnack[(216)] ha insistido en una contradicción sorprendente. El autor de los diez y seis primeros capítulos revela la más completa ignorancia de las condiciones reales de la vida judía y aun de la geografía de Palestina. No conocía de esto más que lo que había podido aprender por otros escritos apócrifos, o por alusiones del Antiguo Testamento, y es imposible hacer de él un judeocristiano. Fuera de esos documentos, el autor no se ha servido de ninguna otra fuente, y ha fabricado, pieza a pieza, una fábula, internándose en un laberinto de mitología tal, que no da lugar a distinguir lo verdadero e histórico de lo ficticio y novelesco. Pero siente por el judaísmo un respeto sin límites. Todo en él le parece santo y divino, y se figura a los sacerdotes judíos, en la época de la juventud de María, inclinándose, llenos de deferencia, ante la revelación. Hay aquí una actitud inconcebible en un cristiano no judío, a lo menos durante los dos primeros siglos, pues solamente después de que los gnósticos helenizantes empezaron a desacreditar la ley de Moisés y todo el Antiguo Testamento, se sintió la necesidad de reanudar el lazo entre la Iglesia y la Sinagoga[(217)]. Por lo contrario, el autor del capítulo XVII manifiesta preocupaciones muy diferentes, al hacer decir a María: "Veo ante mí dos pueblos, uno que llora y se golpea el pecho, y otro que se regocija y salta de alegría". Esta alusión tan clara a los gentiles, que acogerán la buena nueva con júbilo, denuncia una mentalidad muy diversa[(218)]. Sin embargo, la actitud ante el judaísmo, a que me referí antes, puede ilustrarnos algo sobre la época de la composición de la primera parte del *Protevangelium,* porque no se encuentra en la antigüedad cristiana nada semejante antes de la época de San Ireneo[(219)]. ¿Trátase, pues, de dos documentos yuxtapuestos en fecha tardía, o de dos fuentes

---

(214) *Chronologie der altchristlichen Litteratur,* I, 579.
(215) Hennecke, *Neutestamentliche Apokryphen,* 48, 52.
(216) *Chronologie der altchristlichen Litteratur,* I, 599, 602.
(217) Amann, *Le protévangile de Jacques et ses remaniements latins,* 97.
(218) Harnack, *Chronologie der altchristlichen Litteratur,* I, 601.
(219) Amann, *Le Protévangile de Jacques et ses remaniements latins,* 97.

LACRITICALITERARIA.COM

utilizadas simultáneamente? He aquí un dilema harto difícil de decidir. Lo único que cabe afirmar, por cuanto resulta naturalmente de las observaciones anteriores, es que la cuestión de la fecha del *Protevangelium* se plantea de un modo distinto que la de la fecha de cada parte, y que no es posible considerar, como un testimonio en favor del conjunto, una cita que no se relacione más que con una de las partes[(220)]. Más adelante volveré sobre este punto.

Del Evangelio del Pseudo-Mateo y del Evangelio de la Natividad, sólo sabemos que son arreglos sumarios del *Protevangelium,* y posteriores a él, por tanto, pero sin que podamos precisar la fecha de su redacción. La misma incertidumbre reina respecto a la *Historia de José el Carpintero,* cuya edad es desconocida, aunque, desde luego, el documento primitivo que le sirvió de base sea anterior en mucho al original griego. Según Stern[(221)], cuya autoridad merece seria consideración, el original griego de la muerte de San José podría remontar al siglo IV. A Peeters[(222)] le parece un poco elevada la fecha. Nuestro apócrifo contiene, en el capítulo XVII, una alusión clara a cierta anécdota del capítulo XLII del Evangelio de la Infancia[(223)], la cual no parece ser muy antigua. Las huellas de ideas gnósticas que aparecen acá y allá, dentro del tono neutral del relato, más se asemejan a reminiscencias literarias, que a la expresión de una doctrina viva aún. Cuanto al Evangelio de Santo Tomás, que parece ser una continuación del *Protevangelium,* debió ser compuesto antes de 150, en sentir de Zahn[(224)], y no mucho después debió serlo el Deutero-Tomás o *Tractatus de pueritia Jesu secundum Thoman,* que utiliza el apócrifo anterior, combinándolo con el Pseudo-Mateo. Ello es que todavía no consta con certeza la edad de esos cinco apócrifos. La incertidumbre que se ha visto en orden a la cronología de los Evangelios canónicos, reina también entre los autores que discurren sobre las fechas probables de los Evangelios rechazados por la Iglesia. Pero es muy cierto que, al paso que llegaban éstos a su fin, decrecía el número de jueces teológicos o eclesiásticos que pudieran con razonable judicatura tener firmes las balanzas de la autenticidad con relación a los Evangelios canónicos.

[(220)] Michel, *Evangiles apocríphes,* introducción. Compárese con Zahn *(Geschichte des neutestamentlichen Kanons,* II, 776), con Harnack *(Geschichte der altchristlichen Litteratur,* I, 20) y con Hastings *(Dictionnary of the Bible,* V, 429).

[(221)] *Zeitschrift für wissenschaftliche Theologie,* 1883, XXVI, 269.

[(222)] *Evangiles apocryphes,* introducción.

[(223)] Véase a Tischendorf, *Evangelia apocrypha,* 203.

[(224)] *Geschichte des neutestamentlichen Kanons,* II, 771.

Mucho menor, sin duda, que la de los apócrifos anteriores, es la antigüedad del Evangelio de la Infancia, en sus dos redacciones, árabe y armenia. Hacia los siglos V y VI colocan varios críticos su composición, fechas que me parecen retrasadas en extremo, aun con relación a los textos actuales. De dónde procedían ambas redacciones, cómo vinieron a parar en Occidente, qué lazos de parentesco les unían con el resto de los apócrifos, es controversia, sobre complicada, obscurísima en grado sumo, y en que da y toma a porfía la curiosidad de los eruditos. No es dudoso que dichas redacciones, en su forma más antigua, suben mucho más allá de los comienzos del siglo V. Pero baste para nuestro intento advertir que no hay que conceder mucha importancia a sus relatos. Ninguno de ellos posee valor original, y, todos son posteriores a los apócrifos precedentes, y están compuestos con los datos proporcionados por el Pseudo-Tomás, datos que en sí mismos no tienen otra base que un probable documento primitivo, procedente de fuentes siríacas. No es seguro que ese documento existiera en la época en que se redactó el *Protevangelium.* Pero un apócrifo siríaco, contenido en un viejo manuscrito del Museo Británico, que se intitula la *Infancia de Nuestro Señor Jesús,* y que viene a ser un ejemplar reducido del Pseudo-Tomás, obtuvo varias versiones griegas, eslavonas y georgianas, en que se inspiró igualmente el Pseudo-Mateo. Es muy posible que los autores de nuestros dos apócrifos se hayan aprovechado de dichas versiones, amplificándolas, y que se hayan servido también del Evangelio de la Natividad. Más poderosas presunciones militan en favor de la hipótesis de que los autores de ambos apócrifos hayan utilizado la *Historia siríaca de la Infancia,* cuyo compilador introdujo en su narración una serie de milagros de la Virgen, que aparecen también en el primero de aquellos apócrifos. Dicha *Historia* fue traducida al árabe, y, como en su redacción siríaca aparece englobada una vasta rapsodia sobre la vida de la Virgen, permitido es creer que el primer autor del Evangelio de la Infancia se haya fundado en ella, combinando sus narraciones con las del Pseudo-Tomás.

¿Qué pensar ahora de las fechas en que hubieron de ser escritos los Evangelios apócrifos de Nicodemo y de San Pedro? Las conjeturas cronológicas no son varas de medir; será todo mucha verdad; hay confusión suma; no cabe dudarlo, y de ella se lamentaba ya San Jerónimo, en su *Epistola ad Vitalem.* Mas la discrepancia entre cronologías diversas no da derecho para introducir a voluntad, y aumentar sin reparo, fechas recientes, y subir a excesiva exorbitancia la suma de años. Por reciente que consideremos el llamado Símbolo de los Apóstoles, parece indudable que es uno de los documentos más antiguos de la Iglesia Cristiana. Ahora bien: el descendimiento de Jesús resucitado a los infiernos, que dicho credo pseudoapostólico consigna, está tomado del Evangelio de Nicodemo, que lo relata muy al pormenor y con acentos gráficamente apocalípticos. Este detalle sugiere la conjetura de que el Evangelio de Nicodemo haya sido escrito en un período de transición entre la literatura apocalíptica precristiana y las novelas apocalípticas llamadas Evangelios, es decir, en una fecha anterior a nuestros Evangelios canónicos. ¿Por ventura no es también anterior a éstos el *Apocalipsis,* y no ha demostrado la crítica que esa supuesta *Revelación de San Juan* no fue una obra cristiana, sino judaica, inspirada en parte en Isaías, pero más principalmente en Daniel, y que adquirió su forma actual merced a reescritos mucho más posteriores? Además, no faltan, en el Evangelio de Nicodemo rasgos gnósticos, hecho significativo para los historiadores que saben que el gnosticismo fue la forma más antigua del cristianismo, lo que hace remontar aquel Evangelio a una fecha seguramente anterior a la del Pseudo-Jacobo. Por otra parte, de la misma manera que éste, el Pseudo-Nicodemo consta de dos partes, una en que se refiere la pasión y la muerte de Jesús, y otra que describe su bajada a los infiernos, después de haber resucitado. Más tarde, veremos que ambas partes, muy antiguas las dos, aunque más antigua la primera, según toda verosimilitud, permanecieron independientes durante larguísimo transcurso de años, hasta que se acoplaron en fecha desconocida. Que debieron ser redactadas en épocas diferentes, parece indudable. Pero ¿llevan razón los que retrasan desmedidamente la aparición de cada una de ellas en el mundo cristiano?

Sería cuestión de importancia averiguar por qué causa echó Lipsio[(225)] por alto la opinión contraria de Tischendorf[(226)], para sostener: 1) que la segunda parte del Evangelio de Nicodemo reposa sobre un escrito de origen gnóstico, que remonta a la primera mitad del siglo III; 2) que la forma griega no es anterior a la mitad del siglo IV; 3) que la primera parte ha sido compuesta, en griego, hacia la misma época. Parece increíble que un escritor, que ha estudiado ambas partes con tanto cuidado como perspicacia, pretenda retrasar su redacción en tamaña medida. Yo no dudo que una y otra ofrezcan ciertos rasgos interesantes para la historia del *desarrollo* del pensamiento cristiano, pero en una época tan *antigua,* por lo menos, como la de los Evangelios canónicos, a quienes nadie ha pensado en asignar tan tardía fecha. Los siglos III y IV son períodos demasiado recientes en la historia del cristianismo, para que en ellos se preocupase ningún hereje de redactar una obra de la índole del Evangelio de Nicodemo. Son períodos de teología patrística, de controversia

---

(225) *Die Pilatus-Acten kritisch untersuchut,* 18, 61, 68, 86.
(226) *Evangelia Apocrypha,* 333, 416.

gnóstica, de construcción dogmática, en que un libro de aquel género no hubiera tenido oportunidad evangélica, ni éxito sectario, ni utilidad catequística, para ninguno de los partidos religiosos en lucha, ni razón de ser siquiera, para quien juzgue esta lucha a la luz de un sano criterio histórico. Pero hay más, y es que aun la crítica interna del documento depone, habida razón de la sencillez del relato, ser probablemente la redacción primitiva de éste anterior a la de los Evangelios canónicos. En el de Nicodemo, no hay comida pascual en Bethania, ni institución de la cena, ni lavatorio de pies, ni predicción de la traición de un discípulo y de la defección de otro, ni agonía moral en Gethsemaní, ni prendimiento de Jesús, ni interrogatorio ante el Gran Sacerdote, ni negación de Pedro, ni suicidio de Judas, sino que los príncipes de los judíos[(227)], hallándose el Cristo todavía en plena libertad, le acusan ante Pilatos de violador de la ley, y, cuando el gobernador romano le manda traer a su presencia, el acusado, al entrar en el pretorio, realiza un prodigio, que no figura en ninguna de las narraciones canónicas[(228)]. Las palabras del buen ladrón en la cruz no están completamente de acuerdo con el texto del capítulo XXIV de San Lucas[(229)], y parecen reposar sobre una tradición de mayor antigüedad que aquella en que se inspiró el tercer evangelista canónico. En la pintura de los últimos momentos del crucificado, le falta a nuestro apócrifo el detalle de "inclinar la cabeza", y la conversión del centurión tampoco ofrece semejanza con el modo como los Evangelios canónicos la describen. Todo esto junto ofrece graves indicios de no haber conocido nuestro apócrifo muchos detalles con que los evangelistas canónicos exornaron sus relatos de la pasión de Jesús, y que el autor no hubiera

---

[(227)] Nuestro apócrifo da sus nombres puntualmente. Amén de *Anás* y de *Caifás,* que pone en primer término, menciona a *Sommas, Dathan, Gamaliel, Judas, Levi, Nephtalim, Alejandro, Siro* y (añade) *otros príncipes.* Sobre la extrañeza de que figure *Gamaliel* entre los perseguidores de Jesús, así como sobre la dificultad de identificar la personalidad de *Alejandro,* hablo en las notas de mi versión del Evangelio de Nicodemo.

[(228)] En la de Nicodemo (I, 22, 28), el prodigio consiste en que, al entrar Jesús en el Pretorio, "las imágenes que los abanderados llevaban por encima de sus estandartes, se inclinaron por sí mismas, y adoraron a aquél". Como los abanderados eran paganos, los príncipes de los judíos pretenden que ellos mismos habían inclinado adrede sus pendones, y exigen que se repita la prueba con hombres de su raza, en cuyas manos ponen las banderas, y a quienes forman en presencia del gobernador romano. Jesús es conducido fuera del Pretorio, y, al ordenar Pilatos que entre por segunda vez, el prodigio se reproduce.

[(229)] Así lo confiesa Migne *(Dictionnaire des Apocryphes,* I, 1114).

dejado de aprovechar, puesto que atesta de pormenores los episodios que a la resurrección siguieron. No podemos, pues, notar de moderna la redacción del Evangelio de Nicodemo, sin hacer violencia a toda buena razón.

El Evangelio de San Pedro es quizá más antiguo que el de Nicodemo, y de fecha muy próxima, si no anterior, a la del Pseudo-Jacobo. Orígenes[230], que lo conocía (aunque no en el estado fragmentario en que hoy lo poseemos), lo cita al lado del *Protevangelium,* y de lo que dice parece desprenderse que su autor lo escribió verosímilmente en Egipto. No tenemos datos precisos para establecer la fecha exacta en que se compuso, y la crítica no ha logrado hasta de ahora concordar en lo que afecta a la cronología de nuestro apócrifo. Desde luego, considero como exageraciones evidentes la de Swete, que señala como fecha probable la del año 150, y la de Zahn, que se detiene en el año 130, apreciación no compartida por Harnack, que hace remontar el origen del Pseudo-Pedro a los comienzos del siglo II. Frente a estos cálculos, paréceme notorio que este escrito existía antes de finalizar el siglo 1, y opino así por razones de crítica interna, que más tarde expondré con toda amplitud.

Llevando la cuestión adelante, indicaré que, con relación al Evangelio cátaro del Pseudo-Juan, al Evangelio de la Venganza del Salvador, al Evangelio de la Muerte de Pilatos, al *Tránsito de la Bienaventurada Virgen María* y a la *Correspondencia apócrifa entre Jesús y Abgaro, rey de Edesa,* nada nos autoriza a fijar su cronología por mera presunción y sin bastante fundamento. Lo mismo ocurre con los fragmentos de otros Evangelios apócrifos, como los de San Bernabé, San Bartolomé, San Felipe, de los Ebionitas, de los Egipcios, y con las *Sentencias atribuidas a Jesús por los Padres de la Iglesia y que constaban en Evangelios apócrifos cuyo texto se ha perdido.* Gnóstica es la factura del Evangelio de San Bernabé en algunas de sus partes, mientras que en otras muestra evidentes huellas de judeocristianismo. ¿Cómo compaginar esta última circunstancia con las referencias de los *Acta apostolorum* (XIII, 1, 7, 43, 46; XIV, 9, 12, 14; XV, 2, 12, 35)? Según semejantes referencias, San Bernabé pertenecía a la escuela de San Pablo, en la que las fórmulas gnósticas de teología transcendente se admitían mejor que en la severa escuela judeocristiana. No sólo acompañó San Bernabé a San Pablo en sus primeras correrías apostólicas, y admitió su doctrina de predicación universalista y no limitada al mundo judaico, sino que, a creer a los *Acta,* él fue quien, con su intervención transigente y liberal, reconcilió al

---

[230] *Commentarium in Mathaeum,* X, 19.

Apóstol de los Gentiles con los ebionitas del partido de San Pedro, y la tradición le hizo autor de una *Epistola catholica* (o universal), llena de fórmulas cabalísticas de pronunciado sabor gnóstico. No pueden, pues, extrañarnos las numerosas citas e imitaciones del Apóstol de los Gentiles que presentan, tanto el Evangelio como la *Epistola,* y que parecen indicar que su autor había convertido en su lectura habitual aquellas cartas paulinas, que, sean o no auténticas, pasan por ser las más antiguas del canon neotestamentario. Desgraciadamente, ello no demuestra que el Evangelio de San Bernabé sea obra de este personaje, porque el gusto de achacar escritos a los presuntos apóstoles, estaba tan en boga en la sociedad cristiana de aquel tiempo, que toda prevención es poca, dada la falta de escrúpulos con que entonces se hacían tan aventuradas atribuciones. Es indudable que la consulta del fragmento de San Bernabé inspira las sospechas más graves, y que levanta objeciones a las cuales no es fácil responder. El Evangelio de San Bartolomé es un repertorio de fábulas, de supersticiones, de delirios, y apenas hay autor patrístico que hable de él, por lo cual sólo por conjeturas temerarias, y no por razones congruentes, puede aspirar a una edad remota. No así el Evangelio de San Felipe, que, en medio de un párrafo indigesto de doctrinas mágicas, encierra relatos de tendencia piadosa. No consta en qué tiempo se escribió, si bien los más lo atribuyen al tiempo del primer gnosticismo, y la crítica enlaza sus tendencias con las llamadas “tradiciones de San Matías”. Las que de éste recogió, y que el segundo gnosticismo invocó más tarde, permiten la suposición de que en él se haya inspirado el evangelista canónico San Lucas, en cuyo caso la redacción de nuestro apócrifo remontaría al siglo I. A lo menos, es incuestionable que los grandes gnósticos de los siglos II y III, Marción, Basilides y Valentino, prefirieron el Evangelio de San Lucas a todos los demás, y lo corrigieron conforme a las tradiciones de sus antecesores más antiguos, que son las de nuestro apócrifo. Su autor es desconocido, y el nombre de San Felipe, puesto a su frente, puede no ser más que una ficción o un pseudónimo, para designar a alguno de los poderosos adeptos del primer gnosticismo. En muy distinto ambiente nació el Evangelio de los Ebionitas, que probablemente es el mismo Evangelio de los Hebreos, en alguna de sus variaciones redaccionales. Por lo impersonal de su lectura, tanto como por el acusado judeocristianismo de su tendencia, la crítica considera ese Evangelio como el más antiguo quizá de todos. Más impersonal es aún el llamado Evangelio de los Egipcios (también a menudo confundido con el de los Hebreos), y de cronología más dudosa, no sólo porque las doctrinas gnósticas andan en su contexto mal trabadas y mal seguras, sino porque ese contexto ha sufrido, quizá en mayor medida que el de ningún otro documento de su clase, alteraciones, interpolaciones y retoques sucesivos.

LACRITICALITERARIA.COM

Dígase lo propio del resto de los apócrifos Evangelios perdidos, en cuya falsedad manifiesta y en cuya confusión cronológica convienen los que han estudiado la presente cuestión con mediana diligencia. Cuanto a los Evangelios apócrifos más recientes, sabemos que el de Taciano fue escrito el año 173, sin que nos conste la fecha en que lo fue el de Ammonio. Del de Valentino, sólo podemos decir que su redacción tuvo lugar en el siglo II (acaso a comienzos del III), y, tocante a las *Sentencias* aludidas, y que van a continuación de los cinco fragmentos de Evangelios apócrifos, que en el tomo II intercalo, únicamente nos consta que estaban en uso en las sectas cristianas, y que eran aceptas a los Padres de la Iglesia en común. Tales frases atribuidas a Jesús, sobre todo cuando las vemos en sermonarios dedicados por los Padres a la enseñanza del pueblo, débense contar, en sentido evangélico, por doblemente castizas, si es lícito hablar así. Por lo demás, una de las mayores dificultades que ofrece la determinación exacta de la cronología de los Evangelios apócrifos es que éstos, llamados por San Jerónimo *secretiores libri,* no solían ser obras destinadas siempre a la publicación, y que se conservaban a menudo como propiedad de hombres muy religiosos, que se reservaban el privilegio de dar a conocer su contenido cómo y cuándo a bien les parecía. De ahí precisamente viene que las historias contadas en tales libros se narraban *aliter aliterque*[(231)].

---

(231) Amann, *Le Protévangile de Jacques et ses remaniements latins,* 274.

§ 4.—LOS EVANGELIOS APÓCRIFOS Y EL PROTOEVANGELIO INICIAL

Me parece tentativa inútil y esfuerzo sin resultado el de aquellos críticos que se obstinan en querer encontrar el *documento común,* que sirvió de núcleo primitivo a los Evangelios. El conjunto actual de estos escritos, tal como nos es ofrecido, se muestra en un grado de simetría y de coherencia que no poseía en su origen, porque los viejos *logia* y las antiguas historias que se meditaban o se leían en las numerosas comunidades cristianas, y cada una de las cuales tenía su motivo especial y propio, se han perdido. Las narraciones apocalípticas que el jefe de cada comunidad conservaba frescas en la memoria, y que servían para expresar las concepciones mesiánicas particulares y las tradiciones determinadas de su propia congregación o secta, habían desaparecido. Todos estos elementos primordiales, distintos y sin lazo en sus orígenes, no existen ya para nosotros, y solamente nos queda una colección o canon formado por la reunión de varias corrientes de fábulas enlazadas entre sí por el trabajo de sectarios y de logógrafos posteriores.

Profundizando la investigación de esos orígenes, donde es fuerza que el criterio individual supla con adivinanzas y con tanteos la carencia de datos históricos, añadiré que, si no hay documentos de primera mano sobre la persona, la vida y la predicación de Jesús, hay, en cambio, algunas crónicas más antiguas que nuestros Evangelios canónicos, de mayor espíritu judaico que los escritos apócrifos, y que descubren, bajo su más ruda forma, la imagen de Jesús, tal como se forjó por la fantasía de los judeocristianos. Los Evangelios de San Mateo y de San Marcos no son los escritos verdaderamente primitivos del Nuevo Testamento, y las epístolas llamadas auténticas de San Pablo son anteriores. Pero, en concomitancia con las predicaciones paulinas y fuera de los Evangelios canónicos y de los Evangelios apócrifos, nos quedan los cuatro documentos de que habla el autor anónimo de un libro intitulado *Rabbi Jeshua* (que es el mismo que el de la muy notable *Bible Folk-Lore),* autor cuyo análisis se apropia y compendiadamente reproduce Réthoré en su *Science des religions.* Según Réthoré, la literatura cristiana primitiva se compone: 1) de una crónica con frecuencia atribuida a *Rabbi Saul* (San Pablo), discípulo de Gamaliel; 2) de una crónica redactada conforme a las miras estrechas de la secta farisaica de *Shammaï*; 3) de una crónica escrita por un judío alejandrino y llena de confusión cabalística y de misticismo egipcio; 4) en fin, de un relato corto y sucinto de la vida de *Rabbí Jeshua* (Jesús), escrito por el compañero de uno de sus primeros discípulos,

LaCriticaLiteraria.com

Simeon has Saddik, paisano iletrado, probablemente de más edad que *Rabbí Jeshua,* y que le sobrevivió en más de cuarenta años.

No debo entrar en pormenores sobre estos cuatro Preevangelios, pormenores que se hallan expuestos en los libros de los autores citados. Recordaré sólo que, mientras, en los Evangelios canónicos, los tres primeros se hallan casi siempre en perfecto acuerdo, cuando se refieren a hechos no consignados por el Cuarto, al paso que se contradicen con frecuencia, cuando se refieren a hechos que en el último constan, los tres primeros documentos mencionados tienen de notable que, al tocar los hechos no relatados en el cuarto, o contrarios a los que en él se encuentran, pónense en contradicción los unos con los otros, al paso que se hallan en perfecto acuerdo, cuando reproducen los relatos de *Simeon haz Saddik.* Esto hace suponer a Réthoré que la crónica del último es la que se acerca más a la verdad. Pero a renglón seguido añade que *Simeon has Saddik* es supersticioso como sus compatriotas, y que cree en los milagros que cuenta. Ahora bien: un relato de milagros ¿puede nunca ser propiamente histórico? Cierto que, como Réthoré apunta, para *Simeon has Saddik,* lo maravilloso no es más que lo accesorio, en tanto que, para nuestros evangelistas, parece ser lo principal, como es fácil juzgar por el trozo en que se describe el milagro que hizo Jesús, al expeler los demonios de un hombre, y permitirles entrar en una piara de cerdos, comparando este relato con el equivalente de San Marcos (V, 1, 20). Se ve que *Simeon has Saddik* cuenta por contar, sin segunda intención, mientras que San Marcos lo hace con la intención manifiesta de edificar y de demostrar que Jesús poseía el don de hacer milagros. ¿Cabe, empero, inferir, como lo hace Réthoré, que el primero no quería hablar más que de lo que le había sido dable ver o, al menos, aprender de testigos oculares? La conclusión no guarda paridad alguna con las premisas. ¿Por ventura es más histórico un milagro relatado con sequedad y con pobreza de inventiva que otro relatado con designio tendencioso? Que el milagro y la historia se excluyen, es el primer postulado del método crítico, aplicado a los relatos evangélicos. *Simeon has Saddik* y San Marcos no hacen más que compilar sin crítica fábulas mal encubiertas por la sencillez algo tosca del uno y por la viveza más movida del otro. San Marcos confiesa de cuando en cuando que Jesús, al realizar sus milagros, procedía en forma dubitativa y de un modo sucesivo y penoso, operando por medio de fórmulas arameas, que tenían un sabor cabalístico muy marcado. Ciertos episodios los narra con vaguedad e incoherencia, cual si no estuviese muy seguro de que correspondiesen a verdaderos hechos sobrenaturales, sin que esto le impida otras veces entrar en todos los detalles, aun en los más pueriles taumatúrgicamente, como si realmente los hubiese visto u oído. Por otra parte, como carece de la flexibilidad de espíritu apropiada para adaptarse a las diversas contingencias del relato, sólo nos ofrece uno tan defectuoso, descarnado e incompleto, en ocasiones, como el de *Simeon has Saddik.* Por ende, cabe prestar poca fe a los documentos de ambos autores, que, por lo deficiente de su autoridad informativa, no pueden ser considerados como testigos oculares, ni como hombres que hubiesen recibido sus datos de testigos oculares. Y, por eso mismo, lo que, en los escritos que nos han dejado, vive, palpita y se desarrolla, es un mito, expuesto con una libertad de composición ilimitada, falto de distinción lógica de las materias, y que no sigue, en su desenvolvimiento, un orden riguroso.

Réthoré declara que, ateniéndonos a los cuatro documentos mencionados, no conocemos de la vida de Jesús, anterior a su llegada a la capital de Judea, a su pasión y a su muerte, más que dos hechos que sean históricamente auténticos: su estancia en el desierto, como discípulo de *Hanan* de Bethania (el Bautista), y su aparición en Galilea. Pequeñísimo es el residuo, y, si hubiéramos de contentarnos con él, nos sería imposible explicar la concatenación y el enlace de los demás hechos que los Evangelios relatan. Partiendo de tan mezquina concesión, ¿qué quedaría del Jesús de la historia? Y cuando, como abona una crítica exigente, ni aun siquiera esos dos hechos generales poseen caracteres de verdadera autenticidad, se ve cuán inútil es recurrir a la crónica de referencia para probar la historicidad del personaje. Réthoré, como muchos críticos alemanes, se propuso reconocer en la existencia de Jesús un núcleo histórico. Pero, a fuerza de amasar este núcleo, lo redujo de tal manera, que de él no resta casi nada. Digo mal: resta la convicción de que Jesús no fue un personaje real, sino un carácter poético y simbólico, sobre el cual se acumularon diversas esperanzas mesiánicas y varias predicciones proféticas. Los Evangelios no son documentos derivados de verdaderos testimonios históricos, sino que debe atribuírseles un origen mucho más tardío de lo que pretende la ortodoxia, por no ser posible ver en ellos más que una colección de mitos, de leyendas y de tradiciones orales. ¿Por qué, pues, ceñir la procedencia de un mundo literario tan vasto y tan complejo a los pobres y reducidos contérminos de un *documento común?* Cuatro, y no uno, son los documentos que Réthoré encuentra en los anales del cristianismo más remoto, y ello bastaría para abonar mi tesis. En la incertidumbre de los orígenes cristianos, lo que la erudición va averiguando cada vez mejor es el *heterosoterismo redaccional* de la literatura evangélica primitiva. Y este hecho confírmalo el que, como demostró Baur, los escritos de aquella literatura llevaban, de una manera más o menos directa, y más o menos voluntaria, el sello de las convicciones religiosas de sus autores, del círculo a que pertenecían, del partido de que eran adherentes, de su modo de sentir sobre las cuestiones contemporáneas, de sus previsiones para lo futuro, de su opinión acerca del porvenir hacia el cual debía marchar la nueva fe.

A pesar de ello, los partidarios del *documento común* no se dan por vencidos, y a toda costa quieren hallarlo. Todo un libro de Harnack, el que intitula *Sprücher Jesu,* está destinado a afirmar, no sólo la existencia efectiva de ese documento hipotético, sino que también a buscar en él la fuente única de los tres *Sinópticos,* suponiendo resueltamente que no constaba solamente de sentencias y de discursos, sino que contenía también materiales biográficos atañederos al bautismo, a la tentación, a la curación del siervo del centurión, etc., pero sin nada que se refiera a la muerte y a la resurrección del Cristo. Burkitt va más lejos, y, a su juicio, el relato de la pasión del Cristo, tal como lo hallamos en San Lucas, pudo haber tenido su origen en el documento común. Holtzmann, por su parte, partiendo de la tesis de que San Marcos no sirvió de base a San Lucas, por haber vestigios de un San Lucas anterior, y de que el relato de la pasión faltaba en el San Marcos primitivo, recurre al documento común, que considera como la verdadera matriz del Tercer Evangelio. "Observáronse, además, coincidencias entre San Mateo y San Lucas, en pasajes en que ambos difieren de nuestro San Marcos canónico. Esto dio lugar a que surgiera la hipótesis de que los redactores del Primer y Tercer Evangelios trabajaran sobre un San Marcos que no conocemos, sobre un *Ur-Markus,* como le denominaron los alemanes, el cual sería el San Marcos original, alterado y ampliado por el San Marcos canónico. Alteraciones y ampliaciones que habrían sido muy hondas y muy fuertes, según Baur, Schleiermacher, Renán, Davidson, Salmon y Wend, al paso que habrían sido muy superficiales y muy leves (meras modificaciones redaccionales), según Sanday y Schmiedel. En cambio, otros críticos no menos autorizados (Welhausen, Wernle, Jülicher y Loisy), aun cuando admiten que el *Ur-Markus* haya existido, opinan, sin embargo, que nuestros San Mateo y San Lucas han aprovechado el Evangelio de San Marcos en su forma actual"[(232)]. Se ve a qué embrollo de teorías conduce la del documento común. Strauss observa que nada más enmarañado, ni más contrario asimismo a la simplicidad del medio de donde salieron los Evangelios, como tampoco al designio y al propósito de sus redactores, los cuales jamás pensaron en otra cosa que en rectificarse y en completarse unos a otros, de manera que nos diesen tres seguridades de la verdad en lugar de una. Muchos escépticos no lo entienden así, y cada fase de la cuestión múltiple de las relaciones entre los tres Evangelios les lleva a una

---

[(232)] Ricci, *La documentación de los orígenes del cristianismo,* 137.

nueva teoría. Pero, ya en 1808 y en su *Einleitung in das Neue Testament,* Hug había argumentado por este tenor: "¿Qué imposibilidad puede haber en que un evangelista haya aprovechado la obra de otro? ¿Lo impiden acaso las numerosas y graves divergencias entre sus narraciones? Pero ¿es que Tito Livio no se separa muy frecuentemente de Polibio, a quien confiesa haber utilizado? El que un autor ponga sus ojos en la obra de otro, ¿le obliga a transcribirle servilmente? Si echó mano de otros tópicos, si se procuró más amplias informaciones, si cambió su modo de entender las ajenas, si vio las cosas a diferente luz, ¿estará fatalmente forzado a seguir paso a paso a su predecesor? Esto no es serio. Razón alguna impide admitir que un evangelista haya aprovechado la obra de otro, y no se trata más que de discernir el plan y el objeto de cada uno, para buscar y hallar la causa de sus divergencias". Tal fue el criterio a que se atuvieron Griesbach y Herder, al enfrentarse con la exégesis tradicional u ortodoxa, sin perjuicio de llegar a dos conclusiones distintas. Que si el primero consideró el Evangelio de San Marcos, no como un término medio entre los de San Mateo y San Lucas, sino como un escrito compuesto, fuera de tiempo, sobre aquellos dos manantiales preexistentes, el segundo colocó a San Marcos y a San Lucas antes que a San Mateo. Júzguese como se quiera ambas opiniones, en ninguna se advertirá huellas de la conjetura de los que quieren que los tres *Sinópticos* hayan empleado un documento común, siendo más plausible la de que se copiaron unos a otros. ¿A qué bueno un Protoevangelio escrito, sabiendo, como sabemos, que la predicación cristiana primitiva fue puramente oral, y que oralmente se conservó y se transmitió, durante mucho tiempo, el depósito de dichos y de hechos atribuidos a Jesús? En la misma época de la gran producción de literatura evangélica, el valor documentario fundamental pertenecía siempre a la comunicación verbal o παραδοσις[(233)].

Las epístolas de San Pablo no revelan por el menor vestigio la existencia de un Evangelio escrito. Verdad es que Eichhorn aventuró la hipótesis de un Evangelio escrito, cuyo texto primitivo se reduciría a una primera burda prueba o esbozo, o sea, a una especie de sumario, hecho con el concurso de los apóstoles en lengua aramea, para el uso de los primeros propagandistas de la fe, y que después habría sido arreglado, amplificado diversamente y traducido al griego. En esta hipótesis, además de continuar inexplicables las discordancias sinópticas, reina por doquiera terrible embrollo, y en los umbrales más que en parte alguna, pues sería preciso admitir un número exageradísimo de tópicos de segunda mano, de

---

[(233)] Ricci, *La documentación de los orígenes del cristianismo,* 125.

LaCriticaLiteraria.com

versiones griegas, de variantes, para que aquellas discordancias fueran verosímiles, y, al querer suprimir su misterio, se suprime la tradición oral, con lo cual subsiste el misterio, más profundo y más enmarañado todavía. Dejo aparte lo artificial del criterio. En cierta obra de Schleiermacher, hay un pasaje muy curioso: "Para rechazar de plano la hipótesis de un primer Evangelio escrito, basta imaginar a nuestros buenos evangelistas como simples compiladores, rodeados de cuatro, cinco o seis rollos o libros en lenguas diferentes, abiertos delante de ellos, mesa más propia de una oficina alemana del siglo XIX que de la edad primitiva del cristianismo". Sin embargo, la hipótesis que propone, no es más satisfactoria que la de Eichhorn. "Cuando me pregunto (dice) lo que debo pensar sobre los comienzos de la literatura evangélica, y si he de figurarme un relato continuado, pero seco, de la vida entera de Jesús, como lo sería el primer Evangelio escrito de Eichhorn, o narraciones detalladas de hechos sueltos, mi pensamiento se inclina a la segunda hipótesis. El designio de redactar lo que sabían, no se concibe en los apóstoles, ni en sus discípulos inmediatos, arrastrados por el torbellino de la vida activa de la predicación, sino que lo determinó la curiosidad de los que, creyendo en Jesús, pero no habiéndole visto, deseaban conocer los acontecimientos capitales de su existencia. Las asambleas públicas de cristianos no podían responder más que muy incompleta y fortuitamente a esa curiosidad, y, ante la necesidad de citar sentencias memorables de Jesús, el comentario obligado era la exposición de los sucesos que las habían sugerido. En su avidez, los más curiosos trataban de familiarizarse con los primeros testigos, y les hacían preguntas, de donde la redacción circunstancial de varios relatos aislados. Todo esto no era, seguramente, una recopilación escrita, pero pronto se escribió, y en demasía. Los que tomaban la pluma eran, ora los narradores, ora y más a menudo los interrogadores, especialmente los que no residían donde aquéllos, y a quienes animaba el deseo de comunicar a todo el mundo el resultado de sus pesquisas. Así es como fueron anotados y compuestos diversos episodios y discursos. Estas memorias se multiplicaron, y fueron más saboreadas y buscadas, al compás que las persecuciones dispersaban a los primeros compañeros del Nazareno, y sobre todo cuando la primera generación cristiana estuvo a punto de extinguirse o extinguida del todo. Autores y poseedores de tales memorias se esforzaron poco a poco en completarlas, dedicándose cada uno a llevar su colección al término, según su criterio particular. Éste no recogía más que historias milagrosas, aquél no quería acopiar más que discursos, un tercero no daba importancia más que a los últimos días del Cristo o a las escenas de la resurrección, otro no sentía determinada preferencia, y reunía cuanto sobre ello llegaba a sus manos. Los fragmentos de que se componen estas recopilaciones, no tenían, ni el mismo origen, ni igual valor, ni eran todos de primera mano, sino muchos, por lo contrario, de segunda o tercera mano, bebidos algunas veces en fuente turbia, y alterados o corrompidos por eclipses de memoria, por influencia de prejuicios, o por la pasión de lo maravilloso".

No parecen apremiantes las razones de Schleiermacher para concluir uniformidad episódica en medio y a pesar de la continua redacción heterosotérica. El haberse compuesto los primeros escritos evangélicos por compiladores independientes unos de otros, no es nuevo, sino muy común, en los orígenes de las religiones, y muy conforme también al estilo oriental, pero no explica satisfactoriamente la concordancia que ofrecen los *Sinópticos* en la disposición general de los episodios que sus narraciones llenan. Schleiermacher atribuye la unanimidad a la preocupación de aquellos escritores de reproducir prontamente sus opúsculos, y a la significación especial de los episodios mismos. Así y todo, debe parecer extraña convergencia que los evangelistas eligiesen precisamente idénticos hechos o grupos de hechos, para componer una narración detallada. Además, Schleiermacher, que tan certeramente intuye un estado evangélico precanónico, caótico y confuso, ¿cómo no se preocupó de los Evangelios apócrifos, que, en ese estado, gozaban del mismo crédito que los que después la Iglesia consagró como únicos verdaderos y válidos? Para juzgar dicho estado imparcialmente, es necesario comenzar por desembarazarnos de las opiniones de nuestra época, y recordar que los cristianos primitivos no exigían a sus evangelistas lo que los cristianos posteriores, sometidos a la ortodoxia dogmática. Los cristianos primitivos eran, desde luego, menos rígidos que los cristianos posteriores, en lo relativo a la aceptación y a la lectura de los Evangelios. No existiendo todavía distinción alguna entre los canónicos y los apócrifos, todos eran acogidos como buenos, y las preferencias por unos u otros dependían de la mayor o menor afinidad de su contenido con los credos respectivos de cada una de las innumerables sectas que componían el cristianismo primordial. Por aquel entonces, un Evangelio no reportaba otra utilidad que la de edificar a los miembros de la secta que lo prefería. Y, si al comienzo había esa libertad piadosa, ¿se nos negará a nosotros, críticos, libertad analítica para utilizar Evangelios de todos los colores, históricamente y sin tomar en cuenta su canonicidad o acanonicidad? Procediendo así, nos será dable establecer, entre Evangelios canónicos y apócrifos, conexiones y concomitancias, que esclarezcan, con luces no esperadas y bien seguras, puntos de gran importancia relativos a la historia del cristianismo primordial. ¡Cuánto no ilustran los apócrifos sobre las ideas religiosas que circulaban en el ambiente de aquella época! ¡Qué preciosos socavones de mitología no ofrece, por ejemplo, el Evangelio de Nicodemo, que, con su bajada de Jesús resucitado a los infiernos, constituye el tipo más antiguo de la epopeya cristiana, y en el que es fácil reconocer huellas de gnosticismo, y aun ecos lejanos de la antiquísima leyenda caldea de *Ishtar,* que también desciende al mundo subterráneo, y visita a los que en él habitan, y ve la vida que allí se pasa!

Es indudable que la primera causa de la dificultad con que tropezamos, al querer explicarnos el origen de los Evangelios existentes, reside, no tanto en el modo como nos figuramos la primitiva literatura cristiana, cuanto en la manera que tenemos de representarnos la tradición evangélica, punto de partida de tan abundante literatura. El término ευαγγέλιον, aplicado a los escritos que contenían el mensaje cristiano, se usaba en un sentido genérico, para indicar, en los manuscritos que contenían los cuatro Evangelios canónicos, el título general del volumen (forma de inscripción conservada todavía en el texto Westcott-Hort). Pero equivocaríase gravemente quien creyere que, en general, los escritos que corrían entonces bajo el título de ευαγγέλιον tuvieran alguna autoridad escrituraria, sin excluir de ellos los que más tarde llegaron al canon. No: eran trabajos hechos, en primer término, con fines parenéticos, y luego, según hace observar Ricci[234], para documentar la fe de las generaciones nuevas y de los neófitos de origen gentil. Sólo poseemos aproximadamente una décima parte de la primitiva literatura cristiana producida sobre la tradición oral o παράδοσις en los comienzos del siglo II de nuestra era, y de la producida en el siglo I, una proporción todavía menor. San Lucas, en el prólogo de su Evangelio, indica la existencia de varios documentos análogos al suyo y *escritos,* pero con relación a anteriores documentos orales. Todo lo poquísimo que de ellos ha llegado hasta nosotros, debió pasar por una severa y no poco dañosa ordalía, siendo apreciado su valor documentario por su mayor o menor atinencia a la παραδοσις, y asegurando su existencia por esta especial circunstancia. Hoy la crítica está unánime en reconocer la falta de elementos de comparación para saber el grado de credibilidad de los documentos a que alude San Lucas con sentido crítico un tanto vago. Los huecos de la tradición evangélica son de muy diversa índole, y únicamente nos consta con alguna certeza que no se preservó, ni se conservó, una inmensa suma de obras. San Lucas confiesa que no inventa nada, que únicamente echa de menos en sus antecesores no haberse remontado hasta los mismos orígenes (πάσιν, άνωθεν), y que su plan se limita a procurar en los datos mejor selección y en los relatos mayor exactitud (χαθεξής, άχριβώς). Si buscamos los textos de que se ha servido, pondremos en claro que se

---

[234] *La documentación de los orígenes del cristianismo,* 125.

atuvo a los datos y a los relatos de San Marcos y a datos y relatos de fuentes más antiguas, que, probablemente, no dejaron de ejercer su influjo sobre los dos primeros *Sinópticos*. Esto es todo, y bien se advierte que no es bastante, aun uniéndolo al hecho de no haber tenido al principio condición de Escrituras canónicas los libros neotestamentarios, para esperar que se llegue fácilmente algún día, después de la busca, a la captura del anhelado Protoevangelio escrito.

¿Cuáles son, en resumen, los resultados que ha puesto en luz la crítica en lo concerniente a la autenticidad y a la fecha de composición de los Evangelios *Sinópticos?* Uno de los críticos por mí con más frecuencia citados, y que mejor ha orientado, en general, mis juicios, Ricci, conviene con mi opinión de que el Evangelio de San Marcos es, sin duda alguna, el más antiguo, y fija el año 70 como límite máximo, dentro del cual (es decir, dentro de las seis primeras décadas del primer siglo) ha de haber sido compuesto. Este parecer lo estimo probable y cuerdamente concebido. Mas no diré lo propio de lo que Ricci piensa acerca del Evangelio de San Mateo al distinguir entre el supuesto documento común y el San Mateo actual. Al documento común le asignan varios exégetas el año 50, o aún antes, y Ramsay llega a suponerle escrito en vida misma de Jesús. Sin opinar definitivamente al respecto, Ricci se adhiere (bien que en subjuntivo) al último punto de vista. Cuanto al San Mateo actual, varían las opiniones entre los críticos. Unos colocan su composición o redacción alrededor del año 70, otros entre los años 70 y 90, otros entre los años 90 y 100, y otros entre los años 130 y 140. ¿Quién habría sido su autor? Para el problemático documento común, Ricci concuerda con los que lo atribuyen al mismo apóstol San Mateo, pero confiesa que el redactor del San Mateo actual es para nosotros completamente desconocido. El Tercer Evangelio es fechado por Harnack en el año 62, y Ricci le da en un todo la razón. Esta cronología me parece un tanto optimista y retrógrada, considerando que el mismo Renán[(235)], tan fácil de contentar en la materia, y tan amigo de aproximar lo más posible a la edad apostólica la fecha de las redacciones evangélicas, no vacila, sin embargo, en declarar que, en San Lucas, *le mot aux femmes de Jérusalem (XXIII, 28) ne peut guère avoir été concu qu'après le siege de l'an* 70. Unido a otros muchos, ese detalle, que tiene gran importancia para entender a San Lucas, prueba que su Evangelio es posterior al de San Mateo. Cierto que todos los *Sinópticos* están conformes en presentar la destrucción de Jerusalén como un castigo

---

(235) *Vie de Jésus,* introducción.

LACRITICALITERARIA.COM

del crimen cometido por sus habitantes en la persona de Jesús[236], pero San Lucas es quien más insiste en este punto. El método general de Strauss[237], acerca de tal suceso y del discurso escatológico complementario (San Mateo, XXIV, 3; San Lucas, XXI, 7) toma por base la teoría de que el tercer evangelista altera al primero muy libremente, pero también muy reflexivamente, en lo que concierne a ambas profecías, siendo el giro que da a la visión apocalíptica del héroe el que podía y debía dar un autor, que, aleccionado por la experiencia, sabía que la ruina de la ciudad y del templo, y la vuelta del Cristo, acompañada del fin del mundo, no habían sucedido tan pronto como había creído el autor del Primer Evangelio. De igual modo, según Strauss, en la serie de discursos de Jesús, los dos evangelistas arreglan cada uno a su manera la transición que conduce de la descripción de uno de los dos sucesos a la del otro. En San Mateo, inmediatamente después de la tribulación de aquellos días (es decir, de la devastación de la urbe y del santuario)[238], el sol se

---

[236] Más razonable me parece el dictamen de Brandes *(Jesús es un mito,* 178), allí donde dice: "Cuando Jerusalén fue tomada y demolida, en el año 70, y quedó demostrado que el Dios de los judíos, no sólo no protegió a su pueblo, sino que hasta permitió que su templo fuese saqueado, entonces se despejó el camino para el advenimiento de una nueva religión. En aquella época, muchos que confiaban y esperaban aún, y que eran generalmente pobres y esclavos, dirigían sus mentes hacia aquel reino de justicia que había anunciado el *Apocalipsis.* Sin embargo, para que la nueva creencia se desligase completamente de la antigua, fue necesario que, en Palestina, en el Asia Menor y en todos los países del Mediterráneo, se diese a los espíritus en expectación un decisivo impulso. Requeríase que sus almas fuesen brusca e íntimamente conmocionadas, y esto aconteció, al divulgarse la noticia de que la Ciudad Santa había sucumbido totalmente."

[237] *Neue Bearbeitung des Leben Jesu,* I, 20; II, 92. Compárese con Hengstenberg, *Christologia Veteris Testamenti,* II, 413, 473.

[238] Adviértase que la profecía que San Mateo pone en boca del protagonista evangélico, está sacada de la de las setenta semanas del capítulo IX del *Sepher Daniel,* a la que se parece hasta en el lenguaje y en el estilo. Después de anunciar el ángel Gabriel al profeta que setenta semanas están determinadas *(abreviatae, resectae,* συνετμήθγραν, εχρῖθηραν) sobre el pueblo elegido y sobre la ciudad sagrada, para acabar con la prevaricación, y para ungir el Santo de los Santos (en el texto hebreo, la *Santidad de las Santidades*) añade que, terminadas las sesenta y dos semanas, "se quitará la vida al Mesías y no por sí. Y disipará la urbe y el santuario un pueblo que vendrá con un príncipe, y hasta el fin de la guerra será decretada la asolación... Y en el templo caerán las abominaciones en gran muchedumbre. Y hasta la consumación y el fin la asolación perseverará". El

obscurecerá, y el signo del Hijo del Hombre aparecerá en el cielo, es decir, que el primer evangelista no supone entre ambos hechos más que un breve intervalo. Por el contrario, San Lucas, en el pasaje paralelo, empieza por suprimir el adverbio "inmediatamente", y luego hace predecir a Jesús que Jerusalén será hollada por los gentiles, hasta que el tiempo de los gentiles se cumpla. Es que el autor del Tercer Evangelio había visto pasar, entre la destrucción de Jerusalén y la época en que escribía, un espacio de tiempo más largo que el señalado por el autor del Primer Evangelio[(239)], y por ello acomoda el suyo a una fecha más moderna, aunque anterior a la sublevación de los judíos en tiempo de Adriano (año 135), de la cual, en otro caso, habría algún rasgo en su narración. Aun desde el punto de vista del léxico, se muestra San Lucas superior y más delicado que San Mateo, pues, como anota Harnack[(240)], el primero evita el vocablo *παρουσία,* como perteneciente a la esfera del dogma mesiánico judío, y como un término impropio para expresar aquella segunda venida en que creían los cristianos. La rudeza judaica del primer evangelista se manifiesta en el episodio en que San José concibe sospechas sobre la fidelidad de su esposa, y contrasta con la delicadeza con que el tercer evangelista trata las relaciones del patriarca y de la Virgen. En San Mateo (V, 1), Jesús, "viendo las gentes, subió al *monte*", y, desde aquella altura, como en otro tiempo Dios desde el Sinaí, predicó el sermón de las bienaventuranzas. En San Lucas (VI, 17), "descendió con la compañía de sus discípulos, y se paró en un *lugar llano,* y una gran multitud de pueblo fue a oírle" predicar el mismo sermón, menos teatral y aparatosamente, lo que indica un alejamiento mayor del modo judaico de relatar y de exponer. Creo que hay un regular número de pasajes en los que podemos demostrar el avance ideológico del Tercer Evangelio con relación al Primero, y tal avance debe naturalmente afectar a nuestro juicio en lo que concierne a la relación cronológica que entre ambos existe. La conclusión que por sí misma se impone es que el Tercer Evangelio corresponde a un estado de la

---

mismo evangelista (XXIV, 15) se encarga de enterarnos de que se inspira en Daniel, y de que se limita a asimilarse su profecía, al hacer decir a Jesús: "Por tanto, cuando viereis la abominación del asolamiento, que fue predicha por Daniel, profeta, y que prevalecerá en el lugar santo (el que lee, entienda)", etc.

[(239)] Aun en la pregunta que los discípulos dirigen a Jesús sobre "cuándo sucederán estas cosas", San Lucas limita la pregunta a lo que "estas cosas" significaban, que era la ruina de la ciudad y del templo, sin referencia a la venida del Cristo, mientras que, tal como la formula San Mateo, implica esta venida y su consecuencia, el fin del mundo.

[(240)] *Sprücher Jesu,* 107.

LACRITICALITERARIA.COM

conciencia cristiana más lejano de la preocupación apocalíptica primordial que el que representa el Primero.

No han faltado, en los tiempos últimos, críticos que hayan identificado el documento común con el apócrifo *Protevangelium Jacobi.* Así, Conrady[(241)], no sólo defiende la extrema antigüedad del *Protevangelium,* sino que hace de él la fuente de los relatos de San Mateo y de San Lucas relativos a la infancia de Jesús. Yo, creyendo lo mismo (pues los relatos de aquellos evangelistas tienen todas las trazas de reducciones o compendios de más extensos y puntualizados relatos anteriores), no por ello juzgo que quepa confundir el supuesto documento común con el *Protevangelium.* La condición caótica de la primitiva literatura evangélica no permite hipótesis evolucionistas, pues la aparición de los libros era simultánea, y cada secta lanzaba el suyo. La producción de los Evangelios se verificaba de un modo discontinuo, y, si las influencias de las narraciones de unos sobre las de otros son innegables, la concepción de esas influencias en orden rectilíneo es errónea. Evangelios canónicos y apócrifos se completaban y se suponían recíprocamente, y los primeros son tan inauténticos como los segundos, es decir, de dudosa verdad histórica, por cuanto lo inverosímil, lo fingido y lo mítico se encuentran tanto en unos como en otros, y las alusiones a las partes mesiánicas del Antiguo Testamento son frecuentes en ambas clases de escritos, bien que, en algunos, las aplicaciones de aquellas partes a la persona y a la vida de Jesús no siempre aparezcan explícitas, sino veladas y disfrazadas hábilmente.

El significado real e histórico del *Protevangelium* es, por supuesto, que nos revela el estado de ánimo en que la tradición judaica y el creciente cristianismo adquirían forma tangiblemente narrativa por primera vez. En este sentido, su aparición señala, no un punto de partida documental, sino un punto de cruce ideológico entre el judaísmo conservador y la cristiandad helenizante. Por libre que parezca el protoevangelista en la composición de su historia, no es independiente de los escritos del Antiguo Testamento, a los que toma multitud de motivos, que le sirven para ilustrar su tema. Pero tampoco es independiente de la mitología pagana, principalmente de la egipcia, que explota a placer y satisfacción a todo lo largo de su libro. Así, éste, sin ser documento común de la literatura evangélica posterior, constituye la base del Nuevo Testamento, que lucha enérgicamente por la transformación complementaria del Antiguo Testamento. A pesar de todo, ignoramos cuáles fueron las

---

(241) *Die Quellen der kanonischen, Kindheitsgeschichte Jesus,* 135.

verdaderas enseñanzas religiosas en que se inspiró el autor, ni si las tuvo propias y distintas del paganismo.

Un ejemplo para concretar. Si, según el *Protevangelium Jacobi,* en su capítulo XVII[(242)], José condujo a María sobre un asno a Bethlehem para el censo, y, en la proximidad del pueblo, ella dio señales, ya de tristeza, ya de alegría, y, preguntada, respondió que veía ante sí dos pueblos, lloroso el uno, riente el otro, es porque ya dos naciones enemigas reñían en el seno de Rebeca *(Sepher Bereschith,* XXV, 23). Según una de las explicaciones, dada por Fabricio[(243)], los dos pueblos significaban las dos partes de Israel, para una de las cuales sería la aparición de Jesús ocasión de caída (εις πτῶσιν, conforme a San Lucas, II, 34), y para la otra ocasión de elevación (εις ἀνάστασιν). Según la segunda explicación[(244)], tomada del mismo capítulo del *Protevangelium,* significaba el pueblo de los judíos, que más tarde rechazó a Jesús, y el pueblo de los paganos, que le aceptó. Poco después, María fue acometida por los dolores del parto, cerca de Bethlehem, como resulta del contexto, con todas sus variantes. José la conduce a una caverna situada cerca del camino, y allí, en medio de una pausa solemne de la naturaleza entera, velada por una nube misteriosa, da al mundo su hijo, y mujeres llamadas en su auxilio la encuentran virgen, aun después de haber sido librada.

Es razón advertir aquí que, aunque tan poético relato hubiese servido de dato primordial a los más sobrios de otros evangelistas, la hipótesis del documento común no ganaría nada, por cuanto, no relatando el *Protevangelium* más que los episodios relativos a los padres de María, a la educación de ésta en el templo, a su casamiento con José, al nacimiento de Jesús, a la visita de los magos, a la degollación de los inocentes, y al asesinato de Zacarías, padre del Bautista, habría que admitir otro documento común para el resto de la leyenda evangélica. Esto, por lo menos, pues, si consideramos el caos fragmentario del conjunto evangélico primitivo, habría que admitir, dentro de aquel resto, un nuevo documento común para la tragedia del Precursor, otro para los sucesos de la vida pública de Jesús, otro para sus enseñanzas, otro para su pasión, muerte, resurrección y ascensión, en suma, para cada una de las secciones determinadas en que la historia del Cristo se divide. Y crece el valor de este sentir, advirtiendo que, antes de coleccionar los evangelistas sus crónicas, y de ponerlas por orden de tiempos, no existía documento alguno

---

(242) Compárese con el capítulo XIII del Pseudo-Mateo.
(243) *Codex apocryphus Novi Testamenti,* I, 105.
(244) Véase a Strauss, *Das Leben Jesu kritisch bearbeitet,* I, 23.

LACRITICALITERARIA.COM

de fecha auténtica relativo a los hechos y a los dichos de Jesús. Ni aun habiendo sentencias o *logia* que ascendiesen a la primera mitad del siglo I, serían ellas suficientes a constituir el tejido de la leyenda evangélica, tal cual la exponen los libros posteriores. La tradición oral basta para explicar muchas coincidencias, y los extremos de la cronología señalados por los exégetas y apuntados más arriba hablan muy alto, dejando entrever la falsa posición de los partidarios del documento común. Es indudable que la leyenda evangélica empezó a ser escrita mucho tiempo después de la fecha canónica de Jesús. Si esta fecha es exacta, los escritores tomaron la pluma en la segunda mitad del siglo I, y, si no lo es, sacaron a luz sus novelas mesiánicas en época desconocida, incierta e insegura. En el primer caso, resulta la literatura evangélica contemporánea de la ruina de Jerusalén, y sus doctrinas apocalípticas contemporáneas de la definitiva dispersión del pueblo judío o *Diaspora.* En el segundo caso, la hacemos anterior a la redacción de los Evangelios canónicos, al menos en la forma actual en que aparecen éstos. Porque, si atendemos a que sus autores los corrigieron y aumentaron un año y otro, y a que su consagración por la Iglesia no se realizó sino cuatro siglos más tarde, dedúcese que casi a un tiempo se escribieron los Evangelios canónicos y los después tenidos por apócrifos, cuya concomitancia heterosotérica no abona la conjetura aventurada de un documento común, que les sirviera de núcleo primordial. Lo cual indica que no va tan fuera de camino la sentencia de los que opinan haber podido los evangelistas canónicos aprovecharse de los apócrifos para embellecer su leyenda, por antigua que la supongamos, pues que los judeocristianos no todos se valieron de la *Diáspora* para hacer propaganda puramente verbal fuera de Palestina, antes muchos, tibios y medio ortodoxos de la antigua ley, acudieron a la propaganda escrita, que derramaron por el mundo, buscando un modo de acreditar la religión israelita, conforme a la corrupción de su judaísmo vacilante y de su cristianismo incipiente. Pero, en definitiva, los Evangelios, canónicos o apócrifos, no ofrecen huellas de documento común alguno, cuyos datos y cuyas ideas fuesen acrecentando y mejorando sus autores de un modo evolutivo. En su redacción, descúbrese hacinamiento de hechos sin ilación; juntos, no unidos en decoroso enlace; destrabados, sin forma de cuerpo doctrinal, ya porque huyeron las realidades, ya porque las ficciones se quedaban ocultas, ya porque la mano corrió sobre el pergamino muy aprisa, ya porque la cabeza no regía la mano, ya, en fin, porque la reflexión no guiaba la cabeza.

§ 5.— EXAMEN PARTICULAR DE LOS EVANGELIOS APÓCRIFOS

Entremos en las cuestiones movidas por los críticos acerca de los autores, textos, versiones, retocamientos, composición literaria y valor histórico de los Evangelios apócrifos, que, en fragmentos o íntegros, nos quedan. Y, comenzando por el *Protevangelium Jacobi,* es evidente en absoluto que su autor no pudo ser el apóstol Santiago el Menor. Si fuese posible pensarlo, no se explicaría su enorme ignorancia en todo lo que concierne a la religión judía. No sabemos, pues, quién fue el redactor del *Protevangelium.* Pero sabemos que nada tenía que ver con el "hermano del Salvador", y que su obra no es siquiera la de un judeocristiano. El *Commentarium in Hexaemeron,* atribuido a Eustaquio de Antioquía, le llama Ιάκωβὸς τις, designación que podemos aceptar, puesto que, como después veremos, no se comenzó a hablar sino muy tarde de *Jacobus Minor*[245]. ¿Hay que atribuir a ese "cierto Jacobo" la Ιένησις Μαρίας solamente, o también el libro en el cual ésta ha sido reunida al *Apocryphum Josephi,* segunda parte del *Protevangelium?* He aquí lo que, por falta de documentos seguros, ignoraremos quizá siempre. Digamos, sin embargo, que la duda principal versa sobre si el autor fue un ortodoxo, es decir, un cristiano de la Gran Iglesia. En esta disputa andan empeñados los eruditos Postel[246] y Amann[247], frente a Arens[248], Borberg[249], Beausobre[250], Calmet[251] y Kleuker[252], defendiendo aquéllos el pro, y pugnando éstos por el contra. El juicioso Tischendorf[253], considerados los argumentos de los primeros, concluye, con los segundos, que sus antagonistas desconocen el estado de las cuestiones dogmáticas en la edad

---

(245) Michel, *Evangiles apocryphes,* introducción.

(246) *Protevangelion seu de natalibus Jesus Christi et ipsius matris Virginis Mariae sermo historicus divi Jacobi. Minoris,* 15, 52.

(247) *Le Protévangile de Jacques et ses remaniements latins,* 78, 100.

(248) *De Evangeliorum apocryphorum in canonicis usu historico, critico, exegetico,* 18, 50.

(249) *Bibliotek der neutestamentlichen Apokryphen gesammeltz, übersetzt und erlaütert,* 18, 41.

(250) *Essai critique de l'histoire de Manichée et du manicheisme,* I, 335, 407.

(251) *Dissertation sur les Evangiles apocryphes* (en el tomo VII del *Commentaire sur la Bible).*

(252) *Ueber die Apokryphen des Neue Testament,* 17, 98.

(253) *De Evangeliorum apocryphorum origine et usu,* 27, 34.

LACRITICALITERARIA.COM

apostólica. Pero, aun los que niegan sea un católico de aquella edad el autor del *Protevangelium,* están muy discordes entre sí. Unos afirman que, hasta si se acepta una pluma católica en su redacción, hay que admitir interpolaciones gnósticas. Otros pretenden que se trata de una efectiva obra gnóstica, debida, ya a un doceta, ya a un maniqueo (el célebre Leucio, según cierta hipótesis). Algunos, por último, piensan que el *Protevangelium* es una producción ebionita. En el grupo de los primeros, figuran Combefis, Rössler y Mill, a quienes parece probable que, en el *Protevangelium,* lo único que, doctrinalmente, se ofrece claro, es un catolicismo impregnado de gnosticismo. Aunque aceptable en parte, este parecer no está exento de bastantes dificultades, ni escapa a serias objeciones. No ocurren tan arduas montañas de inconvenientes en el admitir, como a Amanti le pareció, la alternativa de "gnóstico o ebionita". ¿En qué razón se funda Amann para aceptar el último extremo? Ante todo, invoca el testimonio de San Epifanio[254], quien asevera que los ebionitas habían compuesto libros que atribuían a Santiago, a San Pedro, a San Mateo, a San Juan apóstol y a otros discípulos de Jesús. *Comme on ne connait point d'antre livre qui porte le nom de Jacques, il faut bien que ce soit le Protévangile qui ait été visé par Saint-Epiphane. L'auteur serait donc un ébionite.* Es cierto que, para los ebionitas, Santiago representaba la perfección de la santidad, que San Pedro también conseguía sus respetos, y que bajo los nombres de ambos apóstoles colocaban sus relaciones apócrifas. Pero es preciso criticar un poco más de cerca este dato, como el mismo Amann se ve obligado a hacerlo. El *Protevangelium* exalta la virginidad de María y la divinidad de Jesús. En el pensamiento de los ebionitas, por lo contrario, Jesús era sencillamente un hombre, hijo de José y de María, engendrado naturalmente, concebido en las condiciones ordinarias de todos los individuos de nuestra especie, y nacido sin milagro. Su admiración por Jesús era ilimitada, pues le calificaban de Mesías, de profeta verdadero por excelencia, de hijo y de elegido del Altísimo, y creían en su resurrección, pero sin salir nunca de la idea judía, según la cual un *hombre Dios* es una monstruosidad. No acaba de entender Amann cómo puedan concertarse estas medidas, pero, a pesar de ello, no ceja en su empeño de hacer del autor del *Protevangelium* un ebionita de la Gran Iglesia. Por eso, escribe: "Sin negar la opinión general de los ebionitas, conviene notar que, según el mismo San Epifanio, aquéllos no perseveraron en sus ideas primitivas, y que admitieron de buen grado la doctrina de Helkai, que estaba lejos de hacer de Jesús un hombre

---

[254] *Haereses,* XXX, XXIII.

ordinario. Por otra parte, Eusebio[255], que distingue claramente dos categorías de ebionitas, asegura que, entre ellos, varios no negaban que el Cristo hubiese nacido de la Virgen y del Espíritu Santo". Esto es verdad, pero nada prueba en favor de la tesis que Amann propugna, y aun puede volverse contra ella. Renán[256] reconoce que ciertos ebionitas, después de haber sostenido con tesón el principio de la humanidad de Jesús, acabaron explicando su nacimiento por una operación del Espíritu Santo. Varios secuaces de la secta admitían que Jesús no fue hijo y elegido de Dios y ungido del Espíritu Santo hasta después del bautismo, en que aquél descendió a él bajo la forma visible de una paloma, y ya vimos que la cristología *gnóstico* de los ofitas afirmaba la misma idea. Otros se aproximaban más aún a las concepciones budistas, proclamando que Jesús había llegado a la dignidad de Cristo por su perfección, por progresos sucesivos, por su unión íntima con Dios, y, sobre todo, haciendo un esfuerzo supremo para observar íntegramente la ley. A creerles, sólo Jesús había resuelto problema tan difícil. Pero, cuando se les acosaba, reconocían que *cualquier otro hombre que pudiera hacer otro tanto, obtendría el mismo honor.* Por ende, se esforzaban, en sus relatos de la vida de Jesús, en mostrarle cumpliendo la ley por completo, y le atribuían, con o sin razón, estas palabras: "No he venido a abolir la ley, sino a cumplirla". Algunos, en fin, arrastrados hacia las ideas cabalísticas y gnósticas, le consideraban como un gran arcángel, el primero de los de su orden, criatura a quien Dios había dado poder sobre todas las cosas creadas, encargándole especialmente de abolir los sacrificios. Ahora bien: ninguna de estas concepciones entra en el cuadro de la ideología del *Protevangelium,* que mantiene sin distingos la divinidad de Jesús en un sentido gnóstico, pero que no excluye la intervención de elementos sobrenaturales. Y, para que más a las claras se vea la verdad de las cosas, aduzcamos una muy fútil observación que el mismo Amann encuentra contra la idea de la índole gnóstica del *Protevangelium:* "La aseveración de que la virginidad, tan estimada por el autor de esa obra, no era honrada por los ebionitas, no puede mantenerse ante la formal aseveración de San Epifanio[257] de que *exaltaban la virginidad, sin duda a causa de Jaime, hermano del Señor, y dedicaban sus libros a los ancianos y a las vírgenes".* En ésta, como en tantas otras partes de su vasta e incoherente información sobre las herejías, San Epifanio incurrió en un error, y acogió

---

(255) *Historia ecclesiastica,* III, XXVII.
(256) *Les Evangiles,* III.
(257) *Haereses,* XXX, II.

una noticia falsa. No era posible que los ebionitas, tan adictos a la religión mosaica, y que jamás creyeron seguir una religión nueva, que anulase la promulgada en el Sinaí, aceptasen un principio que ésta rechazaba, puesto que la fecundidad fue siempre, entre los judíos, honra, y oprobio la esterilidad, como se ve en el mismo *Protevangelium.* Lo que engañó a San Epifanio, fue que los ebionitas, al margen de sus ideas correctamente mosaicas sobre el matrimonio, se inclinaban al ascetismo, prohibían el uso de la carne, y practicaban todas las abstinencias de los *hasidim,* abstinencias que constituyeron, como es bien sabido, la parte mayor y la mayor gloria de Santiago(258). Y a este mismo estilo se ha de discurrir sobre el total desconocimiento de las costumbres religiosas de los judíos que muestra el *Protevangelium* en varios lugares, y que desmiente el origen ebionita del autor. La exclusión del templo de Joaquín a causa de la esterilidad de su esposa y la educación de María en el santuario son rasgos que un judío advertido no hubiese insertado en su producción. Cuán mal dialéctico sea Amann, lo declaran las distinciones y los sofismas con que pretende paliar un hecho documental de tamaña evidencia. Desoville quien pueda la hilaza de sus poco convincentes discursos, que no logran hacer del redactor del documento un judeocristiano. Gnóstico era a todas luces, aunque su gnosticismo aparezca atenuado por cierta tendencia evemérica en punto al origen sobrenatural del Cristo, y un tanto difuso y diluido en el decurso de su relato. Las sutilezas que Amann encuentra concluyentes contra esta apreciación, distan mucho de serlo, y me parece que no ha visto todo el alcance de los argumentos de Harnack y de Berendts, que resume muy exactamente, sin embargo.

Vengamos ahora al texto mismo del *Protevangelium.* Se ha hecho remontar a un original hebreo su redacción primitiva. Sostienen esta tesis Schürer(259), Resch(260), Conrady(261) y en parte Berendts(262), y la contradicen Meyer(263) y Amann(264). La controversia gira alrededor de saber si el autor escribió su obra para círculos judeocristianos, o para el

---

(258) Véase a Renán, *Les Evangiles,* III.

(259) *Lehrbuch der neuetestamentlichen Zeitgeschichte,* 372.

(260) *Das Kindheitsevangelium nach Lucas und Matthaeus, unter Herbeiziehung der aussercanonischen Paralleltexte* (en *Texte und Untersuchungen,* X, III, 29, 69).

(261) *Die Quelle der kanonischen Kindheitsgeschichte Jesu,* 232, 250.

(262) *Studien über Zacharias-Apokryphen,* 51, 53.

(263) *Handbuch su den neuetestamentlichen Apokryphen,* . 106, 108.

(264) *Le Protévangile de Jacques et ses remaniements latins,* 61. *Les Evangiles,* VI. Compárese con Schürer, *Geschichte des judischen Volkes,* 29.

mundo gentílico. En el primer caso, es verosímil que la redactara en lengua hebrea, lo que le daría mayor antigüedad de lo que muchos críticos suponen. Su pobreza de sentencias y su abundancia de relatos parecen abonar esta conjetura, y, por otra parte, las oscuridades incoherentes del texto griego, único que hasta nosotros ha llegado, no hace inverosímil la conjetura, corroborada, otrosí, por el hecho de que se encuentren, bajo numerosas expresiones del *Protevangelium,* locuciones hebraicas. ¿Trátase, pues, de un Evangelio hebreo de la Infancia, fuente común de las narraciones canónicas y de las tradiciones apócrifas? El hecho general es que hasta el final del siglo I, y aun hasta mediados del II, los *logia* evangélicos continuaban citándose de memoria, con variaciones considerables. Los textos evangélicos existían ya, pero otros textos del mismo género existían al lado de ellos, y, para citar las palabras o reproducir los rasgos simbólicos de la leyenda de Jesús, nadie se creía obligado a recurrir a los textos escritos. La tradición viviente era el depósito de donde todos sacaban sus noticias. De ahí la explicación del fenómeno, en apariencia sorprendente y hábilmente señalado por Renán(265), de que los textos que llegaron a ser después la parte más importante del cristianismo se produjeran al comienzo de un modo oscuro y confuso, y no obtuviesen entonces casi ninguna consideración. Si el *Protevangelium* correspondió a este estado caótico de la conciencia cristiana, nada de extraño habría en que su redacción primitiva hubiera sido hebrea. Sin embargo, los adversarios de esta hipótesis hacen notar que no se necesita estar muy fuerte en hebreo, para ejecutar en griego pequeñas imitaciones de temas de aquel idioma. Tal facilidad estriba únicamente en que el Pseudo-Santiago, penetrado en gran medida de la lectura de la Biblia griega, hizo pasar a su obra numerosas expresiones de los Setenta, y, en semejante suposición, no es difícil hallar en ellas un texto hebreo que les corresponda(266). Comoquiera, griego es el texto de todos los manuscritos conocidos, cuyo número asciende a veintiuno, no todos completos, pues algunos de ellos se presentan mutilados, y otros son simples fragmentos(267). "Las variantes son muy numerosas, la mayor parte

---

(265) *Les Evangiles,* VI. Compárese con Schürer, *Geschichte des judischen Volkes,* 29.

(266) Amann, *Le Protévangile de Jacques et ses remaniements latins,* 62.

(267) Véase a Néander *(Apocrypha,* 340, 392), a Grineo *(Monumenta Sanctum Patrum orthodoxographa,* I, 15, 68), a Fabricio *(Codex apocryphus Novi Testamenti,* introducción), a Jones *(A new and full metod of settling the canonical authority of the New Testament,* II, 17, 26), a Birch *(Auctorium Codicis Novi Testamenti Fabriciani,* 18, 40), a Thilo *(Codex apocryphus Novi Testamenti,*

insignificantes, algunas, empero, de importancia suma, y es difícil, a la hora presente, clasificarlas de una manera satisfactoria. Todo lo que se puede decir es que dos grupos de manuscritos se destacan del conjunto. Thilo se ha contentado con publicar un manuscrito, que había aceptado como Vulgata, colacionando con él los manuscritos señalados. Tischendorf ha dado un texto ecléctico, y el modo harto feliz como encontró el fragmento de Oxford y la versión siríaca presta gran valor a sus conjeturas"[(268)].

Cinco son las versiones que del texto griego del *Protevangelium* se hicieron a idiomas orientales: la versión siríaca, la versión etiópica, la versión árabe, la versión copta y la versión armenia, a las cuales hay que añadir unos fragmentos saídicos, exhumados y traducidos al inglés, en 1896, por Armitage Robinson[(269)]. En 1865, Wright publicó un fragmento siríaco del *Protevangelium,* en sus *Contributions to the apocryphal literature of the New Testament,* y, más tarde, Sachau señaló la existencia de dos fragmentos siríacos más, cuyas variantes, harto numerosas, no acusan, sin embargo, un texto griego muy diferente del texto actual[(270)]. En 1899, Budge dio a luz *The history of the blessed Virgin Mary,* a la cual incorporó y adaptó partes del *Protevangelium,* del *Evangelio de Santo Tomás* y de las dos *Asunciones de la Virgen,* partes sacadas de una forma siríaca anterior a la que figura en la edición de Wright[(271)]. En 1902, Smith-Lewis, en los *Studia Sinaitica,* reconstituyó el texto siríaco completo del Evangelio, y de la comparación de este texto con el de Tischendorf deduce Meyer[(272)] que la tradición siríaca ha conservado un texto uniforme, y que es una traducción directa del griego. "No reproduce de una manera precisa ninguno de nuestros textos griegos, y las variantes son muy numerosas, pero la mayor parte carecen de importancia, y algunas de las más graves se explican por falsas lecturas del texto griego. El texto siríaco es, pues, un testimonio precioso, y nos muestra la mucha antigüedad del texto actual del *Protevangelium*"[(273)]. No sucede lo mismo con la versión etiópica, incluida por Chaine en el tomo VII de su *Corpus*

---

introducción), a Suckow *(Protevangelium Jacobi,* 19, 41), a Tischendorf *(Evangelia apocrypha,* introducción), a Grenfell *(An alexandrian erotic fragment and other greeck papyri,* 13, 19) y a James *(Texts and studies,* V, 1).

(268) Amann, *Le Protévangile de Jacques et ses remaniements latins,* 65.

(269) *Texts and studies,* IV, 2.

(270) Nestle, *Zeitschrift fiir die Neue Testament Wissenschaft,* 1902, 1, 86.

(271) Amann, *Le Protévangile de Jacques et ses remaniements latins,* 67.

(272) *Handbuch zu den Neuetestamentlichen Apocryphen,* 108.

(273) Amann, *Le. Protévangile de Jacques et ses remaniements latins,* 67.

scriptorum orientalium (1909), y que no es una traducción literal que haga el autor, el cual añade o quita al texto de una manera arbitraria. La versión árabe, cuya descripción da Zotenberg[(274)], difiere a menudo de los textos griegos y siríacos que han sido publicados o traducidos. La versión copta es muy incompleta y más infiel todavía que la etiópica. De la versión armenia, Conybeare[(275)] sólo ha traducido los primeros capítulos (hasta el VI), contentándose con insertar el título de los capítulos siguientes, lo que no puede servir de auxilio alguno para la crítica del texto. Según Conybeare, esta versión armenia, que amplifica las leyendas del *Protevangelium,* parece haber sido hecha conforme a un texto siríaco que estaba en manos de San Efrén, y ve una prueba de ello en que versión y santo hablan igualmente de la *conceptio per aurem*[(276)], prueba que parece a Amann[(277)] muy débil, porque la idea de la concepción por la oreja aparece con frecuencia en la literatura eclesiástica oriental y occidental. Cuanto a ediciones latinas, el *Protevangelium* no ha tenido ninguna, a menos que se consideren como tales el Evangelio del Pseudo-Mateo y el Evangelio de la Natividad, de que hablaré luego, y que derivan más o menos directamente del original griego de aquel libro.

Entre los testimonios más antiguos en favor del *Proievangelium,* se cita el de San Justino[(278)]. La inserción de San Mateo (I, 21) en un pasaje tomado a San Lucas (I, 31) se encuentra, de una parte, en San Justino, y, de otra, en el *Protevangelium* (XI, 3; XII, 2), los cuales presentan a la vez la expresión χαρών λαδουα. que aplican a María, después de la anunciación. También coinciden uno y otro en poner el nacimiento de Jesús en una caverna. ¿Demuestra este detalle que, en la época de San Justino, se conocía ya el *Protevangelium,* y, sobre todo, que comprendía las tres partes reunidas después? ¿No sería más probable que San Justino hubiera aprovechado relatos que hubiesen servido de fuente al *Protevangelium?* Tales son las preguntas que se hacen los críticos. Por mi parte, juzgo que la cuestión podrá hallar una solución más general y a la vez más concreta, si consideramos que la coincidencia obedece, aparte toda interinfluencia de escritos, a un *calco mesiánico.* Si Jesús nace en una caverna, según San Justino[(279)], es porque así lo había profetizado Isaías

---

(274) *Catalogue des manuscrits syriaques et sabéens,* 180.

(275) *Protevangelium Jacobi from an armenian manuscript in the Library Mechitarit in Venice* (en el *American Journal of Theology,* 1897, I, 422, 442).

(276) Véase a Assémani, *Biblioteca orientalis,* I, 91.

(277) *Le Protévangile de Jacques et ses remaniements latins,* 70.

(278) *Apologia,* I, XXXIII.

(279) *Dialogus cum Tryphone,* LII, LVIII.

(XXXIII, 16): *El justo habitará en la caverna de fuerte piedra formada* (ούτος οιχησει ετ ϋψηλφ ρπηλαιψ *πετρας* ισχυρά:). Y si, conforme al capítulo XIV del Pseudo-Mateo, el niño Jesús, llevado al tercer día de la caverna al establo, fue adorado por el buey y por el asno, es por lo que había dicho Isaías (I, 3): *Cognovit bos posserorem suum, et asinus prdesepi domini sui.* El autor de ese apócrifo recuerda y consigna él mismo el pasaje de Isaías, y le añade el de Habacuc (III, 2), cuya lección griega (εν μέσώ δύο *ζώων* γγνοσθήση) había vertido literalmente la antigua Vulgata *(in medio duorum animalium innotesceris),* siendo de notar que el redactor, a pesar de escribir en latín, se atiene al texto de los Setenta, y no cita según la segunda Vulgata, que volvió al sentido del hebreo: *In medio annorum vivifica illud*[(280)]. Orígenes[(281)] se hace eco de la misma tradición, y, para concordarla con el relato de San Lucas, que afirma que Jesús nació en un establo (φάτνη), supone que había un establo en la caverna. Hess[(282)] admite esta suposición, pero Paulus[(283)] quiere que la caverna sea lo que San Lucas llama φάτνη, en el sentido de almacén de forraje. Strauss[(284)] rechaza por arbitrarias ambas interpretaciones.

Al llegar a Clemente Alejandrino[(285)], abordamos un terreno más sólido, pues la manera como ese Padre habla de la comprobación de la virginidad de María, hecha, después del parto, por la comadrona que le prestaba asistencia (γαρ μετά το τεχείν αυτήν μαιωθείσαν φασί τίνες

---

(280) Migne *(Patrologia graeca,* LXXI, 897; *Patrologia latina,* XXV, 1309), expone diferentes sentidos del versículo de Habacuc en San Cirilo de Alejandría y en San Jerónimo. Amann *(Le Protévangile de Jacques et ses remaniements latins,* 331) recuerda que la versión tradicional de la antigua Vulgata ha persistido en el uso litúrgico, como consta del *Oficio de la Circuncisión,* en su texto responso de maitines. Como nota curiosa, advertiré que el Pseudo-Mateo es el único de los Evangelios, así canónicos como apócrifos, que habla del buey y del asno del establo en que nació Jesús, y que cita expresamente los dos pasajes de Isaías y de Habacuc, que condujeron a la mención de aquellos dos animales junto al pesebre. Pero la leyenda "permaneció viva a través de los siglos, porque había conmovido el corazón del pueblo, emocionado de ver a su Dios desconocido por los hombres y acogido por los más humildes de entre los animales" (Male, *L'art religieux en Franc au XIII siècle,* 246).

(281) *Contra Celsum,* I, LI. Compárese con Eusebio *(De demonstratione evangelica,* VII, II).

(282) *Geschichte Jesu,* I, 43.

(283) *Exegetische Handbuch,* 182.

(284) *Das Leben Jesu kritisch bearbeitet,* I, 33.

(285) *Commentarium in Stromata,* VII, *xvI.* (286) *Evangelium Matthaei,* X, XVII.

παρθένον εὑρεθηναι), depende del *Protevangelium.* Pero el primero que menciona el *Líber Jacobi* (Βίβλος 'Ιαχώδου) es Orígenes[(286)]. Apoyando la opinión que veía en los hermanos de Jesús, de que habla San Mateo, hijos de José nacidos de un primer matrimonio, la hace remontar al *Evangelium Petri* o al *Líber Jacobi.* En efecto: el *Protevangelium* habla en varios lugares (IX, 2; XVII, 2; XVIII, 1), y precisamente en las dos primeras partes del libro, de aquellos hijos de José. Pero Orígenes no conocía, ciertamente, la última parte, porque la manera como se refiere a la muerte de Zacarías, prueba que no tenía bajo los ojos la versión actualmente insertada en el *Protevangelium.* La que da es diferente de todo punto, y no hace alusión alguna a la existencia de nuestro apócrifo. Por cuya razón los críticos[(287)] juzgan que, en la época de Orígenes, el *Liber Jacobi* no contenía todavía los capítulos XXI a XXIV, tan estrechamente enlazados con él, y que forman parte suya actualmente, lo que les inclina a creer que, aun con relación a los demás capítulos, quizá se trate, más que de informes tomados directamente al *Protevangelium,* de ecos de tradiciones legendarias, en las que se hubiera inspirado nuestro apócrifo. El cual, sin duda alguna, por su defensa del nacimiento milagroso del Cristo, corresponde al período de enconada lucha teológica contra una fracción de los ebionitas (los nazarenos), contra los marcionitas, contra los cerintianos, y, en fin, contra las calumnias de los judíos, que ya entonces habían encontrado repercusión en el libro en que atacaba al cristianismo el filósofo pagano Celso.

No saldremos de dudas penetrando en otras autoridades patrísticas. Porque, si es verdad que, en una homilía atribuida a San Gregorio Niseno, se advierte que este Padre conoce el contenido de las dos primeras partes del *Protevungelium Jacobi* (que llama a secas ἀπόχρυφός τις ιστορια), y que razona sobre el nacimiento del Cristo en una caverna, también lo es que, al llegar a la adoración de los reyes magos y a la degollación de los inocentes, se diferencia claramente de nuestro apócrifo, y cuenta la muerte de Zacarías conforme a la versión de Orígenes, revelando serle desconocido todo otro relato[(288)], y que, en el momento en que se compuso aquella homilía, no se habían redactado a buen seguro los capítulos XXI a

---

(286) *Evangelium Matthaei,* X, XVII.

(287) Harnack, *Chronologie der altchristlichen Litteratur,* I, 601. Berendts, *Studien über Zacharias-Apokryphen,* 26, 38. Amann, *Le Protévangile de Jacques et ses remaniements latins,* 82, 97. Michel, *Evangiles apocryphen,* introducción.

(288) Berendts, *Studien über Zacharias-Apokryphen,* 40.

XXIV del *Apocryphum Zachariae*[289]. Tillemont[290] ha notado que "semejante homilía tiene muchas cosas tomadas a la *Catechesis Magna*". Sin embargo, el incontestable parentesco entre ella y la compilación atribuida a San Cirilo, y que lleva el título de *Adversas anthroponiorphitas,* puede hacer dudar de su autenticidad, tanto más cuanto que hay allí algunas historias que son, por lo menos, muy inciertas, así sobre la muerte de Zacarías como sobre el nacimiento y el matrimonio de la Virgen. También aquí es de advertir que, en todo caso, no sabemos hasta qué fecha es preciso descender para encontrar reunidas las tres partes del documento. Berendts[291] considera que el más antiguo testimonio nos lo suministra una crónica redactada acaso en el siglo VI[292], de la que no se conserva más que una traducción latina, y que, desde Escaligero, se conoce con el nombre de *Excerpta Barbari*[293]. Indudablemente, esta crónica contiene una versión de la muerte de Zacarías muy semejante a la del *Protevangelium,* y, de otra parte, el relato que hace de la visitación es muy semejante a la que da nuestro apócrifo. ¿Habrá que concluir de aquí, con Berendts, que la Γ'ένησις Μαρίας estaba reunida al *Apocryphum Zachariae* antes de la redacción de la crónica, y, por consiguiente, desde el siglo V? Michel[294] juzga temeraria la conjetura. La crónica ha podido tomar ambos relatos a dos libros distintos, y la prueba de que el autor compila en aquel lugar obras diferentes es que toma a un escrito, que no es el *Protevangelium,* los nombres de los tres reyes magos (Gaspar, Melchor y Baltasar) que en el Evangelio canónico según San Mateo no figuran. La conclusión de Berendts no parece, por tanto, evidente, y Peeters[295] acaba de demostrar que los *Excerpta Barbari* han tomado probablemente lo que ofrecen de común con el *Protevangelium* a otro texto, del que se han conservado fragmentos coptos. Como quiera, aunque en el capítulo XXV, último de la obra, el autor se llame a sí mismo Jacobo (εγώ δε 'Ιάχωδος ó γράψας την ίστορίαν ταυτην), y la misma palabra empleen las citas más

---

[289] Michel, *Evangiles apocryphes,* introducción.

[290] *Mémoires pour servir a l'histoire ecclesiastique,* IX, 612.

[291] *Studien über Zacharias-Apokryphen,* 44.

[292] Esta es la fecha que proponen Mommsen (*Chronica minora,* I, 272) y Wachsmuth (*Einleitung in die alten Geschichte,* 180). Jacobi (*Panly-Wissowa Real-Enciclopcedy,* VI, 157), propone el comienzo del siglo IV, fecha que a Michel (*Evangiles apocryphes,* introducción) le parece demasiado remota.

[293] Frick, *Chronica minora,* I, 184, 338. Gelzer, *Sextus Julius Africanus,* II, 226, 232.

[294] *Evangiles apocryphes,* introducción.

[295] *Acta Sanctorum Novembris,* III, 15.

antiguas, muchos expositores fueron ya de parecer que el texto perteneció a aquel autor solamente cuanto al sentido ortodoxo de los relatos que en él se encuentran, no cuanto a los relatos mismos y a la composición o coordinación de ellos. El título que aparece en todos los manuscritos es el de 'Ιστορία, y no el de 'Ευαγγέλον. Sin embargo, la *Notitia librorum apocryphorum qui nullatenus a nobis recipi debent,* que está incluida en un catálogo atribuido al Papa Gelasio (492 a 496)[(296)], señala, entre los Evangelios considerados como apócrifos, un *Evangelium Jacobi Minoris,* que no es temerario identificar con el *Protevangelium,* título que no encontramos antes de su primer editor crítico Postel. Tal circunstancia llevó al célebre humanista Estienne[(297)] a considerar como pura invención de Postel mismo nuestro apócrifo. Sin llegar a tales extremos de radicalismo, Sixto de Siena[(298)] lo miraba como un libro publicado por herejes, y que no merecía crédito alguno. Ya San Agustín[(299)] había rechazado con desprecio lo que llamaba *deliramenta apocryphorum;* y San Jerónimo[(300)], sin ser tan categórico, declaró que los escritos no canónicos no tenían para él la menor autoridad. Pero ¿es que la tienen los escritos canónicos? ¿Es que éstos son fruto de la investigación histórica, y no de la fantasía? Si las consideraciones precedentes, que me he esforzado por hacer sencillas y claras, son suceptibles de inmediatas consecuencias, la primera que debemos consignar, es la siguiente: que, siendo el propósito de los Evangelios canónicos, según dice la Iglesia, referir la vida de Jesús, después de dos mil años de disquisiciones históricas, la Iglesia no ha podido averiguar con certeza el día y el año del nacimiento y de la muerte de Jesús, ni el lugar y la fecha del nacimiento y de la muerte de su padre reconocido; nada sabe en concreto de su posición, familia y costumbres; nada absolutamente sabe de su madre; nada sabe de su hermana, María

---

[(296)] Los críticos modernos estiman que la *Notitia* parece ser muy posterior a Gelasio, y fijan ordinariamente su fecha en el comienzo del siglo VI. Véase a Preuschen (*Analecta,* 152, 154), a Nicolás *(Etudes sur les Evangiles apocryphes,* 428), a Zahn (*Geschichte des neutestamentlichen Kanons,* II, 259, 265, 267), a Grisar (*Geschichte Roms und der Paepste,* I, 736) y a Michel (*Evangiles apocryphes,* introducción).

[(297)] *Traité préparatif à l'apologie pour Hérodote,* 406. Compárese con Ricardo Simón, *Histoire critique du Nouveau Testament,* III, 32.

[(298)] *Bibliotheca sancta,* II, 86.

[(299)] *Contra Faustum,* XXIII, IX. San Agustín dice de los Evangelios apócrifos que, aunque hay en ellos algunas verdades, carecen de autoridad, por las fábulas que contienen.

[(300)] *Adversus Helvidium,* VIII.

también, casada con Alfeo o con Cleofás, supuesto hermano de José; nada sabe sobre si el progenitor de la Virgen se llamó Joaquín o Eli; nada sabe de si el Cristo tuvo hermanos (aunque aluda a ellos el Evangelio), ni si esos hermanos eran primos, y de dónde venían; nada sabe del mismo Cristo hasta sus treinta años de edad, y tan sólo afirma que vino al mundo milagrosamente, y que, niño aún, disputó con los doctores de la ley. Ahora bien: los Evangelios apócrifos, y principalmente el *Protevangelium,* son los que aportan más noticias sobre el nacimiento de María, y más detalles sobre su matrimonio y sobre el nacimiento de su hijo. Por eso, si juzgamos verosímil la suposición de que el relato primitivo pudiera haber sido compuesto en hebreo y llevado un rótulo como el de *Tôledôt Yêsu* o *Liber generationis Jesu,* estimaremos fundada la hipótesis de que nuestro *Protevangelium* actual sea la fuente de donde posteriormente derivaron los relatos canónicos de la infancia del Cristo que se encuentran en San Mateo y en San Lucas. San Marcos y San Juan no ponen atención en genealogías, ni en nacimientos virginales, y no hacen relatos de la infancia del Cristo. El hecho de que San Mateo y San Lucas tengan mucho más que referir al propósito, no depende, como observa Brandés[(301)], de que llegasen a su noticia fuentes históricas ignoradas por los otros dos evangelistas, sino de la sencilla razón de que, al adquirir datos ulteriores sobre la época en que vivió Jesús, éste era conocido por mayor número de gentes, conocimiento que alcanzó su plenitud sólo cuando la figura primitiva estaba completamente olvidada, pero con la diferencia de que en aquella época se había convertido en el Hijo en su relación con Dios Padre. Por esto, se explican en San Lucas algunos pasajes del *Protevangelium Jacobi* que no figuran en San Mateo. Conrady[(302)] ha demostrado que, en el *Protevangelium,* todo, excepto los nombres históricos y la gruta de la natividad, es la obra de la imaginación creadora de un poeta que quiso permanecer incógnito. Si, como los evangelistas canónicos, utiliza mesiánicamente las profecías del Antiguo Testamento, no por eso hay que buscar su abolengo en medios judíos. Y, si uno quisiera saber qué forma había tomado el ideal mesiánico en el espacio de un siglo, le sería necesario volver, del estudio de los Evangelios tenidos por auténticos, al *Protevangelium Jacobi,* que es el punto de partida, y que, bajo un ropaje hebreo, ocultaba un espíritu profundamente impregnado de paganismo. "Muy particularmente la manera como el autor hace de María el centro de su obra, y la manera como concibe el Mesías, chocan singularmente tanto

---

[(301)] *Jesús es un mito,* 82.
[(302)] *Die Quellen der kanonischen Kindheitsgeschichte Jesu,* 91, 100.

con las ideas judías como con las ideas cristianas. Esta preferencia concedida a la madre en detrimento del Salvador está en contradicción con el espíritu de los Evangelios tenidos por auténticos, y constituye el primer síntoma de la invasión del espíritu pagano en el cristianismo. El *Protevangelium* es la primera leyenda que se levantó del suelo gentílico, y no debía ser la última"[303].

Para descubrir lo característico y propio del *Protevangelium,* nos convendrá subir a su origen, tomando el agua más arriba. A no dudarlo, el prototipo del Mesías allí descrito procede de las mitologías egipcia y babilónica. La madre con el hijo, adorados por la Iglesia Católica, encuentra sus correspondencias en *Isis* y en *Ishtar*. El *Protevangelium Jacobi* es la leyenda de *Isis,* pero en su último estadio, cuando esta divinidad se consideraba como un *numen virginale.* La expresión "en la plenitud de los tiempos", proviene de Babilonia. Jesús opuesto a los fariseos semeja a Buda opuesto a los *brahmanes.* Existen reminiscencias de budismo en la historia de la tentación[304], en algunas parábolas[305] y en el fenómeno natural que acompaña a la muerte de Jesús. La ruta marítima conducía desde la India al Egipto, y Alejandría era primitivamente un punto intermedio, en que prosperaba el sincretismo religioso, favorable a la germinación de leyendas paganas relativas a misterios judaicos y cristianos. En la raíz de todo esto, existió una evolución religiosa, que pasó inadvertida para los autores eclesiásticos, pero que representaba la infusión de ideas nuevas en los elementos de los cultos mitológicos y naturalistas del antiguo Egipto. De suerte que puede afirmarse con toda exactitud que, aunque el ideal mesiánico fuese el elemento principal que dio forma a la nueva religión, en su formación ejercieron influjo los ideales de un cierto número de religiones existentes en países circundantes[306]. Varios de los relatos de la infancia de Jesús que aparecen

---

[303] Amann, *Le Protévangile de Jacques et ses remaniements latins,* 93.

[304] En el *Lalita-Vistara* (XVII, XVIII, XXI), Buda pasa por la misma prueba de promesas tentadoras que Jesús, y análogos mitos ofrece el *Vedidad* (XIX) persa. Antequil-Duperron (*Zend-Aresta,* I, II, 46) primero, y Spiegel (*Zeitschrift der deutschen morgenlaendischen Gesellschaft,* I, 261, 272) después, estudiando extractos del *Jarnasp-Nameh* mazdeo, han probado concluyentemente que de Persia y del zoroastrismo deriva en línea recta el profetismo apocalíptico y mesiánico que en el Evangelio resplandece.

[305] Aun el historicista Renán (*Vie de Jésus,* 168) reconoce que, en los libros búdicos (especialmente en el *Loto de la buena ley,* III, IV), hay parábolas del mismo tono y de la misma factura que las parábolas evangélicas.

[306] Brandés, *Jesús es un mito,* 83.

en los Evangelios canónicos eran los remanentes del *Protevangelium* hebreo, impregnado fatalmente de gnosticismo en su primera parte. Esta parte, que hemos llamado Γένησις Μαρίας, quizá no es más que una forma ortodoxa del libro gnóstico de que habla san Epifanio[307], y que se intitulaba Γέννα Μαριας[308]. Así, todo lo que el *Protevangelium* cuenta sobre el nacimiento de María, su infancia, sus desposorios con José, la anunciación, la natividad, la visita de los magos, la degollación de los inocentes y el asesinato de Zacarías entre el templo y el altar[309], no es otra cosa que una exhumación de viejos mitos egipcios.

---

[307] *Haereses,* XXVL, XII.

[308] Véase a Renán (*L'Eglise chrétienne,* 509), a Berendts *(Studien, über Zacharías-Apokryphen,* 32), a Harnack *(Chronologie des altchristliche Litteratur,* II, 539, 579) y a Michel *(Evangiles apocriphes,* introducción).

[309] San Mateo (XXIII, 35) pone en boca de Jesús las siguientes palabras acusatorias e imprecatorias, dirigidas contra los escribas y los fariseos: "Sobre vosotros recaerá toda la sangre inocente que se ha derramado en la tierra, desde la sangre de Abel el justo hasta la sangre de Zacarías, hijo de Baraquias, a quien matasteis entre el templo y el altar". Dejado aparte el absurdo de atribuir a los escribas y a los fariseos contemporáneos de Jesús la responsabilidad de que se derramase la sangre de Abel, y hecho también caso omiso de haber demostrado la crítica que no existió un personaje llamado Zacarías, que se encontrase en tales circunstancias, no hay duda sino que la alusión a él resulta inexplicable en las palabras del evangelista. La historia hebrea sólo conoce dos Zacarías que se hayan encontrado en idénticas condiciones que el citado por Jesús. Uno de ellos fue el Zacarías de que habla el libro II del *Sepher Dibrehaimin* (XXIV, 21), que era hijo del sacerdote Joiada, y al que unos conspiradores lapidaron, por mandato del rey Joas, "en el *patio* de la casa de Dios", no "entre el templo y el altar". Como ello ocurrió muchos siglos antes de Jesús, éste no pudo referirse a tal Zacarías sino en concepto parecido a Abel. Otro personaje de igual nombre, y que tuvo igual fin, hubo en la historia hebrea: Zacarías, hijo de Baruch, asesinado por los fanáticos judíos dentro del mismo templo, durante el sitio de Jerusalén por los romanos. Si San Mateo, como es lo más probable, quiso aludir a este segundo Zacarías (la diferencia del nombre del padre, Baruch en vez de Baraquias, se explica fácilmente), ¿qué pensar de sus palabras? Porque el asesinato de semejante Zacarías, según refiere el historiador Josefo, ocurrió el año 68, es decir, mucho tiempo después de la época en que se supone haber muerto Jesús. ¿Cómo concertar estas medidas? ¿Pudo Jesús hablar de un suceso que no alcanzó a ver? ¿Se trata de una interpolación hecha posteriormente en el texto del relato? Más cuerdo que San Mateo, el autor del *Protevangelium,* en sus capítulos XXIII y XXIV, hace recaer el asesinato en el Zacarías padre del Bautista. Mas es el caso que San Lucas (I, 59), que da el mismo nombre al mismo personaje, no dice una

El ilustre lord Byron tuvo la paciencia de escuchar las charlatanerías de las viejas de Sevilla, para saber por ellas si la madre de su héroe, el *Don Juan* imaginario, recitaba el *Pater noster* en latín, si sabía hebreo, si llevaba camisas de batista y medias azules. Algo semejante vienen haciendo los cristianos ortodoxos, los católicos especialmente, en su afán piadoso, pero un sí es no es bufo, de inquirir detalles e informes relativos a los progenitores de Jesús. ¡Trabajo vano, para el que no proporcionan material alguno los Evangelios canónicos, que sólo tratan de los padres del Cristo sobriamente y en cuanto son estrictamente necesarios para explicar ciertos episodios de la epopeya de su héroe! Importa, pues, entrar en campo con los forjadores de leyendas que creen admisibles tantas tradiciones falsas, y pauta por donde la evangélica ha regulado sus tan precarias noticias. Demostrémosles que, empezando por el supuesto padre, San José, nada sabemos históricamente sobre ese personaje, cuyo nombre y cuyo culto no han gozado de ninguna popularidad, ni en Oriente, ni en Occidente, durante quince siglos[310]. Antes de entrar en materia, será del caso averiguar qué informes nos dan los escritores piadosos de su querido patriarca (en el siglo XIX proclamado ¡patrón de la Iglesia Universal!): patriarca que lleva un apelativo que significa *acrecentamiento,* a pesar de la afirmación rotunda de la ortodoxia católica de haber vivido cumpliendo perpetuo voto de castidad cerca de la Virgen María, contra la taxativa declaración de San Mateo (I, 25) de que ese voto sólo duró hasta que su esposa parió a su hijo *primogénito,* ya que, añade, "hasta entonces no la *conoció* ".

Tomando por punto de partida el Nuevo Testamento en globo, no será de gran alcance el error que se cometa, al suponer que obedece a una

---

palabra de su trágico fin en el templo, como si no hubiese llegado a su oído ni aun la sospecha de haber ocurrido un suceso tan resonante.

[310] "Ha habido que esperar a los siglos XVI y XVII para que dicha popularidad se manifestara, y tomara algún desarrollo", confiesa el benedictino Dom Beda Plaine, en sus *Nuevas averiguaciones sobre la biografía y culto de San José* (en la revista valenciana *Soluciones Católicas,* 1896, IV, IV). Este trabajo, hecho de buena fe, es la mejor refutación (indirecta, claro está) de la creencia en la historicidad del tipo de San José, y convence de fantasía aun a aquellos racionalistas menguados, que, como Renan (*Vie de Jesús,* 23), se entretienen cándidamente en enterarnos de que *la maison de Joseph rassembla beaucoup sans doute a ces pauvres boutiques, éclairées par la porte, servant à. la. fois d'établi, de cuisine, de chambre à coucher, ayant pour ameublement urne natte, quelques coussins à terre, unou deux vases d'argile et un coffre peint.* ¡Los historicistas evangélicos son deliciosamente cursis en sus acrecentamientos y ampliaciones!

tradición mítica, pero uniforme, la circunstancia de la relativa frecuencia con que en él aparecen los nombres de José y de María, el último sobre todo. Pero, mientras que la existencia de María se consigna de un extremo a otro de la vida de Jesús, y aun con posterioridad a su muerte (San Mateo, XII, 47; San Juan, XIX, 25; *Acta apostolorum,* I, 14), José no reaparece después de la historia de la infancia de Cristo, no faltando quien conjeture[311] que, o había muerto muy pronto, o no había aprobado la obra de su hijo, o bien, que tendencias dogmáticas hayan hecho eliminar del escenario evangélico a un hombre que no debía aparecer como el verdadero padre del protagonista. Dejemos estas cavilaciones al historicismo impenitente, y prosigamos nuestra pesquisición.

¿Dónde nació San José? Lo ignoramos. Los escritores piadosos de referencia pretenden que en Bethlehem. Fúndanse, para ello, en que, según una tradición, poseía una casa en dicho lugar, cuyas ruinas se muestran aun hoy día a los peregrinos de Palestina. Naturalmente, esas ruinas no gozan de la menor autenticidad. El *Dictionnaire de la Bible* del abate Vigoroux no hace ninguna alusión a ellas, y el benedictino Dom Beda Plaine reconoce que, en tales condiciones, parece que, cuando vio la luz el niño, José y María no hubiesen pensado en ir a buscar un asilo prestado, que no pudieron hallar. El mismo autor confiesa que la juventud de San José nos es completamente desconocida. A mayor abundamiento, ni el *Protevangelium Jacobi,* ni sus arreglos latinos, mencionan para nada el lugar de su naturaleza o de su residencia, y hoy está probada por la crítica histórica la inverosimilitud de una ciudad llamada Nazareth, que existiese en aquella época.

Vemos también que Jesús tenía hermanos y hermanas. Pero, como nota Brandés[312], "se ha puesto mucha violencia en los pasajes que sugieren unas relaciones un tanto tirantes entre Jesús y los suyos, pasajes en los cuales se le representa mal dispuesto a reconocer lazos naturales de parentesco, mientras que en su lugar designa a sus discípulos como su verdadera familia (San Mateo, XII, 46, 50; San Marcos, III, 31, 35; San Lucas, VIII, 19, 21). Otro pasaje que ha merecido una atención considerable de parte de los lectores reflexivos, es aquel en el cual, después de ser recibido con mala voluntad y con ofensas en su supuesta ciudad natal, exclama Jesús: *No hay profeta sin honra sino en su tierra y en su casa* (San Mateo, XIII, 53, 58; San Marcos, VI, 1, 4; San Lucas, IV, 24). En el Cuarto Evangelio, no se encuentra vestigio alguno de tales

---

(311) Strauss, *Neue Bearbeitung des Leben Jesu,* I, 31.
(312) *Jesús es un mito,* 174.

incidentes. En su capacidad o comprensión del Mesías, se desliga aquí a Jesús de todo género de relaciones con sus compoblanos y con su propia familia. Ahora es un miembro de la familia divina. Nadie recibe acatamiento del evangelista, excepto el Padre, el Hijo y el Espíritu Santo o *Parácleto.* Su ascensión tiene lugar realmente en la primera línea del Cuarto Evangelio: *En el principio era el Verbo.* No obstante, lo que parece desfavorable y probablemente histórico, a causa de ser referido de mala gana, no contiene certeza alguna, y ofrece la misma impresión de contraste dramático que si alguien, a fin de hacer resaltar la grandeza de Beethoven, relatase acerca del inmortal compositor la anécdota de que, siendo un muchacho, hubiera tocado el violín en cierto pueblo del país, y hubiese sido considerado inferior al músico favorito del lugar".

Cuestión fue la de los *hermanos del Señor* que trajo a mal traer a los Padres de la Iglesia. Tropezamos aquí otra vez con razones dogmáticas, mediante las cuales pretendían obviarse las dificultades e incertidumbres históricas. En el fragmento de las *Hypotyposes,* conservado en las *Adumbrationes in Epistolam Judae,* Clemente Alejandrino, inspirándose, a no dudarlo, en el *Protevcmgelium Jacobi,* hace alusión a un primer matrimonio de José, del cual tuvo éste hijos. La *Historia de José el Carpintero* (capítulo II), en sus dos redacciones copta y árabe, dice que fueron seis, cuatro varones y dos hembras, a saber: *Judas, Josetos (Justo,* en la redacción árabe), *Jacobo, Simón, Lisia (Asia,* en la redacción árabe) y *Lidia.* Pero, si Jesús no era hijo carnal de José, por haberle su madre concebido del Espíritu Santo, ¿cómo podían ser los vástagos de su padre adoptivo verdaderos hermanos suyos, ni hermanastros tan siquiera? Muy en ello estaba San Jerónimo, cuando consideró los hermanos del Señor como "primos" de Jesús (por parte de madre, sin duda), hipótesis que encontraba apoyo (a lo menos negativo e indirecto) en el apócrifo *De nativitate Manae* (VIII, I), donde José, al ser requerido por el Gran Sacerdote para figurar entre los aspirantes a la mano de la Virgen, declina tal honor, alegando simplemente que es viejo, y sin indicar que haya estado casado, ni que tenga hijos. En el Pseudo-Mateo (VIII, 4), por lo contrario, José habla claramente de esos hijos, y aun expresa la idea de que podría casarse uno de ellos con la Virgen, en lugar suyo. Tan absurdo y ridículo pensamiento habría escandalizado a San Jerónimo y a los que en Occidente se inspiraban en su exégesis, y hasta se hubiese sorprendido de que hubiera podido encontrar lugar en una leyenda popular, tanto más cuanto que José no gozaba entonces de la singular consideración que se le concedió más tarde[313]. En el día de hoy, hablar de ello, es como recontar hazañas acaecidas en ignotas regiones, porque todos estiman extrañísimo que nada sepamos históricamente acerca de la familia de Jesús, y que las tradiciones eclesiásticas al respecto sean un conjunto de fábulas piadosas.

Increíble parece asimismo que se ignore la fecha precisa en que vio la luz un personaje cuyo nacimiento sirvió de punto de partida a una nueva era y de base a una nueva cronología, a la que, en lo sucesivo, se habían de ajustar todos los cómputos. Si el personaje hubiera sido histórico y su nacimiento un suceso real, resultaría inexplicable tamaña confusión, y tanto más inexplicable cuanto que no se trataba de una época remotísima, cuyas noticias se hubiesen transmitido, a través de siglos incontables, por una tradición mudable e insegura. ¿Es concebible, ni posible, que los primeros discípulos del Cristo, pudiendo y debiendo conocer una fecha tan reciente, sagrada e importante para ellos, no conservasen en su memoria con precisión el día, el mes, ni siquiera el año? Porque la historia, cuando ha querido fijar esa fecha, se ha visto obligada a recurrir a las suposiciones más problemáticas y a las conjeturas menos plausibles. ¡Hecho significativo que, una vez más, corrobora no ser histórica la personalidad del héroe de los Evangelios!

No tengo aquí por cargo mío recordar las controversias habidas entre talmudistas judíos y teólogos cristianos acerca de la época del advenimiento del Mesías, época que los primeros retrasaron, negando que coincidiese con la era vulgar, mientras que los segundos la consideraron como perfectamente determinada por el vaticinio de Daniel (IX, 24), ponderando la fuerza de la voz hebrea *nechlach* que el Profeta usó. Tolo esto es un caos, del que nada más se saca en limpio que un escepticismo amargo para aquellos que todavía pretenden ver realidades históricas en vaguedades proféticas. Pero es el caso que las investigaciones cronológicas hechas con la mejor voluntad no han aportado más luz al asunto. Mucho pudiera decirse sobre la divergencia que hay entre los cronologistas en ajustar la fecha del nacimiento del Cristo a la de los períodos y épocas de la creación del mundo, de la fundación de Roma, del reinado de Augusto, de la era vulgar, etc., variando, respecto del primero, desde el año 4000 al 4005, del segundo desde el 747 al 754, del tercero desde el 39 al 44, del cuarto desde el 4 al 6, y lo mismo respecto de las Olimpíadas, del Período Juliano, y así de todos los demás. Baste decir y saber que, en torno a este punto, Moestlin cuenta ciento treinta y dos sistemas cronológicos, y Fabricio cerca de doscientos. La era de que

---

(313) Amann, *Le Protévangile de Jacques et ses remaniements latins,* 31.

nosotros nos servimos, fue creada en el siglo VI, por Dionisio el Pequeño, y adoptada por la Iglesia Latina. El cálculo en que se funda, implica ciertos datos puramente hipotéticos, y la fecha que señala, se juzgó errónea en cuatro o seis años, de modo que, en rigor, el año actual de 1834 debería contarse como 1838 ó 1840.

Y, si es desconocido el año, lo son también el mes y el día. Unos señalan el 19 ó el 20 de abril, otros el 20 ó el 24 de marzo, algunos el 6 ó el 10 de enero, etcétera. Ciertos pueblos cristianos empezaban el año el día 25 de marzo, que suponían ser el día de la Encarnación, pensando que la era cristiana debía empezar el mismo día que había sido engendrado el Cristo. Otros lo comenzaban el supuesto día de su nacimiento, el 25 de diciembre, y algunos el día de Pascua. No hay mes que no haya sido fijado como el del nacimiento del Cristo. ¡Caso raro, en verdad! Y excusado es decir que, si tan incierto es el mes, el día lo es mucho más. En Oriente, celebrose el nacimiento del Cristo del 1 al 8 de enero. El día 5, en que, según la creencia popular, la estrella guió a los tres magos hasta el niño Jesús, corresponde, en la cronología cristiana, al día 11 del mes de *Tobi,* en la cronología egipcia, día en que *Osiris* reveló su naturaleza divina, transformando el agua en vino. Primitivamente, el 6 de enero era considerado como el día del nacimiento del Cristo, y no fue transferido al 25 de diciembre hasta el siglo IV. En Roma, se fijó esta fecha ya antes del año 354, según se ve en un calendario de Bucero, perteneciente a aquel tiempo[(314)]. San Juan Crisóstomo, en el año 375, hablaba del 25 de diciembre como de un uso introducido en Oriente, porque, con anterioridad, se celebraba en diferentes épocas del año, pero sobre todo en el día 6 de enero, como hoy todavía se celebra en Armenia, fecha que coincide con la mitológica de la fiesta del hallazgo de *Osiris,* que tenía lugar dicho día. Y, como los arqueólogos e historiadores confiesan, casi unánimemente, que no hay una sola prueba de valor, ni bíblica, ni tradicional, que justifique la suposición del nacimiento del Cristo el 25 de diciembre, ello nos lleva a creer que se admitió esa fecha, por ser la del nacimiento de todos los dioses redentores de la antigüedad. Curiosa es, sin duda, la coincidencia, y reveladora de por qué la Iglesia primitiva hizo cuanto pudo por colocar el nacimiento del Cristo más allá del solsticio de invierno, a fin de alejar toda sospecha de un nuevo mito, en nada distinto del de los dioses redentores de los paganos. Imaginaban los antiguos que, en el solsticio de invierno, el sol comenzaba su carrera anual a través del espacio, y por eso el 25 de diciembre fue considerado por ellos como el

---

[(314)] Giovini, *Critica degli Evangeli,* II, 1.

día del nacimiento del sol, y celebrado con extraordinarias demostraciones de regocijo público, en el Egipto, como en la India, Persia, Grecia, Roma, Germania, Escandinavia y Gran Bretaña[(315)]. El *Horo* jeroglífico, como el *Agni* védico, el *Krishna* brahmánico, el *Mitra* mazdeo, el *Adonis* helénico, el *Sol Invictus* italiano, el *Yule* teutónico, nacían el 25 de diciembre, y resucitaban en el equinoccio de la primavera. Aquel día estaba destinado a la revelación de *Dionysos,* dios del vino. Plinio refiere que ese día se celebraba la fiesta de *Dionysos,* en la Isla de Andros, y que, entre el séquito del dios, aparecían *oinotropoi* especiales, o sea, mujeres transformadoras del vino. San Epifanio habla de la celebración de un natalicio en Alejandría el 25 de diciembre, que él denomina *Cronia* en griego y *Kekilia* en egipcio. En la fiesta de *Helios,* el dios sol, se sacaba del santuario una criatura, exclamando: "¡Ha parido una virgen! ¡La luz aumenta!"[(316)]. El nacimiento del Cristo fue también colocado, por fin, en el solsticio de invierno, que es el día del nacimiento del *Deus Sol.* Y es muy de notar que San Jerónimo se quejase de que, en la misma gruta donde la tradición refería haber nacido el Cristo, era costumbre, en el día 25 de diciembre, celebrar fiestas paganas, en honor del nacimiento de las divinidades solares. De todas éstas, *Mitra* es, sin duda, aquella cuya leyenda más se parece a la del Cristo. Tradición cristiana fue que el Salvador del mundo había nacido en una cueva, en la cueva de Bethlehem. Los monumentos presentan asimismo a *Mitra* naciendo en una gruta, junto a un río. Y, como el Cristo, *Mitra* nace de noche, y a medianoche, según los autores, y sólo los pastores de los montes vecinos pueden observar el hecho, probablemente en virtud de una claridad sobrenatural, que se produjo en aquella ocasión. Fenómenos análogos se cuentan en conexión con el nacimiento de otros dioses y héroes de la antigüedad. Los pastores se apresuran a ir a adorar a *Mitra* recién nacido, y a ofrendarle sus dones, tales como corderos, frutos, etc. Aludiendo a estas coincidencias, dice Almeida Paiva[(317)]: "La fijación de la medianoche para la hora del nacimiento del Cristo no pasa de ser una leyenda solar, sin el más mínimo vestigio de fundamento histórico, y que parece deber su origen, en parte, a una interpretación alegórica de ciertos textos del Antiguo Testamento, que nada tienen que ver con el caso, y, en parte, a las leyendas de *Mitra* y de otras divinidades solares, acerca de las cuales se refieren cosas parecidas".

---

(315) Almeida Paiva, *O mitraismo,* 4.
(316) Brandes, *Jesús es un mito,* . 181.
(317) *O Mitraismo,* 29.

La fecha del nacimiento del Cristo es tan desconocida como la de su muerte, y, aun sabiendo la primera, resultaría difícil precisar la segunda, porque ignoramos la edad que alcanzó. No deja de ser digno de nota que, aun en las primeras generaciones cristianas, encontremos contradicciones en lo que respecta a los años que vivió Jesús. ¿Fueron veintisiete, treinta, treinta y tres, como algunos quieren, o cincuenta, como afirma Papias, y el Cuarto Evangelio parece sugerir? He aquí otra ignorancia sospechosa, para quien reflexione maduramente. Sobre este punto, es infructuoso buscar en los Evangelios algún fundamento histórico, tanto más cuanto que hay una gran parte de astrología en los pasajes que pudieran abonarlo. "Por ejemplo, es significativo que el día más largo del año haya sido concedido a San Juan Bautista, en tanto que el más corto, aquel en que la luz empieza su triunfante lucha contra la obscuridad, haya llegado a ser el día particular de Jesús, el día de la Natividad o Navidad. La característica de estas antiguas leyendas es el cambio continuo de la Pascua, y no puede menos de extrañar el hecho de que San Pablo no hubiese señalado un día determinado que guardar a los griegos y a los romanos convertidos. Y la Iglesia Católica, mientras que pretende saber el día exacto en que San Pedro y San Pablo fueron ejecutados en Roma, no está cierta del día fijo en que fue crucificado Jesús, aunque parece lógico pensar que lo último sería mucho más importante"[(318)].

Es cosa desconcertante, y hasta absurda, que ignoremos la fecha del nacimiento de un personaje, que, con su figura mística y con su enseñanza religiosa, ha tenido sojuzgada espiritualmente a Europa durante dos mil años. Los que, a pesar de ello, se aferren en admitir su existencia, no pueden atenerse a su fecha canónica, tal como ha querido sacársela de los Evangelios, sin enredarse en dificultades y en contradicciones apeables muy difícilmente en el tribunal de la crítica. Comprendiéndolo así, el teósofo inglés Mead ha hecho un esfuerzo supremo para salvar del naufragio histórico la personalidad real de Jesús, lo que no ha conseguido más que trastornando radicalmente la cronología tradicional. Mead rechaza la fecha canónica de Jesús, según que la indican los Evangelios, y se atiene a las historias bochornosas del Cristo, que aparecen en el *Talmud.* Su conclusión es sorprendente, pues, con arreglo a ella, la vida de Jesús tuvo lugar *un siglo antes de la era cristiana,* y su muerte acaeció, no en Jerusalén, sino en Lud, y fue, no muerte de cruz, sino de apedreamiento, conforme a la ley judaica y a lo que el *Talmud* afirma. A ninguno de los anteriores exégetas se le ocurrió tan peregrina teoría, que

---

[(318)] Brandés, *Jesús es un mito,* 88.

no he de juzgar. Sólo la he mencionado para insinuar lo que representa y significa el dilema que supone. El testimonio de los Evangelios es históricamente nulo, y, sin embargo, Jesus existió. ¿Por qué? Porque el *Talmud* lo asevera. Entre los Evangelios y el *Talmud,* elijamos el último. Mediten los historicistas partidarios del Jesús hombre.

No cabe duda que el Pseudo-Jacobo, como los demás evangelistas apócrifos de la infancia, quería demostrar a toda costa la virginidad de María *in concepitone et in partu,* lo cual no es otra cosa que un vestigio de las concepciones docetas, que sólo concedían al Cristo la apariencia de un cuerpo humano, y que no querían reconocer a su elemento divino el contacto humillante con la carne. Y, aunque sea verdad que los evangelistas canónicos afirman que María, al concebir y al parir al Salvador, no perdió el glorioso privilegio de la virginidad, bueno será advertir que entienden esta virginidad con menos radicalismo que los evangelistas apócrifos, puesto que consideran la maternidad de la esposa de José, no como una generación física, pero sí como una vía, como un canal, como un tránsito, para hacerla más inteligible a los lectores. Merece consideración la frase de San Mateo: τὸ γαρ έν *αύτῃ* γεννηθέν έχ πνεύματός έστιν άγιου, comparada con la del *Protevangelium:* τὸ γαρ έν αύτῃ ον έχ πνεύματος έστιν αγίου. Conrady[319] ve aquí toda la diferencia entre la concepción católica y la concepción doceta, y ello le corrobora en su idea de haber sido el protoevangelista la fuente común de los relatos de la infancia hechos por los evangelistas canónicos, ya que, según la concepción doceta, el Cristo no *se formó* y *nació* en el seno de la Virgen, sino que estuvo simplemente en él, habiendo aportado del cielo su cuerpo fantástico. Me parece bien el dictamen del crítico. La razón es porque se nota la misma oposición entre la expresión de San Mateo (I, 18) : ευρέθη έν γαστρί έχουσα, y las expresiones por las cuales el *Protevangelium* (XII, 3; XIII, 1, 3; XV, 1; XVII, 2) designa el embarazo de María, y se refiere al fruto de su vientre: ἡ γαστὴρ αότης ὠγχοῦτο... ὠγχωμένη... τὸ έν τὸ *γαστρι* σου... τὸ εν ουτῃ ον.,.. τὸ έν αύτῃ.. τὸ έν έμοι. Estas maneras de hablar, netamente docetas, tendían a mostrar que Jesús “estuvo” simplemente en el seno de María, y tendían también a excluir la unión íntima que hubiera debido existir entre él y su madre. Así, revelada la existencia de concepciones docetas en los relatos anteriores al nacimiento, lógico es

---

(319) *Die Quelle der kanonischen Kindheitgeschichte Jesus,* 71. Compárese con Tertuliano *(De carne Christi,* XXVII) y con Neubert *(Marie dans l'Eglise anténicéenne,* 7, 9).

deducir que el parto virginal provino de una influencia gnóstica[319 bis]. Y ello se comprueba, cuando se lee en la *Ascensio Isaiae* (XI, 2, 3, 5, 8, 10, 11), apócrifo judío retocado por manos cristianas, un relato del nacimiento de Jesús, que tiene evidentes puntos de contacto con el del *Protevangelium* (VIII, 3; IX, 1; X, 1; XVII, 2), lo mismo relativamente a la descendencia davídica de la Virgen, que a la atribución de María a José por la suerte, que a la visión de la esposa de éste reflejada en su rostro. El docetismo del arrebato de la *Ascensio* parece indudable, sobre todo cuando se le compara con el del *Protevangelium,* de que deriva. En el momento decisivo, el niño aparece en los brazos de María, y José no ha visto nada, a pesar de hallarse presente. Es que el autor apócrifo ha dado al Cristo recién nacido la cualidad de ser visible o invisible a su arbitrio, cualidad que los Evangelios canónicos sólo atribuyen al Cristo glorioso y resucitado[320]. Demás de lo dicho, es muy de ponderar la equivalencia de las circunstancias en que se verifican la concepción y el parto de María, y aquellas otras por que había pasado su madre Ana. Al dogma de la Inmaculada Concepción de María, definido y promulgado por el Papa Pío IX, en el siglo XIX, no le corresponden, en la tradición católica, muchedumbre de testimonios patrísticos y eclesiásticos. San Epifanio[321], combatiendo a los coliridianos, que ofrendaban a la Virgen sacrificios de marcado sabor pagano, les advertía que, "si no es lícito adorar a los ángeles, mucho menos debe serlo a la que nació de Ana y de Joaquín, conforme a las reglas ordinarias de la naturaleza". En el siglo VIII, Andrés de Creta, en el canon sobre la fiesta de la concepción de Ana (9 de diciembre), señala como un error la idea de que María hubiese nacido de una manera milagrosa, y, en el siglo X, el *Menologiumi* compuesto por los cuidados del emperador Basilio combate esa misma idea de que María haya sido engendrada χωρίς ανδρός[322]. Baronio[323] rechazó, como pura novela, el *Protevangelium Jacobi,* apócrifo sin valor, cuyo relato sobre los padres de María consideró como mera fábula. Aplicando la luz crítica a esta opinión, el erudito Causabon[324] demostró que las supuestas tradiciones sobre los padres de María descansan, en definitiva, sobre la

---

[319 bis] Amann *(Le Protévangile de Jacques et ses remaniememts latins,* 33, 36) pretende en vano contestar tan lógica deducción.

[320] Véase a Tisserant, *L'Ascension d'Isa'ie,* 203, 205. Compárese con Zahn, *Forschungen zur Geschichte des neuetestamentlichen Kanons,* VI, 312.

[321] *Haereses,* LXXIX, v.

[322] Amann, *Le Protévangile de Jacques et ses remaniements latins,* 19.

[323] *Ammalium,* 451.

[324] *Exercitationes criticae, I,* 14, 16, 61, 75.

autoridad de una obra tan apócrifa como el *Protevanlium*. Bolland[(325)] fue más lejos, puesto que, a su juicio, los mismos nombres de Ana y de Joaquín carecen de valor histórico, y sólo lo tienen simbólico, significando el primero *la gracia,* y el segundo *la preparación del Señor.* También anduvo Tillemont[(326)] censor ajustado, cuando escribió que "todo lo que se ha dicho respecto a la familia de la Virgen no está fundado sino sobre escritos enteramente apócrifos y llenos de relatos fabulosos", y que "para la Iglesia es visible, por San Agustín y por San Jerónimo, que no había tradición alguna de que el padre de María fuese un Joaquín". Baillet[(327)], determinando lo que acerca de los santos nos queda de más auténtico y de más seguro de su historia, dijo: "La Iglesia confiesa no conocer ninguna de las circunstancias que acompañaron al nacimiento de María, por cuanto, ni la Escritura, ni la tradición, nos enseñan nada al respecto".

Ventilado este punto, conforme al autorizado parecer de los críticos eclesiásticos que acabo de citar, vengamos a la cuestión de la virginidad de María *in conceptione et in partii,* tal como la afirma el *Protevangelium.* No hay que olvidar, por lo que a esto atañe, que la leyenda del adulterio de María, insinuada en los apócrifos *Acta Pilati* (II, 3), y explotada por Celso, el gran enemigo del cristianismo[(328)], que escribió hacia el 178: no hay que olvidar, repito, que semejante leyenda había circulado, en el mundo judío, mucho antes[(329)]. El autor del *Protevangelium* desenvainó la espada de su indignación contra esa especie, por estimarla calumniosa, y por encontrarla fuera de los cotos precisos en que las tradiciones evangélicas la tenían encerrada. Los comentadores griegos han comprendido muy bien sobre este particular el pensamiento del *Protevangelium,* viendo que el voto pronunciado por la madre de María tenía un alcance considerable, que excluía el concepto de un matrimonio real de su hija[(330)], puesto que, para todos los días de su vida, la consagra Ana al servicio de Dios[(331)]. Los sacerdotes, por su parte, no piensan en *casarla.* Quieren solamente *confiarla* a José, y esto solamente durante el período en que su estado de encinta hubiera mancillado el templo del Señor *(Protevangelium,* VIII, 3). María es el primer ejemplo de las *virgines subintroductae,* tales como las

---

(325) *Acta sanctorum,* IX, 77.

(326) *Mémoires pour servir à l'histoire ecclesiastique,* I, 60, 77, 482.

(327) *Vies des saintes,* III, 67, 349.

(328) Véase a Orígenes, *Contra Celsum,* I, XXXII.

(329) Véase a Herford, *Christianity in Talmud and Mi— drasch,* 19, 30.

(330) Amann, *Le Protévangile de Jacques et ses remaniéments latins,* 24.

(331) Este punto ha sido puesto en claro por Lucius *(Les origines du cuite des saints dans l'Eglise chrétienne,* 574).

ha conocido, y quizá aceptado en ciertos casos, la Iglesia cristiana primitiva[332]. Todo esto se necesitaba, para que, según el *Protevangelium* (XIV, 2), el niño que estaba en el seno de María fuese del Espíritu Santo. La fórmula es la misma en San Mateo (I, 21), y el *Protevangelium* (XI, 3; XIV, 2) corrobora que el niño que iba a nacer de aquella misteriosa concepción y de aquel maravilloso parto sería llamado hijo del Altísimo, y se le daría el nombre de Jesús, porque salvaría al pueblo de sus pecados. Y esta etimología arbitraria[333], que consta también en San Mateo (I, 21), no la mencionan los Evangelios canónicos más que a propósito de la advertencia hecha por el ángel a José, mientras que el Pseudo-Jacobo, a pesar de su sobriedad en la descripción de las apariciones angélicas, la menciona también en la anunciación del ángel a María[334].

Preguntemos ahora a los dos evangelistas, al canónico y al apócrifo, quién autorizó el sentido que al secreto de la maternidad virginal de María quisieron dar. Porque, desde el nacimiento milagroso del Cristo, nos dicen que tal acontecimiento ocurrió en cumplimiento de las palabras del profeta. Leemos en San Mateo (I, 22): "Todo esto aconteció para que se cumpliese lo que fue revelado por el Señor al profeta, que dijo: He aquí la virgen, concebirá y parirá un hijo, y llamarás su nombre *Emmanuel,* que, declarado, es: Dios con nosotros". Este rasgo de la supuesta virgen que concibe *(Sepher Isaiah,* VII, 14), figura, efectivamente, en un pasaje que se prestaba a una interpretación mesiánica, y que los judeocristianos fueron los primeros en utilizar, y digo *los primeros,* porque, para creer hoy legítima esa interpretación, sería preciso desconocer todos los medios de que, para desvirtuarla, dispone la crítica moderna, medios de carácter filológico y de carácter histórico, apoyados, de otro lado, en las tradiciones de los rabinos. Basta recordar la fantasía ilimitada de la exégesis rabínica, para comprender que, si semejante manera de venir el simbólico *Emmanuel* al mundo hubiera figurado entre los atributos mesiánicos, los judíos no hubiesen tenido dificultad en aplicar el pasaje a su Mesías, como los judeocristianos no la tuvieron en aplicarla a su Cristo, ya que *Kristos* es la traducción griega del hebreo *Mesiah*, y *cristianismo* la transposición griega de la palabra *mesianismo.* Pero no se conoció ejemplo alguno de la aplicación aludida antes del Evangelio.

---

[332] Véase a Achelis, *Virgimes subintroductae,* 19, 30. Compárese con Duchesne, *Histoire amcienne de l'Ealise.* I, 517.

[333] Conforme a ella, el nombre de Jesús significaría, en hebreo, *Dios socorre.*

[334] Amann, *Le Protévangile de Jacques et ses remaniements latins,* 43.

Socorrida por criterio tan claro, no es maravilloso que la crítica moderna adopte otros medios de entender el pasaje de Isaías, cuyo *Emmanuel* no es Cristo, y cuya madre virgen es sencillamente una *almah* del templo. Desde los tiempos de San Justino[(335)], los judíos sostenían que עלהה debía traducirse, no por virgen (παρθενος), sino por muchacha (νεανις), por cuanto significaba, no la joven intacta, sino la joven núbil. Ya en la Edad Media, Fray Tomás Escoto, según que consta en Alvaro Pelagio[(336)], afirmó que la profecía del capítulo VII de Isaías: *Ecce virgo concipiet,* no se entendía de la futura Virgen María, sino de alguna criada o concubina del profeta, debiendo tomarse el vocablo *virgo* en el sentido de *puella* o *adolescentuia*[(337)]. El término hebreo עלהה tiene, en efecto, el mismo significado de las *virgines nuptae y* de las *puellas jam virum expertae* de Horacio[(338)]. No se trata, ciertamente, del Mesías, ni de una virgen que concibe, y el *Emmanuel* de Isaías era indudablemente el hijo del mismo profeta, tal como estaba pronosticado en el capítulo VI, y corroborado por los versículos 3 a 8 del VIII. Lo que estaba pronosticado sólo puede interpretarse a base de esta sencilla hipótesis, tanto más cuanto que, como observa Knabenbauer[(339)], el nombre hebreo de la Virgen Madre del Cristo no es *María,* sino *Miriam*, voz que los Setenta escriben Μαριαν y Josefo Μαριάμμη y cuya raíz más probable es *mirra* o *señora* en siríaco. Y, así, *María* suena lo mismo que *señora* o *mirra,* al paso que la virgen de Isaías es una simple doncella.

Pasemos a otras coincidencias del *Protevangelium* apócrifo con el Evangelio canónico. Si Jesús, según San Mateo (II, 5), nació en Bethlehem de Judea, es porque así lo había profetizado Miqueas (V, 1): "Y tú, Bethlehem, tierra de Judá, no eres muy pequeña entre los príncipes de Judá, porque de ti saldrá un guiador, que apacentará a mi pueblo de Israel". Algunos teólogos protestantes pretenden que no se ha de entender de que es Betlehem el lugar designado para el nacimiento del Cristo, y sí solamente de proceder éste de la estirpe de David. Pero tanto el texto profético como el evangélico están terminantes. Por eso, los exégetas racionalistas, partidarios de la existencia de Jesús, le suponen nacido en Nazareth. Yo también lo creí así en otro tiempo, pero no soy hombre que

---

(335) *Dialogus cum Tryphone,* XLIII.

(336) *Collyrium contra haereses,* 33.

(337) Menéndez Pelayo, *Historia de los heterodoxos españoles,* I, 504, 782.

(338) Así las llama el poeta latino en muchos lugares de su *Carmina.*

(339) Véase el tomo I de su *Commentasrium in Mattaeum,* en el lugar correspondiente al pasaje del evangelista

me aferre de por vida a ideas profesadas en la edad en que el juicio propio vale menos, y hoy estoy convencido de que la versión correcta es: "Y tú, Bethlehem Efarata, el más pequeño entre los lugares de Judá, de ti saldrá", etc., palabras cuyo significado es sencillamente que a Bethlehem se le consideraba como la cuna de David y de toda su descendencia. En la época de la fecha canónica de Jesús, los Asmoneos, de origen sacerdotal, no podían intentar atribuirse semejante descendencia, y, ni Herodes, ni los romanos, pensarían que existiese alrededor suyo un representante cualquiera de los derechos de la antigua dinastía, porque la familia de David se había extinguido hacía mucho tiempo[340]. Como quiera, el vaticinio de Miqueas diéronlo por cumplido, tanto el protoevangelista apócrifo como los evangelistas canónicos San Mateo (II, 1) y San Lucas (II, 7). Bethlehem era la ciudad de David, y, al nacer allí Jesús, el destino le confería uno de los signos mesiánicos más importantes. Pero, mientras que el primer evangelista nos deja en la duda de si Bethlehem era el lugar natal de Jesús y la residencia habitual de María y de José, el tercer evangelista taxativamente declara que de Nazareth eran los padres del Salvador, y que allí éste creció y se educó. ¿Por qué, pues, nació en Bethlehem? El mismo evangelista pretende puntualizarlo. Fue a causa del empadronamiento universal de las provincias del Imperio, que Augusto César mandó hacer, siendo Quirino (o Cirenio) gobernador de la Siria. E iban todos, cada uno a su aldea o villa, para ser empadronados. José vivía en Galilea, pero pertenecía a la estirpe de David. Subió, pues, a Judea, y se presentó, para ser empadronado, en Bethlehem, porque David, fundador de su raza, había nacido allí mil años antes, y llevó consigo a María, su esposa, la cual se hallaba encinta, y se cumplían para ella los días en que había de parir. Y parió a Jesús, y le envolvió en pañales, y acostole en un pesebre, por no haber sitio para ellos en el mesón.

Tal es el relato, tan sobrio como fantástico, del Evangelio según San Lucas. El *Protevangelium* (XVII, 1) da una versión distinta por este tenor: "Llegó un edicto del emperador Augusto, que ordenaba *se empadronasen todos los habitantes de Bethlehem de Judea.* Y José dijo: Por lo que a mí atañe, haré empadronar a mis hijos. Pero ¿qué haré con esta muchacha?

---

[340] Il *est vrai que certains docteurs, tel que Hillel et Gamaliel, se sont donnés comme étant de la race de David. Mais ce sont là des allégations trèsdouteuses. Si la familie de David formait encore un groupe distinct et ayant de la notoriété, comment se fait qu'on ne la voie jamais figurer à côté des Sadokites, des Boëthuses, des Asmonéens, des Hérodes, dans les grandes luttes du temps?* (Renán, *Vie de Jésus,* 237).

¿Cómo la inscribiré? ¿Como mi esposa? Me avergonzaría el caso. ¿Como mi hija? Pero todos los hijos de Israel saben que no lo es". El protoevangelista difiere de San Lucas en que no habla de un empadronamiento universal, sino de uno particular y reducido a los habitantes de Bethlehem. Pero lo curioso está en las dudas que muestra José sobre lo que hará con María, y cómo la inscribirá. Prescindiendo de la razón, puramente arbitraria, que determinó a los padres de Jesús a emprender aquel viaje sin consideración alguna al estado interesante de María, lo que quita toda historicidad al viaje son las causas que se le atribuyen. Jesús no era de la familia de David, y, aun habiéndolo sido, no se concibe que sus padres se hubiesen visto obligados, por una operación puramente catastral y financiera, a ir a inscribirse en el lugar de donde sus antepasados habían surgido hacía mil años, sin contar con que, al imponerles semejante obligación, la autoridad imperial de Roma habría sancionado pretensiones llenas de amenazas para ella[(341)]. Por otra parte, el viaje de María no venía motivado, por costumbre romana alguna, y tampoco por una costumbre judía. El Antiguo Testamento nunca hace que, en los empadronamientos, acompañen las mujeres judías a sus esposos. Strauss[(342)] recuerda que la ley de Servio Tulio sobre el censo no obligaba a los ciudadanos romanos a presentar a sus mujeres y a sus hijos, bastándoles declarar que los tenían, y, cuanto a las provincias, jamás se demostrará que el derecho romano los hubiera obligado a presentar a sus mujeres, ni aun aduciendo el caso que cuenta Lactancio[(343)], caso que no se dio sino tres siglos después, y que fue un excepcional ejemplo de rigor. Pero el propósito del protoevangelista apócrifo y del evangelista canónico estribaba, precisamente, en inculcar que el Redentor del mundo estaba predestinado a nacer entre las contingencias de un viaje, y en una localidad que no era la de sus padres, para que se cumpliera una profecía. Cristo, el segundo Adán celeste, debía nacer necesariamente en el mismo tiempo en que, por su medida imperial, Octavio Augusto venía a ser el nuevo Adán terrestre. Tratábase, pues, de imaginar un efecto inevitable y determinado por todas las leyes que preceden a las evoluciones de la historia. Pero ¿qué leyes eran las basadas sobre un hecho que no tiene valor histórico alguno? Porque ningún autor próximo al siglo de Augusto se refiere para nada a semejante empadronamiento universal, y a dos advertencias da lugar este argumento negativo. La primera es que

---

[(341)] Renán, *Vie de Jésus,* 20.
[(342)] *Neue Bearbeitung des Leben Jesu,* II, 55.
[(343)] *De morte persecutorum,* 23.

Suetonio, Dion Casio y el monumento de Ancira testifican solamente que los ciudadanos romanos fueron numerados e inscritos en registros muchas veces. La otra advertencia, de más consideración, es que el censo, en todo caso, no se hubiera aplicado más que a las partes reducidas a provincia romana, y no a las tetrarquías. Pero la terquedad de los teólogos ortodoxos, a trueque de sostener lo contrario, no repara en jugar armas prohibidas, alegando una inscripción por la cual pretenden establecer que Quirino hizo dos censos, inscripción que está hoy reconocida como falsa[344]. Con esto llévese entendido que los textos en que pretenden apoyarse los teólogos ortodoxos, para certificar que, bajo el dominio de Herodes el Grande, hubo estadísticas de catastro y empadronamiento, ordenadas por Augusto, y que se extendieron al Imperio entero, son fuentes cristianas posteriores, del comienzo del siglo V de nuestra era y de más acá, cuyos autores se inspiraron en el Evangelio según San Lucas. Hubo, sí, un censo operado por Quirino, pero lo fue después de la deposición de Arquelao, etnarca de Judea y de Samaria, al quedar incorporado su principado a la provincia de Siria[345]. Por ende, ese censo se verificó diez años después de la muerte de Herodes, bajo cuyo reinado hacen el protoevangelista apócrifo y los evangelistas canónicos nacer a Jesús. Es que su propósito no era histórico, informativo y documental, sino legendario, simbólico y místico. El hecho en sí dejó de ser, para ellos, una circunstancia contingible y hasta casual, que les hiciese pensar en la gran importancia que en la historia tiene el accidente. Al leer los Evangelios, se comprende que sus autores quisieron insinuar que las exterioridades móviles y superficiales de la vida y de la historia corresponden a profundas potencias moderadoras e invisibles leyes fijas, por cuya causa llegan a la luz del día las grandes figuras de la humanidad. El plan de la Redención exigía que Jesús naciera fuera del pueblo de que eran naturales, y donde estaban avecindados, sus padres. Antes de nacer, Jesús se vería sometido, por decreto del destino, a una odisea, que, de hombre, habría de prolongarse en la serie de viajes que servirían de sucesivas escenas al teatro móvil de sus predicaciones y de sus prodigios, y que habrían de terminar, en Jerusalén, con afrentosa muerte de cruz. Para los Evangelios, Bethlehem era una villa predestinada. Un profeta anunció que, aunque de reducido vecindario, no era muy pequeña entre las urbes de Palestina, porque de ella saldría un Guiador, que apacentaría a Israel, y que se impondría al mundo por los suaves lazos del amor y de la

---

[344] Orelli, *Inscriptiones latinae,* 623. Borghesi, *Fastes consulaires,* 742.
[345] Josefo, *Antiquitatum judaicarum,* XVII, XIII, 5; XVIII, I, 1.

verdad. Los autores de los Evangelios quieren que nos arranquemos a nuestras preocupaciones complicadas y envejecidas, para comprender la sencillez y la juventud divinas de un ser que surge a la vida en circunstancias inesperadas, pero previstas por quien sobrepuso su intuición del porvenir a las contingencias del tiempo. Así entendido el simbolismo evangélico, creyentes e incrédulos pueden darse la mano, y ponerse de acuerdo en este punto. El cristianismo es, por excelencia, doctrina de humildad, y su fundador debió nacer, por ende, en un lugar humilde, y, dentro de él, en lo más humilde que concebir quepa: en un establo. Y desde Bethlehem a Jerusalén, y desde el establo a la cruz, todo en Jesús, en sus dichos y en sus hechos, es humildad, pero humildad henchida de grandeza, sublimidad y excelsitud. Nada menos se necesitaba para que la santidad reemplazase al heroísmo, la caridad al odio, la justicia a la opresión, el dominio espiritual al dominio material, la Iglesia al Imperio. Y, en la noche de la cena, víspera del tremendo suplicio, el mártir sentenciará, seguro de su obra: "El que se ensalce, será humillado, y el que se humille, será ensalzado".

El *Protevangelium Jacobi,* en su capítulo XXI, refiere la visita de los magos en términos casi idénticos al único de los cuatro Evangelios canónicos que habla de la Epifanía, el conocido por Evangelio según San Mateo, libro neotestamentario de fecha y de autor desconocidos, y compuesto, probablemente, en Roma, por algún judeocristiano, que vivió bastantes años después de la época en que se supone ocurrido el acontecimiento. En cuanto sirve para aclarar el cristianismo primitivo, el historiador sólo puede servirse de él, sin temor de errar, como de un documento donde conocer, no los hechos ocurridos en la aludida época, sino las creencias populares que reinaban, cuando la obra se compuso. Cualquiera que sea el partido que se tome en la controversia que ha dividido a los teólogos y a los críticos sobre la inspiración y hasta sobre la existencia de los evangelistas, considerados como apóstoles por la tradición eclesiástica, preciso es reconocer que la narración que ha llegado hasta nosotros bajo el nombre de uno de ellos no es más que una compilación informe de varias leyendas adaptadas a diferentes profecías hebraicas y forjadas hacia la segunda mitad del primer siglo de nuestra era.

Estas advertencias son necesarias al que quiera llevar con acierto el hilo del discurso por el laberinto del relato evangélico, así canónico como apócrifo. Porque, aunque esté desprovisto de todo valor histórico, tiene un valor simbólico inmenso. Lo tendría muy grande, aun cuando únicamente se le mirase como símbolo peculiar de la vocación de los gentiles a la nueva fe, vocación profetizada por David y por Isaías, según los cuales, los reyes de la India, de Arabia y de Saba irían a ofrecer dones al Deseado de las naciones en testimonio de su fidelidad y de su obediencia. En la mente de aquellos profetas, el ofrendado no sería el Mesías, sino el pueblo entero de Israel. Pero, al inventarse y consolidarse la interpretación mesiánica de los vaticinios del Antiguo Testamento, la leyenda quiso que los ofrendadores se llamasen Gaspar, rey indio; Melchor, rey árabe; y Baltasar, rey nubio. Los ocultistas de hoy van más lejos en su simbolismo, y pretenden que aquellos tres reyes personales, a quienes el P*rotevangelium* (XXI, 1) y el Evangelio según San Mateo (II, 1) llaman magos, representaban las tres razas principales del antiguo Oriente en el acto de rendir homenaje al Salvador de la humanidad. La etimología no contradice esta apreciación, porque la palabra *Epifanía* significa aparición del espíritu brillante o manifestación del Redentor en el mundo. La Iglesia Griega, en su liturgia, supone que los magos llegaron a Bethlehem el mismo día de la Natividad, y así dice, en una de las antífonas de esta fiesta: "Hoy los que adoraban a las estrellas, vinieron, guiados por una estrella, a adorarte a ti, oh Cristo, que eres el Sol de la Justicia". También la Iglesia celebraba primitivamente su llegada ese mismo día, y aún tenemos un vestigio de esta práctica en la festividad de los Santos Inocentes, cuya muerte, decretada por Herodes, después que se marcharon los magos, conmemora el catolicismo tres días después de la Natividad. Mas luego que la Iglesia Latina recibió en el ciclo de sus festividades la Epifanía, celebrada ya desde muy antiguo en la Iglesia Griega en honor del bautismo del Cristo, trasladó a ella la memoria de la venida de los magos, sin que por esto pretendiera enseñar que había tenido lugar dicho día.

Los persas denominaban *magos* o sacerdotes a sus doctores o maestros, como los indios los denominaban *brahmanes,* los israelitas *rabinos,* los egipcios *escribas,* los griegos *filósofos,* los latinos *sabios,* e *iniciados* los teósofos antiguos y modernos. En todas partes les respetaban sumamente los pueblos orientales, y los tenían por depositarios de la ciencia y de la religión. ¿Por qué la Iglesia les dio el nombre de *reyes,* y pinturas relativamente antiguas les presentan como personas coronadas con todas las insignias de la majestad? Del testimonio de algunos Padres de la Iglesia nada diré, pues su opinión tiene el mismo valor que la que tendría la de los cronistas de la Edad Media para determinar los últimos acontecimientos que acompañaron a la decadencia y a la ruina del Imperio Romano. Pero bien puede afirmarse que más tacto que los que supusieron reyes a los magos demostraron los que trataron de hacerlos pasar por judíos extranjeros residentes en Arabia, puesto que la Biblia, al hablar vagamente del *Oriente,* suele referirse casi siempre a la Arabia feliz, habitada por los descendientes del hijo que Abraham tuvo de Cetura, su segunda mujer. Además, los presentes que los magos llevaron al Cristo, el

LACRITICALITERARIA.COM

oro anunciado por David (quien dice textualmente "oro de Arabia"), el incienso que Isaías añade al oro, y la mirra que, según el salmo XLV, debían llevar a Jerusalén los gentiles, eran productos que nacían principalmente en Arabia, y a los que la teología dio un sentido místico, estimándolos como tributo a la realeza, a la divinidad y a la humanidad del héroe del relato evangélico. De cualquier modo, se da comúnmente el nombre de fiesta de los *Reyes Magos* a la de la Epifanía, y no se *alcanza* bien a la crítica el porqué de la doble denominación, que no aparece, ni en el *Protevangelium,* ni en ninguno de los apócrifos. San Mateo es el único de los cuatro evangelistas canónicos que relata aquel episodio hermosísimo, y San Mateo, en todo su capítulo II, llama constantemente *magos,* y no reyes, a los ilustres personajes que, atraídos por la estrella, llegan a Bethlehem para ofrecer presentes al Mesías recién nacido. ¿Por qué, repito, la tradición eclesiástica hizo de los magos unos reyes? No, ciertamente, por razones históricas, ni siquiera por razones dogmáticas, sino por razones exegéticas, que, basándose en la profecía de Balaam, referida en el *Sepher Vaieddaber* (XXIV, 17), conducían a tomar la estrella en un sentido figurado, significativo de un *rey* glorioso. Isaías (LII, 7; LX, 1) había hablado de una *lumbrera,* la gloria de *Jehovah,* que surgiría de Jerusalén, a cuyo brillo acudirían las gentes, y "los *reyes* al resplandor de su nacimiento", y que el profeta conexionaba con la aparición "del que trae alegres nuevas del bien, del que predica la paz, del que publica salud", es decir, del Mesías. El mismo profeta (LX, 6) se refiere a los presentes "de oro y de incienso" que los gentiles debían llevar a Jerusalén, y, como ya se indicó, el salmo XLV añade la "mirra". El salmo LXXII canta a un *rey* que juzgaría al pueblo de Israel con justicia, que destruiría a sus perseguidores, y cuyo fulgor se extendería tan lejos como la luz del sol y de la luna. Strauss[(346)] recuerda que la paráfrasis caldea del *Pentateuco,* que pasa por más antigua que nuestros Evangelios, traduce ya la palabra *estrella* del *Sepher Vaieddaber* por la de *rey,* y cetro por *ungido,* en hebreo *Meshiah.* En el apócrifo *Testamento de los Doce Patriarcas,* que data del fin del siglo I, se lee: "Y su *estrella* aparecerá en el firmamento, como la de un *rey,* esparciendo la luz del conocimiento". De aquí que, según todos los *Targums* de la Sinagoga y todos los Padres de la Iglesia, la *"estrella* que se levanta de Jacob", y de que habló Balaam *(Sepher Vaieddaber,* XXIV, 17), fuese una expresión metafórica, aplicada figuradamente al Mesías, que vino a iluminar al mundo. Así, el falso Mesías que apareció en el reinado de Adriano tomó el nombre de

---

[(346)] *Neue Bearbeitung des Leben Jesu,* II, 62.

Barcochebas o hijo de la estrella. Por eso, algunos autores han creído que la profecía de Balaam se refería a la estrella material que apareció cuando el nacimiento de Jesucristo[(347)]. Aunque así no fuese, dado que dicho astro no había salido propiamente de Jacob[(348)], no hay manera de explicar la profecía de Balaam, si no suponemos que el *Protevangelium* y San Mateo la adaptaron al astro que era la señal de la venida de la verdadera estrella del Mesías, puesto que una y otra debían aparecer al mismo tiempo. Por lo demás, aun descartando la tesis exegética que confunde e identifica la presentación en el cielo de una estrella mayor y más brillante que las ordinarias con la "estrella de Jacob", anunciada por Balaam como señal de un rey que había de nacer para salud del género humano, es harto notorio que, desde la más remota antigüedad hasta nuestros días, la presentación de un astro extraordinario en el cielo se ha mirado como signo de grandes y graves acontecimientos en la tierra. Castor, Varron y San Agustín hablan de un antiguo fenómeno celeste, observado en tiempo de Ogyges, y precursor del diluvio que lleva el nombre de este monarca, y al mismo tenor podrían recordarse otros fenómenos celestes, precursores de calamidades, catástrofes, revoluciones, guerras y nacimientos de grandes hombres, pues la historia rebosa en relatos de este género, muchos de los cuales se reducen a pasos de cometas por los contérminos de la órbita terrestre, cuando no a simples apariencias producidas por refracciones extraordinarias de nuestra atmósfera, semejantes a los halos o coronas que a veces se ven alrededor de los astros. Para no citar más que otro ejemplo, recordemos uno de los prodigios que, según el *Lalita-Vistara,* coincidieron con el momento en que Buda descendió al planeta a encarnarse en las entrañas de su madre *Maya* o *Mayadevi.* Un resplandor maravilloso iluminó todos los mundos, y las innúmeras estrellas detuvieron su curso, en prueba de adoración, fenómeno parecido al de la pausa en la naturaleza entera, que se produjo, al nacer Jesús, y que el autor del *Protevangelium* tan vivamente describe, en su capítulo XVIII. ¿Cómo no interpretar esto simbólicamente? Lo que habría que probar es que, en casos tales, se trata de una coincidencia efectiva, o que la coincidencia no se ha inventado.

Yo creo indudable que el que ha aprendido a distinguir lo metafórico de lo real, y lo simbólico de lo histórico, lleva hecha media jornada para comprender que la conversión tradicional de los magos en reyes resultó de un proceso de elaboración profética y de interpretación mesiánica, que no

---

(347) Véase a Vigouroux, *Manuel biblique,* I, 377. Compárese con Perrone, *Praelectiones theologicae,* III, 262, 265.

(348) Véase a Calmet, *In Numeros,* 272.

consuena con el texto sencillo y rotundo del protoevangelista apócrifo y del primer evangelista canónico, aunque bien pudiera corresponder a un confuso recuerdo del verdadero origen de algunos de sus rasgos, si buscamos este origen en una acomodación al Cristo de los vaticinios correlativos del Antiguo Testamento. En verdad, no hay imposibilidad absoluta de que los magos pudieran ser reyes. Sin salir de la Biblia, el *Sepher Malachim* nos presenta a Salomón como un rey mago, por la invención de un alfabeto simbólico y por la del célebre sello que lleva su nombre, sello o anillo en cuyo engarce se leía el pasado y el porvenir, según la crónica de *Tabari.* Pero el caso de Salomón es un caso esporádico y excepcional, como en la historia española el de Alfonso el Sabio (sublimación superlativa en las monarquías muy raro), y, en general, los reyes de Oriente, no sólo no solían ser magos, sino que se rodeaban, en sus cortes, de un grupo de magos o sabios, a quienes consultaban acerca de fenómenos humanos, terrestres o celestes, que ellos no sabían interpretar. La misma Biblia nos ofrece, entre otros ejemplos, los dos tan interesantes de José en Egipto y de Daniel en Babilonia.

Si he de significar claramente mi preferencia por una de las dos denominaciones que se disputan la calificación exacta de los héroes de la Epifanía, tengo, para declararme por la de los magos, la de considerarla, *espiritualmente,* más elevada y más digna de la grandeza del Salvador Sublime resulta, sin duda, a pesar de su ningún valor histórico, la leyenda de que unos reyes de Oriente hubiesen ido a Bethlehem a adorar a Jesús, y a ofrendarle dones. Pero más hermoso me parece que los adoradores y ofrendadores hubiesen sido, no reyes, y sí solamente magos o sabios. En la antigüedad, la magia era la ciencia superior, la ciencia sintética e integral, la física de vuelos transcendentes, hasta el punto de que φυαιχός, en griego, significa también mago. La palabra griega μάγος deriva del caldeo *magdum,* alteración a su vez de los términos *mog, megh, magh,* que, en lengua zenda, equivalen a *sabio, superior, excelente*[349]. ¿Qué mayor honor para Jesús que el que le rindiesen tributo de adoración hombres de tamaña prestancia espiritual? ¿Por ventura no se llama con razón espiritual, y no temporal, como el de los monarcas ordinarios, el "reino" del Cristo?

Procede ahora inquirir qué clase de cuerpo celeste, fenómeno meteórico o luz brillante, fue la estrella nueva, que apareció a los misteriosos personajes que el *Protevangelium Jacobi* (XXI, 1, 4), seguido muy de cerca por San Mateo, llama magos, y que les condujo hasta

---

(349) Véase mi obra sobre *El universo invisible,* 9.

Jesucristo. Punto es éste sumamente oscuro, y que se ha prestado, por ende, a diversas interpretaciones. Descartando las que no merecen ser tomadas en cuenta, me limitaré a exponer, con toda brevedad crítica, las más autorizadas, que repartiré en: 1) interpretación sobrenaturalista; 2) interpretación naturalista; 3) interpretación simbólica. Según los partidarios de la primera, la estrella observada por los magos en los países orientales no podía ser una aparición natural. De otro modo, ¿cómo les hubiera hecho emprender el viaje a Jerusalén? A buen seguro que, si entraron en esta ciudad, fue porque se les había escondido la estrella. Pero no es menos cierto que reapareció, desde que los magos, siguiendo las indicaciones de Herodes, tomaron el camino de Jerusalén, y así parece deducirse del texto mismo del *Protevangelium* (XXI, 3), copiado casi literalmente por San Mateo (II, 9): "He aquí que la estrella que habían visto en Oriente (Ανατολή), iba delante de ellos, hasta que, llegados a la caverna, se paró por encima de su entrada *(se paró donde estaba el niño,* es la única modificación del primer evangelista canónico)". No se trata, pues, de ninguna ilusión de óptica, ni de ninguna estrella ordinaria, sino de una estrella sobrenatural o milagrosa, que marcha delante de los viajeros, y que se detiene cuando éstos llegan al sitio donde debían entrar con los presentes que llevaban. Pero tan tradicional y piadosa interpretación, aparte su carácter fabuloso e increíble, suscitó muchas dudas, nacidas del hecho de que San Mateo, ni define la naturaleza de la estrella, ni indica en virtud de qué signo la reconocieron los magos por la estrella del Mesías o rey de los judíos recién nacido. El autor del *Protevangelium* (XX, 2) es más explícito en este punto: "Y Herodes les preguntó, diciéndoles: ¿Qué signo tenéis respecto al rey recién nacido? Y los magos dijeron: Hemos visto una estrella brillante, de tan gran fulgor entre las demás estrellas, que las eclipsaba hasta el punto de hacerlas invisibles. Y hemos reconocido así que un rey había nacido para Israel, y hemos venido a adorarle". No habrá necesidad de buscar en esta singular réplica de los magos el motivo determinante del juicio que sobre el asunto forma el protoevangelista. La conexión que pretende establecer entre el brillo refulgente de la estrella que había eclipsado a las restantes y el reconocimiento de haber nacido un rey para Israel, es una relación incoherente, disparatada y absurda, pero que el Pseudo-Jacobo trata de acomodar a las creencias y al espíritu de su tiempo. En su mismo razonamiento se ve cuál era este espíritu, y cuán lejos estaba del moderno y de toda crítica sensata. Se buscó, pues, una explicación que conciliase más concretamente el Evangelio con la ciencia, reduciendo la estrella a un astro como otro cualquiera, sujeto a su órbita. De aquí nació la interpretación naturalista, mucho menos plausible y aceptable, si cabe, que la sobrenaturalista.

El emperador Juliano el Apóstata, admitiendo que el hecho era históricamente cierto, se inclinó a creer que la tal estrella había sido la estrella *Asaph,* notada por los egipcios, la cual se veía cada cuatrocientos años. Mas, aparte que no leemos semejante cosa en todos los siglos precedentes, no se la ha vuelto a ver en los que van transcurridos ya desde entonces. Bajo el Renacimiento, el filósofo Vanini admitió que el año de la Natividad fue señalado por la aparición de un cometa o de una constelación extraordinaria, pero no sobrenatural. En pos suyo, el gran astrónomo Kepler calculó que en el año 748 de Roma, dos años antes de la muerte de Herodes, los planetas Júpiter, Saturno y Marte se hallaron en conjunción, e identificó este fenómeno con el relatado por el Evangelio. Pero trátase de un fenómeno lo bastante frecuente (la conjunción de Júpiter y Saturno se renueva cada cinco lustros) para no producir en astrólogos de Caldea el asombro que insinúan el *Protevangelium* y San Mateo con la estrella. Además, ambos autores se refieren a una estrella, no a una reunión de estrellas, y el propio Kepler reconoció la insuficiencia de la explicación, quiso completarla, y agregó al hecho la aparición de una estrella nueva, semejante a la observada en 1604, cabalmente en el instante en que aquellos planetas estaban en conjunción, y que, después de encenderse con fulgor de estrella de primera magnitud, brilló algún tiempo con palidez creciente hasta extinguirse, contrariando la opinión de Aristóteles y de los astrólogos de la Edad Media, que creían que el cielo era inalterable. En el siglo XVIII, el docto Fréret, atrevido crítico de los Evangelios, partiendo de ese hecho, es decir, de que el cielo está incesantemente perturbado por el nacimiento y la muerte de los mundos, conjeturó que la estrella de los magos, presunta anunciadora del Mesías, sólo significaba que a infinita distancia de nosotros una espantosa conflagración devoró a un mundo en pocos días: que ello y no otra cosa significa la aparición de estrellas nuevas en el cielo. En el siglo XIX, el teólogo alemán Wiesseler volvió a la hipótesis de Kepler, y aseguró que las tablas astronómicas de los chinos hacen mención de una conjunción de todos los planetas, ocurrida cuatro años antes de nuestra era (lo que adelantaría la fecha canónica de Jesús en cerca de un lustro, o la convencería de inexactitud), y ya Cassini, en 1787, había afirmado que se efectuó tal conjunción hacia la misma época, aunque Venus no fue uno de los planetas. De igual modo, Anatole France volvió a la hipótesis de Fréret, reduciendo la estrella de los magos a un mundo destruido, análogo a la estrella que, en 1886, brilló intensamente durante un mes en la Corona Boreal, palideció poco a poco, y acabó por extinguirse. Pasémosle al humorista francés esta cavilación, que no necesita comentarios.

El fracaso de las diferentes explicaciones naturalistas dio origen a la interpretación simbólica, la cual ha revestido dos formas principales: la forma ocultista y la forma mesiánica. Según la primera, los magos, hombres versados en los secretos de la naturaleza y principalmente en la astrología, y que venían de Oriente, antigua patria de las ciencias ocultas, se limitaron a hacer un *horóscopo de natividad,* conforme a la *orientación zodiacal.* El *Protevangelium* (XXI, 1) y San Mateo (II, 2) parecen apoyar en parte esta opinión, cuando ponen en boca de los magos, llegados a Jerusalén, la pregunta: "¿Dónde está el rey de los judíos, que ha nacido? Porque *su* estrella hemos visto en el Oriente, y venimos a adorarle". La *estrella* evangélica no sería más que el *ciclo de la natividad,* revelador de la influencia planetaria sobre el destino, y en el que la revolución solar constituye la representación del cielo en el lugar del nacimiento, para el momento preciso en que el sol vuelva al mismo punto del Zodíaco en que se encontraba en la natividad. Pero los exégetas racionalistas, con Strauss[350] a la cabeza, rechazan explicación tan discutible y oscura, y la sustituyen por otra que permite llegar al fin, sin tomar tanto rodeo. En lugar de una estrella cualquiera, tenemos una estrella tal como la necesitamos, y susceptible de haber guardado con los peregrinos asiáticos todas las atenciones que les atribuyen el *Protevangelium* y San Mateo. Es, según se estableció más atrás, la estrella del Mesías, la estrella de que se habla en el *Sepher Vaieddaber* (XXIV, 17) como anunciada por el vidente Balaam, y que debía levantarse sobre Israel. Desde este punto de vista, tan necesaria será la estrella maravillosa para explicar la natividad, como Júpiter para explicar el rayo. La teoría de la adaptación de las profecías mesiánicas al Nuevo Testamento se basta y se sobra para darnos una explicación adecuada de la estrella como producto de la profecía de Balaam en combinación con la de Isaías (LX, 1), que habla también de la luz brillante que se levantaría sobre Jerusalén, y a la cual los pueblos y los reyes llevarían ricos presentes. Los magos de Oriente no serían, pues, judíos expatriados en el extranjero, como han supuesto otros exégetas racionalistas, sino los primeros paganos convertidos al cristianismo, de conformidad con lo anunciado puntualmente en cierto salmo mesiánico (XLV, 9).

Tales son las interpretaciones propuestas, todas las cuales, excepto la última, resultan dudosas. Se ha intentado conciliarlas, admitiendo la certidumbre y la validez de un texto de Calcidio, filósofo platónico que floreció a comienzos del siglo IV. En su *Commentarium In Timœum,* obra muy estimada por los sabios, Calcidio escribe: "Hay una historia muy

---

[350] *Neue Bearbeitung des Leben Jesu,* II, 62. Compárese, con Wieseler, *Synoptischen Chronologie der Vieren Evangelien,* 62, 65.

digna de nuestra religiosa veneración, la cual publica la aparición de una estrella destinada a anunciar a los hombres, no enfermedades o alguna funesta mortalidad, sino la venida de un Dios, descendido expresamente del cielo para la salud y para la felicidad del humano linaje. La historia agrega que, habiendo observado dicha estrella unos caldeos distinguidos, fueron conducidos por su curso nocturno a buscar el numen recién nacido, y que, habiendo hallado al niño augusto, le ofrecieron el homenaje debido a tan gran Dios". Los teólogos de criterio exegético optimista juzgan que, por su sencillez y por su sobriedad, bien pudiera ese relato armonizar los supuestos "elementos de verdad" que laten en las aducidas interpretaciones. Desgraciadamente, ello no es posible. Muy pocas son las noticias que nos dan el *Protevangelium y* San Mateo acerca de los magos que del Oriente fueron a Bethlehem a adorar al Salvador. En absoluto ignoramos sus nombres, el país de donde procedían, el tiempo en que llegaron, y apenas con seguridad puede decirse a qué clase social pertenecían, y cuántos eran. El *Protevangelium,* en todo su capítulo XXI y en el versículo 1 del XXII, habla de "magos" en plural, sin puntualizar su patria, la fecha de su viaje y su condición civil. San Mateo hace lo mismo, y esta pobreza de informes basta para denunciar el carácter fabuloso del relato. Pasemos ahora a examinar las dos consecuencias que del episodio contenido en dicho relato se deducen, conviene a saber: la degollación de los inocentes por Herodes y la huida de la sagrada familia a Egipto.

Los partidarios de la vieja escuela lingüística y simbolista de mitología comparada, parangonando el capítulo II del *Per-em-hru,* libro sagrado de los egipcios, con el capítulo XXI del *Protevangelium y* el II del Evangelio según San Mateo, han deducido que el episodio de la degollación de los inocentes no es más que una leyenda solar transformada en hecho histórico. Esto no tiene sabor científico, ni solidez documental, y es una de tantas aproximaciones aventuradas de los hiérologos que se dejan llevar con exceso de las sugestiones de la fantasía. Pero otra cosa es poner de manifiesto, por vía y a título de curiosidad, las conexiones interesantes de la narración evangélica con las de algunos pueblos paganos, y con las que constituyen el centro mismo de la historia del pueblo de Israel, señalando a la vez las diferencias que entre ellas se notan.

Según el protoevangelista y el primer evangelista, los magos de Oriente, asesorados por la estrella maravillosa, se dirigen primeramente a Jerusalén, adonde el profeta Isaías hacía llegar a los extranjeros portadores de ofrendas. Jerusalén era la residencia de Herodes, de setenta años en aquella sazón, príncipe celoso, suspicaz y tiránico, pero honrado con el título de *Grande* por sus compatriotas, y favorecido por su jefe supremo, el emperador romano Augusto. Perturbado con la noticia de un nuevo rey de los judíos que acaba de nacer, noticia que le dan los magos, Herodes comunica con ellos, se fía de su palabra, y les encarece que pregunten con diligencia por el niño, y que, después que lo hayan encontrado, se lo hagan saber, para que él vaya también, y le adore. Pero toma tan mal sus medidas, que espera por muchos días sin dar un paso para asegurarse del hecho. En el ínterin, los magos, avisados por revelación en sueños que no volviesen a visitar a Herodes, cuando salieran de Bethlehem, regresan a su tierra por otro camino. Entonces Herodes, como se vio burlado de los magos, se irritó mucho, y, enviando esbirros, hizo degollar a todos los niños de dos años abajo que se hallaran en Bethlehem, y en sus alrededores, conforme al tiempo que había averiguado de los extranjeros. San Mateo (II, 17) aplica a esta matanza el texto en que Jeremías (XXXI, 15) habla de Raquel llorando a sus hijos, con que el profeta quería significar al pueblo judío llevado al destierro.

Muy ligeramente afirmó Holbach, en su *Histoire critique de Jésus Christ,* que "los romanos no hubieran sufrido semejante barbarie", y no menos ligeramente aseveró Voltaire, en su *Bible enfin expliquée,* que "de tan inaudita crueldad no hay ejemplo en pueblo alguno". Los romanos no habían impedido los demás crímenes de Herodes, ni él tenía por qué consultarles para ejecutar éste. La mortandad de los inocentes era una medida de precaución que aparece con frecuencia en los relatos históricos de aquella época. Julio Marato cuenta, según Suetonio[(351)], que algunos meses antes de que Augusto viniera al mundo, ocurrió en Roma un prodigio del que todos los habitantes fueron testigos, y los augures dijeron que la naturaleza paría un rey para los romanos, y el Senado, temeroso, decretó que se hiciera morir a todos los niños nacidos durante el año. Pero, mientras que en Suetonio el sentimiento paternal de los ciudadanos cuyas mujeres se hallaban encinta o habían tenido hijos en aquel año, logra, atribuyéndose cada cual el beneficio del oráculo, que el *senatux-consultus* no se deposite en los archivos (condición indispensable para tener vigor de ley), en el Evangelio la atrocidad se consuma. El calendario griego cuenta catorce mil niños degollados en aquella ocasión, pero los mejores intérpretes juzgan increíble la cifra, y la reducen a unos cientos, que eran los más que podrían encontrarse en una localidad tan pequeña como Bethlehem, y en sus dependencias. Y el *Protevangelium Jacobi,* en su capítulo XXII, extiende al Precursor el peligro y la salvación. San Juan Bautista, amenazado, como Jesús, de ser envuelto en la matanza de Bethlehem, se libra también de ella por un milagro. Pero he aquí lo más curioso: el *Protevangelium* no habla para nada de la huida de la sagrada

---

(351) *Octavius,* XCIV.

familia a Egipto, limitándose a decir en el versículo 2 del capítulo XXII, que "María, al saber que se degollaba a los niños, se espantó, y tomó el suyo, y lo envolvió en pañales, y lo depositó en un pesebre de bueyes". Y, a partir de aquel versículo, no vuelve a ocuparse de María, Jesús y José, sobre cuya suerte nos deja en total incertidumbre, dedicando el resto de su obra a referirnos la retirada de Isabel con su hijo Juan al desierto, la permanencia de ambos, por espacio de cuarenta días, en una gruta, y la muerte de Zacarías. El Evangelio armenio de la Infancia, en el versículo 5 del capítulo XIII, coincide con el *Protevangelium* en afirmar que "María tomó al niño, lo envolvió en sus mantillas, y lo ocultó en el establo de los animales". Pero agrega: "Después ganaron un escondrijo en las ruinas de la ciudad, y allí se agazaparon, puestos en observación. Y nadie se acercó a ellos, porque los que pasaban por su lado, o no les prestaban atención, o no les miraban siquiera". Y, en el versículo 1 del capítulo XV, coincide con San Mateo (II, 13) en que un ángel dio a José la orden de huir, lejos de la persecución de Herodes, hacia la tierra de Egipto.

Por igual manera Tito Livio[(352)] habla del peligro y de la salvación de Rómulo y de Remo, los fundadores de Roma. Su tío Amulio temía la venganza de los gemelos, a cuyo abuelo había destronado, y les hizo correr el riesgo de perecer ahogados en el Tiber. Una cuna depositada sobre la orilla y la piedad de los que se la encontraron, son sus libertadores. Este relato se asemeja más al correspondiente a Moisés que al correspondiente a Jesús.

Parecido a él es el de Ciro. Refiere Herodoto[(353)] que el abuelo de éste, Astiages, había tenido un sueño que se hizo explicar por los magos, quienes le dijeron que su hijo daría al mundo un hijo que le destronaría. Equivalente cuanto al procedimiento a los dos relatos anteriores, el de Ciro diverge cuanto al desenlace, pues, si el peligro es el mismo, la salvación viene de la prudencia y de la bondad de los hombres encargados de ejecutar la fatal sentencia.

Pero la narración que merece particular memoria, es la de la Biblia del Antiguo Testamento (en el capítulo I del *Sepher Veellesemoth),* relativa a Moisés, el libertador del pueblo hebreo. Aquí las afinidades son mayores, pues Faraón, como Herodes, ordena que sean ahogados todos los niños hebreos del sexo masculino "Herodes (para servirme de las palabras de Strauss)[(354)] es el segundo Faraón, y, como aquél, hubiera hecho matar

---

(352) *Historia,* I, III.
(353) *Historiarum,* I, CVIII.
(354) *Neue Bearbeitung des Leben Jesu,* II, 63.

éste, con otros niños, al infante predestinado, si una voluntad superior no hubiese preservado a la víctima. Pero Faraón no trataba de hacer perecer a un niño solo, cuyo nacimiento y destinos le eran desconocidos; sino de detener el crecimiento amenazador de la población judía mediante una matanza general de niños varones. Por lo contrario, Herodes no quería deshacerse más que de un solo infante, nacido en Bethlehem, y, si decretaba el exterminio de todos los pequeñuelos hasta cierta edad allí nacidos también, era porque no hallaba otro medio de conseguir su fin. Con el tiempo, sin embargo, la historia de Moisés había sufrido, como tantas otras tradiciones bíblicas, alteraciones que debían hacerla más propia aún para servir de tipo a la narración evangélica. Así, el historiador judío Josefo[(355)], recogiendo sin duda una tradición más antigua, insinúa que Faraón fue impulsado a tal matanza por una predicción de sus adivinos (como Herodes por sus indagaciones cerca de los magos extranjeros), predicción que anunciaba el próximo nacimiento de un niño que más adelante había de levantar a los israelitas, y de humillar a los egipcios. De este modo, el mandato sanguinario de Faraón tenía por objeto, amén de la persona del infante predestinado, el papel preeminente que estaba llamado a desempeñar en lo futuro".

Otro tanto debe decirse del relato del nacimiento de Abraham, según que lo trae el escrito rabínico *Jalkut Rubeni* (XXXII, 3). En el momento de nacer Abraham, aparece en Oriente una estrella, que devora a otras cuatro, colocadas en los puntos cardinales. El Herodes o Faraón de Abraham es el Nemrod del *Sepher Bereschith,* el cual ve la estrella, y cuyos magos le aseguran que coincide con el nacimiento de un hijo del caldeo Thare, que llegaría a ser padre de un pueblo poderoso, heredero de este mundo y del venidero.

Por lo demás, los relatos del *Protevangelium* y de San Mateo coinciden con el del historiador pagano Macrobio, quien, en su preciosa miscelánea de crítica, de erudición y de una vasta literatura[(356)], atestigua que, "en tiempo de Augusto, el rey de los judíos, Herodes, había hecho matar un gran número de infantes varones de dos años de edad abajo". El propio Voltaire, en su *Philosophie de l'histoire,* reconoce que "la crueldad se había convertido en Herodes en una segunda naturaleza, y en una

---

(355) *Antiquitatum judaicarum,* , II, IX, 2.

(356) *Saturnalia,* II, IV. *Macrobe parle des innocents tués par Hérode. Quand Auguste eut appris qu'entre les enfants qu'Hérode avait fait mourir, au dessous de Vage de deux ams, se trouvait son propre fils, il dit qu'il était meilleur d'être le pourceau d'Hérode que son fils* (Pascal, *Pensées,* II, 178).

exigencia que de continuo se reproducía, como la del tigre que necesita devorar para vivir". Y Duclot, en sus *Vindices de la Bible,* acrecienta que todo puede creerse de aquel monstruo aturdido e insensato. Un déspota que manchó sus manos con la sangre de su esposa por meras sospechas, y que fue tan locamente bárbaro, que, pocos días antes de morir, encerró en el hipódromo a los principales de sus Estados, para que fuesen asesinados el día mismo de su óbito, llenando así de luto todo el reino, bien pudo sacrificar a sus inquietudes a todos los niños de una reducida comarca. En principio, pues, no habría inconveniente en aceptar la posibilidad del hecho. Por desdicha, el Evangelio árabe de la Infancia, cuyo valor histórico no es mayor, ni menor, que el de los demás Evangelios, apócrifos o canónicos, nos deja en plena incertidumbre. En efecto: ese Evangelio, en su capítulo IX, no habla para nada de la matanza de los inocentes, y limita las pesquisiciones de Herodes exclusivamente a la persona del Mesías. Su sobrio relato reza así: "Cuando Herodes vio que los magos tardaban en volver cerca de él, convocó a los sacerdotes y a los sabios, y les dijo: Mostradme dónde nacerá el Mesías. Y ellos le dijeron: En Bethlehem de Judá. *Y él se puso a pensar en el medio de matar al Señor Jesucristo.* Y entonces el ángel del Señor apareció en sueños a José, y le dijo: Levántate, toma al niño y a su madre, y parte para la tierra de Egipto. Y José se levantó, al canto del gallo, y se puso en camino". En el Pseudo-Mateo (XVII, 1) el motivo que se cuelga a la degollación de los inocentes es diferente al de los demás evangelistas, pues no se atribuye directamente la cólera y la fatal determinación de Herodes al deseo de que en la matanza general quedase incluido el futuro rey de los judíos, sino a que, habiendo mandado a varias de sus gentes de armas en busca de los magos, para que les capturasen y les acuchillasen, no lograron darles alcance. Y el apócrifo agrega, corroborando lo que había apuntado en el capítulo anterior (XVI, 1), que la causa de la orden de matar a todos los niños de dos años para abajo, fue no haber llegado los magos a Bethlehem hasta dos años después del nacimiento de Jesús. *Videns autem Herodesr rex quod illusus esset a magis, inflamatum est cor ejus, et ntisit per omnes vías volens capere eos et interficire. Quos cum penitus invenire non potuisset, misit in Bethlehem et occidit omnes infantes a bimatu et infra, secundum tempus quod exquisierat a magis.*

Se ha hablado con ligereza suma, por parte de los exégetas de criterio racionalista y naturalista (Voltaire, Holbach, Paulus, Barhdt, Venturini, etc.) respecto al peligro y a la salvación que procuró la estrella mesiánica, vista por los magos de Oriente en la fecha canónica del nacimiento del Cristo. Algunos intérpretes de la Escritura suponen que la ida de los magos a Bethlehem ocurrió un mes después de aquel acontecimiento, mientras que otros afirman que los magos salieron de su país el mismo día en que nació Jesús, en cuyo día vieron la estrella, y le adoraron en el establo de Bethlehem el día que para nosotros es el tres de enero. El Evangelio árabe de la Infancia, en su capítulo VII, no señala fecha precisa, limitándose a decir que, "cuando el Señor Jesús hubo nacido, en Bethlehem de Judá, en la época del rey Herodes, he aquí magos llegaron de Oriente a Jerusalén, *conforme a lo que Zoroastro había predicho*". Curioso es el giro último, y no menos lo que a continuación refiere el apócrifo: "Los magos traían consigo presentes: oro, incienso y mirra. Y adoraron al niño, y le ofrecieron sus presentes. Entonces Santa María, *tomando uno de los pañales de Jesús, se lo dio a manera de eulogio.* Y ellos lo aceptaron de sus manos de muy buen grado. Y, en el mismo instante, *un ángel se les apareció bajo la forma de la estrella que antes les había guiado*[357]. Y partieron, conducidos por su luz, hasta su llegada a su país". En el capítulo VIII, el apócrifo continúa: "Los reyes y los jefes de los magos se reunieron en torno suyo, y les preguntaron: ¿Qué habéis visto y hecho? ¿Cómo os ha ido en vuestro viaje y en vuestro regreso? ¿Y a quién habéis rendido honores? Y ellos les mostraron el pañal que la Virgen les había dado. Y, con este motivo, celebraron una fiesta, y encendieron un fuego, siguiendo su costumbre, y lo adoraron. Y arrojaron a él el pañal, y el fuego lo penetró. Y, cuando se extinguió el fuego, sacaron de él el pañal, y vieron que estaba como antes, y que el fuego no le había tocado[358]. Y se pusieron a mirarlo una y otra vez, y lo besaron, y dijeron: He aquí, sin duda, un gran prodigio, pues el fuego no ha podido dañarlo, ni consumirlo. Y lo cogieron, y lo conservaron con una veneración profunda"[359].

---

[357] Esta identificación de la estrella con un ángel deslumbrante de luz que guía a los viajeros ha tenido por patronos a ilustres escritores eclesiásticos, entre otros, a Diodoro de Tarso y a San Juan Crisóstomo, como Focio *(Bibliotheca,* 223) demuestra.

[358] Este episodio parece inspirado en el que Daniel, en su capítulo III, refiere de los judíos Sadrach, Mesach y Abednego, a quienes Nabucodonosor mandó echar atados a un horno de fuego, y a quienes las llamas respetaron, dejando intactos sus cuerpos, sus cabellos y sus ropas.

[359] Es de notar que la versión etiópica del *Protevangelium* reproduce estos hechos, aunque más sucintamente y con algunas variantes. El *Protevangelium* (XXI, 4) griego, al consignar la vuelta de los magos a su país, no se ocupa más de ellos. Pero el autor de la versión etiópica no se resigna a perderlos completamente de vista, y agrega un relato muy parecido al del Evangelio árabe de la Infancia, bien que sustituyendo el pañal del niño Jesús por un pan de bendición. He aquí ese relato, conforme a la traducción latina de la versión etiópica: *Cum*

Quien se ría de la deliciosa ingenuidad de esta narración, advierta que, dentro de las fábulas de que está cuajada, y que son invenciones evidentes, el autor tiene, a lo menos, sobre los demás autores apócrifos y sobre el primer evangelista canónico, el mérito de haber determinado concretamente el país de donde procedían los misteriosos viajeros, y la clase social a que pertenecían. Si provenían de Oriente, y eran magos, ¿podían ser otra cosa que persas? ¿Por ventura no era Persia la única nación en que había magos, y cuyos sacerdotes se llamaban así? Una deducción tan lógica escapó a San Mateo, que, amén de su vaguedad en este punto, es igualmente incoherente, al no hacer mención de tiempo alguno respecto a la partida de los magos de su patria, a su llegada a Jerusalén y a Bethlehem, y a su retorno. Por ende, las opiniones en la cuestión quedan perfectamente libres. No ocurre otro tanto con las conjeturas relativas a la huida a Egipto, que el ángel de los sueños indica a José como único medio de evitar el peligro que suponía la matanza de los inocentes ordenada por Herodes, y como único camino de salvación para el infante mesiánico. Aquí las opiniones no son ya libres, sino diversísimas, nada puestas en razón algunas, y otras contradictorias y absurdas en sumo grado. Y, sin embargo, la exégesis dispone de medios idóneos para acabar con este caos hermenéutico, sin más que apelar al simbolismo (y, por consiguiente, a la falta de historicidad) del episodio. Este punto de vista es el que permite aclarar y explicar muchas cosas, de otro modo obscuras e incomprensibles.

Justo es reconocer que los evangelistas canónicos, contra la voluntad de sus autores, sin duda, han dado motivo a la confusión. San Marcos y San Juan, como el apócrifo Evangelio de la Natividad, pasan en silencio todo lo concerniente a la infancia del Cristo, y empiezan su historia por su predicación. Pero San Mateo y San Lucas, únicos evangelistas que refieren los hechos de la infancia, aun en aquello en que no se contradicen de un modo positivo, y en que sólo divergen negativamente, no relatan los mismos sucesos, ni los presentan en la misma forma[(360)], pues el uno narra

---

pervenissent in regionem suam, iverum ad regem suum qui interrogavit eos dicens: Quid vidistis? Et narraverunt omnia quae viderant et quomodo munera ipsorum puer accepisset. Et iteruminterrogavit eos rex dixit: Quid autem vobis dedit? Et responderunt dicente: Dedit nobis paululum panis benedictionis, quem nos abscondimus sub terram. Et ait illis rex: *Ite, afferte eum mihi. Et recedentes, abierunt ad illam terram, ubi panem abdiderant, et dum illam fodiunt, ignis inde exiit, et propterea magi usque adhuc ignem, adorant.*

(360) La causa de ello está, a no dudarlo, en que San Lucas no conoció el Evangelio de San Mateo, aunque sí el de San Marcos, sin contar los otros relatos

cosas de que el otro no habla. Esto es lo que ha producido tan encontrados pareceres exegéticos. San Mateo cuenta el nacimiento de Jesús, la visita de los magos, la matanza de los inocentes, la huida a Egipto, la vuelta de la sagrada familia de este país y la mansión definitiva del Redentor en Nazareth. San Lucas, por su parte, cuenta el nacimiento de Jesús, su adoración por los pastores[361], su circuncisión, su presentación al templo, las admirables profecías habidas en esta ocasión, la pérdida del niño a los doce años de edad y su encuentro en el templo en discusión con los doctores de la ley. Hasta aquí, no se ve incompatibilidad de gran momento, y uno de los relatos puede completar al otro. Pero la dificultad estriba en que, ni el primer evangelista, ni el tercero, fijan época alguna, ni determinan el intervalo de tiempo transcurrido entre tan diferentes

---

del mismo género, a que se refiere en su prólogo, y de los cuales también se apodera. En los pasajes paralelos de los tres textos, los detalles que San Mateo añade a San Marcos, San Lucas no los tiene (compárese San Mateo, XII, 1, 8; San Marcos, II, 23, 28; San Lucas, VI, 1, 5), y lo que San Lucas parece agregar a San Mateo, San Marcos lo tiene siempre (compárese San Mateo, 1, 8; San Marcos, II, 1, 12; San Lucas, V, 17, 26). En los pasajes que faltan en San Marcos, hay en San Lucas otros acomodamientos que en San Mateo. Así, Renán *(Les Evangiles,* XIII) sostiene, a mi juicio con razón, que, en las partes comunes a los tres Evangelios, San Lucas no ofrece un acuerdo sensible con San Mateo más que cuando éste ofrece un acuerdo sensible con San Marcos. San Lucas carece de bastantes pasajes de San Mateo, sin que quepa concebir por qué los había olvidado. Los sermones de Jesús son tan fragmentarios en San Lucas como en San Marcos, y resultaría incomprensible que, si aquél conoció a San Mateo, hubiese destrozado los grandes discursos que éste nos da. Es cierto que San Lucas recuerda una multitud de *logia,* que no se leen en San Marcos. Pero esos *logia* no habían llegado a su conocimiento por el arreglo de ellos que encontramos en San Mateo. Añádase que las leyendas de la infancia, a que en el texto aludo, así como las genealogías, no ofrecen nada de común en los dos Evangelios en cuestión. ¿Cómo San Lucas, al obrar de esa manera, pudo hacerlo con deliberado propósito, y sin prever las evidentes objeciones que de ahí podían resultar? Esto permite deducir que San Lucas no conoció el original de nuestro San Mateo. En efecto: aunque algunos de los Evangelios anteriores de que en su prólogo habla, llevasen nombres de apóstoles, ninguno, a buen seguro, llevaba el nombre de San Mateo, puesto que San Lucas distingue claramente los apóstoles, testigos y actores de la historia evangélica y autores de la tradición, de los redactores que no hacían más que ampliar caprichosamente esa tradición, con los riesgos y peligros que su conducta implicaba, y sin título especial para ello.

[361] El Pseudo-Mateo (XIII, 6) habla también de pastores que atestiguaban haber oído cantar, en las nubes, a ángeles que proclamaban el nacimiento del Cristo. Pero no les hace ir a visitar a éste, como San Lucas.

episodios, ni consignan otros acaecimientos sucedidos en aquel mismo intervalo. De aquí la profusión de extrañas hipótesis interpretativas, traídas por los cabellos muchas de ellas.

Celso, el célebre enemigo del cristianismo en el siglo II, y parte de cuya polémica se ha conservado en los fragmentos de la réplica de Orígenes, se prevalía de San Mateo para acusar a Jesús de haber estudiado y aprendido la magia durante su estancia en Egipto. Los incrédulos del siglo XVIII añadieron que San Lucas, para desvanecer aquella acusación, suprimió el viaje de la sagrada familia al país del Nilo. Excusado es proferir, para refutar esta conjetura, ni una sola palabra. La historia, la crítica y la exégesis levantan protesta demasiado elocuente contra semejante interpretación, para que haya de perderse tiempo en contradecirla. Y, sin embargo, quiero hacer algunas observaciones a la conjetura de referencia. Ante todo, creo haber probado de modo irrefutable, en una nota anterior, que *San Lucas no conoció a San Mateo,* y que, por ende, mal podía preocuparse de obviar el supuesto inconveniente de que se trata. En segundo lugar, para que Jesús hubiese tenido tiempo a estudiar y a aprender la magia, habría sido preciso que hubiera permanecido en Egipto buen golpe de años. Mas sobre este punto de lo que duró la estancia de la sagrada familia allí, reina la misma obscuridad que sobre los demás puntos. San Mateo (II, 19) taxativamente declara: "Mas, *muerto Herodes,* he aquí que el ángel del Señor apareció en sueños a José en Egipto, diciendo: Levántate, y toma al niño y a su madre, y vete a tierra de Israel, pues muertos son los que procuraban la muerte del niño". Según esto, la residencia de la sagrada familia en Egipto fue brevísima a más no poder. El Pseudo-Mateo, en su capítulo XXV, confirma esta brevedad, escribiendo: "Poco tiempo después *(non post multum tempus),* el ángel dijo a José: Vuelve al país de Judá, porque los que querían la vida del niño, han muerto". El Evangelio árabe de la Infancia (X, 1) empieza relatando el increíble prodigio de que "mientras José pensaba cómo realizaría su viaje a Egipto, se encontró con que había recorrido la mitad de la ruta".

En tanto José se preguntaba cuándo llegaría, se halló, a punto de amanecer, en pleno Egipto, cerca de la aldea a que se refiere el mismo versículo del apócrifo, habiendo hecho, por ende, no la mitad, sino la totalidad, del camino. En el capítulo XXVI, el apócrifo manifiesta que la vuelta a Palestina se verificó *al cabo de tres años,* tiempo insuficiente a todas las luces para que Jesús hubiera podido estudiar y aprender la magia. El Evangelio armenio de la Infancia, que comienza el relato de la huida en los versículos 1 y 2 del capítulo XV y el regreso a la patria en el versículo 1 del XVI, no señala tiempo alguno de permanencia, pero no hace volver inmediatamente a Galilea a la sagrada familia. El resto del capítulo XVI y todo el XVII, los consagra a referir su peregrinación por Arabia, el XVIII su éxodo por la tierra de Canaán, y sólo en el XIX los asienta definitivamente en tierra de Israel. Por consiguiente, si preguntamos en qué lugares y en qué fechas se realizaron, tanto la huida a Egipto como los acontecimientos que la precedieron y la siguieron, los Evangelios apócrifos nos dejan poco menos que sin respuesta, pues sólo determinan lugares imaginarios y fechas aparentes. Pero es el caso que las interpretaciones corrientes de los Evangelios canónicos tropiezan también con bastantes dificultades, y se explica sean muy numerosos los autores que han desdeñado intentar ensayos de armonización entre San Mateo y San Lucas. Si Jesús nació el 25 de diciembre, y a los ocho días fue circuncidado, y a los trece visitado por los magos, y a los cuarenta presentado al templo, ¿cuándo ocurrió la matanza de los inocentes y la huida a Egipto, y cuánto duró la permanencia de la sagrada familia en este país? La Virgen, ¿pudo restituirse a Nazareth antes de la matanza, ya que ésta sólo tuvo lugar en Bethlehem y en sus alrededores (San Mateo, II, 16), o bien, obligada a huir a Egipto, difirió para su vuelta de este país la ceremonia de la presentación, usando del privilegio de dispensa dilatoria que la ley mosaica concedía en ciertos casos (*Sepher Vatiera,* XII, 6), y que ya había utilizado la madre de Samuel, la cual no presentó a su hijo hasta que le tuvo destetado (*I Sepher Samuel,* I, 22)? El regreso a Nazareth, ¿siguió inmediatamente al de Egipto? Jesús estuvo en Egipto hasta la muerte de Herodes, por atestación formal de San Mateo (II, 19). Pero, según Josefo[(363)], esa muerte ocurrió cinco días después del asesinato de su hijo Antipatro, es decir, en la Pascua del mismo año en que aquel príncipe mandó matar a los inocentes.

Es, pues, incierta la época de los diversos episodios de la infancia, que cuentan los Evangelios canónicos. Por confesión de un teólogo español, el presbítero Aguirre, "históricamente, no parece probable que los magos llegasen a Bethlehem el día de la Natividad, ni el día de la Epifanía, sino algunos meses después de la purificación de la Virgen y de la presentación del niño en el templo. No pudo ser antes de la presentación, porque no es en modo alguno verosímil que José y María, enterados, por la visión de los magos, de las perversas intenciones de Herodes contra el niño Jesús, le hubieran llevado a presentarle en el templo de Jerusalén, en la misma ciudad en donde residía el rey, que maquinaba su muerte. Tampoco pudo haber acaecido su venida pocos días más tarde de la presentación, pues, cuando en Jerusalén preguntaron por el nacido, la ciudad entera se

---

[(363)] *Antiquitatum judaicarum,* XVII, x.

conmovió, y todos escucharon con asombro la pregunta[364]. Por tanto, parece que ya se había borrado el recuerdo de las predicciones hechas por el anciano Simeón y por Ana la profetisa, al ser el Cristo presentado en el templo. Claro es que, dada la pobreza y la humildad de la sagrada familia, y las ideas corrientes entre los judíos de aquella época acerca del Mesías, a quien esperaban ver aparecer como un rey glorioso, que había de libertarles del yugo romano, no se habría dado mucho crédito a las palabras del anciano, sino que se habrían tomado como desvaríos seniles, o como fruto de la exaltación religiosa. Mas, con seguridad, no faltarían algunos fieles israelitas que las hubiesen creído, y, a lo menos durante unos días, lo sucedido en el templo hubiera sido comentario obligado de las personas piadosas de Jerusalén". Por otra parte, como Herodes, habiéndose enterado diligentemente del tiempo en que los magos vieron aparecer la estrella que les indicó el nacimiento del Cristo, al sentirse engañado, mandó dar muerte a todos los niños de Bethlehem menores de dos años, y José y María, para salvar al suyo, tuvieron que abandonar la ciudad, y huir a Egipto, resultaría que aquél, cuando fue adorado por los magos, no había cumplido los dos años aún. El Evangelio armenio de la Infancia (XV, 2), afirma que, en el momento de huir a Egipto, "el niño Jesús tenía un año y dos meses". El texto original del Pseudo-Mateo (XVI, 1), coloca la adoración de los magos dos años después (*transacto vero secundo anno)* de la natividad, y la degollación de los inocentes poco después de la visita de los magos. Sin embargo, Amann[365] nota que algunos manuscritos ofrecen sobre estas fechas variaciones importantes, pues unos colocan la adoración de los magos antes de la presentación, y otros dos días después. Este último dato es el que parece conciliarse mejor con el texto de San Mateo (II, 1), conforme al cual la adoración de los magos habría seguido muy de cerca al nacimiento del Cristo. Los comentadores que se atienen a esta suposición, han experimentado la necesidad de legitimar las palabras de San Mateo: *A bimatu in infra.* Una opinión, muy acreditada en la Edad Media, es que Herodes, al día siguiente de la llegada de los magos, hubo de hacer un viaje a Roma, ya para disculparse allí de un crimen de lesa majestad, ya, al contrario, para acusar a sus hijos Alejandro y Aristóbulo, y que, únicamente al regreso de tan largo viaje, pudo ocuparse de la cuestión de los magos, y dar las órdenes relativas a la matanza de Bethlehem. Un eco de esta explicación

---

[364] En este punto, San Mateo (II, 3) coincide con el *Protevangelium Jacobi* (XXI, 1).

[365] *Le Protévangile de Jacques et ses remaniements Jatins,* 334, 336.

se encuentra en ciertos manuscritos, pero sin revelar traza alguna de ser original, pues sólo mucho más tarde se acreditó semejante explicación en la Edad Media latina, siendo, a lo que parece, Pedro Comestor (muerto en 1178), el primero que, en su *Historia ecclesiastica,* la puso en circulación[366]. Fuera de esto, como la degollación de los inocentes debió ocurrir muy poco tiempo después de la adoración de los magos, el exégeta se pregunta por qué Herodes, que seguramente tomó informes exactos, englobó en la matanza a todos los niños de dos años. Varios manuscritos, de acuerdo con determinados comentadores de la Edad Media, colocan la llegada de los magos mucho tiempo después del nacimiento del Salvador (uno o dos años), y este largo intervalo permite fácilmente situar los acontecimientos contados por San Lucas entre el nacimiento de Jesús y su adolescencia. Pero, al conjeturar en tal guisa, se olvida el dato consignado por San Lucas (II, 39), dato según el cual, los padres de Jesús, inmediatamente después de la presentación, vuelven a Nazareth. Además, la narración de la natividad que nos da San Lucas, difiere en otros detalles de la de San Mateo. Para San Lucas, Cristo nació en un establo, porque aquella noche no encontró su madre en Bethlehem otro albergue, y una tradición antiquísima, recogida por casi todos los apócrifos, señala una gruta como lugar que ocupaba aquel establo. Mas San Mateo (II, 11), al hablar de la adoración de los magos, no hace mención alguna del establo o de la gruta, pues dice literalmente: "Y, entrando en la *casa* (εν το οιχιά) vieron al niño y a su madre María". Abrumados por la discrepancia, algunos exégetas han salido del paso, pretendiendo que los magos no adoraron al niño en el portal de Bethlehem, sino en alguna casa del pueblo, en la que la sagrada familia habría buscado alojamiento definitivo, al fijar allí su residencia. Pero ¿cómo conciliar esta suposición con la huida a Egipto, que, según San Mateo, tuvo lugar poco tiempo después? ¿Hay, por otra parte, nada más inútil que aquella huida? Si la matanza decretada por Herodes se limitó a Bethlehem y a sus contornos, y si Jesús nació en dicha ciudad de un modo incidental y en un viaje hecho allí con motivo del empadronamiento de José, ¿a qué emprender a Egipto un viaje más largo y perfectamente baldío en semejante ocasión? ¿No le bastaba a la sagrada familia, para preservarse de los efectos de la matanza, retirarse a Galilea, o simplemente a cualquier otra parte de Judea, que no fuera Bethlehem y sus contornos?

Para solventar tales dudas, no encuentro otro recurso que el de la interpretación simbólica. No que ésta disipe todas las tinieblas que

---

[366] Véase a Migne, *Patrología latina,* CXLVIII, 1543.

LACRITICALITERARIA.COM

envuelven el problema, ya que no es dado al exégeta y al crítico obtener tal claridad en terreno alguno, ni siquiera en el dominio del historiador imparcial. Pero una cosa es la obscuridad, y otra la contradicción. Ahora bien: la contradicción desaparece desde el momento en que se conexiona el episodio evangélico con sus correlativos y similares del Testamento Antiguo. Jesús simboliza a Israel, conforme a la profecía de Oseas (XI, 1), que recuerdan San Mateo (II, 15), y el Evangelio árabe de la Infancia (XII, 1): "De Egipto llamé a mi hijo". Jesús es el hijo personal, como Israel el hijo colectivo, de Dios, y ambos pasan por las mismas fases. Egipto era el refugio indicado de Jesús, al huir de la persecución de Herodes, como había sido el asilo de los patriarcas, cuando huían de la persecución del hambre. Y ello debía ocurrir en la infancia de Jesús, por la misma razón por la que, en la profecía de Oseas, Efraim fue llevado a Egipto por Dios en andadores. "Israel era un muchacho, y yo guiaba en pies a Efraim". (*Sepher Oseas.,* XI, 1, 3).

También es de notar la afinidad de esta parte de la historia de Cristo con la equivalente de la de Moisés. Cierto que Moisés huye de Egipto, y no se refugia en él, y cierto asimismo que Moisés vela mientras que José duerme, cuando reciben la orden de regreso. Pero los detalles episódicos son muy semejantes. En San Mateo, como en el Pseudo-Mateo (XXV, 1), y como en el Evangelio armenio de la Infancia (XIV, 28), el motivo que da el ángel a José, para que retorne a Palestina, es el mismo que Dios da a Moisés para que retorne a Egipto. "Toma al niño y a su madre, y vuelve a tierra de Israel, porque muertos son los que procuraban la muerte del niño" (San Mateo, II, 20). "Vuelve a tierra de Egipto, porque muertos son los que procuraban tu muerte" (*Sepher Veellesemoth,* IV, 19). Moisés obedece, toma a su mujer, y a sus hijos, pónelos sobre un asno, y regresa a tierra de Egipto. Lo mismo hace San José con su mujer y con su hijo adoptivo. Es verdad que el evangelista canónico no nombra el asno que menciona el *Sepher Veellesemoth.* Pero la leyenda piadosa de los apócrifos ha llenado esta laguna, representando a la Virgen y al niño caballeros sobre un asno, lo mismo a la ida que a la vuelta de Egipto. Donde se ve que el símbolo es idéntico en ambas narraciones. Y, en la evangélica, se observa que la substancia del símbolo se disuelve y se reforma con acierto, discreción y oportunidad.

Resta que hablemos de la región palestiniana que habitó la sagrada familia, a su retorno de Egipto. Aquí los Evangelios, tanto canónicos como apócrifos, están conformes en lo esencial. El Pseudo-Mateo, en su capítulo XXVI, asegura que "después de su vuelta de Egipto (la sagrada familia) vivió en Galilea", y, en su capítulo XXXII, confirma que "José y María fueron con Jesús a la ciudad de Nazareth", y que el niño "residió allí con sus padres". El Evangelio árabe de la Infancia, en su capítulo

XXVI, dice, consonando con San Mateo (II, 22), que, cuando José y María llegaron al país de Judea, no se atrevieron a ir a Bethlehem, porque supieron que Arquelao reinaba en dicho país en puesto y lugar del rey Herodes, su padre, y que marcharon a las partes de Galilea. El Evangelio armenio de la Infancia conviene con el árabe en la comarca y en la población en que la sagrada familia residió, luego de haber vuelto de Egipto. Pero ninguno de estos tres apócrifos da al hecho una interpretación mesiánica. Sólo San Mateo se la da, mas con tan mala fortuna, que muchos críticos niegan la historicidad de semejante residencia. Si Jesús, según San Mateo (V, 23), marchó con su Eadre de Bethlehem a Nazareth, es porque los profetas habían dicho que el Mesías sería llamado *Nazareno* (όπως πληρωθη τὸ ρηθεν *δια* των προφητών οτι Ναζωροαυς χληθησεται), y porque aquel evangelista tenía a la vista, sin duda, el texto de Isaías en que el rey mesiánico viene designado por una palabra que lleva el mismo radical que los nombres de Nazareth y de Nazareno, de suerte que a la aplicación profética sirvió de base una asonancia[367]. En su ansiedad por descubrir profecías confirmativas en el Antiguo Testamento, los evangelistas canónicos cometían con frecuencia enormes errores. Ahora bien: el autor del *Protevangelium* (XXXI, 1) comete un error todavía mayor y más extraño, porque, después de haber descrito, con detalles y con circunstancias de que no hablan los evangelistas canónicos, el nacimiento de Jesús, escribe: "Y he aquí que José se disponía a ir a Judea. Y se produjo un gran tumulto en Bethlehem de Judea, por haber llegado unos magos", etcétera. Al decir εις τήν Ἰουδαι'αν, el autor revela una vez más su total ignorancia de las cosas de Palestina, pues José, desde el momento en que estaba en Bethlehem, no podía salir del país para ir a Judea, por lo que ciertos copistas han intentado corregir aquella frase, convirtiéndola en ήλθον γαρ μάγοι, y un manuscrito precisa: εκ Περσιδος a causa de ser Persia la tierra de los magos[368]. Pero el autor, en el resto de su relato, no se refiere para nada a Nazareth, ni antes había hecho la menor indicación de que María y José fuesen naturales de allí. Y se explica su silencio, porque, ni el Antiguo Testamento, ni Josefo, ni el *Talmud,* mencionan una ciudad así llamada. Los investigadores y los críticos de la Biblia han observado que, fuera de los Evangelios, el nombre de semejante ciudad continuó siendo desconocido hasta el siglo IV. Por supuesto, ciertos teólogos modernos han tratado de demostrar que, entre los cristianos del siglo I, existía la firme convicción de que Jesús había

---

[367] Loisy, *Les Evangiles Synoptiques,* I, 376.
[368] Michel, *Evangiles apocryphes,* I, 43.

LACRITICALITERARIA.COM

tenido su casa en Nazareth. Mas, como observa Brandés[(369)], esto es sólo una labor de conjetura, basada en la suposición de que, en el siglo I, los Evangelios ofrecían la misma forma que hoy ofrecen. Lo más verosímil es que jamás hubo una ciudad que se denominase Nazareth. Ya en 1860, Owen Meredith sostuvo que nada indicaba la existencia de dicha ciudad anteriormente a la era cristiana. En nuestros días, el doctor Kelly Cheyne ha sido citado por Robertson, en su obra *Christianity and mitology,* por haber convenido con un no menos experto exégeta, el profesor Wellhausen, en derivar ese nombre del distrito de Genezareth, que hace que Nazareth sea idéntico a Galilea. Estudiando el tratado de San Epifanio contra las herejías[(370)], es fácil demostrar que, anteriormente a la era cristiana, hubo una secta judía, llamada de los *nazarenos, nazareos, nazireos, nazaritas, nazarearlos, nazoreanos* o *nesirim*, del verbo hebreo *nasâr*, que significa hacer un voto, guardar un voto, estar separado o consagrado por un voto. La ortodoxia de esta secta era tan extremada que no reconocían autoridad alguna posterior a la de Josué, de cuyo nombre es el de Jesús mera alteración. Aunque el último nombre era muy común en Palestina, más tarde se buscaron en él misterios y una alusión al papel de Salvador de quien lo llevaba (San Mateo, I, 21; San Lucas, I, 31)[(371)]. No hay duda sino que los nazarenos se mezclaron con los cristianos, los cuales fueron conocidos por aquel nombre en Oriente durante cuatro siglos (Mahoma no conoció otro, y los musulmanes lo emplean aún en nuestros días), hasta que, transcurrido todo ese tiempo, la Iglesia occidental, latina o católica, lo rechazó como sospechoso de herejía ebionita. Haya tenido o no razón San Epifanio para separar la secta de los nazarenos (que antes de la era cristiana, constituía quizá una hijuela de las sectas esenia y terapeuta) de la de los ebionitas, no faltan motivos para pensar que los primeros fuesen idénticos a los segundos, los cuales formaban una antigua secta de judeocristianos, que rechazaban la doctrina de San Pablo en su totalidad, que sólo aceptaban por Evangelio verídico el hebraico atribuido a San Mateo, y que, basándose en los profetas y asimismo en ese, *Evangelium pauperum,* habían establecido una estrecha relación, de una parte, entre las palabras *rico, impío, violento, perverso,* y de la otra, entre las palabras *pobre, dulce, humilde, piadoso.* Renán[(372)] supone que el nombre de nazarenos se aplicó sobre todo a los cristianos de Galilea

---

[(369)] *Jesús es un mito,* 94.
[(370)] *Panarion,* XIII, XIII.
[(371)] Renán, *Vie de Jésus,* 21.
[(372)] *Les Evangiles,* III.

refugiados en Batanea, mientras que el nombre de *ebionim* continuaba siendo el título que se daban los santos mendigos de Jerusalén. De cualquier modo, parece totalmente improbable que los nazarenos, como en los *Acta apostolorum* (XXIV, 5) se denomina a los discípulos o secuaces de Jesús, recibiesen su nombre del supuesto lugar de nacimiento del maestro. En San Mateo, se da al nombre esa derivación, y se alude a un pasaje de los profetas, para confirmarlo. Pero ese pasaje no se ha encontrado en el Antiguo Testamento, y, "si Jesús hubiera sido de Nazareth, se le habría llamado *Nazaretano,* o algo parecido, mas no *Nasaraios* o *Nazoraios,* término que valía por *protector,* denotando que los nazarenos eran considerados como protectores, con igual título que el arcángel Miguel o el mismo *Jehovah*[(373)]. Tal vez la secta de los nazarenos fue, en su origen, idéntica a la de los antiguos *nezirim,* en el sentido de consagrados o santificados, porque se esforzaban en vivir santamente, se abstenían del vino, y se dejaban crecer el pelo y la barba. Acaso la denominación se refiriese simplemente al famoso pasaje de Isaías (XI, 1) acerca de la vara que saldría del tronco de David, y al vástago *(nazâr)* que retoñaría de sus raíces. Como quiera, todo indica que el nombre de la ciudad de Nazareth tuvo su origen en una leyenda de fecha posterior"[(374)].

Resumamos. La candidez del autor del *Protevangelium* permite la suposición de que este escrito fue compuesto mucho antes de lo que creen los modernos críticos, y que sirvió de base e inspiración a San Mateo y a San Lucas, cuyos relatos sobre las relaciones entre María y José, así como sobre los padres de aquélla y sobre el nacimiento de Jesús, no pueden tener otro origen, ni haber derivado de otra fuente, que del Pseudo-Jacobo. El docetismo que en él resplandece, por su doctrina ortodoxa del nacimiento inmaculado, doctrina que se introdujo en la enseñanza oficial de la Iglesia, como depone el canon III del Concilio de Letrán (649): ese docetismo prueba la derivación gnóstica del documento. Comparando al Pseudo-Jacobo con San Mateo, se ve que el último tiende a corregir las expresiones demasiado docetas de su predecesor. Lo mismo ocurre con San Lucas, para quien, entre los escritos "numerosos" de que se sirvió, y cuya existencia atestigua en las primeras palabras de su Evangelio, figuró, a buen seguro, el Pseudo-Jacobo. La lectura de ambos libros no deja resquicio a duda sobre este punto, porque las coincidencias verbales de

---

(373) Véase el libro de Smith titulado *Te Jesus PreChristian,* el estudio de Carus sobre *The Nazaren* (en *The Open Court* de enero de 1910), y, finalmente, las obras del doctor Schmiedel.

(374) Brandés, *Jesús es un mito,* 96.

San Lucas con el *Protevangelium* son frecuentísimas. San Lucas tuvo a la vista un texto del *Protevangelium,* que difería poco del nuestro, y cabe decir que se lo asimiló por entero, exceptuando ciertas partes del relato, para las cuales prefirió acudir a otras tradiciones anteriores. En el resto, la coincidencia es casi literal, y, cuando hay alguna variación, se advierte fácilmente el motivo que determinó a San Lucas a corregir, con vistas a su público, el original que tenía entre las manos.

Si el *Protevangelium Jacobi,* que, como ya indiqué, no tuvo traducciones latinas, fue poco conocido en Occidente, el arreglo latino suyo, al que he dado el nombre de Evangelio del Pseudo-Mateo, fue, a su vez, poco conocido en Oriente. La tradición suponía que se trataba de una traducción latina, hecha por San Jerónimo, de un Evangelio hebreo de San Mateo, destinado a la propaganda, a la apología, a la conversión de los judíos, y cuyo relato tuvo toda su originalidad, desde el momento en que se escribió, según el título que figura en el manuscrito de Venecia (5257): *Incipit liber de ortu beatae Marie et infantia Salvatoris a beato Matthaeo evangelista hebraice scrip tus et a beato Hieronymio presbyter o in latinum translatus.* Sin embargo, como casi todos sus episodios son paralelos y afines a los del *Protevangelium,* otros manuscritos atribuyeron el libro a Santiago. La perfecta unidad de la obra apenas permite decir si el autor tenía a la vista documentos escritos anteriores al *Protevangelium,* o si fue el primero en escribir su historia exclusivamente sobre las tradiciones recogidas en aquel documento. Desde luego, es el único que cuenta los milagros realizados en Egipto y durante el viaje que allí condujo a la sagrada familia, y en los relatos en que coincide con el *Protevangelium,* el redactor desenvuelve con complacencia marcada los incidentes maravillosos[(375)]. Thilo[(376)] editó la primera parte del Pseudo-Mateo con el rótulo de *Historia de nativitate Mariae et infantia Salvatoris,* que más tarde tradujo Brunet[(377)] al francés, conforme a un manuscrito de París. Otro manuscrito de la misma ciudad contenía, a continuación de un texto semejante al de Thilo, una segunda parte titulada *De miraculis infantiae Domini Jesu Christi,* en que se relataban los prodigios expuestos en el Evangelio de Santo Tomás. Nuevos manuscritos, encontrados en Italia, indujeron a Tischendorf[(378)] a publicar, reunidas, las dos partes, que

---

(375) Michel, *Evangiles apocryphus,* introducción.

(376) *Codex apocryphus Novi Testamenti,* I, 337, 400. Compárese con Schade, *Liber de infantia Mariae et Christi Salvatoris,* 18, 69, 81, 96.

(377) *Les Evangiles apocryphes,* 173, 260.

(378) *Evangelia apocrypha,* 51, 123.

Walker[379] vertió al inglés, y que van precedidas de la correspondencia apócrifa de San Jerónimo con los obispos Cromacio y Heliodoro. Algunos de los manuscritos estudiados por Tischendorf no insertan esa correspondencia, y cuelgan el texto a Santiago. Bannister[380] ha señalado, entre fragmentos litúrgicos irlandeses, contenidos en cierto manuscrito del Vaticano, un Evangelio de la Circuncisión, que no está tomado a ninguno de los Evangelios canónicos, pero que se da como un extracto del Evangelio de Santiago, hijo de Alfeo. Michel[381], considerando que el texto recuerda muy de cerca el capítulo XIII de nuestro Pseudo-Mateo, juzga razonable la suposición de que el Evangelio irlandés haya sido redactado sobre un ejemplar de ese libro, que llevase el nombre de Santiago. Comoquiera, las cartas cambiadas entre el Padre de la Iglesia y los dos prelados son supuestas, y se pusieron al frente del Pseudo-Mateo únicamente para resguardar al autor de toda sospecha de fraude, y para conciliarle la benevolencia de la opinión, en una época en que las prevenciones de los latinos hacia los Evangelios apócrifos habían comenzado a disiparse, y en que el nombre de San Jerónimo servía de autoridad suma[382].

Lo mismo hay que decir del Evangelio de la Natividad[383], que también figura entre las obras de San Jerónimo, y que, más que una historia, es una narración legendaria, escrita con credulidad ingenua. Tischendorf[384] consideraba ese Evangelio como más antiguo que el Pseudo-Mateo, pero hoy ningún crítico duda de que es más reciente, aunque su fecha permanezca aún desconocida. El redactor se limitó a hacer, con algunas divergencias, una revisión ortodoxa de la primera parte del Pseudo-Mateo, contando, en diez capítulos, los primeros años de María, hasta el nacimiento del Salvador, en que el relato se detiene, sin ocuparse un solo instante de la infancia del último. "Es difícil no ver en este documento un escrito muy superior, por la medida, el buen gusto y la armonía de los detalles, a todas las producciones del mismo género relativas a los padres

---

(379) *Apocryphal Gospels,* 16, 82.

(380) *Journal of Theological Studies,* IX, 413.

(381) *Evangiles apocryphes;* introducción.

(382) Véase a Nicolás, *(Etudes sur les Evangiles apooryphes,* 345) y a Variot *(Etude sur l'histoire littéraire, la forine primitive et les transformations des Evangiles apocryphes,* 52).

(383) Traducido asimismo por Brunet *(Les Evangiles apoCryphes,* 157, 204) al francés y por Walker *(Apocryphal Gospels,* 53, 98) al inglés.

(384) *De Evangeliorum apocryphorum origine et usu.* 43, 48.

LACRITICALITERARIA.COM

de Jesucristo"[385]. En él, todo está tomado a lo vivo, y siente uno hallarse en presencia de las leyendas de contornos más suaves y más graciosos que entonces circulaban sobre el nacimiento de la Virgen. Toribio, obispo de Astorga, lo rechazó, no por los relatos, que le parecían exactos, sino por las doctrinas, que estimaba peligrosas, y hasta llegó a afirmar que ese libro, como todos los apócrifos, había sido compuesto o falsificado por los maniqueos. Pero lo cierto es todo lo contrario, pues el autor del *De nativitate Mariae* se había propuesto combatir precisamente a los maniqueos, como asimismo a los priscilianistas, a los montanistas y a otros herejes, que, admitiendo la descendencia levítica de la Virgen, rechazaban su origen davídico[386]. Por esto, fue aceptado por Fulberto de Chartres[387], elogiado por Vicente de Beauvais[388], y pasó casi íntegramente a la *Légende dorée,* atribuida a Diego de Voragine. Y, como el gran signo de los escritos apócrifos es afectar una tendencia, y el objeto que sus autores se propusieron, al componerlos, revélase siempre con claridad[389], este carácter se nota con mucho vigor en el Evangelio de la Natividad, compuesto posteriormente al otro arreglo latino, con el fin de hacer desaparecer del último lo que podía chocar con las ideas del tiempo[390].

Continuación del *Protevangelium Jacobi* fue también, según todas las apariencias, el Evangelio de Santo Tomás, la fecha de cuya composición coloca Zahn[391] en la primera mitad del siglo II, aunque yo creo que su antigüedad debe ser mayor. Todo el mundo admite que es anterior al año 150, si bien la opinión más común entre los críticos es que no puede ser muy anterior a ese año. Su título general y más empleado es el de *Relatos de la Infancia* (Ρητά είς τά παιδικοά), y su autor, que toda la tradición llama Tomás, no se da por el apóstol de este nombre, sino simplemente por el de *Tomás, filósofo israelita* (θωμάς 'Ισραηλίτης Φιλοσοφον). Nada, en la obra, recuerda al personaje que hacen conocer las *Acta Thomae*[392], y la insistencia que pone en declararse filósofo israelita parécele a Zahn[393]

[385] Variot, *Etude sur l'histoire littéraire, la forme primitive et les transformations des Evangiles apocryphes,* 61.

[386] Amann, *Le Protévangile de Jacques et ses remaniements latins,* 101.

[387] Véase a Migne, *Patrologia latina,* CXLI, 324.

[388] *Speculum historíale,* 66.

[389] Véase a Renán, *Les Evangiles,* introducción.

[390] Amann, *Le Protévangile de Jacques et ses remaniements latins,* 77.

[391] *Forschungen zur Geschichte des neutestamentlichen Kanons,* I, 771.

[392] Véase a Max Bonnet, *Acta Thomae,* 10, 18, 83, 91.

[393] *Forschungen zur Geschichte des neuetestamentdíchen Kanons,* I, 772.

la prueba de que recurrió a esa ficción para prestar autoridad a narraciones cuyas escenas tenían a Palestina por teatro. Harnack[(394)] opina que la atribución al apóstol es la más antigua, y que fue posteriormente cuando se le substituyó por Tomás, el filósofo israelita. Michel[(395)] observa que la mención del apóstol no aparece más que en un manuscrito griego muy reciente y en la redacción latina. La versión siríaca no lleva nombre de autor, y se presenta como una composición impersonal en que el autor desaparece totalmente. Por lo demás, como un nombre propio escrito al frente de esta clase de obras no dice mucho, resulta naturalmente imposible descubrir hoy la personalidad que se ocultaba bajo aquel nombre, y únicamente cabe conjeturar que no se pudo pensar en el apóstol Tomás sino mucho tiempo después de la redacción primitiva del libro, en la época en que el culto de aquel misionero cristiano había tomado cierto desarrollo en Oriente[(396)].

He indicado que la fecha del documento deja espacio a mucha incertidumbre. Mas nadie duda que hacia el año 150, el Evangelio en cuestión no existiese, y no fuese atribuido a un Tomás. Textos formales de San Hipólito[(397)], de Orígenes[(398)], de Eusebio[(399)], de San Cirilo de Jerusalén[(400)], de San Ireneo[(401)], muestran ya entonces a ese Evangelio mezclado en todas las controversias, y sirviendo de piedra de escándalo al desenvolvimiento del dogma. San Hipólito cita un pasaje de él, que no se encuentra en nuestro texto actual, cosa nada extraña, puesto que todos los documentos evangélicos, así canónicos como apócrifos, sufrieron, a través de los años, numerosos retoques, modificaciones, adiciones e interpolaciones, pero también numerosos expurgos, que eliminaban o suprimían párrafos que chocaban con las ideas del tiempo. Orígenes asigna a un Evangelio del mismo nombre lugar adecuado entre la literatura cristiana destituida de autoridad apostólica. Eusebio hace de su autor un hereje. San Girilo de Jerusalén, precisando más, habla de un Evangelio de Santo Tomás, muy en boga entre los maniqueos y redactada por uno de los tres discípulos de Manés, jefe de la secta. San Ireneo, en fin, señala el papel decisivo que dicho Evangelio ejerció en el gnosticismo, y en

---

(394) *Chronologie der altchristlichen Litteratur,* I, 593.
(395) *Evangiles apocryphes,* introducción.
(396) Véase a Bardenhewer, *Geschichte der altchristlichen Litteratur,* I, 446.
(397) *Philosophumena,* V, VII.
(398) *Homiliae in Lucam,* I.
(399) *Historia ecclesiastica,* III, xxv.
(400) *Chatechesis,* IV, XXXVI, VI, XXXI.
(401) *Adversus haereses,* I, xx, 1.

particular, en el sistema de Valentino, en el montanismo y en la escuela de los naseanos. ¿Tenemos derecho a negar absolutamente que el libro en que se contaba la infancia de Jesús, y que los valentinianos usaban, sea el Evangelio de Santo Tomás, a que se refieren los citados Padres de la Iglesia? Sin duda que no, pero el texto que poseemos parece menos extenso y más reciente que su original primitivo. Cuando se lee la *Stichometría,* atribuida al patriarca Nicéforo[(402)], y se ve mencionado en ella un Εὐαγγέλιον κατά. *θωμαν*, de 1.300 dísticos, es decir, más del doble de nuestra recensión más larga, surge la hipótesis de la existencia antigua de un Evangelio de Santo Tomás diferente del nuestro[(403)]. Es cierto, a lo menos, que el carácter general de la obra del Pseudo-Tomás responde bien a lo que exige tal hipótesis. Mas, si a buen viso lo miramos, parece poco probable que el original primitivo sea el viejo Evangelio gnóstico, pues la *Stichometría* no hubiera intercalado en sus páginas una producción enteramente herética. Michel[(404)] juzga verosímil que se trate de un primer arreglo ortodoxo del Evangelio de Santo Tomás, de que nuestros manuscritos nos han conservado compendios más o menos reducidos. Según el mismo crítico, estos manuscritos han querido conservar, para los lectores ortodoxos, los relatos más interesantes del antiguo libro herético, sin que por ello el trabajo de expurgo haya sido hecho de una manera satisfactoria, por cuanto el espíritu primordial con dificultad ha podido ser expulsado de él completamente. Una especie de realismo bárbaro y trivial hace el estilo torpe y duro. La idealidad del carácter de Jesús es pobre, y está lleno de extravagancias e incoherencias inexplicables, a pesar del

---

[(402)] *Opuscula historica,* 135.

[(403)] *Evangiles apocryphes,* introducción.

[(404)] Véase a Harnack, *Chronologie der altchristlichen Litteratur,* I, 594. Compárese con Michelsen (*Sertum Nabericum,* 225, 269), quien ha recogido cuidadosamente los vestigios de ese primer Evangelio de Santo Tomás. Hay que advertir que dicho Evangelio se conserva también en antiguo eslavón, especialmente en dos manuscritos servios del siglo XIV. Peeters (*Evangiles apocryphes,* introducción) demuestra perentoriamente que todos los ejemplares eslavones o de procedencia rusa, publicados por Popoff, Khludoff, Novakovitch y Speranskij, así como la traducción georgiana, analizada por Kharhanoff y por Jordania (y cuyas ligaduras con el Evangelio árabe de la Infancia son visibles), dependen de una redacción griega más antigua y más desenvuelta que el texto de nuestras ediciones actuales. Este prototipo griego es el mismo que la crítica busca, porque las variantes propias de la versión eslavona se encuentran en la redacción latina del Evangelio de Santo Tomás, y a la vez se asimilan, por una derivación muy natural y muy lógica, a la versión siríaca.

empeño que el autor pone en exagerar la ciencia universal de su héroe, hasta el punto de que le basta detener un momento la vista en el libro santo, para explicarlo a maravilla. La taumaturgia, en el Evangelio de Santo Tomás, ofrece un carácter singular de materialismo sugestionante, que se asemeja al de nuestros magnetizadores e hipnotizadores clínicos, porque sus menores palabras se cumplen, y el protagonista de la narración se sirve de este poder para hacer tanto mal como bien. El sentimiento que inspira a los que le rodean es el temor, y las gentes quedan una y otra vez espantadas de sus prodigios. Jesús figura, en este Evangelio, no como el ser ultrabondadoso que se hace amar de todos sus semejantes, sino como "una especie de niño terrible, perverso, rencoroso, que causa miedo a sus camaradas y a todo el mundo"[405].

Otro minero de literatura evangélica apócrifa es el escrito titulado *Tractatus de pueritia Jesu secundum Thomam.* Tischendorf, que lo encontró en la Biblioteca del Vaticano, fue el primero en darlo a conocer, y en colocarlo a continuación del Evangelio griego del Pseudo-Tomás. Por no haber hallado otra copia, Tischendorf supuso que dicho documento pudiera ser el mismo que contiene un manuscrito existente en Cambridge, en la Biblioteca del Merton College, y que se indica bajo el rótulo de *Tomam Ismaelitam* (por *Israelitam) de infantia Christi.* A este parecer se han arrimado pocos exégetas, porque necesitaría mucho caudal de recta crítica para sostenerse por razonable discurso ante los fueros de la erudición. Por su hechura, el libro muestra con evidencia que apenas ofrece cosa particular que lo distinga de los relatos del Pseudo-Tomás en sus cuatro redacciones, aunque también reproduzca las narraciones milagrosas recogidas en el Pseudo-Mateo. Si bien ofrece analogías con la redacción siríaca y con las dos griegas del Pseudo-Tomás, su mayor afinidad la tiene con la redacción latina, cuyo relato sigue con fidelidad desde el comienzo. A diferencia de las otras redacciones, la latina y la de nuestro apócrifo consta de dos partes: la primera, brevísima y desordenada, sólo abarca tres capítulos, en que se refiere la estancia de la sagrada familia en Egipto, y termina por una doxología inesperada y brusca. Esta parte no existe en las demás versiones, que sólo describen la vida infantil y prodigiosa de Jesús en Nazareth. La otra parte, mucho más larga, y que lleva más orden en la narración, es, como el Pseudo-Tomás

---

[405] Renán, *L'Eglise chrétienne,* 513. Compárese con Bardenhewer, *Geschichte der Altkirchlichen Litteratur,* I, 402. Dupré, en su estudio sobre *Le témoignage* (en la *Revue des Deux-Mondes,* 1910, LV, 257, 263) hace al mismo respecto excelentes observaciones críticas.

LACRITICALITERARIA.COM

griego, un repertorio de portentos, de travesuras y de puerilidades del niño Jesús. No parece fácil admitir la unidad de la obra, y me inclino a creer que en ella se reunieron dos relatos sacados de dos fuentes distintas. El más antiguo de estos relatos es, indudablemente, el primero. El segundo, que empieza por el regreso de la sagrada familia a Nazareth, y que se distingue del primero por el estilo, fue escrito posteriormente, según toda verosimilitud. Empero, fuera de tratarse de un punto no demostrado aún definitivamente, el segundo relato, aunque su autor utilice bastante el Pseudo-Mateo, puede ser relativamente antiguo, y originariamente gnóstico.

De la *Historia de José el Carpintero,* hay dos redacciones, una copta y otra árabe, traducidas, en 1924, por el sabio bolandista Peeters. Ambas redacciones ofrecen entre sí no pocas variantes, y discrepan en bastantes puntos. Pero, en el fondo, en la substancia y en lo esencial del desarrollo del relato, se completan la una a la otra. Atendiendo Peeters[406] a esta circunstancia, enseña que, "al ver cómo consuenan y cómo se separan a la vez sobre ciertas lecciones adicionales, se puede concluir, con toda seguridad, que provienen de un original más detallado, si no más desenvuelto. ¿Por qué vía y conforme a qué sesgos? Nada permite adivinarlo. Se ha emitido la idea de que reproducen acaso dos textos griegos diferentes, pero esta hipótesis escapa a la discusión. Dada la insuficiencia completa de la tradición manuscrita, sería vano pretender investigar si las variantes propias a cada una de las recensiones son obra de un copista que, fuera de tiempo o demasiado tarde, hubiera arreglado la traducción, o del traductor mismo, o del redactor griego cuyo texto sirvió de modelo a este último. No obstante, con relación a la recensión árabe, que parece muy posterior a la otra, es harto claro que la responsabilidad de ciertas variantes no remonta más allá del intérprete".

En realidad, las redacciones de la *Historia de José el Carpintero,* mejor que dos, son tres, conviene a saber: 1) una recensión copta bohaírica[407], que forma un relato total; 2) varios fragmentos saídicos[408], sin relación

---

(406) *Evangiles apocryphes,* introducción.

(407) Véase a Revillout *(Etudes égyptologiques,* 43, 70), a Zoega (*Catalogus codicum copticorum qui in Museo Borgiano Velitris asservantur,* 33), a Lagarde (*Aegyptiaca,* 10, 18, 38, 60, 68), a Stern (*Zeitschrift für Wissenschaftliche Theologie,* 1883, XXVI, 270), a Peeters (*Evangiles apocryphes,* introducción) y a Armitage Robinson *(Texts and Studies,* 1896, IV, II, 221, 229).

(408) Véase a Revillout *(Etudes egyptologiques,* 9, 21, 28, 30, 42), a Zoega *(Catalogus codicum, copticorum, qui in Museo Borgiano Velitris asservantur,* 225, 227), a Lagarde *(Aegyptiaca,* 9, 21), a Armitage Robinson *(Texts and*

alguna con la versión precedente; 3) un texto arábigo[409], cuyo origen inmediato es incierto de todo punto. Nadie ha negado que el autor de la primera redacción haya encontrado en un original griego, de que se sirvió a placer y satisfacción, el germen de muchos bellos relatos, que han sido una de las principales fuentes del arte cristiano. En efecto: el estilo de ese documento, cargado de helenismos mal comprendidos, y recortado por palabras griegas leídas a tuertas, apenas se parece al estilo de la redacción saídica, cuyo autor por todos caminos, mejores o peores, busca formas originales de decir, sin reparar en propio o en extraño, y sin que su versión tenga nada que ver con la del otro traductor. Este argumento intrínseco nos obliga a crear, para la redacción saídica, una categoría independiente de la que ofrece la redacción bohaírica. Lo más lamentable en ella es su carácter fragmentario, que la torna, no sólo incompleta, mas también incoherente en muchos pasajes. Los trozos de que consta, provienen de manuscritos diferentes, y, en los lugares del contexto en que el redactor los utiliza por duplicado, no se corresponden con entera exactitud. Cuanto a la redacción arábiga, no presenta indicio alguno que recuerde clara y distintamente el griego, y el manuscrito conforme al cual se publicó, es, indudablemente, de procedencia egipcia. Stern[410] ha emitido la idea de que esa versión podría reflejar asimismo una recensión siríaca, a falta quizá de razones decisivas para creerla derivada del copto, como de lo alegado por dicho exégeta se colige. Confírmalo el citado Peeters[411]: "La última hipótesis no se impone a una crítica exigente, pero surge, antes que toda otra, de la naturaleza de las cosas, y se apoya en numerosas analogías. El texto mismo contiene varios indicios que parecen confirmarla, y la procedencia del manuscrito en que se nos ha conservado, habla también en igual sentido".

La traducción alemana del texto bohaírico (con las variantes de los fragmentos saídicos y de la redacción árabe) fue hecha, en 1883 y por Stern, sobre la versión de Revillout, y la mayor parte de las notas están extraídas de la misma obra. Dicha versión, reeditada después con algunas

---

Studies, 1896, IV, II, 146, 148, 648, 650) y a Crum *(Catalogue of the Coptic manuscripts in the British Museum,* 130).

(409) Véase a Lagarde *(Aegyptiaca,* 1, 37, 68), a Thilo *(Codex apocryphus Novi Testamenti,* II, 6, 60) y a Wallin *(Quissat Yusef annuggar, sive historia Josephi fabri lignarii,* 4, 106).

(410) *Zeitschrift für Wissenschaftliche Theologie,* 1883, XXVI, 268. Véase el prefacio de Walin, el editor latino del texto arábigo, reproducido en Tischendorf *(Evangelia apocryp ha,* introducción).

(411) *Evamgiles apocryphes,* introducción.

LACRITICALITERARIA.COM

modificaciones por Lagarde, ha sido singularmente aventajada por el estudio muy sobrio de Armitage Robinson, que ha confrontado minuciosamente ambas traducciones, y la suya, rehecha directamente sobre el copto, comprende, además, todos los fragmentos saídicos anteriormente conocidos, y algunos pasajes cuyo texto se encuentra unido a ellos. Peeters, hasta por cortesía, no pensó un instante en volver a tomar de segunda mano la labor de tan excelentes intérpretes, ni juzgó admisible traducir, según una versión determinada, un trabajo cuyo original existe todavía, y los detalles menudos, en que juzgó que debía separarse de sus antecesores, hubieran sido, en efecto, resultado bien superficial y escaso de un esfuerzo harto presuntuoso. Con respecto al texto sahídico, se contentó con extraer las principales variantes, conforme a un procedimiento que peca de demasiado ecléctico. Mas ¿cómo hacer aparecer, en una traducción apostillada, divergencias de redacción que no interesan por el sentido (inversiones, desdoblamientos de expresiones, juegos de sinónimos, etc.)? No cabe exigir a una versión anotada los servicios de una edición crítica. De acuerdo con este principio, Peeters creyó legítimo limitarse a señalar las lecciones significativas o de más tomo, y el capítulo XXIII del texto saídico, cuya redacción escapa a todo paralelismo, lo tradujo íntegramente en apéndice, conducta que yo no he imitado, por no padecer empacho de escrupulosidad erudita. Ahora, por lo que al texto arábigo toca, su comprensión acertada ofrece dificultades de más momento. La traducción latina de Wallin fue revisada por Rödiger para el *Codex apocryphus* de Thilo, y más tarde por Fleischer para la colección de los *Evangelia, apocrypha* de Tischendorf. A pesar de estas correcciones reiteradas, cualquier mediano rastreador podrá entender la multitud de contrasentidos y locuciones viciosas que el redactor vació en la suma de sus capítulos. Muchas cláusulas hay en ellos que contienen tres y cuatro miembros, cada uno con su giro extraño e incoherente, además del repetido en cada inciso, de cuya enfadosísima repetición, como del continuo uso de idiotismos triviales, bárbaros, incomprensibles y aun ilegibles, por el mal estado del texto o de la edición, ha de resultar por fuerza un guirigay tan sin gracia, que cualquiera atribuiría tales defectos al respeto supersticioso de los citados orientalistas por la sintaxis del árabe clásico. Esta razón y la dificultad práctica de poner de acuerdo el texto bohaírico con las variantes de la recensión arábiga, determinaron a Peeters a retraducirla por entero, corrigiéndola en la mayor medida, y yo he seguido sus huellas con relativa fidelidad.

El docto Moehler[(412)] tachó de superficial el sentido teológico de la *Historia de José el Carpintero.* En su opinión, "el interés dogmático es en ella nulo. Se encuentra, sin duda, en su tendencia, un profundo sentimiento del estado de pecado del hombre, particularmente con relación al pecado original, y, de otra parte, una confianza plena en el poder redentor de Dios hecho hombre. Bien considerado todo, y aun reconociendo que se registran también allí algunos hechos históricos, la expresión moral es pobre y mezquina". Mas luego se divisa, con harta claridad, que no atendió Moehler más que al conjunto del libro, para considerar su sentido teológico concebido a flor de piel, sin reparar en algunas de sus partes, cuyo sentido es, no ya socorridamente teológico, sino sutilmente *teosófico.* Consideremos, por ejemplo, los episodios relatados y las consideraciones expuestas entre los capítulos XV y XXIV, donde se describen muy al vivo las tremendas congojas sufridas por José en su agonía, y las filosóficas reflexiones que inspiran a Jesús. Señalose el teósofo español Treviño[(413)] en dar a toda esa parte de nuestro apócrifo un contenido oculista totalmente nuevo, no imaginado de los exégetas clásicos, no conocido de los críticos modernos, ajeno de la interpretación ortodoxa, hijo de una superación del criterio racionalista en el asunto. A título de curiosidad transcribiré su comentario: "En el texto copto[(414)], parece referirse que José, antes de fallecer, poseía una visión premonitoria de su estado *post mortem,* visión que le permitía contemplar los monstruos del plano astral. Desde luego, no prejuzgo la cuestión, y entiendo que esta cualidad podía ser inherente a la situación agónica en que se encontraba. Pero es chocante que Jesús, al observar que su padre veía en aquel plano, no entendiera aún que se hallaba próximo a morir... La descripción de los monstruos resulta vulgar. Los tales monstruos, que exhalan azufre y humo por la boca, nos hacen el efecto de los cuentos supersticiosos de las viejas del siglo XVIII. Pero quizá se emplee ese lenguaje como impuesto por la época, aun cuando lo considero poco adecuado para dirigido por Jesús a los apóstoles, es decir, a los escogidos, que ya debían saber lo suficiente sobre esos asuntos para no necesitar figuras y metáforas tan groseras... En el espanto de José *ante mortem,* se nos pinta a un hombre justo y venerable, pero no

---

(412) *Patrologie,* II, 565.

(413) *El temor a la muerte* (en la revista *Sophia,* de diciembre de 1904).

(414) Al escribir su estudio, Treviño sólo conocía el texto copto, no el árabe, de nuestro apócrifo, y aun aquél lo empleó de segunda mano, transcribiéndolo de la *Revue Egyptologique* (II, II, III, 64), pues el teósofo español era un especialista en egiptología, mas no un arabista.

instruído en los misterios y desprovisto del desarrollo inherente a la iniciación. ¿Cómo, de otro modo, podían aterrarle aquellos monstruos, tan fáciles de dominar por los que supiesen lo que eran? Jesús, prevalido de su poder de iniciado, los reduce a sumisión humillante, y los manda y los subyuga con la facilidad natural del que los conoce, y comprende cuán efímera es la potestad de semejantes seres. Que éstos moraban en un plano distinto del físico, no cabe dudarlo, puesto que el texto Copto reza: *Ninguno de los que estaban alrededor de mi padre entendió lo que acababa de ocurrir, a no ser mi madre María.* Su madre, pues, aparece como la única vidente que allí había, a más de él, frente a cuya potencia la muerte misma andaba temerosa. Pero es de notar que Jesús no se opone al designio de Dios, y que ordena a la muerte que cumpla su fatal cometido. Las luchas terroríficas del camino que ha de recorrer el difunto se extienden a través de los siete *eones,* tenebrosos, más allá de los cuales prevalecen los *eones* resplandecientes, y, como cada *eon* corresponde a un subplano, éste nos explica las diferentes gradaciones de aquellos mundos postmortuorios... En la descripción que en nuestro apócrifo se hace, nómbrase nuevamente la existencia de un río de fuego, citado muchas veces en los textos de la clásica religión egipcia, y más allá del cual hay un mar proceloso y lleno de tempestades, donde flotan naves siempre prontas a naufragar, pero insumergibles, y por cuyo influjo el terror se torna continuo, y el temor constante. Estas dos figuras dan cabal idea del aspecto con que se quiso presentar a tal mundo ante quienes no estaban familiarizados con él. Primero se insinúa la impresión de una corriente ígnea, y luego la inmensidad del agua permanentemente turbulentísima, y en cuya superficie no es posible ver los reflejos que inspiran la tranquilidad y la placidez. Tal debe ser el aspecto de ese caos de materia nueva para el no vidente, a quien se le aparece como algo indefinible, informe y agitado... La agonía de José no puede describirse mejor, en medio de su laconismo. Lo que no acertaría a explicarse es la figura con que simboliza Jesús el momento de la separación del alma. ¿Qué representan allí Miguel y Gabriel? ¿Qué significa el tapiz de rica seda de que se apoderan, y por qué lo manejan en la forma que se indica? Convendría estudiar esto, así como el que la muerte cogiera con cuidado el alma, cual si pudiera inferirla daño alguno. ¿En qué acepción ha de tomarse aquí la palabra alma? En ello, no se muestra explícito el manuscrito del texto copto, cosa que es de sentir, por cuanto de esa manera nos sería dable cotejarlo con otros manuscritos de la época o más antiguos, y sacar del cotejo provechosas deducciones".

A su talante y estilo apostilla el autor citado los capítulos de referencia de nuestro apócrifo, y ya indiqué que sólo como nota curiosa reproduciría su comento. Parece, con todo, que, en la explicación que propone, el sentido *gnóstico* ocuparía con más propiedad (y, desde luego, con más *historicidad)* el puesto del sentido *teosófico,* cualesquiera que sean (y son grandes, sin duda) las afinidades existentes entre el gnosticismo y la teosofía. No me cansaré de repetir que la forma *primitiva* de nuestra religión fue completamente *gnóstica,* y que el cristianismo reflejado en los tres primeros Evangelios canónicos es un cristianismo toscamente evemerizado y desviado en la mayor medida de las concepciones primordiales que habían prevalecido en su aparición, y servido de punto de partida a la formación de sus creencias. Los primeros cristianos fueron todos *gnósticos,* y no hay Evangelio apócrifo que no denuncie este origen en sus versículos, como también lo denota el Cuarto Evangelio canónico. La razón es porque el cristianismo primitivo, considerado históricamente, no fue más que un conjunto de sectas *gnósticas* en lucha contra el Imperio Romano, y cuyos secuaces influían, en tal lucha, como agentes, obrando a diestro y siniestro, arriba y abajo, y repartiendo por doquier su acción.

Hablaré ahora del Evangelio de la Infancia, en sus dos redacciones, una árabe (o mejor, siroárabe) y otra armenia, también traducidas, en 1914, por Peeters. Para hacer un estudio completo de ese Evangelio, llamado por su traductor las *Mil y una noches* cristianas, preciso es entrar en la selva de las historias apócrifas de la niñez del Cristo, que precariamente resumen, o monótonamente amplifican, un antiquísimo libro desaparecido, resto de viejas leyendas y de nuevas ficciones, que contaba, en un relato dramático y circunstanciado, algunos episodios de los primeros años de Jesús, después de su vuelta de Egipto[415]. Perplejos andan los críticos modernos en el deslindar el origen, la formación y las vicisitudes de aquel antiquísimo libro, cuya reconstrucción es imposible hacer por el estudio de los textos actuales, los cuales no han podido establecerse más que por reducciones y adiciones sucesivas. Ni por el estilo, ni por el contenido de las sentencias, ni por el sesgo de los relatos, hay en los Evangelios árabe y armenio huella que pueda llevarnos hasta el apócrifo primitivo, que la antigüedad cristiana conoció, que muchos llamaron genéricamente el *Libro de la Infancia,* y en el que pusieron las manos multitud de redactores en diversos tiempos. El Evangelio árabe, al que el texto inédito

---

[415] La anécdota referente al episodio de Jesús en la escuela fue ya referida por San Ireneo *(Adversus haereses,* XX, I), quien la había leído en un libro de los gnósticos marcosianos. Mingarelli *(Nuova raccolta d'opuscoli scienticifi e filologici,* XII, 75) hace observar que la misma anécdota se encontró en el Thibet, en donde supone que la introdujeron los maniqueos.

LaCriticaLiteraria.com

del *codex orientalix* 32 de la Biblioteca Laurenciana de Florencia[416] titula *Evangelio de la Infancia de Nuestro Señor*, es un amontonamiento heteróclito de tradiciones inciertas, y proviene de un libro más antiguo, que llevaba ese título, y que es, sin duda, la fuente del nuestro. El Evangelio armenio, reunión asimismo arbitraria de materiales en estado bruto, adolece de iguales defectos que el anterior, y las pesadas repeticiones que en él se notan, son quizá heridas causadas por escribas indiscretos a un original más antiguo, que ninguno de los textos actuales representa exactamente. Estos dos libros, fuera de estar compuestos en diferentes lugares y en largo intervalo de años, contienen añadiduras e interpolaciones pertenecientes a tiempos más modernos. Pero la doctrina general se reduce a puro nestorianismo, si bien la exponen a veces, con un sentido aparentemente ortodoxo.

Acerca del abolengo que a la composición de ambos apócrifos deba atribuirse, sería cuento interminable relatar la diversidad de pareceres. Entresacando lo cierto de lo discutible y dudoso, puédese afirmar: 1) que buena parte de los relatos son evidentes préstamos hechos a los Evangelios canónicos, aunque éstos aparezcan a ratos modificados caprichosamente; 2) que, en su mayor parte, ambos Evangelios dependen del Pseudo-Tomás, y, en una mucho menor parte, del Pseudo-Mateo; 3) que el hipotético texto inicial de donde ha salido la tradición ramificada de esos documentos, ha sido mezclado de diversas maneras con el *Protevangelium,* para formar una historia combinada de la infancia de Jesús hasta su duodécimo año; 4) que buena parte de los capítulos contenidos en ellos son de fecha poco anterior al siglo V; 5) que el Evangelio de la Natividad o un relato de la misma especie cayó en manos de un amplificador siríaco, que lo retocó y lo introdujo en Armenia hacia el fin del siglo VI, y que no tuvo escrúpulos en insertar en su novela las narraciones de su invención, a fin de inculcar a la figura de Jesús los rasgos que creía verdaderos[417].

En 1697, y con el título de *Evangelium Infantiae vel liber apocryphus de Infantici Salvatoris,* hizo parecer en público el orientalista alemán Sike la edición de un librito árabe, dividido en cincuenta y cinco capítulos. Esta versión latina, base única de todas las ediciones siguientes, ha servido de

---

[416] Sobre este texto, véase la descripción (que dista bastante de ser completa) hecha por Assemani, en las páginas 72 a 74, de su *Bibliothecae Mediceae Laurentianae et Palatinae codicum mamuscritorum orientalium catalogus.*

[417] Duval *(La littérature syriaque,* 180, 182) habla de otras novelas siríacas parecidas, entre las que figura una sobre Juliano el Apóstata, escrita, entre 502 y 532, por un monje de Edeso.

texto por espacio de más de dos siglos a todos los europeos que han tomado en la pluma los escritos apócrifos del Nuevo Testamento. Como la traducción de Sike era inexacta, vino a ser el lazo fatal en que se han enredado durante muchos años los anticuarios, por haber puesto absoluta confianza en aquella traducción, que muy poca merecía, dado que Sike no había tenido a su disposición más que un solo manuscrito sin fecha, procedente de la biblioteca del célebre lexicógrafo Golio, y que jamás han vuelto a encontrar los eruditos. Así vemos al clásico Fabricio, en su *Codex apocryphus Novi Testamenti* (1703) reproducir con escasas variantes dicha versión latina, fiado en la interpretación de Sike, y contentarse con introducir la división capitular que ha quedado en uso. No faltó un Jones, que, en su *New and full methode of settling te canonical authority of the New Testament* (1798), la notase de muy defectuosa, al coleccionarla. En 1804, Schmid la recogió de nuevo en su *Corpus omnium veterum apocriphorum extra Biblia.* Thilo, en su *Codex apocryphus Novi Testamenti* (1832) reprodujo el texto árabe y la versión latina, haciéndolos preceder de un estudio basado en las notas de Sike. Cuatro lustros después (1852), Giles, en *The uncanonical Gospels and others writings,* reeditó el texto árabe, y, más tarde, Tischendorf, en sus *Evangelia, apocrypha* (1876), reeditó la versión latina. Posteriormente, Rödiger, en su revisión de Thilo, y Fleischer, en su revisión de Tischendorf, pretendieron reformar conjeturalmente texto y versión, pero, a decir verdad, con poca fortuna, cosa nada extraña, por tratarse de una edición publicada hace dos centurias, conforme a un ejemplar desconocido y de contenido harto mediano. De suerte que, en el transcurso de más de un siglo, la crítica del documento siguió estancada, continuó atenida a datos insuficientes, no realizó progresos, no recibió nuevos bríos, no quedó alzaprimada, y permaneció en su ser, bien que algo mejorado el estilo y despojado de sus heces, en aquellas partes que necesitaban corrección y lima, ya por mal dispuestas, ya para distinguirlas de las paralelas de otros apócrifos.

A pesar de todo ello, los orientalistas no se dormían, y, pensando que no estaba agotada la materia, con tiempo y mimbres creían contar, para rematarla a pedir de boca. ¿Fue por ventura desacierto este afán de restauración del Evangelio árabe de la Infancia? Dios me libre de creerlo, antes debe tenerse por singular acierto, porque el estado del análisis comparado de tal libro requería, como incomparable beneficio, el ajustado remedio de una extrema necesidad. Así, en 1890, Budge hacía copiar en Alkos, en el vileyato de Mosul, una *Historia de la Virgen María,* que había encontrado en un manuscrito siríaco del siglo XIII al XIV, y, después de confrontada semejante transcripción con un ejemplar de la Sociedad Real Asiática de Londres, publicó su traducción inglesa en 1899, con el título de *The history of the Blessed Virgin Mary and the history of the Likeness of Christ.* Según Peeters[(418)], esta misma obra es la que parece haber condenado, en 1599, el Sínodo de Diampera, presidido por Alejo de Menezes, arzobispo de Goa. En el decreto 14 de la sesión III, el Sínodo reprueba y prohíbe la lectura de cierto número de libros siríacos de uso entre los nestorianos de Malabar, y nombra, en primer término, el *Librum vocatum de "Infantia Salvatoris" vel "Historia Dominae Nostrae"*[(419)]. Este título, y más todavía los ejemplos citados en los considerandos del anatema, prueban que la obra visada no era más que una redacción alterada de la *Historia de la Virgen* que Budge publicó. Dicha redacción, que Peeters designa por la letra S, y que es reputada como un relato de la natividad, de la vida y de la muerte de María, comienza por una especie de paráfrasis del *Protevangelium,* distinta de la versión siríaca, y termina por largos extractos de los *Dormitio Deipara* y de una colección siríaca de los milagros de la Virgen. Entre ambos extremos, el compilador inserta todo el Evangelio de la Infancia y un compendio de la vida pública del Cristo, reducida a algunos episodios muy libremente desenvueltos y entreverados de anécdotas apócrifas: resurrección del hijo de la viuda de Nain, bautismo de Jesús, bodas de Caná, tentación del Redentor en el desierto, su pasión y su muerte, encarcelamiento de su padre, resurrección, aparición a las santas mujeres, liberación de José, conflicto entre los saduceos encargados de guardar al último y los fariseos que vigilaban la tumba del crucificado, retorno de éste a Galilea y ascensión. La rareza confusa de semejante centón episódico no invita a hacer su análisis, y a quien quiera realizarlo sin esfuerzo propio, no le será difícil conseguirlo, con sólo leer la edición de Budge.

Comparadas las dos versiones de la redacción S que se conocen, échase de ver una diferencia capital entre ambas, y es que la versión primera se basa en una recensión más próxima al original que la segunda, la cual suprime los párrafos sacados del Pseudo-Tomás siríaco, e, inhibiéndose del texto árabe, hace caso omiso de las anécdotas que más distinguen y caracterizan a la primera, por lo que, cuando ésta discrepa de aquélla, su lección es preferible. Hay, empero, casos en que la versión primera presenta huellas evidentes de reproducción interpolada de consejas populares antiquísimas. Tal sucede, y es fácil observar, en el milagro del hombre y de la víbora, tomado del cuento indio de la "serpiente ingrata", que, muchos siglos más tarde, había de reaparecer en la fábula de

---

(418) *Evamgiles apocryphes,* introducción.
(419) Mansi, *Collectio Ccmciliorum,* XXXV, 1194.

Lafontaine que lleva por título *L'homme et la couleuvre*[420]. Cuanto a los pasajes en que se advierte paralelismo entre el texto siríaco y el texto árabe, nótase que el estilo del primero es más sencillo, y está menos retocado, que el del segundo, lo que indica ser aquél el primitivo, y éste mera derivación suya. El Evangelio árabe de la Infancia, en su redacción actual, más que una producción original, es una simple traducción de la redacción siríaca, y basta su lectura para comprender su escaso mérito literario y su nula importancia histórica.

Como documento de más precio para el estudio de los orígenes del Evangelio árabe, debe citarse la copia perteneciente a la Biblioteca Laurenciana de Florencia, copia hecha, en Mardin, por *Isaac ben abi 'l-Farag ben al-Kasis al-Mutatabbib,* y fechada en 1299, a 14 del mes de febrero *(sbat)* del año 1610 de los griegos. Si hubiera prevalecido la opinión de Thilo[421], que la miraba como la más antigua de las redacciones conocidas, la crítica tendría hoy medios de poder apreciar hasta en sus menores detalles las modificaciones posteriores de los textos. No habiendo sido encontrada esa redacción hasta los años últimos[422], su interés principal estriba en las indudables concomitancias que ofrece con muchos pasajes originales de nuestro apócrifo. A mi modo de ver, el manuscrito florentino es un ejemplar de procedencia nestoriana, pues en él abundan en gran copia los rasgos heréticos (y es lo primero que salta a la vista).

El quinto manuscrito que a nuestra consideración se ofrece, es el de la Biblioteca Vaticana. No es un manuscrito nestoriano, como el florentino, y como el de las redacciones siríacas primera y segunda, sino un manuscrito jacobita, como el de Sike. Menos antiguo que los otros, es, en cambio y por muchos conceptos, más interesante y de superior calidad, por el estilo, por la forma de la exposición y por la acertada distribución de los relatos. Su contenido, empero, carece de unidad interna, pues se presenta como un tejido heteróclito de piezas dispares, cuya copia o compilación parece haber sido hecha por un tal Efrén Figana, que invirtió ocho años en componerla[423]. Desde el capítulo I hasta la mitad del XLI, el narrador

---

(420) Véase a Régnier, *Œuvres de Lafontaine* (en la colección de *Les Grands Ecrivains de la France,* III, 2, 359).

(421) *Codex apocryphus Novi Testamenti,* introducción.

(422) Véase a Redine, *Ein apocryphes Herrenleben in mesopotamischen Federzeichnungen vom Jahre 1299* (en la nueva serie del *Oriens Christianus,* 1911, I, 249, 271).

(423) Los críticos consignan el detalle de que el monje Efrén, natural de Gargar, cerca de Amid, cambió varias veces de residencia. Peeters *(Evangiles apocryphes,*

sigue un texto árabe (que comienza por reproducir con variantes a menudo mejores el de Sike), y, a partir de allí, se pone a hablar en siríaco, o, mejor dicho, cede la palabra al Pseudo-Tomás, que se limita a repetir de un cabo al otro, aunque sin dar su texto integral por ello[(424)]. Toda esa segunda parte de nuestro apócrifo no es más que la redacción siríaca del Pseudo-Tomás, publicada primero por Wright[(425)], reimpresa después por Budge[(426)], y que, en el manuscrito vaticano, conserva su expresión más nítida, más genuina y más pura. El original del Pseudo-Tomás es un original siríaco, y todas sus versiones conocidas lo son de ese original[(427)]. No sólo hay versiones griegas y latinas, mas también eslavonas y georgianas, las cuales, en unión del Pseudo-Jacobo y del Pseudo-Mateo, completan el manuscrito vaticano, separadamente o en grupo, por variantes adicionales. Y estas variantes sólo por conjeturas pueden entenderse, ya que, por diferir entre sí las fuentes a que corresponden, resultan de ardua asimilación a las últimas, y las pruebas hechas por los críticos dan resultados tan diversos, que ello basta para comprender su dificultad.

Inquirir ahora respecto a la originalidad de ese manuscrito (que pudiera tenerla solamente en parte), fuera excusada tarea, atento que nos pone en

---

introducción) estima que las páginas que más interesan (por mostrarnos a nuestro apócrifo actual en vías de formación aún) parecen haber sido transcritas, bien en el convento de Mar Ciríaco, bien en el convento de Abú Gäleb, próximo a Gargar, por el que Efrén no hizo más que pasar, y que debía ser un monasterio de fundación armenia. Efrén, en el folio 275 de su centón, lo llama *el convento de Wänk* lo que significa, según él, *el convento de Abú Galeb.* Uno de sus monjes llevaba el nombre armenio de *Giragos* o *Kirakos,* es decir, Ciríaco, y otros eran designados con nombres persas. Vease a Payne Smith, *Catalogi codicum manuscritorum Bibliothecae Bodleianae,* VI, 58, 210, 212, 214.

(424) Peeters, *Evangiles apocryphes,* introducción. Según Peeters, todas las diversidades de fondo y de forma por las cuales el Evangelio árabe de la Infancia se diferencia de los lugares paralelos del Pseudo Tomás, son debidas a alteraciones posteriores.

(425) *Contributions to the apocryphal literature of the New Testament,* 6, 11.

(426) *The history of the Virgin,* I, 217, 222.

(427) Zotenberg *(Catalogue des manuscrits syriaques et sabéens,* 191, 212) menciona dos manuscritos siríacos más del Evangelio de la Infancia, existentes en la Biblioteca Nacional de París, y correspondientes a los números 238 y 273. Con advertencia examinados ambos textos, se les encuentra muy diferentes del que Thilo utilizó. Según Zotenberg, el manuscrito 238, empezado en idioma *karshuni* y terminado en lengua árabe, resulta inferior al 273, que es el mejor de los dos, y que presenta pocas variantes con el texto impreso del Evangelio de la Infancia.

guardia en contra suya el fracaso de la crítica, que no ha conseguido enseñarnos cómo se formó nuestro apócrifo, ni ha revelado siquiera las diferentes categorías de su formación. Peeters[(428)] juzga que "la única parte original son los capítulos XI a XLI, y original quiere decir que esa parte aparece ahí por primera vez. Queda por saber bajo qué forma las anécdotas de que está empedrada la narración, se pusieron en curso, y qué modelos las inspiraron. Un ejemplo que da mucho en qué pensar, es el milagro (relatado en los capítulos XX y XXI) del joven que había sido convertido en mulo por hechiceras, y que recobró la figura humana al contacto de Jesús. Esta taumaturgia grosera es exactamente del mismo gusto que el milagro que refiere Paladio, en su *Historia Lausiaca,* sobre el jumento que volvió a ser mujer, merced a la plegaria de San Macario de Egipto[(429)]. Aunque se noten entre las dos anécdotas varias diferencias bien caracterizadas, el dato, en una como en otra, es tan fundamentalmente idéntico que resulta imposible no remontarlas a un origen común. Sin aventurar prematuras deducciones, limitémonos a consignar que nuestro apócrifo entra aquí en controversia de prioridad con un autor griego de los primeros años del siglo V, cuentista cándido y crédulo, pero generalmente tenido por incapaz de demarcar un relato. Si Paladio atribuye el hecho a San Macario, esto prueba a lo menos que lo había oído contar en honra y gloria del santo asceta egipcio, puesto que, en aquel medio y en aquella época, apenas parece posible suponer una falsificación del Evangelio árabe de la Infancia. Ahora bien: la *Historia Lausiaca* fue traducida al siríaco muy pronto. El Museo Británico posee de ella un manuscrito fechado en el año 532, que había pertenecido al Monasterio de los Sirios, en Nitria, y la versión que contiene podría remontar al final del siglo V[(430)]. Es una fecha extrema, y conviene añadir que el Paladio siríaco no debió esparcirse con igual prontitud por todos los medios. Fueron verosímilmente los sirios monofisitas, amigos, vecinos y huéspedes de Egipto, quienes lo adoptaron los primeros, después de haberlo traducido ellos mismos, sin duda, y hubo que esperar a que se olvidase este patronazgo comprometedor, antes de que pudiese penetrar en los nestorianos de Mesopotamia o de Persia. Y, en efecto, no se le señala en

---

(428) *Evangiles apocryphes,* introducción.

(429) Véase a Butler, *Texts and Studies,* 1904, VI, II, 44, 46, 89, 95. Compárese con Preuschen, *Paladius und Rufinus,* 90. En la *Historia monachorum,* cuéntase el mismo milagro, sin más diferencia que la de que las víctimas del maleficio no son una mujer y su esposo, sino una joven y sus padres.

(430) Wright, *Catalogue of siriac manuscripts in the British Museum,* 1072, 1074.

LaCriticaLiteraria.com

estas regiones hasta un siglo más tarde. Si, pues, es cierto que el Evangelio árabe de la Infancia fue redactado primitivamente en siríaco, sabemos a lo menos esto: que la redacción que contienen los capítulos XX y XXI, y el capítulo XXII, que les sirve de apéndice, data, a todo más, del siglo VI o del VII, pero sin que haya podido formarse por interpolación de un apócrifo más antiguo. Donde se ve la importancia que tendría conocer con exactitud lo que comprendía primordialmente el texto siríaco (sea traducción, imitación, compilación o rapsodia), que se juntó al Pseudo-Tomás, para integrar nuestro actual apócrifo. No parece, empero, que el examen de la tradición manuscrita siroárabe permita resolver el problema así planteado. En toda la primera parte del Evangelio, las únicas divergencias a propósito de las cuales quepa pronunciar el término de recensión, son aquellas en que los manuscritos de las dos redacciones siríacas bordan y adornan la historia de los magos con una leyenda asimilada a tradiciones persas. El manuscrito florentino no ha retenido de ella más que ciertos detalles, que denotan, sin embargo, una narración redactada conforme al mismo punto de vista, porque su parágrafo preliminar sobre la fabulosa profecía de Zoroastro es de un color local suficientemente caracterizado. El manuscrito vaticano y el ejemplar de Sike conservan también reminiscencias de la misma supuesta profecía, y de aquí habría que deducir que ésta pertenecía a la primitiva redacción. Pero los cuatro manuscritos de referencia se reúnen contra la versión de Sike, para excluir los capítulos XXIV y XXV". Estos capítulos, que hablan del paso de la sagrada familia por las ciudades egipcias de Matarieh y de Misr, relatan leyendas piadosas[(431)] y milagros, que, por confesión del autor (XXV, 2), "no figuran en los Evangelios de la Infancia, ni en los Evangelios completos". Por lo demás, los milagros del resto de la obra llevan todos la misma marca de fábrica, y se reproducen capítulo tras capítulo, sin la menor variación narrativa. Los personajes solamente cambian, pero el giro de las escenas es siempre igual, e idéntico el procedimiento de que se vale María para realizar curaciones milagrosas con los pañales del niño Jesús, o con el agua en que bañaba a éste. Nada hay que fatigue y que enoje tanto como seguir al autor en la serie de

---

[(431)] Sobre las relativas a Matarieh, consúltese a Sozomeno *(Historia ecclesiastica,* V, XXI, edición Hussey), a Parkas *(Tó parà ten Matarían Léndron tés Eanarías,* 23, 38), a Julien *(L' Arbre de la Vierge à Matarieh,* 19, 40), a Sacy *(Relation de l'Egypte par Abd-Allatif,* 86, 90), a Raynaud *(Itinéraires à Jerusalem.,* 174, 176), a Evetts *(Semitio Series,* VII, χ), a Nau *(Revue de l'Orient Chretien,* 1910, XV, 125, 132) y a Dib (en la misma revista, año y tomo, páginas 157 a 161).

prodigios que refiere, y que son otras tantas muestras ridículas de una taumaturgia abortada.

La cuestión relativa a las fuentes del Evangelio armenio de la Infancia es, después de la concerniente al Evangelio árabe, la más difícil de cuantas se discuten en torno a la literatura cristiana apócrifa[432]. El autor encontró, sin duda, en documentos anteriores, una extraordinaria riqueza de temas sobre los cuales evangelizar, pero no un Evangelio propiamente dicho. La mayor parte de esos documentos desconocidos de propaganda evangélica, que han ejercido tan poderoso influjo entre los cristianos de raza semítica, pero que tienen tan poco valor histórico, se hallan, en la redacción armenia, dispuestos, no en la forma de episodios más o menos coherentes, pero siempre distintos unos de otros, como en algunos apócrifos de la Infancia (especialmente en el Pseudo-Tomás), sino amontonados de un modo confuso, aunque recortados, tallados, retocados, muchas veces, en las circunstancias particulares. De esta manera, la colección de milagros infantiles atribuidos a Jesús se enriquece en la redacción armenia con relación a los sobriamente narrados por el Pseudo-Tomás, mas no se depura por concepto alguno, antes bien los prodigios se agrupan en la forma más caprichosa, y se repiten sin cesar con desesperante monotonía. Las resurrecciones de muertos, en especial, cansan y abruman al lector más paciente, por la enfadosa identidad de los detalles que en todas campea, y que se prolonga hasta el fastidio.

---

[432] Los que deseen ampliar y puntualizar multitud de controversias y de minucias que yo me he visto obligado a tratar y a explicar de un modo muy general y muy sucinto, pueden consultar, entre otros autores, a Amélineau *(Géographie de VEgypte à l'époque copte,* 334), Berendts *(Studien über Zacharias Apokyphen und Zacharias Legemden,* 81, 95), Budge *(Anecdota Oxoniensia,* 82, 86), Chardin *(Voyages en Perse et autres lieux de l'Orient,* X, 26, 28), Kugener *(Oriens Christiamus,* 1907, XXIX, 304), Lemm *(Bulletin de l'Académie Impériale des Sciences de SaintPétersbourg,* 1900, V, XII, 286), Maspero *(Histoire ancienne des peuples de l'Orient,* I, 266), Migne *(Patrologia graeca,* LVI, 638), Reinsech *(Die Pseudo Evangelien von Jesu und Maria's Kindheit,* 8, 10, 128), Schade *(Liber de infantia Mariae et Christi salvatoris,* 40), Schau *(Die Chronologie orientalischer Vôlker von Albêrûnî,* 291, 299), Schefer *(Description des lieux saints de la Galilée et de Palestine par Abou'l Hassan Aly el Herewy,* 9), Sourdille (*Hérodote et la religion de VEgypte,* 274, 278), Tobler *(Descriptiones Terrae Sanctae,* 120, 122), Wallis *(The Book of the Bee of Salomon of Bassorah,* introducción) y Weil *(Biblische Legende der Muselmanner,* 285, 287).

La redacción armenia se publicó por primera vez e íntegramente por el Padre Daietsi[433], quien se atuvo a una copia hecha en 1824, por el Padre Esaiean[434], que a su vez se atuvo a otra copia hecha en 1821 por un tal Paraunag de Eznig, el cual la tomó de un viejo manuscrito, que, al parecer, fue poco después entregado a las llamas, como un libro malo, por un joven clérigo adherido al servicio del patriarca armenio de Andrinópolis[435]. Es muy probable que Conybeare[436] sacase de una de las dos copias de ese manuscrito su traducción de los seis primeros capítulos de nuestro apócrifo, traducción a que me referí ya anteriormente. Sin embargo, es de notar que el Evangelio armenio de la Infancia no debe nada a la versión armenia del *Protevangelium,* editada también por el Padre Daietsi[437], y que se relaciona directamente con la tradición griega[438]. Conybeare pretende que su traducción la hizo sobre un manuscrito armenio (¿el del Padre Esaiean?) de la Biblioteca de los Mequitaristas de Venecia, manuscrito intitulado *Historia de la Virgen María, cuando estaba en la casa de su padre, contada por Santiago, el hermano del Señor.* En verdad, este título es bastante parecido al del capítulo I del Evangelio armenio, en su texto actual. Pero es lo cierto que el documento primitivo no llevaba título alguno en su totalidad, y que el editor posterior se lo dio, ateniéndose a una cita de Sargis Snorhali, que, en el siglo XII y en su *Comentario a las Epístolas Católicas,* había hecho mención de un apócrifo rotulado *Libro de la Infancia del Cristo.* Por lo demás, tanto el documento primitivo como su texto actual, no tienen forma histórica, y no hay en ellos, ni precisión de lenguaje, ni corrección de estilo, ni desarrollo ordenado, ni unidad tan siquiera.

Veintiocho capítulos componen el Evangelio armenio de la Infancia, uno de los más extensos y pesados de todos los apócrifos. Los siete

---

(433) *Tesoro de literatura armenia antigua y moderna,* II, 1, 126.

(434) Esta copia se conserva en el manuscrito 298 de la Biblioteca de los Mequitaristas de San Lázaro, en Venecia.

(435) *On peut déjà conclure de cet autodafé que notre apocryphe formait un volume à part et qu'il ne payait pas de mine* (Peeters, *Evangiles apocryphes,* introducción).

(436) *Protevangelium Jacobi from an armenian manuscript in the library of the Mechitarits in Venice* (en *American Journal of Theology,* 1897, I, 424, 442). Amann (*Le Protevangile de Jacques et ses remaniements latins,* 71).

(437) *Tesoro de literatura armenia antigua* y *moderna,* II, 250, 264.

(438) *Celà seul prouve ou, du moìns donne à penser que l'Evangile arménien de l'Enfance n'a pas été compose en arménien, par un compilateur que assemblait des pieces déjà traduites* (Peeters, *Evangiles apocryphes,* introducción).

primeros capítulos coinciden, tanto en el tema como en el desenvolvimiento de las líneas generales de la narración, con los capítulos I a XVI del Pseudo-Jacobo y con los II a XIII del Pseudo-Mateo, y algunos largos fragmentos parecen haber sido copiados de otra fuente anterior, la primera parte de la *Historia siríaca de la Virgen,* pues, aunque en el conjunto se nota un gran desorden, el cañamazo es casi idéntico. Ello no quiere decir que el parecido sea absoluto, sino libre e intermitente en muchos casos. El Evangelio armenio ocupa con respecto al Pseudo-Mateo una posición análoga a la que éste ocupa con respecto al Pseudo-Jacobo. De una y de otra parte, el *Protevangelium* ha sido aumentado con adiciones extraídas de varios de los Evangelios perdidos para nosotros, y que el autor de nuestro apócrifo conoció, a no dudarlo. Para explicar esas amplificaciones numerosas que el redactor del Evangelio armenio hizo en el fondo común del Pseudo-Jacobo, y que, no sólo no existen en el Pseudo-Mateo, sino que resultaban distintas, a lo menos por su extensión, de todo lo que sabía, es preciso atribuir una buena parte a la tradición griega, como ya se advirtió. El redactor del Evangelio armenio se sumerge plenamente en esa tradición, y procede de la misma manera que los numerosos autores de historia evangélica que escribieron antes de él, los cuales todo lo hallaron hecho y a pedir de boca, pues todo se lo dio mascado semejante tradición en un soplo. Del prolijo trabajo resultó una turba interminable de repeticiones, galimatías, yerros, equivocaciones, descuidos, inadvertencias, contrasentidos, períodos ambiguos, construcciones falsas y términos impropios, nunca usados por los apócrifos precedentes, a lo menos cuanto a la significación, y que sólo pueden ser comprendidos en su sentido natural, si se toman en cuenta las influencias que las han torcido. Los relatos del Evangelio armenio son, por decirlo así, oráculos impregnados de ansia de popularización, pero al mismo tiempo oscuros, aislados, alegóricos, llenos de circunlocuciones, de pleonasmos, de arengas, de diálogos, de monólogos, de charlatanerías de todo género. De tales expresiones verbosas, ininteligibles y redundantes, puse más atrás sucintas muestras, ya que sea imposible reducirlas todas a determinado guarismo. No obstante, se ha calculado que un tercio del texto del Evangelio armenio no se encuentra, ni en el Pseudo-Jacobo, ni en el Pseudo-Mateo. Así, pareciéndole al redactor del primero que ambos apócrifos olían a rancio, a precario, a pobre, a menguadísimo, y afanoso de llenar el vacío de tan apremiante carestía, hizo presa en el Evangelio árabe, donde quería hallar sazonada cosecha para su premeditado agosto, sin dársele un ardite de los desmanes que de soslayo iba a cometer contra la histórica verosimilitud. A partir del capítulo VIII, el contacto de la redacción armonia con el Evangelio árabe no se interrumpe un punto. Esto no implica que el original primitivo de aquella redacción fuese un original arábigo, como piensa el Padre Daietsi[(439)]. Según Peeters[(440)], semejante apariencia no resiste al examen, no sólo porque surgen, acá y allá, muchos idiotismos siríacos netamente recognoscibles, sino que también porque los defectos, las contradicciones singulares y las faltas de lógica que presenta la jerga bárbara de ciertos pasajes pueden no ser más que interpolaciones. Por otra parte, si el Evangelio armenio contiene palabras árabes, contiene asimismo palabras persas y turcas, lo que prueba únicamente que estas palabras pertenecían a la lengua usual del traductor y de su público[(441)]. Y aquí debo hacer presente, ya que la curiosidad del asunto va aumentando, que tampoco puede extrañar en exceso que se encuentren allí bastantes incoherencias, que parecen explicarse por la sintaxis arábiga. Por ejemplo: una circunstancia de la acción principal se indica en una proposición coordenada, en que se cree reconocer el *hāt* árabe. Pero, en la época en que se compuso nuestro apócrifo, un traductor armenio que leía el siríaco, no podía dejar de leer, y aun de hablar, el árabe, que era, para él, un idioma vivo y aprendido por el uso, en las relaciones prácticas y con gentes que lo hablaban tan bien o mejor quizá, y no se necesitaba más para que, con la ayuda de la distracción o de la negligencia, se produjesen confusiones bajo el efecto de la analogía[(442)]. A menudo y contrariando la exuberancia imaginativa o fantástica que caracteriza en general el contenido literario de la redacción armenia, aparecen tropiezos lingüísticos y giros dudosos, que se resuelven por momentos en vocablos exóticos, en frecuentes solecismos y en una cierta retórica bastante fría. ¿De dónde puede proceder esta diferencia? Evidentemente de que, en el primer caso, el redactor compone él mismo las narraciones, mientras que, en el segundo, se atiene a fuentes tomadas del siríaco, idioma que, por contraste con el árabe, no era un idioma vivo y aprendido por el uso, sino un idioma muerto o moribundo, que vegetaba en las escuelas, que se estudiaba en los libros, y que, en su calidad de lengua sabia, se dejaba impunemente interpretar e imponer por los que lo entendían a medias a los que no lo

---

[(439)] *Tesoro de literatura armenia antigua y moderna,* II, 184. El Padre Daielsi pone el ejemplo de voces armenias correspondientes, en la versión, a *palabras* o *frase*.

[(440)] *Evangiles apocryphes,* introducción.

[(441)] Esto es también lo único que prueban las razones por las que Vetter *(Theologische Quartalschrift,* 1905, LXXXVII, 353, 357) se dejó persuadir de que el libro de Abikar debió haber sido traducido del árabe al armenio. Peeters *(Evangiles apocryphes,* introducción) hace notar que el origen árabe del Abikar armenio no constituye un ejemplo idóneo para ser invocado aquí.

[(442)] Peeters, *Evangiles apocryphes,* introducción.

entendían en absoluto[443]. Así, los arabismos que pululan en nuestro apócrifo hubieron a buen seguro de introducirse, fuera de tiempo y demasiado tarde, en un texto armenio traducido del siríaco. Desde este punto de vista, nuestro apócrifo marca bien el último grado de redacción reflejada adonde podía llegar la tradición evangélica después de salido a luz el Evangelio árabe, procediendo por pura amplificación, y no empleando documentos nuevos. Y de esta mescolanza disparatada de episodios y de diálogos, muy mal trabados entre sí, ya supuestos o fingidos, y que el redactor del Evangelio armenio con amaño zurce, surgió el contenido del documento que Peeters[444] llama la redacción A.

Ya, con tales antecedentes, podemos juzgar del tono y de la materia de la segunda redacción, designada por el signo B, publicada también por el Padre Daietsi[445], conforme a otro manuscrito de la misma Biblioteca de San Lázaro, y cuya edad y procedencia se ignoran. Sin embargo, aunque privada documentalmente de todo indicio a ese propósito, parece más antigua que la redacción A, a lo menos en el sentido de aparecer muy mutilado su texto, a pesar de ser éste más largo y más difuso que el otro en algunos capítulos. Tampoco las rúbricas de éstos, indicadas o suplidas extemporáneamente por debajo de las páginas, corresponden exactamente a los subtítulos de A, ni por el lugar, ni por el número, ni por el enunciado[446]. Según esta división, el texto comienza al final del capítulo XI (XI, 23, en A), y se interrumpe, por última vez, a la mitad del capítulo XXVII (XXV, 5, en A). Ni está de más recordar que las variantes adicionales ocurren en el decurso de toda la narración, y que B intercala, al empezar el capítulo XXI (XVIII, 1, en A) una historia del templo destruido milagrosamente, que es una repetición del episodio ya contado en el capítulo XVIII (XVI, 1, 4, en A). En los postreros versículos del mismo capítulo inserta otra variante del milagro del niño Saúl, resucitado por Jesús, a quien se acusaba de haberlo hecho perecer. Por último, al principio del capítulo XXII (XX, 15, en A), el autor pone tres episodios de aumento: liberación de un joven poseído, resurrección del niño precipitado desde lo alto de una torre[447], y curación de un muchacho paralítico[448].

---

[443] Este punto fue puesto en claro por Marr, ya desde 1891. Veintitrés años más tarde (1914), Peeters repitió sus observaciones, acrecentándolas con notables desenvolvimientos.

[444] *Evangiles apocryphes,* introducción.

[445] *Tesoro de literatura armenia antigua y moderna,* II, 127, 235.

[446] Peeters, *Evangiles apocryphes,* introducción.

[447] En este nuevo relato, el niño se llama Zenón, como en la leyenda siroárabe, y el giro episódico dado al relato mismo es diferente.

Entre los tesoros bibliográficos que el archimandrita Iusik había legado al convento de Edsmiadsin, Mass descubrió una tercera redacción, cuyas variantes se señalan aquí por la letra E. El manuscrito encontrado por Mass, y fechado en 1666, fue sometido por ese crítico a un parangón con el informe ofrecido por el Padre Zarbhanélean, que no es realmente más que una lista de los capítulos de la primera redacción. Más reducido el texto del nuevo manuscrito que el de las dos redacciones anteriores, los diez y nueve capítulos de que consta, y que corresponden con basta aproximación a los VII a XXVIII de A, sólo están extractados, especificándose únicamente lo esencial de ellos. No aparece claro el fin que dirigió al compendiador en este trabajo de resumen, pero algunas de las citas de A vuelven a encontrarse casi literalmente en la redacción impresa de E.

Dos nuevas copias de nuestro apócrifo conoce la erudición evangélica. Una, anterior a 1710 y hecha probablemente en el siglo XVI, pertenece a la Biblioteca de los Mequitaristas de Viena[(449)]. Pienso que, en la redacción primitiva de este documento, el título de *Evangelio de la Infancia,* o, más exactamente, *Evangelio Niño.* como Chardin[(450)] le denominó, no formaba parte del *initium,* y que fue puesto en él más tarde, porque no convenía al narrador más antiguo, por muy original que se le suponga, el empleo de neologismo semejante, tan exótico, raro e incongruente como desconocido en la época en que se escribió. Del texto mismo, todo lo que sabemos es que estaba dividido en veintiséis capítulos, cuyos rótulos iniciales (especialmente en los capítulos I, III a XXII, XXIV a XXVIII) consuenan con los de la redacción A. Y esta conformidad se extiende a los *incipit* de los capítulos. El X comienza por la misma frase coja que el capítulo X de aquella redacción, y los dos manuscritos terminan con idénticas palabras[(451)]. Cuanto a la otra copia, poseyola el retiro monástico de Ktutz, enclavado en la isla de Agathamar, lago de Van. Hízose esa copia (que sólo a título de dato cronológico traigo aquí) en el año armenio de 796 (1347 de nuestra era), bajo el reinado de Constantino II de Negir, protector y sostén del católico latinizante Mekhithar de Sis[(452)]. Constantino no encarnaba la idea nacional de los

---

(448) Peeters, *Evangiles apocryphes,* introducción.

(449) Véase a Dashian, *Catalog der armenischen Handscriften in der Mechitharisten-Bibliotek zu Wien,* 502, 504.

(450) *Voyages en Perse et autres lieux de l'Orient,* X, 27.

(451) Peeters, *Evangiles apocryphes,* introducción.

(452) Zarbhanêlean, *Catálogo de las antiguas tradiciones armenias,* 197.

armenios agrupados en torno a las sedes disidentes de Agthamar y de Albania, y esa mención de su reinado parece indicar que el manuscrito de Ktutz provenía de la parte armenia de Cilicia[(453)].

Y, ya en este terreno, conviene consignar que, amén de los ejemplares completos del Evangelio armenio, pulularon profusión de pequeños escritos, cuyos autores narraban episodios aislados de la niñez de Jesús, referentes al anuncio del ángel, al embarazo de la Virgen, a la llegada de los magos a Jerusalén y a Bethlehem, a la persecución de Herodes, a la huida a Egipto, y a otras particularidades evangélicas. El Padre Daietsi[(454)] ha publicado cinco de esos fragmentos, tres de los cuales utiliza Peeters[(455)] (que los señala por los signos M_1, M_2 y M_3), para suplir el silencio de la redacción B, mutilada en ciertos lugares en que los tales fragmentos ofrecen con respecto a ella variantes significativas. Son en abundante guarismo estas variantes, que registra e interpreta Peeters, para su más acertada investigación, y varias de ellas no convienen en modo alguno con las peculiares del Evangelio armenio en sus dos primeras redacciones, ni tampoco en su origen, factura, giros, modismos y disposición de relatos. Comparada con la recortada y extractada redacción A, la B, alargada y desleída en casi todas sus partes, contiene muchas locuciones del idioma del que fue vertida, mal trasladadas unas, por defecto de transcripción, sin duda, y oscuramente definidas otras, por imperfecto conocimiento de la lengua árabe, es decir, de su estructura, trabazón y fraseología.

Ahora, supuesto que ninguno de los textos actuales del Evangelio armenio representa exactamente el original, ¿qué juicio hemos de formar de los fragmentos en cuestión? A mi modo de ver, estos fragmentos se deben a la necesidad de conservar por escrito e ininterrumpidamente muchos cuentos y anécdotas que amenazaban perderse para las comunidades cristianas orientales. La curiosidad natural de los pueblos y el deseo de información, como también su incapacidad para escalar las alturas espirituales de la teología, trajo consigo la composición de pequeñas colecciones pseudo-históricas, que se escribieron en distintos lugares, y que referían aquellos cuentos y anécdotas. Dichas colecciones ofrecían elementos comunes y muchas variaciones; el orden histórico y el adorno literario diferían muy especialmente; cada redactor trataba de

---

(453) Peeters, *Evangiles apocryphes,* introducción.

(454) *Tesoro de la literatura armenia antigua y moderna,* II, 267, 277, 284, 295, 306, 312.

(455) *Evangiles apocryphes,* introducción.

completar el cuaderno de su memorial consultando los cuadernos de los otros redactores; y, naturalmente, toda leyenda vivamente acentuada, que había sido transmitida por la tradición evangélica, era cogida al vuelo con avidez suma, e insertada en semejantes colecciones. De aquí narraciones míticas y místicas del anuncio del ángel, del embarazo de la Virgen, de la llegada de los magos a Jerusalén y a Bethlehem, de la persecución de Herodes[(456)], de la huida a Egipto, de curas milagrosas del niño Jesús, de proezas, de símbolos, de visiones, etc., todo lo cual fue cocido en conjunto en el rancho extrañamente compuesto que se denomina el Evangelio armenio de la Infancia. He aquí por qué este Evangelio es uno de los más extensos de los apócrifos, y aquel que alcanzó mayor popularidad en Oriente.

No pudiendo entrar en detenidos estudios comparativos, creo, sin embargo, importante poner, por vía de adición, algunas noticias acerca de un *Libro de la Infancia,* que a fines del siglo VI se tradujo del siríaco al armenio. En 1179, el cronista Samuel de Ani relata que, en 590 ó 591, propagandistas nestorianos, originarios de Siria, introdujeron en Armenia cierto número de libros apócrifos, de que da la lista, y cuyos títulos se presentan muy enigmáticos[(457)]. Los propagandistas nestorianos fueron expulsados con su biblioteca intérlope, pero, según Samuel, habían cometido engaños al traducir sus libros, y uno de esos apócrifos llevaba por título el de la *Infancia del Señor.* Peeters[(458)] estima que "no cabe sacar de este testimonio lo que encierra. En sí, no garantiza en modo alguno que ese *Libro de la Infancia,* proscrito en el siglo VI, sea el mismo que se encuentra en el XII, aceptado casi oficialmente por la Armenia monofisita. Es evidente, de otra parte, por señales demasiado claras para que nadie se detenga a discutirlas, que el texto de las ediciones actuales no data de 590 ó 591. Hasta cuando todos los demás indicios que lo prueban se dejasen eliminar uno a uno, la lengua, ya mezclada de armenio vulgar, daría un aspecto de época baja al conjunto del documento. Y dos hipótesis son admisibles: 1) o bien el *Libro de la Infancia* fue traducido por segunda vez, independientemente de la antigua versión en armenio *literal,* haya ésta desaparecido con la secta que la compuso o haya sobrevivido en

---

[(456)] El relato de la matanza de niños por Herodes es imitación del intento del Faraón de matar al niño Moisés, el cual probablemente nunca existió tampoco. Véase mi trabajo sobre *La civilización del antiguo Egipto,* 75, 79.

[(457)] Zahn, *Forschungen zur Geschichte des neutestamentliche Kanons,* II, 109, 148.

[(458)] *Evangiles apocryphes,* introducción.

alguna copia escapada a la destrucción, y la cosa es posible, pues ocurrió con otras obras (por ejemplo con las *Vidas de los Padres del desierto),* cuya primera versión no se consiguió ocultar; 2) o bien la versión actual es un retocamiento popular del texto primitivo, tornado a su contenido arcaico, y varios motivos hablan en favor de tal conjetura. El hecho es que nuestro apócrifo aparece atestiguado en Armenia desde una época anterior a la que denotan los caracteres lingüísticos de la redacción existente. Ya vimos que Sargis Snorhali cita el *Libro de la Infancia,* en el siglo XII[(459)]. El historiador Vardan, en el XIII, debe haber copiado de él los nombres y las cualidades de los reyes magos, la cantidad de sus tropas y la de los niños de Bethlehem degollados por Herodes[(460)]. A pesar de la extremada concisión de su resumen, la fuente de donde lo saca, preséntase claramente recognoscible. Ahora bien: en la época en que el *Libro de la Infancia* se utilizaba así en un compendio de la historia universal, no debía ser nuevo en Armenia, y era conocido, sin duda, desde hacía el tiempo suficiente para que hubiese creado ya un culto local. El mismo Vardan, o uno de sus discípulos, en la geografía que lleva su nombre, refiere que, en el convento de Amenaphrkié, se creía poseer la tumba del santo rey mago Gaspar[(461)]. Esto nos conduce a una fecha en que, ciertamente, el texto no contenía aún todos los vulgarismos que ofrece hoy, y que son demasiado modernos para remontar tan arriba[(462)]. Y, si han sido introducidos más tarde, ¿por qué los otros, y por qué todo el libro, no sería la antigua traducción, retocada, rejuvenecida, o, mejor, puesta al alcance de los lectores a que estaba destinada?

---

(459) Marr y Patkanian, editor el último del historiador Mekhithar de Ani (siglo XIII), recuerdan lo referido por dicho historiador, según el cual el monje Bahira leyó a Mahoma, además del Antiguo y del Nuevo Testamento, *el libro que se llama de la "Infancia de Jesús"*. Pero esto no prueba directamente que Mekhithar haya conocido la versión armenia que designa con ese título alterado.

(460) Catorce mil sesenta y dos, según Vardan; catorce mil sesenta, según la redacción B; trece mil sesenta, según la redacción A. Entre estas dos menciones, Vardan cita, evidentemente conforme a otra fuente, una relación dirigida a Augusto por "un franco (léase *galo)* llamado Luciano".

(461) Véase a Saint-Martin, *Mêmovres géographiques et historiques sur l'Arménie,* II, 428.

(462) Véase al Padre Daïetsi, *Tesoro de literatura armenia antigua y moderna,* II, 62.

A la misma conclusión se llega, examinando los nombres propios de lugar y de persona[463], transcritos casi siempre según la fonética antigua y la ortografía propia del traductor. Así, *Tanis* se traslada por *Taianu; Hebron* por *Kebron; Ascalon* por *Askolon; Tiberiades* por *Tapari o Taparia; Kharhé*[464] por *Kahira* (Cairo); *Abbión* por *Appion; Gaspar* por *Gathaspa; Melchor* por *Melkon; Baltasar* por *Paldasar,* etc. Los capítulos en que el autor del Evangelio armenio pretende completar al Evangelio árabe, al Pseudo-Tomás, al Pseudo-Mateo y al Pseudo Jacobo, no completan nada, porque las amplificaciones no son completas por sí mismas. La mano de un abreviador torpe adivínase en la introducción súbita de personajes desconocidos y enigmáticos, sobre los cuales no se ha dado antecedente alguno, y que pasan por el relato de improviso y, a veces, con notoria inoportunidad. Cuando el narrador presume seguir el orden cronológico, se pierde en vaguedades flotantes, en precisiones desemparejadas, en detalles descosidos, en indicaciones ociosas. La desmesurada extensión de los cuadros, lejos de concretar pormenores interesantes y circunstancias instructivas, se desmadeja en relatos atrofiados, que se acoplan arbitrariamente, siguiendo un plan artificial y un desarrollo pesadísimo. Y es lo doloroso: que esos relatos tengan detrás de sí un original más vivo y mejor encadenado. Porque la crítica ha dejado fuera de controversia la suposición de que el Evangelio armenio dejó trocado en revuelto mar de incoherencias la parte remanente del primitivo texto siríaco sobre el que se compuso, y al que hizo decaer de su rigor nativo. La obra de empobrecimiento del documento primordial, no sólo continúa en el Evangelio armenio, sino que se cierra en cierto modo. De entonces más, parece quedar definitivamente terminado el ciclo histórico de la literatura evangélica.

Hasta aquí me he ocupado tan sólo de los Evangelios apócrifos de la Infancia, que muchos críticos colocan en el grupo de los *suplementarios* y más *recientes,* porque suponen que su redacción obedeció al propósito de sus autores de satisfacer la ávida y piadosa curiosidad de los fieles, contemporáneos suyos, sobre aquellas partes de la vida de Jesús de que no

---

[463] Véase a Frick *(Kleine Schriften,* II, 334, 339, edición Ruhl), a Baumgartner *(Zeitschrift der Deutschen Morgenlandischen Gessellschaft,* 1886, XL, 508) y a Justi *(Iranisches Namenbuch,* 369).

[464] Según Peeters *(Evangiles apocryphe,* introducción), este nombre se introdujo, a despecho de la cronología, en un pasaje en que el antiguo nombre *Mesren* permaneció visible bajo el contrasentido del contexto, y, en semejante anacronismo, aparece, en pequeño y en resumen, toda la evolución de la versión armenia.

hablan, y que dejan en la sombra, los Evangelios canónicos[465]. Sin embargo, este criterio, que parece insinuar cierta rivalidad entre los relatos legendarios de unos evangelistas y los míticos de otros, no tiene aplicación, verbigracia, a la *Historia de José el Carpintero,* que no aspira a completar, y menos aún a reemplazar, las narraciones canónicas, con las cuales no guarda la menor conexión la suya. Cuanto a considerar dichos Evangelios como publicados en época más reciente que los canónicos, el aserto es discutible, pues paréceme haber probado que la composición del *Protevangelium Jacobi* (y acaso también la del Pseudo-Tomás) es de fecha anterior a San Mateo y a San Lucas, que se sirvieron de él para aderezar sus fábulas del nacimiento y de la niñez de Jesús. Como quiera, puesto caso que esos Evangelios no sean ficciones de tendencia, ni pretendan llenar lagunas de información (sobre todo los Evangelios árabe y armenio, cuyas relaciones son puramente novelescas, y están exentas de todo doctrinarismo), todavía hay que lamentar que los críticos de referencia pretendan clasificarlos al margen de aquellos otros Evangelios, más curiosos y más diezmados, que quieren inculcar doctrinas tendenciosas, so capa de enseñanzas evangélicas. Porque unos y otros apócrifos (especialmente los de tipo sinóptico) deben concebirse como incorporaciones a la literatura evangélica de las tradiciones antiguas. Los evangelistas apócrifos, como los canónicos, emplearon fuentes orales, y lo que los teólogos ortodoxos llaman *adiciones* suyas a los relatos *auténticos* provienen de aquellas fuentes, las cuales son a menudo diferentes e independientes de las que utilizaron los evangelistas canónicos. Unas veces no se sirvieron de las narraciones de éstos para nada, y otras ni siquiera las conocieron. Y, si los gnósticos intentaron, en sus Evangelios, poner bajo forma de discursos de Jesús su propia enseñanza, otro tanto hicieron los redactores de los *Sinópticos,* los dos primeros con relación a la enseñanza de los ebionitas o judeocristianos, y el tercero con relación a la enseñanza de los paulistas. ¿Y qué decir del redactor del Cuarto Evangelio, que era un gnóstico declarado? Además, las fronteras de la canonicidad no se cerraron para la literatura evangélica hasta el último tercio del siglo II, y las iglesias vacilantes sobre su origen han aceptado por mucho tiempo como canónicos Evangelios después rechazados. Y, si

---

[465] "Así es como los *Acta Pauli et Thaeclae* fueron fabricados por un sacerdote asiático, ferviente admirador de San Pablo, y que, según el testimonio de Tertuliano, *confesó ser el autor de ese libro, y haberlo compuesto por devotísimo afecto al Apóstol de los Gentiles"* (Vigouroux, *Dictionnaire de la Bible,* II, 2115).

han circulado sin obstáculo entre las comunidades cristianas, y han sido tenidos en grande estimación por muchos Padres de la Iglesia, ¿con qué motivo justo los calificó la ortodoxia posterior de ficticios y de tendenciosos? Nacidos en los ambientes cristianos más populares, y destinados lo más frecuentemente a ellos, los Evangelios apócrifos dan a conocer, casi siempre mejor que los canónicos, los sentimientos, las ideas y las esperanzas que en aquellos ambientes se desarrollaron, durante los primeros siglos. En lo único en que con los canónicos coinciden es en que sus autores sacaron sus referencias de tradiciones dudosas, y bebieron su inspiración en fuentes turbias.

Para que los teólogos ortodoxos no echen a humor particular los juicios que acabo de hacer, quiero recordar los *Acta Pilati,* de los cuales el mismo San Justino[466] saca el relato de la crucifixión de Jesús. A vista de esta compilación, que es obra de la pluma de un cristiano, lícito será formar argumento contra el abuso de la ortodoxia. Porque a los supuestos *Acta,* narración exornada con toda clase de fábulas, y que abrazaba la condenación, la muerte y la resurrección de Jesús, se le había dado la forma de una relación dirigida por Pilatos al emperador Tiberio, a fin de satisfacer con toda puntualidad la curiosidad de los gentiles convertidos sobre los detalles de aquellos tres sagrados episodios, haciéndolos más respetables en el mundo pagano. Ahora bien: de semejante relación queda una edición latina, extendida bajo el rótulo de *Evangelium Nicodemi,* el cual fue traducido, probablemente hacia el fin del siglo V, de un escrito griego muy anterior. Como ha dicho Brunet, y ha repetido Migne, los *Acta Filati* han gozado, en los primeros tiempos de la Iglesia, de gran autoridad, puesto que San Justino[467], Tertuliano[468], Eusebio[469] y muchos otros escritores eclesiásticos se apoyan en su testimonio. Y lo que estos diversos autores refieren, remitiendo al lector a los *Acta,* se encuentra también en el Evangelio de Nicodemo, título de la obra que no se usó por primera vez hasta el siglo XIII, en Vicente de Beauvais[470] y en Diego de Voragine[471]. En realidad, aunque introducido después de la época de Carlomagno, no se empleó *concretamente* hasta el siglo XVI, pues el título de *Evangelium Nicodemi* es completamente moderno, y no corresponde al que llevan las

[466] *Apología,* I, xxxv.
[467] *Apología,* I, XLVIII.
[468] *Apologeticum,* XXI.
[469] *Historia ecclesiastica,* II, II, 2.
[470] *Speculum historiale,* VIII, XL.
[471] *Légende dorée,* LIV.

dos recensiones griegas publicadas por Tischendorf, la versión copta, la versión latina y las dos redacciones de la versión armenia editadas por Conybeare[472]. En los más antiguos manuscritos griegos, el título exacto de la obra es: Ὑπομνήματα τοϋ κυρίον Ἰησον *Χριστοϋ* πραχθέντα ἐπί Ποντίον Πιλατον. No cabe duda que este título, si hubiéramos de atenernos a Paulo Orosio[473], corresponde al de los *Acta Piloti,* tal como lo dan los manuscritos griegos y las redacciones latinas de más completa factura. Trátase, a no dudarlo, del libro que San Epifanio[474] llamó Ακτα Πιλατον, y Gregorio de Tours[475], por dos veces, *Gesta Pilati.* Un manuscrito del Vaticano y uno de los de París dan a la obra que nos ocupa el título de *Evangelio de los Nazarenos,* expresión de que también se sirve Vicente de Beauvais[476] y, en un manuscrito de Oxford, se lee: *Evangelio de los Nazarenos según Nicodemo.* Migne[477] juzga probable que algún copista latino, al encontrar un manuscrito de ese libro *sin título* (circunstancia, en verdad, harto común), creyó tener en sus manos el antiguo *Evangelio de los Nazarenos,* hoy perdido, y que San Jerónimo tradujo del hebreo al latín.

El texto del Evangelio de Nicodemo, tal como lo presentan nuestros manuscritos, se compone de dos partes muy torpemente yuxtapuestas, como se advierte, con vivísima claridad, a poco que se les aplique la lente del análisis. La primera parte, que es propiamente el Evangelio de Nicodemo, y que va del capítulo I al X (ambos inclusive), se destaca netamente del resto, y cuenta la pasión, la muerte y la resurrección de Jesús. Algunos críticos suponen que el autor pretendía completar, sobre todo al uso de los judíos, lo que dicen los Evangelios canónicos. Pase y súfrase la suposición, por la analogía que tiene la narración canónica con la apócrifa, bien que ningún exégeta la haya autorizado. Ambas narraciones, en efecto, ofrecen ciertas coincidencias, pero difieren en muchos puntos, como vimos, al determinar la cronología de nuestro apócrifo. Cuanto a la segunda parte, que va de los capítulos XI al XXIX (ambos inclusive), y que refiere la bajada de Jesús a los infiernos, su victoria sobre *Hades* (la Furia) y sobre Satanás, y la liberación de los cautivos que ambos retenían, ha debido tener, al principio, una existencia

---

(472) *Evangelio, apocrypha,* 210, 332.
(473) *Studia Biblica,* IV, 59, 132.
(474) *Historia,* VII, IV.
(475) *Haereses,* I, I.
(476) *Historia francorum,* I, XXIII.
(477) *Speculum historíale,* prólogo.

independiente y extraña a la condición de la primera parte. Ésta, que parece haber sido compuesta para afirmar enérgicamente la absoluta responsabilidad de los judíos en el proceso contra Jesús, y la relativa inculpabilidad de Pilatos, puede ser harto antigua, aunque conozca ya tradiciones que figuran en los Evangelios canónicos, y varios exégetas le atribuyen un origen gnóstico. Otros, más comineros, no pararon hasta considerarla como la obra primitiva, sacándola de su propio asiento. Sólo faltaría que su redactor quedase identificado con el mismísimo Nicodemo, el rico fariseo, miembro del *Sanhedrin,* y descrito por el cuarto evangelista canónico (San Juan, III, 1, 21) como persona de buena fe y de morigeradas costumbres, que va a encontrar a Jesús de noche, y que tiene con él una entrevista. No tan por los extremos llevo las cosas, sin embargo de opinar que nuestro apócrifo, en su redacción primitiva, es más antiguo que los cuatro Evangelios aceptados por la Iglesia. Hasta creo que el Cuarto Evangelio canónico le hizo algunos préstamos, y ya demostré, al tocar el tema de la cronología, que las pruebas internas apoyan esta indicación, confirmada por las pruebas externas, que acreditan la mucha autoridad de que gozó antiguamente el escrito nicodémico, puesto que San Justino, Tertuliano y Eusebio se apoyan a menudo en su testimonio. En San Juan (VII, 51), Nicodemo defiende a Jesús de las prevenciones de sus correligionarios, pero en una sola ocasión. En nuestro apócrifo, lo defiende repetidas veces: antes de su muerte, en el capítulo V; y después de ella, en los capítulos XII y XV. ¿Por qué, siendo así, y a base de haber sido el propio Nicodemo el autor de la obra, no usa de pronombre de primera persona, en tales pasajes? En el Cuarto Evangelio (XIX, 38, 40), muerto Jesús, no es sólo José de Arimatea, como en los *Sinópticos y* en el Pseudo-Pedro, sino que también Nicodemo, el que, en unión del otro, recoge, perfuma, envuelve en lienzos y sepulta el cadáver del maestro, por ser ambos discípulos *secretos* suyos, *por miedo a los judíos,* según el narrador. Pues bien: se da el caso de que, en un Evangelio atribuido a Nicodemo, éste no tome parte en tan piadosas ceremonias, que únicamente practica José de Arimatea (XI, 9), como en los *Sinópticos* y en el Pseudo-Pedro. ¿No es ésta una circunstancia extraña? Y no es menos raro que, en San Juan, Nicodemo, a pesar de ser discípulo secreto de Jesús, *no se haga cristiano* como parece hacerse en nuestro apócrifo, aunque el redactor no lo consigne de un modo expreso. El que la Iglesia Romana haya santificado a Nicodemo, fijando su fiesta en el 3 de agosto, no prueba nada en la ocasión presente. Ninguna razón seria conduce a creer que el supuesto *Emeo,* que, en el prólogo, se da a sí mismo por traductor al griego del "relato escrito por Nicodemo en lengua hebrea", haya hecho otra cosa que seguir la costumbre usada en semejantes casos por los redactores de la literatura cristiana primitiva, los cuales querían encabezar sus Evangelios con el nombre de alguno de los discípulos de Jesús, y un destino extraño pareció entregar el de Nicodemo a los fabricantes de apócrifos. En realidad, el autor del nuestro fue un judío cristianizado, que llevaba por fin religioso preciso el de enseñar, edificar y ejercer una acción diplomática sobre los gentiles convertidos, restando a Pilatos toda responsabilidad en el proceso contra Jesús, y haciendo recaer toda la culpa sobre las autoridades israelitas de Jerusalén.

La primera parte del Evangelio de Nicodemo, que se considera, con bastante verosimilitud, como la más antigua, amén de ser la más corta, es, en su contenido literario, pobre, estrecha y mezquina. Por el contrario, en la segunda parte, mucho más larga, palpita una inspiración muy bella y una poesía real. Pero este contraste notorio hizo poca mella en el ánimo de Maury[(478)], quien, dispuesto a defender a todo trance la unidad de la obra, na vaciló en escribir: *La seconde partie ne paraît point, comme l'ont pensé quelques critiques, une oeuvre distincte de la première, avec laquelle une main plus moderne l'aurait raccordée. La rassemblance du style, la liaison des idées, indique un seul et même auteur.* Es difícil llevar a más alto grado de candidez y de superficialidad el optimismo crítico. Actualmente, no hay erudito serio que no admita que las dos partes de que se compone eran primitivamente independientes, aunque no haya medio de determinar en qué época fueron reunidas en un cuerpo de obra. Muy en contrario de lo que Maury afirma, en la dicción y en el estilo de las dos partes, tal como las encontramos en los más antiguos manuscritos griegos, nótanse contrastes demasiado sensibles para no admitir la mano de dos autores diferentes. Los manuscritos griegos más antiguos no contienen más que la primera parte, que entra en una literatura de edificación sacada de las *Gesta Pilati graeci,* mientras que la segunda corresponde a un ciclo literario apocalíptico, y desenvuelve una tradición, cuyo más antiguo testimonio se encuentra en Eusebio de Alejandría, que se funda en el *Descensus Christi ad inferos*[(479)] y de la que se encuentran vestigios en la leyenda de Abgaro, en que el Cristo debe descender a los infiernos, para predicar el Evangelio a los justos muertos antes que él, y para bautizarlos. Pero los escritos con los que se quiere relacionar más directamente la

---

(478) *Dictionnaire des apocryphes,* I, 1094.

(479) *La date de l'Evangile de Nicodème et les circonstances auxquelles l'on peut attribuer la redaction de cet ouvrage* (en la *Revue de Philologie, de Littérature et d'Histoire Ancienne,* II, v, 428, 442). Compárese con Saint-Marc Girardin, *L'epopèe chrétienne* (en la *Revue des Deux Mondes* de 15 de agosto de 1849).

segunda parte del Evangelio de Nicodemo son tres, atribuidos supuestamente al príncipe de los apóstoles: 1) la canónica *Epistola Catholica Petri Prima* (III, 19); 2) el apócrifo *Evangelium Petri,* muchos de cuyos pasajes ofrecen notable paralelismo con las *Acta Pilati;* 3) la apócrifa *Predicatio Petri* (Κήρυγμα Πέτρον), obra del siglo II, citada por Clemente Alejandrino y por San Juan Damasceno[(480)]. No cabe duda que estos tres escritos sirvieron de fuente al Evangelio de Nicodemo, en el relato que forma su segunda parte. Sin embargo, sus antecedentes más remotos deben buscarse en una narración mitológica de la religión asiriocaldea, que cuenta la bajada de *Ishtar* a los infiernos. Aunque el motivo del descendimiento sea distinto[(481)], los detalles ofrecen una afinidad pasmosa, acrecentada por la no menor que presenta la escatología hebrea con la asiria, pues es bien sabido que los judíos ignoraron el infierno hasta que le hubieron recibido de los babilonios durante la cautividad. En el relato nicodémico (XVIII, 3), el fondo de las "tinieblas infernales", en que los padres antiguos están sumidos, es reminiscencia del *Aral* caldeo, mansión subterránea, albergue de los finados, región sin vuelta, cuyos moradores se hallan privados de luz. *Ishtar,* hija de *Sin,* dirige su atención, y encamina sus pasos, a la morada oscura de *Irkalla,* a la tierra tenebrosa de donde nadie regresa, a la habitación de donde no sale quien una vez entró, al lugar en donde no se ve la luz, y en donde todo es oscuridad y tinieblas". Otro punto de semejanza se hace palpable en la concepción del infierno por los asirios como un seno inmensurable, sito en las entrañas del globo, separado de las aguas oceánicas, y gobernado por *Nergal* y por su mujer *Allat,* como el infierno de Nicodemo lo está por *Satanás* y por la *Furia* (XXI, 1). Siete muros defienden el infierno babilónico, cada uno con su puerta y con su portero. El Evangelio de Nicodemo (XXII, 3) habla también de las "grandes puertas de bronce", vigiladas continuamente por los "oficiales impíos" de Satanás y de la Furia. Diferencias profundas entre la segunda parte del Evangelio de

---

[(480)] En este documento se apoyó Fausto de Milevo, al fin de su obra pastoral. Tischendorf *(Evamgelia apocrypha,* 323, 432) lo recogió, apostillándolo cuidadosamente, y de su comentario se deduce que debió haberse producido en un medio gnóstico.

[(481)] Véase a Fabricio, *Codex apocryphus Novi Testamenti,* I, 797; II, 655. Tischendorf afirma que la segunda parte del Evangelio de Nicodemo es la copia, más o menos fiel, de la *Predicatio Petri.* Sin embargo, sería extraño, como advierte Migne *(Dictionnaire des Apocryphes,* I, 1094), que Eusebio de Cesárea, al inspirarse en un escrito, que, por referido a San Pedro, debía tener, para él, tan imponente autoridad, hubiese pasado en silencio la fuente a que había recurrido.

Nicodemo y el mito babilónico, las hay, no tiene duda. Pero la relación de Nicodemo contiene, en definitiva, el último esfuerzo de las varias alteraciones del mito, y coincide con él en bastantes pormenores. También coincide con la manera como los judíos posteriores al destierro de Babilonia concebían el infierno *(scheol),* cuyos moradores, faltos de luz y de toda posibilidad de obrar bien, no alababan a Dios, como le alababan en el templo de Jerusalén, con cánticos y con sacrificios, los vivos *(Sepher Isaiah,* XXXVIII, 18), pero conservaban esperanzas alegres en el Mesías, que iría a libertarles (capítulos XIX y XX de Nicodemo), como los caldeos creían que su dios redentor *Marduk* sacaba a los difuntos de las garras de la muerte, a poder de encantamientos sagrados[482]. Otras reminiscencias, no menos dignas de atención, hallamos entre la leyenda babilónica y la nicodémica. Al llegar al infierno, *Ishtar* exclama: "Abrid las puertas, que tengo de entrar, y, si no abrís las puertas, y no me dejáis entrar, hundiré las puertas, quebrantaré los cerrojos, haré pedazos el umbral, forzaré la entrada, y sacaré a los muertos". He aquí ahora la descripción de nuestro apócrifo (XXII, 1, 9): "Y, mientras Satanás y la Furia así hablaban, se oyó una voz como un trueno, que decía: Abrid vuestras puertas, vosotros, príncipes. Abríos, puertas eternas, que el Rey de la Gloria quiere entrar... Entonces la Furia dijo a sus demonios: Cerrad las grandes puertas de bronce, cerrad los grandes cerrojos de hierro, cerrad con llave las grandes cerraduras, y poneos todos de centinela, porque, si ese hombre entra, estamos todos perdidos... Y otra vez se oyó la voz de trueno, que decía: Abrid vuestras puertas eternas, que el Rey de la Gloria quiere entrar. Y la Furia gritó, rabiosa: ¿Quién es el Rey de la Gloria? Y los ángeles de Dios contestaron: El Señor poderoso y vencedor. Y, en el acto, las grandes puertas de bronce volaron en mil pedazos, y los que la muerte había tenido encadenados, se levantaron. Y el Rey de la Gloria entró en figura de hombre, y todas las cuevas de la Furia quedaron iluminadas. Y rompió los lazos que no habían sido quebrantados, y el socorro de una virtud invencible visitó a los que estaban sentados en las profundidades de las tinieblas de sus faltas y en la sombra de la muerte de sus pecados".

Estos últimos versículos de nuestro apócrifo se desvían ya del texto que relata el descendimiento de *Ishtar* a los infiernos. Bien es verdad que lo truncado de dicho texto no consiente, en varios puntos, asegurar el sentido de algunas aproximaciones. Pero, en conjunto, sobresalen el rigor de las leyes infernales, el castigo impuesto a los que bajan a aquel

---

[482] *Ishtar* baja en busca de su marido *Tammuz,* quien, por haber muerto joven, yacía sepultado en la lobreguez del mundo subterráneo.

calabozo de tormentos, la muerte que espera a sus habitadores, y la inutilidad de sus esfuerzos por rescatarse del imperio de la severa e inexorable *Allat*[(483)], hermana pareja de la Furia del Evangelio de Nicodemo. Además, éste tiene vivísimas notas de semejanza con los fragmentos cuneiformes que refieren la lucha de *Marduk* con *Tiamat*[(484)]. *Marduk,* como Cristo, debe colocarse en el número de los dioses redentores. Si el Evangelio de Nicodemo llama a Cristo *Rey de la Gloria,* los fragmentos cuneiformes dan a *Marduk* los nombres de *monarca del cielo de plata*[(485)], ser benigno y bienhechor, protector benévolo, favorecedor ínclito, médico supremo, encantador divino, resucitador de muertos, aliviador de necesidades, consuelo de afligidos, remedio de todos los males, medianero entre su padre *Ea* y el linaje de los hombres[(486)]. Por el contrario, *Tiamat,* como *Nergal,* el jefe del báratro, y como el Satanás del cristianismo, es numen infernal, belicoso, exterminador, autor de enfermedades contagiosas, caudillo de los malos espíritus, capitán del dragón *Lahamu* (compárese con el *Apocalipsis,* XII, 9)[(487)] y de los monstruos *Utgallu* y *Utmi-dabruti.* Como Satanás, pasa unas veces gastando su vigor en las mansiones infernales, y otras encendiendo en el mundo torbellinos de desolaciones y de estragos, y el fuego que arroja extermina a los seres. Entáblase la lucha entre *Marduk* y *Tiamat,* como entre Cristo y Satanás. *Marduk* vence a *Tiamat,* lo derriba, lo sujeta, y aherroja también a la turba de malos espíritus que guerreaban a las órdenes del rebelde. Confírmase nuevamente la consonancia con los textos del Evangelio de Nicodemo (XXIII, 4; XXIV, 2): "Entonces el Rey de la Gloria privó a la Furia de todo su poder sobre Adán y sus hijos... Y el Rey de la Gloria dijo a la Furia: El príncipe Satanás quedará bajo tu potestad por los siglos de los siglos...". Así, la segunda parte del Evangelio de Nicodemo, como el capítulo XII del *Apocalipsis,* no puede tener origen judío, ni cristiano, y sólo puede explicarse por la leyenda babilónica. La victoria alcanzada por Cristo sobre Satanás es la de *Marduk* sobre *Tiamat.*

---

(483) En la bajada de *Ishtar,* se echa de ver luego el mito astronómico, que expresa el ocaso periódico del planeta Venus, y juntamente la muerte de la naturaleza, que cada año en el otoño sobreviene, para revivir en primavera. A la luz de estas dos interpretaciones, descubre fácilmente el Padre Mir *(La religión,* 100) el verdadero sentido de la leyenda del descenso de *Ishtar* al mundo infernal.

(484) Véase a Brûnnow, *List of ideographs,* 786.

(485) Mir, *La religión,* 103.

(486) Véase a Smith *(Miscellaneous,* 1, 5), a Delitzsch (*Waerterbuch,* 100) y a Jensen *(Kosmologie,* 276).

(487) Sayce, *Lectures on religion,* 99.

A este modo podíamos continuar revolviendo los relatos de los fragmentos cuneiformes, donde hallaríamos frecuentes concordancias con el de Nicodemo. Desbastadas las hipérboles apocalípticas del último, recréase el ánimo con la grandeza de su estilo, cuyos primeros alcorzados son dechado de poesía épica. Me parece bien el juicio de Hase en este punto: "Arrastrado por su imaginación ardiente, el autor imitó los sombríos colores del *Apocalipsis.* Ajustándose a ciertas tradiciones orientales y gnósticas, distinguió el principio del mal personificado o Satanás del príncipe de los infiernos o la Furia, la cual ocupaba un rango inferior, y tenía encerrados, en sus vastas cavernas, a los patriarcas, a los profetas y, en general, a cuantos habían muerto antes del advenimiento del Cristo. Al seguir el relato de su liberación y de su ingreso en la nueva ley, no se puede dejar de reconocer una energía de expresión y un vigor de pensamiento poco comunes".

En vista, pues, de todo esto, no podemos dudar que, si leemos el Evangelio de Nicodemo con la preparación crítica con que debe leerse esta clase de relatos, hallamos que las dos partes de que consta, no solamente se distinguen la una de la otra con la mayor netitud, sino que han debido ser redactadas en épocas diferentes. Más atrás traté someramente esta cuestión cronológica, y lo que por ahora conviene consignar es únicamente que su acoplamiento definitivo se verificó bastante tarde. Quizá no tuvo lugar hasta el reinado de Teodosio, en 425, en que un cierto Ananias o Eneas reunió ambas partes, no sin retocar o arreglar, para armonizar su conjunto, el final de la primera y el comienzo de la segunda[(488)]. Este escrito, empero, bien podría ser una revisión de un texto más antiguo y ya conocido de San Epifanio en 376. La segunda parte no se ha encontrado aislada de la primera más que en dos manuscritos griegos de Venecia y en un manuscrito latino de Milán, y Tischendorf piensa que, si no hubiese sido anexionada al relato, muy del gusto de aquellos tiempos, de los últimos instantes de la vida del Salvador sobre la tierra, habría perecido sin llamar la atención. Comoquiera, el más antiguo manuscrito latino que presenta reunidas las dos partes es el de Einsiedeln, y este manuscrito se considera como perteneciente al siglo X.

El Evangelio de Nicodemo, no sólo ha entrado en la mayor parte de las historias apócrifas de la pasión y de la resurrección de Jesucristo, sino que ha penetrado también en la literatura profana, así en verso como en prosa,

---

[(488)] Mir, *La religión,* 113.

de la Edad Media[489]. El relato de la liberación de José de Arimatea por el Señor fue el punto de partida de las ficciones relativas al *Santo Graal,* y la escena que representa la deliberación de los príncipes del infierno parece haber servido de modelo al consejo de los diablos, por el que se abre el relato del *Merlin* de Roberto de Boron[490]. Desde este punto de vista, resulta interesante conocer los textos poéticos en lengua vulgar, que circularon hacia fines del siglo XII y comienzos del XIII, y los principales de los cuales fueron tres traducciones en versos franceses del Evangelio de Nicodemo, conviene a saber: 1) una traducción de un poeta llamado Chrétien, seca, mediocre y muy ceñida al texto latino, que, sin embargo, compendia en bastantes lugares; 2) otra, debida al vate normando Andrés de Coutances, que solamente vertió los capítulos XI a XXIX (ambos inclusive), es decir, los que refieren la resurrección, prescindiendo de los diez primeros, que la pasión relatan[491]; 3) una tercera, de autor anónimo, y que se conserva en un manuscrito anglonormando de la Biblioteca de Lambeth[492]. Reinchs[493] pretende que existe una cuarta versión del *Evangelium Nicodemi* en francés antiguo, conservada en la Biblioteca Nacional de la capital de Francia y en el Museo Británico de Londres.

---

[489] No sólo en el *Apocalipsis,* sino que también en el capítulo I del *Sepher Bereschith,* encuentra Gunkel *(Schöpfung und Chaos,* 81, 95) plagios de la mitología caldea. Ambos dos expresan el contenido de la fábula de *Marduk* y de *Tianiat,* descubierta en las tablillas cuneiformes por Smith. En el relato bíblico, la voz *tehom* es corrupción de *Tiamat.*

[490] "En la versión copta y en la mayor parte de los manuscritos griegos, la primera parte concluye por una cláusula que parece destinada a señalar el término de la obra, y que aparece omitida o compendiada en los manuscritos latinos, aunque sea preciso confesar que todos contienen la segunda parte, puesta a continuación de la primera" (Migne, *Dictionnaire des Apocryphes,* I, 1094).

[491] Véase a Wülker, *Das Evangelium Nicodemi in der abendlaendisehen Litteratur,* 18, 27, 72, 81.

[492] Gaston Paris, *Trois versions rimées de l'Evangile de Nicodème,* introducción.

[493] El autor da por pretexto, para no contar los episodios de la pasión, que todo el mundo los conocía por los Evangelios canónicos, a pesar de que el apócrifo añade a la narración de éstos varias circunstancias particulares. Lo que ocurría era, como observa Gaston Paris *(Trois versions rimées de l'Evangile de Nicodème,* introducción), que precisamente esas circunstancias servían más para escandalizar que para edificar a un cristiano de la Edad Media. ¿Qué interés (que no fuese malicioso) podía éste encontrar, por ejemplo, en la larga controversia sostenida ante Pilatos sobre la cuestión de saber si José y María estaban unidos en legítimo matrimonio?

Pero Gastón París[494] ha demostrado que eso es un error, porque el poema anglonormando que se ha conservado en aquellos dos establecimientos, no es más que un relato de la pasión de Jesús, hecho de conformidad con los Evangelios canónicos. En cambio, la narración del descendimiento de Jesús a los infiernos, tomada del Evangelio de Nicodemo, se insertó en varias traducciones poéticas del Antiguo Testamento, hechas en los tiempos medioevales[495]. Finalmente, la carta de Pilatos a Tiberio, contenida, en todos los manuscritos de la traducción, al final (capítulo XXIX de Tischendorf), pero que no está en el escrito griego, y que, sin duda, fue fabricada originariamente en latín, figura también en las tres versiones francesas, al paso que otro trozo propio a algunos manuscritos latinos (capítulo XXVIII de Tischendorf) no se encuentra en ninguna de esas tres versiones. Y de ellas haré especial mención en las notas, aunque su valor crítico no pueda medirse por el mismo rasero que las latinas y las griegas, más antiguas y más cercanas, por ende, al texto original de nuestro apócrifo.

Vengamos ahora a un apócrifo particular, que, como el Evangelio de Nicodemo, refiere la pasión, la muerte y la resurrección de Jesús, y cuyo descubrimiento nos ha facilitado curiosas informaciones sobre una secta existente desde los primeros tiempos de nuestra religión, la de los docetas, quienes sostenían que la humanidad del Cristo era una apariencia sin realidad objetiva, y que, por ende, la Eucaristía no podía confundirse e identificarse con el cuerpo del Redentor. Antigua, en verdad, debía ser esa secta, puesto que vemos ya su doctrina combatida en los escritos de San Ignacio de Antioquía, y especialmente en su *Epistola ad Smyrnaeos.* Tenemos motivo para creer que las opiniones de tan extraña secta variaron no poco en el transcurso de los años. Pero su conformidad con las teorías gnósticas, amén de algunas pruebas históricas indirectas, demuestran que su abolengo es muy remoto, y que, al parecer, desciende de las fuentes cristianas más primitivas. En todo caso, el Evangelio de San Pedro, que de sus círculos salió, revela que existían entre los gnósticos ciertas opiniones que se correspondían exactamente con las ideas dogmáticas latentes en aquel documento.

---

[494] Sobre esta tercera versión del Evangelio de Nicodemo, véase a Reinsch, en el *Archiv für das Studium der Neneren Sprachen* (1880, LXIII, 51, 96). Reinsch describió el manuscrito muy imperfectamente. Meyer, en la revista *Romania* (1881, X, 622, 624), rectificó esa descripción de Reinsch, con notas complementarias.

[495] *Trois versions rimées de l'Evangile de Nicodème,* introducción.

Durante el invierno de 1886 a 1887, y en una tumba cristiana de Akhmim (la vieja Panopolis), en el Alto Egipto, Bouriant encontró un manuscrito en lengua griega, que los críticos coincidieron en considerar como un resto del Evangelio de San Pedro, del cual no poseíamos hasta de entonces otras referencias que las sueltas y no siempre acordes que algunos Padres de la Iglesia nos habían dejado. En 1892, Bouriant editó su interesantísimo hallazgo, en unión de un fragmento del *Apocalipsis* del mismo Pedro y de varios pasajes considerablemente largos del libro de Enoch, que aparecieron juntamente con el supuesto Evangelio del apóstol. Las primeras muestras de dicho hallazgo se publicaron aquel mismo año en el fascículo I de las *Mémoires de la Mission Archéologique Francaise au Caire,* y en su fascículo III, impreso en 1893, se insertó, con una introducción de Lods, un facsímil de todo el manuscrito original, dividido en catorce capítulos de poca extensión, que integran un total de sesenta versículos. Gracias a él, la Europa culta pudo conocer por primera vez y analizar directamente este trozo evangélico, singularmente sugestivo, por suponérsele obra de Pedro, siquiera ya de antiguo hubiese sido tachado de apocrificidad por varios Padres de la Iglesia, sobre todo por Eusebio de Cesárea. Huelga decir que, desde aquella fecha, nuestro apócrifo recibió en distintas lenguas versiones muy cuidadas[(496)], que sobre él se escribieron bastantes libros[(497)], que mereció laboriosos estudios de revista[(498)] y hasta no pocos artículos que en papeles periódicos vieron la pública luz[(499)], y que fue objeto de amplias discusiones[(500)].

---

(496) Véase a Bonnard, *Les traductions de la Bible en vers frangais,* 48.

(497) Harnack, *Bruchstüche des Evangeliums und der Apokalyse Petrus.* Armitage Robinson, *The aprocryphal Gospel of Peter.* Harris, *A popular account of the newlyrecovered Gospel of Sonet Peter.* Meunier, *L'Evangile selon Saint-Pierre.* Zahn, *Bruchstüche des Evangeliums und der Apokalypse Petrus.* Lods, *L'Evangile et l'Apocalypse de Pierre.* Swete, *The Akmin fragments of the apocryphal Gospel of Peter.* Gebhardt, *Das Evangelium und die Apokalypse des Petrus.* Klostermann, *Reste des Petrus-Evangelium, der Petrusapokalypse und des Keuygma Petri.*

(498) Sabatier, *L'Evangile de Saint-Pierre et les Evangiles canoniques,* Schubert, *Die Komposition der Pseudo-Petri Evangelien fragmentes.* Armitage Robinson, *The Gospel according to Peter und the Revelation of Peter.*

(499) Stanton, *The Gospel of Peter* (en el *Journal of Theological Studies,* 1901, II, 1, 25). Funk, *Fragmente der Evangeliums und der Apokalipse der Petrus* (en la *Theologischen Quartalschrift,* 1893, 235, 288). Soden, *Das Petrus. evangelium und die kamonischen Evangeliem* (en la *Zeits chrift für Theologie und Kirche,* 1893, III, 52, 92). *ahn, *Das Evangelium des Petrus* (en la *Neue Kirliche Zeitschirft,* 1893, IV, II). Hilgenfeld, *Das Petrusevangeliums über Leiden und*

Hay que advertir, ante todo, que el texto descubierto por Bouriant no es el de un Evangelio completo. El relato da comienzo en el momento en que Pilatos acaba de lavarse las manos, y sus primeras palabras son: "Pero ninguno de los judíos se lavó las manos, ni Herodes, ni ninguno de sus jueces". ¿Es concebible, ni posible, que el escrito primitivo empezase de una manera tan brusca? Parece indiscutible que no, y es probable que en la narración precedente hubiera, si no una historia íntegra del nacimiento, de la infancia y de la vida pública del Cristo, a lo menos, como en el Evangelio de Nicodemo, una relación circunstanciada del proceso contra Jesús. No se trata aquí de una de esas hipótesis complicadas y temerarias que nada demuestran, sino de una conjetura razonable y de una suposición lógica, que surgen de la lectura misma del documento. Mutilado, y quizá en gran medida, ha llegado hasta nosotros, sin duda, y ello es debido, con toda probabilidad, a que el fragmento de Bouriant puede estimarse como una versión griega del escrito primitivo, hecha en el siglo VIII. ¿Qué mucho que, en tan largo transcurso de tiempo, se perdiesen las partes anteriores del original?

Desde luego, el autor se nos presenta como el propio San Pedro, cuando, después de referir la muerte de Jesús, dice: "Cuanto a mí, me afligía con mis compañeros", etcétera (VII, 1), y cuando, al final de su Evangelio (XIV, 2), repite: "Pero yo, Simón Pedro, y Andrés, mi

---

Auferstehung Jesu (en la *Zeitschrift für Wissenschaftliche Theologie,* 1893, 439, 451). Semeria, *L'Evangile de Pierre* (en la *Revue Biblique,* 1894, III, 522, 650). Megiffert, *The Gospel of Peter* (en los *Papers of the American Society of Church History* de 1894). Lods, *Revue de l'Histoire des Religions,* 1894, 331, 379. Koch, *Das Petrusevangelium und unsere kanonische Evangelien* (en la *Kirliche Monatschrift,* 1896, XV, 311, 338).

(500) Ménegor, *Le Témoignage* (5 y 12 de noviembre y 31 de diciembre de 1892). Bormann, *Deutsche Zeitung* (30 de noviembre de 1892). Bratke, *Theologisches Literaturblatt* (2 de diciembre de 1892). Chaponnière, *Semaine Rcligieuse de Genève* (3 y 10 de diciembre de 1892). Lods, *Le Témoignage* (3 de diciembre de 1892). Sabatier, *Journal de Genève* (4 de diciembre de 1892). Schürer, *Theologische Literaturzeitung* (10 de diciembre de 1892 y 21 de enero de 1893). Gebhardt, *Deutsche Literaturzeitung* (10 de diciembre de 1892). Redpath, *The Academy* (10 de diciembre de 1892). Nicholson, *The Academy* (17 de diciembre de 1892 y 7 de enero de 1893). Bernard, *The Academy* (24 de diciembre de 1892). Harnack, *Preussischen Jahrbücher* (enero de 1893). Murray, *The Expositor* (enero de 1893). Reinach, *République Francaise* (5 de enero de 1893). Davies, *The Baptist* (13 y 20 de enero de 1893). Manchot, *Protestantische Kirchenzeitung* (8 de febrero de 1893). Faye, *Bulletin Bibliographique Protestant* (15 de febrero de 1893).

hermano", etc. En ambos pasajes, el pseudo-apóstol habla en primera persona, lo que prueba que nuestro apócrifo fue compuesto bajo el nombre de San Pedro. Sin embargo, varias particularidades hacen sospechar que el autor conocía poco la Palestina y las costumbres judías, lo que no se comprende fácilmente en un galileo y en un discípulo de Jesús. Y, aun dejada aparte esta razón, varios indicios me llevan a sospechar que estamos en presencia de un libro nacido en un medio extrajudaico, hasta el punto de que no encuentro descaminada la hipótesis de un crítico alemán[(501)] el cual sostiene que el Evangelio de San Pedro es el mismo Evangelio de los Egipcios, que se juzgaba perdido para la erudición, pero cuya existencia certifican muchos Padres de la Iglesia. Sin ir tal vez tan lejos como él en las consecuencias documentales de esta hipótesis, bien puede afirmarse que el acusado docetismo del Pseudo-Pedro revela haberse inspirado principalmente su redactor en fuentes egipcias. A lo menos, nada obliga a creer que un manuscrito evangélico descubierto precisamente en Egipto sea una composición sensiblemente distinta del *Evangelium Aegyptiorum,* sobre todo habida cuenta del sello gnóstico que le distingue, y que los apologistas cristianos atribuyeron también a aquel apócrifo.

Pero lo que conviene advertir con solicitud es que varios autores antiguos hablan de dos Evangelios de San Pedro. El escritor árabe Ahmed Aben Edris menciona un *Evangelium Quintum,* que se llamaba *Evamgelium Puertiae,* que se atribuía a Pedro (*tributum Petro),* y que refería lo ocurrido a Jesús en su niñez *(ubi ea commemorantur quae a Messia profecía sunt in statu juvemtutis*[(502)]. Esto no pasa de ser un error, porque el libro a que aquí se alude no puede ser otro que el Evangelio árabe de la Infancia, que ninguna conexión admite con el de San Pedro, destinado a relatar la pasión y la resurrección del Cristo. A éste, y no a otro Evangelio apócrifo, se refieren los informes de los Padres de la Iglesia.

[(501)] Puede el lector verlas muy bien resumidas en Salmon *(Introduction to the study of the books of the New Testament,* 581, 591), en Bardenhewer *(Geschichte der altJcirchlichen Litteratur,* I, 392, 397) y en Hennecke *(Neutestamentlichen Apokryphen,* 27, 32).

[(502)] Volter, en la obra que intitula *Petrusevamgelium oder Aegyptevamgelvum?* En este trabajo, da Volter por averiguado el carácter egipcio de la ideología del Pseudo-Pedro, que bien pudo haber sido uno de los muchos devotos de *Serapis* que se convertían al cristianismo, y que, sin renegar en absoluto de la religión egipcia, aplicaban al Cristo el sentido de los dogmas de ésta.

Comenzando por San Justino[503] convienen comúnmente los doctos en que el apologista cristiano se apoyó en el Pseudo-Pedro para sus comentarios sobre algunos episodios de la vida de Jesús. San Justino miraba como auténtico el Evangelio de San Pedro, puesto que lo coloca entre los *memorables* apostólicos, lo invoca a menudo como autoridad y le sigue fielmente en todo lo relativo a la intervención directa de Herodes en el proceso contra Jesús, en la colocación irrisoria de éste en el estrado del tribunal de justicia, en la forma en que se llevó a cabo el reparto de los vestidos del crucificado, y en la interpretación dada por los judíos al hecho de la resurrección. Preciso es estar soñando con los ojos abiertos, para afirmar, como Bardenhewer[504], que las alusiones de San Justino son referencias muy claras al Evangelio canónico de San Marcos. Stanton[505] abunda en los razonamientos de Bardenhewer, en lo que respecta a lo dudoso de que San Justino conociese nuestro apócrifo. Pero ambos críticos han sufrido una ofuscación lamentable, y, en las notas que acompañan a mi versión del Evangelio de San Pedro, pongo de manifiesto las coincidencias entre San Justino y el fragmento de Bouriant, coincidencias demostrativas de que el apologista cristiano utilizó nuestro apócrifo con sorprendente fidelidad.

La mención más importante, aunque también más desfavorable, al Evangelio de San Pedro, la hallamos en Serapio, obispo de Antioquía, en Siria, que ocupó esta diócesis de 190 a 209. En un fragmento de carta pastoral, recogido por Eusebio[506] (carta que tiene en su principio una laguna, y otra a su final), Serapio se dirige a la comunidad de cristianos de Rhesus o Rhossus, población próxima a Antioquía, para prevenirles contra un Evangelio falsamente atribuido a San Pedro. El prelado sirio escribió su epístola hacia el año 200, lo que exige la existencia anterior del Evangelio que condenaba. Serapio confiesa que, cuando halló dicho Evangelio en la citada localidad de Rhesus, sobre la bahía de Issus, comenzó aprobándolo, hasta que un estudio más concienzudo y más detenido le hizo rechazarlo, ya que se encontraban en él claras tendencias docéticas. Y, efectivamente, el Evangelio que nos ocupa, si bien comienza por admitir fundamentalmente las sentencias que figuran en los cuatro Evangelios canónicos, que no demuestra conocer, sin embargo, amplifica la tradición evangélica general con hechos inventados por él, multiplica

---

[503] Hottinger, *Historia ecclesiastica seculi XVI,* II, 76.
[504] *Apologia,* I, XXXV, XL. *Dialogus cum Tryphone,* XC, CVI, CVIII.
[505] *Die Kirchensvater,* I, 19, 50.
[506] *The Gospels as historical documents,* I, 93.

los milagros, y, en ciertos momentos, cambia de un modo apreciable el desarrollo de los acontecimientos relativos a la pasión, a la muerte y a la resurrección de Jesús. Serapio dice a la letra que desaprobaba ese Evangelio, porque, "en relación a la verdadera doctrina del Salvador", añadía diferentes particularidades nocivas al pueblo cristiano. No obstante, gracias a Serapio, que lo condenó, nos hallamos con un dato concreto en que fundar la cronología de nuestro apócrifo.

Después de Serapio, Eusebio[(507)] condenó con dureza el Evangelio de San Pedro, a la vez que se ocupaba de los *Acta,* de la *Predicatio* y del *Apocalipsis,* atribuidos al mismo apóstol. Las afirmaciones de Eusebio son terminantes: "No los aceptamos como transmitidos hasta nosotros entre los escritos católicos, porque ningún autor eclesiástico, ni en los tiempos antiguos, ni en nuestros días, ha hecho uso de los testimonios que tales libros proporcionan". En otro lugar[(508)] Eusebio, al distinguir varias clases de libros, a saber: los que están generalmente admitidos, los discutidos, pero admitidos por algunos, los supuestos o dudosos, y los claramente falsos, opuestos a la fe de los apóstoles, y puestos bajo sus nombres por los herejes, coloca al Evangelio de San Pedro en la última categoría. Por lo demás, Eusebio se equivoca, al aseverar que ningún autor eclesiástico se hubiese valido de él, ni propuesto sentencia alguna suya. Aparte Serapio, Orígenes[(509)] tuvo conocimiento de él, y a él se refiere, citándolo, en combinación con el *Protevangelium Jacobi,* acerca de una opinión particular que ambos apócrifos mantenían sobre el parto virginal de María y sobre los hermanos de Jesús, lo que indica que el primitivo Evangelio de San Pedro, tal como existía en la época de aquel Padre de la Iglesia, contenía relatos concernientes al nacimiento del Cristo, y no sólo a las circunstancias de su muerte, como nuestro texto actual.

San Jerónimo[(510)], como Eusebio, colocó el Evangelio de San Pedro en el número de los apócrifos, y del mismo modo se produjo el *Decretimi Gelasianum.* Zahn[(511)] se esfuerza en demostrar que la parte de éste referente al Pseudo-Pedro emana del Sínodo Romano convocado por el Papa San Dámaso en 382, y opina también que Inocente, obispo de Roma hacia 405, pensaba en el mismo Evangelio, cuando escribía a Exupero:

---

(507) *Historia ecclesiastica,* VI, XII.
(508) *Historia ecclesiastica,* III, III.
(509) *Historia ecclesiastica,* III, xxv, XXXI.
(510) *Commentarium in Mathaeum,* X, XVII.
(511) *De viris illustribus,* I, XLI.

Cetera autem quae sub nomine Petri et Joanis, ect... sripta sunt..., non solum repudiando, veruni etiam noveris esse damnanda.

El testimonio más preciso sobre el Evangelio de San Pedro es el de Teodoreto[(512)] quien asegura que dicho Evangelio estaba en uso entre los judeocristianos que habían permanecido más fieles al punto de vista de los cristianos judaizantes, y a los que llama los nazarenos. Muy en la cuenta estaba el crítico Lods[(513)] cuando escribía: "Esto no conviene en modo alguno a nuestro Evangelio, que es francamente hostil a los judíos". Con todo, sacó la voz desentonada, al agregar: "Teodoreto está aquí muy sujeto a caución. ¿Es verosímil que los más judíos de los judeocristianos, aquellos que consideraban al Cristo como un simple hombre, hayan adoptado un Evangelio tan impregnado de docetismo como el de San Pedro?" Y, a renglón seguido, descarta la aserción de Teodoreto, "con tanto menos escrúpulo, cuanto que en esta parte de su obra sobre las herejías, se limita manifiestamente a compilar a sus predecesores, sin comprenderlos bien siempre". Mas preguntémosle a Lods: ¿qué inconveniente podían tener los nazarenos en admitir, y aun en redactar, un Evangelio gnóstico, siendo ellos gnósticos de cepa? Basta leer el *Codex Adam* o *Codex Nazaraeus*[(514)] que constituía el libro sagrado de su secta, para saber que su teología era profundamente gnóstica, y aun una de las más exageradas del primer gnosticismo[(515)]. ¿Por qué, pues, no habían de aceptar un escrito docético? Toda la cuestión se cifra en si Teodoreto tuvo o no razón, al identificarlos con los judeocristianos o ebionitas. Pero esto pertenece a un género de temas históricos que no trato de examinar, por no parecerme pertinente a mi asunto.

La necesidad de hacer la crítica interna de nuestro Evangelio es perentoria, pues no hay otro, entre los apócrifos, que pinte la figura del Cristo tan al vivo, ni con tan sencilla majestad. La crítica despectiva de Fillion ha desconocido su valor intrínseco, pretendiendo que el Evangelio de San Pedro no enriquece en nada nuestro conocimiento de la vida de Jesús. Schubert, entre otros comentaristas, supone que el Pseudo-Pedro trató de armonizar, en su Evangelio, los cuatro canónicos, bien que transponiendo y modificando pasajes. Lods cree que el autor utilizó los dos primeros de nuestros Evangelios canónicos, y acaso el Tercero, pero

---

(512) *Geschichte des neutestamentlichen Kamons,* I, 742; II, 259, 269.

(513) *Haeretici Fabulae,* II, II.

(514) *L'Evangïle et l'Apocalypse de Pierre,* 62.

(515) Véase a Norberg, *Codex Nazaraeus liber Adami appellatus,* I, 8; II, 9, 11, 13.

que ignoró el Cuarto. Todo esto es inadmisible, para quien lea con atención y con cuidado el documento. El mismo Lods[(516)] reconoce que su apreciación es discutible, y se pregunta si el Pseudo-Pedro conoció nuestros Evangelios en su forma actual o en las fuentes que les sirvieron de inspiración. Hasta se pregunta si el Pseudo-Pedro no era originariamente más diferente que hoy día de los textos canónicos, y si no ha sufrido su influencia. En ciertas copias de los Evangelios canónicos, se han deslizado rasgos especiales al Pseudo-Pedro, como explicaré en las notas de mi versión del mismo. Y, cuanto a la insinuación de Lods de haber podido el Pseudo-Pedro recibir esos pequeños retoques por que han pasado los escritos cristianos sin excepción, una cosa parece cierta, y es que nuestro apócrifo ofrece una perfecta unidad, aparte ciertos puntos de detalle, y que no presenta indicios de haber sido objeto de modificaciones considerables, desde que fue compuesto. En todo caso, el Pseudo-Pedro no es una amplificación de las obras apócrifas de fecha reciente, y, en muchos pasajes, está en contradicción con los textos canónicos.

El Evangelio de que trato, aporta algunos extremos altamente interesantes sobre las creencias de varias sectas de los primitivos cristianos. Es probable que se escribiese en Siria y quizá en algún centro provincial de la diócesis antioquena. Allí nació y creció el cristianismo paulino, tan hondamente gnóstico; de allí procedía San Justino; por allí viajó mucho Orígenes; allí leían nuestro apócrifo los diocesanos de Serapio, antes de que éste, que primero había autorizado su lectura, le leyese a su vez, y la prohibiese[(517)]. Los otros dos censores eclesiásticos, Eusebio y San Jerónimo, no denuncian ningún conocimiento personal de la obra que condenan. Así lo reconoce Lods[(518)], que consigna al mismo tiempo la existencia de un nuevo Evangelio de San Pedro en el siglo XI. Según Raimundo de Agiles, "un sirio, que era cristiano", dijo, en 1099 y cerca de Antioquía, a un sacerdote de Occidente: "Sabe que está escrito, en el Evangelio de Pedro que poseemos *(quod nos habemus),* que la nación cristiana que tomará a Jerusalén, quedará encerrada en Antioquía, y que no podrá salir de ella, hasta que no haya encontrado la lanza con que fue herido el Señor". El hecho alegado prueba superabundantemente que

---

[(516)] Se encontrará la comprobación de ello en San Ireneo *(Adversus haereses,* I, I, 20).

[(517)] *L'Evangile et l'Apocalypse de Pierre,* 72.

[(518)] Sobre este hecho, extremadamente interesante para la historia del canon, véase a Harnack *(Lehrbuch der Dogmengeschichte,* I, 319) y a Zahn *(Geschichte der neutestamentliche Kamons,* I, 748).

tal escrito no puede tener más que una relación muy lejana con la obra prohibida por Serapio, el obispo de Antioquía. Vista la fecha de semejante testimonio y el largo silencio que le ha precedido, es infinitamente más probable que se trate de un nuevo Evangelio de Pedro, fabricado hacia la época de las cruzadas.

Hay razones para creer que nuestro apócrifo es anterior a los Evangelios canónicos, o, a lo sumo, coetáneo de ellos. Si sus sentencias carecieron de autoridad para los autores eclesiásticos de aquel tiempo, excepto para San Justino, hoy, por su incorporación al acervo de los escritos evangélicos apócrifos, ha merecido tanta atención de la crítica, sobre todo en los años inmediatamente siguientes a su impresión en Europa, que cabe, sin grandes esfuerzos, darle el lugar debido en la primitiva literatura cristiana. En general, los críticos ortodoxos han hecho fuerte hincapié, al querer establecer, en definitiva, el carácter apócrifo de nuestro Evangelio, en la circunstancia de los milagros exagerados y extravagantes que le adornan con mucha mayor profusión que en los cuatro Evangelios canónicos. El reproche no es justo, ni, aun siéndolo, probaría nada contra su originalidad. El mismo Lods[(519)], que exagera las semejanzas atañederas a la elección de los hechos relatados y a las expresiones mismas, confiesa que no hay uno solo de los cuatro Evangelios canónicos que nuestro Evangelio no contradiga sobre algún punto. Si el autor de éste conoció a aquéllos, los consideró, a no dudarlo, como obras de valor mediocre, puesto que ni siquiera les toma una sola de las palabras del Cristo en la cruz. Existen, entre los unos y el otro, algunas analogías de estilo y un cierto número de rasgos comunes, pero ninguna aproximación que se haga será característica y decisiva, porque significará simplemente que los cinco evangelistas bebieron en las mismas fuentes orales o escritas. De hecho, el Pseudo-Pedro reposa sobre tradiciones distintas de las que reflejan, en sus páginas, los *Sinópticos* y el Cuarto Evangelio.

Pocos críticos niegan la índole docética de nuestro apócrifo. Lods[(520)], sin embargo, ha dado la nota discordante de considerarlo como un libro emanado de la Gran Iglesia, y no ve razón para atribuir su composición a una secta herética. Para él, si alguna pudiera reclamar esta responsabilidad, sería la de los elcesaitas, cuyas creencias recuerda más de una vez el contexto de nuestro apócrifo. Pero los elcesaitas formaban una escuela judeocristiana, que, a pesar de todas sus heterodoxias, permanecía

---

(519) *L'Evamgile et l'Apocalypse de Pierre,* 49.
(520) *L'Evamgile et l'Apocalypse de Pierre,* 63, 73.

muy adicta al judaísmo, mientras que el Pseudo-Pedro es francamente hostil a los judíos. Y lo que principalmente parece a Lods que habla contra el origen herético de nuestro apócrifo, es que San Justino le miraba como auténtico, y que se leía en el culto público de la comunidad católica de Rhesus, antes de la intervención prohibitoria del prelado Serapio. En opinión de Lods, el antiguo Evangelio de San Pedro ha podido rebasar la medida de docetismo generalmente tolerada, pero no debía proceder de la secta a la que se daba más especialmente el nombre de docetas, y que parece haberse movido en un círculo doctrinal muy restringido. Clemente Alejandrino[(521)] hace remontar la secta a un tal Julio Casiano, y San Hipólito[(522)] le atribuye un sistema parecido al de los simonianos y al de los naasenianos, con rasgos de sistemas gnósticos posteriores, que del docetismo derivaron, sin duda. "¿Es verosímil (pregunta Lods) que, si hubiesen sido los autores de nuestro Evangelio, los docetas lo hubieran redactado, en general, de un modo conforme a la ortodoxia del catolicismo? Serapio no osa ni aun afirmar que esté de todo punto disconforme con su doctrina. En cristología, el docetismo es una enfermedad común a casi todo el cristianismo del siglo II, tanto católico como gnóstico".

Sin negar lo que hay de atendible en las razones alegadas por Lods, creo que son demasiado vagas para formar un juicio preciso, y que, en este pleito, se estrellan contra la crítica interna de nuestro apócrifo, en cuyos relatos se aprecian transposiciones, que Bardehewer[(523)] achaca a exigencias implicadas en las opiniones peculiares a la secta de los docetas. La hipótesis de Lods no da razón suficiente de este hecho redaccional, al que se unen otros muchos. En todo el curso del documento, el protagonista no es llamado una sola vez Jesús, sino siempre "el Señor". La ley mosaica es repudiada con más energía que en ningún Evangelio canónico, y una devoción nueva, el culto único del Cristo, la sustituye. El sábado es denominado el día dominical (ή χυοιαχη). En la escena del lavatorio de manos, el autor pone a Pilatos al margen de la condena del acusado con relieve mucho mayor que San Mateo. La historia del buen ladrón no se narra en los mismos términos que en San Lucas, y la *transfixio lateris* difiere también algo del pasaje paralelo de San Juan. Al "Dios mío, Dios mío, ¿por qué me has abandonado?", se le reemplaza por un "Mi potencia, mi potencia, me has abandonado", frase típicamente gnóstica. La visita de

---

(521) *L'Evangile et l'Apocalypse de Pierre,* 53, 74.
(522) *Stromata,* III, XCI.
(523) *Philosophumena,* VIII, VIII, XI.

las mujeres al sepulcro se relata en términos parecidos a los de San Marcos, pero con variantes evidentes. La resurrección, siguiendo el criterio docético predominante en el Pseudo-Pedro, que tiende a aumentar la magnitud de los milagros, se verifica en presencia del centurión y de los soldados romanos, a los que se suman gran número de sacerdotes y de gentes del pueblo judío. Cuanto a lo ocurrido después de la resurrección, nuestro apócrifo hace que Jesús aparezca a Pedro, a Andrés y a Levi. Pero, en este mismo punto, su relato queda cortado bruscamente, y con él toda la obra. Ignoramos, pues, cuál sería la continuación episódica de esa vida de ultratumba del Cristo, y cuánto duraría, en su narración: si un solo día, como en el Evangelio de los Hebreos; si cuarenta, como en los *Acta apostolorum;* si un tiempo indeterminado, como en los Evangelios canónicos; si dieciocho meses, como en la cristología de los ofitas; o si once años, como en la *Pistis Sophia* de Valentino.

Dejado esto aquí, no se nos vaya de la memoria lo antes dicho sobre la mucha antigüedad del Evangelio de San Pedro. ¿Por qué se la regatean tanto los críticos, principalmente los ortodoxos? Si quieren justificar su manera de sentir, busquen autoridades y testimonios que les valgan, ya que los que presentan carecen de valor comprobativo y eficaz. Alegar por toda razón que San Justino no conoció del todo el Evangelio de San Pedro, o que conoció otro distinto, y que le tomó por tal, es salirse de la dificultad implicando otra mayor, sin que sus razonamientos destruyan positivamente los por mí hechos en contra. Ahora bien: si San Justino tenía a la vista nuestro apócrifo, la fecha en que éste fue redactado resulta muy anterior a la que se acepta comúnmente (primer tercio o primera mitad del siglo II), con el consiguiente incremento de posibilidades en favor de su precedencia a los Evangelios canónicos, o, a lo menos, en favor de la hipótesis, por algunos autores emitida, de que el Pseudo-Pedro fue uno de los primeros escritos que aparecieron en las primitivas sectas cristianas.

En lo que al Evangelio cátaro del Pseudo-Juan se refiere, los críticos han pasado a palabras mayores con él, tachándolo de fantástico y de uso recientísimo, y especial fealdad le notan en las revelaciones que atribuye a Jesús sobre Satanás, en la conversión de éste en *Demiurgo,* en su explicación del pecado original y de la redención cristiana, en su exaltación de la castidad, en su repudiación del matrimonio y en su concepción del juicio final. Todo ello, sin embargo, depende de ser muy exaltadamente gnóstica la doctrina que en él se contiene. Es, sin duda, entre todos los Evangelios conocidos, el de redacción más moderna, y su consulta poca luz puede darnos, en el aspecto de la tradición histórica, para el conocimiento de las primeras épocas del cristianismo. Empero, en el aspecto de la tradición doctrinal, este Evangelio nos transmite más

LACRITICALITERARIA.COM

fielmente los principios del primero y del segundo gnosticismo que aquellos otros, docéticos o maniqueos, cuyos autores, por ser más antiguos, y por hallarse más inmediatos a los orígenes cristianos, parece que deberían merecer más fe como testimonios inmediatos del estado religioso del siglo en que sus libros fueron compuestos. Aunque nuestro apócrifo lleve en su título el nombre de San Juan, huelga decir cuán absurdo resultaría considerar a ese apóstol como autor suyo. Falta sólo demostrar quién puede haber sido su autor verdadero, el cual, con toda probabilidad, ha de haber llevado el nombre de Juan.

Muy otro espíritu que en el apócrifo precedente domina en el Evangelio de la Venganza del Salvador. Este antiguo relato *(Incipit vindicta Salvatoris),* cuya leyenda mencionaba ya Mariano Scott, hacia la mitad del siglo XI, fue publicado por primera vez por Foggini[(524)], en Florencia y en 1741, y tomado por él de un manuscrito original de aquel siglo, existente en el Vaticano, y que se intitula *Cura sanitatis Tiberii Caesaris Angusti et damnatio Pilati.* En 1764, Mansi[(525)] lo vertió conforme a otro manuscrito del siglo VIII. En 1851, Goodwin editó una vieja leyenda anglosajona, basada en el mismo relato, bajo el rótulo de *The anglosaxon of Saint Andrew and Saint Veronica,* utilizando dos manuscritos, uno de los cuales se halla en la Biblioteca Cottoniense y otro en la Biblioteca Cambridgense, y cuyo origen se encuentra en una donación que el prelado Leofric hizo, en el siglo XI, a la catedral de Exeter. Tischendorf, en su compilación de los *Evangelia apocrypha,* se sirvió de dos manuscritos, uno de ellos de la Biblioteca de San Marcos, de Venecia, y el otro de la Biblioteca Ambrosiana, de Milán, y entre los textos de estos manuscritos y los publicados por Foggini y por Mansi existen algunas diferencias. Ahora bien: de que el Evangelio de la Venganza del Salvador gozaba de una difusión bastante considerable, da idea el hecho de que muchas de las circunstancias que se narran en él (curación de Vespasiano, halagos de Tiberio a Pilatos cuando éste se presenta vestido con la túnica de Jesús, cólera del emperador contra el procónsul cuando no está en presencia suya, etc.), se encuentran en el *Mystère de la Vengeance de Notre Seigneur Jésus Christ,* popular, a principios del siglo XVI, en muchas ciudades de Francia[(526)]. El político inglés Grenville regaló al Museo Británico una rarísima obra española, traducción de nuestro apócrifo, que se imprimió, en Sevilla y en 1498, con

---

[(524)] *Die Kirchensvater,* I, 194.
[(525)] *Excercitationes historicocriticae de romano de Vetri itvnere,* 38, 46.
[(526)] *Baluzii Miscellanea,* IV, 55, 57.

el título de *Aquí comiença la ystoria del noble Vespasiano, emperador de Roma, como ensalçó la fe de Jesu Christo, porque lo sanó de una lepra que él tenia, et del destruymiento de Jherusalem et de la muerte de Pilatos.* Dos años antes, en 1496, Valentino de Moravia había dado a luz, en portugués, una *Estoria de muy nobre Vespasiano, emperador de Roma,* en la que se contienen los mismos lances de nuestra narración apócrifa, pero amplificados. Se trata de una obra también muy rara, de la que sólo se conserva un ejemplar, al que faltan las tres hojas primeras, y que se halla en una Biblioteca de Lisboa.

Permítaseme llamar la atención sobre el Evangelio de la Muerte de Pilatos, documento sumamente curioso, que parece no tiene otro fin que el de completar el relato del apócrifo precedente. Había éste dejado a Pilatos preso en Damasco, pero sin informarnos sobre el desenlace de su situación. El nuevo apócrifo lo lleva a Roma, y le hace suicidarse en la cárcel, después de haber sido condenado a muerte por Tiberio. Los personajes de ambos documentos son casi los mismos, y muy parecidos los episodios de sus respectivos relatos, aunque no dejen de notarse algunas variantes en el conjunto. Diego de Voragine, en su *Legènde dorée* y en el capítulo consagrado a la pasión del Cristo(527), presenta una narración casi igual a la del Evangelio de la Muerte de Pilatos, narración que se encuentra asimismo en un antiguo poema alemán editado por Hahn, en Francfort y en 1845. Años más tarde, Tischendorf, en sus *Evangelio, apocrypha,* recogió el documento original, según el manuscrito número 58 de la Biblioteca Ambrosiana de Milán, manuscrito que se remonta al siglo XIV.

Los dos Evangelios anteriores aportan una viva imagen de lo en que podían convertirse los relatos evangélicos, transmitidos por tradición oral, puestos después por escrito para mayor edificación de los fieles, y sometidas a una labor de ampliación, fundada en lo imaginario. La edificación: he aquí la pauta que se seguía, al inventar relatos evangélicos nuevos. Todos los que eran edificantes se tenían por verídicos y ciertísimos, y gozaban de una autoridad considerable, aunque carecieran de fundamento histórico. Con todo eso, Douhaire propone su dictamen por estas palabras: "Los apócrifos del ciclo evangélico o leyendas apostólicas, nacidas en la cuna de la Iglesia, crecen y se propagan con ella. De Judea, su hogar común, se esparcen por Siria, por Arabia, por todo el Oriente, y de la lengua hebrea pasan a las lenguas asiáticas. Grecia empieza a

---

(527) Véase a Migne *(Dictionmaire des Mystères,* 998) y a Luis Paris *(Toiles pevntes ettapisseries de la ville de Reims,* 18, 43).

conocerlas, y aparecen en Occidente con el siglo V". Cuestión muy batida entre los críticos es esta última fecha para las narraciones apócrifas occidentales, pues muchas de las redacciones árabes, armenias, siriacas y etiópicas de los Evangelios apócrifos derivan de originales griegos, de los cuales son meras versiones a menudo. Muy mal se enlaza la opinión de Douhaire con el hecho general de haber sido la lengua griega el primer vehículo de la primitiva literatura cristiana. Y sacamos de aquí, no sólo que los relatos evangélicos, redactados por hombres que no habían sido testigos de los hechos evangélicos, y que derivaban de la tradición oral, son relatos *supuestos* de un cabo al otro, sino que, con el tiempo, se transformaban al capricho de las simpatías, de los odios, de las creencias y de las preocupaciones del medio en que habían nacido, conservando todavía, empero, algunos rasgos de su sabor original. No todos eran obras maestras, ni siquiera composiciones literariamente aceptables, pero todos perseguían la edificación de los fieles, y tenían prestigio sumo en los centros de donde habían brotado o en que habían prevalecido. Y lo mismo sucedió con los Evangelios canónicos, los cuales, antes de conquistar la autoridad única que alcanzaron en la Iglesia, fueron escritos privados, sometidos a examen, y aun desconocidos en ciertos medios religiosos.

El más chocante ejemplo de la facilidad con que se aceptaba entonces todo lo que era edificante, es el *Transitas Beatae Virginis Mariae,* narración que permaneció ignorada hasta 1854, en que el sabio alemán Euger publicó su texto árabe, acompañado de una traducción latina. Euger halló el texto en uno de los manuscritos orientales legados por Scholz a la Biblioteca de Bonn, y recogió su versión en un volumen en que figuran también versiones de otras obras curiosas de la antigüedad clásica, y cuyas páginas 65 a 93 ocupa. Su escritura es poco cuidada e imperfecta, y no parece remontarse a época muy antigua, no faltando críticos que consideren el *Transitus,* en su prístina redacción, como una obra griega del siglo IV o del V, y que fue objeto de muchos retoques y versiones. Sin embargo, sus fuentes primitivas deben ser mucho más remotas, y, entre ellas, ha de contarse la *Historia Dormitionis et Assumptionis Beatae Maria Virginis, Joânni evangelista falso inscripta,* relato de que habló ya Aristocrito, en su *Theosophia,* y que Assemani[528] menciona como existente en un manuscrito del Vaticano. Esa *Historia* cuenta cómo la Virgen murió piadosamente en Jerusalén, y cómo fue transportada

---

[528] Es muy de advertir que la *Légende dorée* de Diego de Voragine se inspiró, indudablemente, en los escritos apócrifos del Nuevo Testamento, así como la *Divina Commedia* del Dante se inspiró en los antiguos apocalipsis judaicos.

milagrosamente al cielo. El escrito, en su forma primitiva, debió manifestar tendencias gnósticas, puesto que se encuentra en la lista de apócrifos prohibidos por el Pseudo-Gelasio, en cuyo decreto figura un *Transitas Sanctae Mariae*[529]. Las alusiones que hacen sobre él San Jerónimo[530] y San Agustín[531] carecen de valor, porque los críticos opinan que la carta que se cuelga al primero, y el sermón que se supone del segundo, no son suyos, aunque los copistas los dieran por tales.

No planteo, huelga decirlo, la cuestión de saber si el apóstol San Juan es realmente el autor de la composición, aunque así lo afirme el redactor de ella. Algunos la atribuyen a Melitón, obispo de Sardis, y, apoyado en esta presunción, Cayré[532] pretende que el *Transitus* es un libro "enteramente ortodoxo, sin que haya ninguna razón para considerarlo como arreglo católico de un libro herético". El membrete de su aserción, bien entendido, se reduce a declarar que, en materia de apocrificidad, eran en aquel tiempo prevaricadores todos los cristianos, sin distinción, aun los tenidos en más alta estima de ortodoxos. Ninguno, en efecto, se empachaba de comer alfalfa apócrifa, ni de ramonear en terreno vedado a la canonicidad pura.

Euger discute algunas de las circunstancias que se relatan en el texto árabe, porque observa que, si bien no hay motivo de duda en que la Virgen tuviera unos cuarenta y ocho años en la época de la pasión, no es fácil determinar con exactitud la época de su óbito. Evodio, citado por Nicéforo[533], le señale cincuenta y siete años; San Hipólito de Tebas, cincuenta y nueve; San Epifanio, setenta. Melitón, obispo de Sardis y supuesto autor de uno de los relatos que van a continuación, sostiene que la asunción ocurrió veintiún años después de morir Cristo, pero señala (circunstancia discutible) que todos los apóstoles vivían aún, mientras que el autor árabe indica que seis habían muerto, y que fueron resucitados para asistir al tránsito de la Virgen. Por otra parte, el autor árabe no menciona para nada la palma celeste de que habla Melitón como llevada del cielo, y que recuerda el ramo del árbol de la vida que Nicodemo, en el capítulo XX de su Evangelio, dice que tenía el ángel que guardaba el Paraíso, y que dio a Seth, enviado por Adán a buscar el óleo de la misericordia. No

---

(529) *Bibliotheca orientalis,* III, 287.

(530) Buresch, *Klaros oder Untersuchungen zum Orakelwesen des spateren Alterthums,* 95.

(531) *Epistolarum,* XIX.

(532) *De sanctis,* XXV.

(533) *Patrologie,* I, 156.

parece inverosímil el proyecto atribuido a los judíos de quemar el cuerpo de la Virgen, porque se lee, en las *Acta Policarpi,* que aquéllos pedían al prefecto romano que echase a las llamas los restos de los mártires, para que los cristianos no les tributasen honras fúnebres.

Muchos autores han escrito relatos semejantes, concordes en lo esencial con el *Transitus,* si bien aquí sólo se da el texto árabe, y otros que me han parecido los más dignos de nota, como el recogido por Vicente de Beauvais en su *Speculum historíale,* que he traducido del francés antiguo, y otro, que publicó Dulaurier en 1835, y el que, a manuscritos coptos y a fragmentos apócrifos relativos a San Bartolomé y a otros santos, añade un fragmento sobre el tránsito de María, traducido conforme a la cita hecha en la preciosa obra de Zoega *Catalogus codicum copticorum manuscriptorum qui in Museo Borgiatno Velitris adservantur,* volumen de más de 600 páginas, editado, en Roma y en 1810, por la Congregación de *Propaganda Fidei,* y que su autor dejó sin terminar, por haber muerto. El sabio benedictino Padre Pitra, dice que en Francia sólo se conservan dos ejemplares de ese fragmento. Y hay también un relato griego de los últimos momentos de la Virgen, según tradiciones antiguas relativas a la *Historia de obdormitione beatae Virginis,* en la obra del jesuita Wengnereck *Pietas Mariana Graecorum* (1627). Finalmente, aparte otras muchas composiciones sobre el mismo tema, merece citarse, como más directamente inspirada en los relatos apócrifos y en las tradiciones antiguas, la *Vie des trois Maries* de Juan Vennet (clérigo del siglo XIII), trilogía poemática puesta en prosa por Dronin a comienzos del siglo XV, y de la que se hicieron muy repetidas ediciones, las cuales tienen el mérito de su sencillo estilo, y están escritas en viejo francés.

Los maniqueos decían poseer cartas del Cristo, y aun no faltó quien atribuyera a Jesús libros mágicos, redactados por él con destino a sus apóstoles, para que éstos pudieran confirmar sus predicaciones con milagros. Nada de ello fue creído por los cristianos inteligentes y cultos. Más crédito logró la supuesta correspondencia de Jesús con Abgaro, rey de Edesa. Eusebio[(534)], que nos da la traducción que hizo de un original siríaco, dice haberla encontrado en los archivos de Edesa, y Nicéforo[(535)]

---

(534) *Historia ecclesiastica,* III, III, XXIII. Nicéforo da varios detalles sobre el aspecto físico de la Virgen.

(535) *Historia ecclesiastica,* I, XIII. La traducción de Busebio por Rufino difiere un tanto de los manuscritos latinos y griegos consultados por Thilo, así como de las versiones árabe, siríaca y armenia. El historiador griego Jorge Cedreno (siglo XII), en su *Compendium, historiarum ab orbe conditos,* dice que

pretende confirmar su testimonio. Abgaro era un principillo del otro lado del Eúfrates. En las medallas de Antonino Pío, Gordiano y Severo, su nombre está escrito como *Abgare;* Dion y Xiphilin ponen *Augare;* Valois indica que ha de leerse *Acgwe;* Fabricio, *Abgaros.* Este tal reyezuelo, pues, estaba atacado de un mal incurable, y, habiendo oído hablar de las curas milagrosas de Jesús, hechas en Jerusalén, se apresuró a dirigirle una carta por medio de su correo Ananias. En ella, le escribía que, habiendo llegado a su noticia la fama de sus acciones, veíase compelido a tenerle por Dios o por Hijo de Dios, y suplicábale que se apiadase de él, y que le curase, ofreciéndole, si esto podía serle agradable, un asilo, en su corte, contra las persecuciones de los judíos. Jesús reenvió al mensajero con esta respuesta: "Bienaventurado seas, tú, Abgaro, que crees en mí, sin haberme conocido, porque de mí está escrito: Los que le vean, no creerán en él, a fin de que los que no le vean, puedan creer, y ser bienaventurados. Cuanto al ruego que me haces de ir cerca de ti, es necesario que yo cumpla primero aquí todas las cosas para las cuales he sido enviado, y que, después de haberlas cumplido, vuelva a Aquel que me envió. Y, cuando haya vuelto a Él, te enviaré a uno de mis discípulos, para que te cure de tu dolencia, y para que comunique a ti y a los tuyos el camino de la bienaventuranza".

De muy grave consecuencia fue el arrojo de algunos teólogos, al admitir la validez de esta carta. Dándola por verídica, el *Testamentum* de San Efrén, escrito de autenticidad discutida, se expresó al respecto en términos de bendición para la ciudad de Edesa, por haber su rey Abgaro recibido al Cristo. Señalóse en esta resolución Procopio, en el libro II de su tratado *De bello persico,* donde cuenta los hechos en la forma conocida, y añade que el Salvador curó al rey, contrariando así el texto mismo de la carta. No hay duda que el cristianismo había entrado desde el siglo II en Edesa, y se explica, por ende, que la leyenda hubiera podido hacer remontar hasta el tiempo de Jesús la conversión de los habitantes de la ciudad[(536)]. Pero lo notable es que, todavía en el siglo XV, el famoso predicador francés Maillard, y su comentador Peignot[(537)], en pleno siglo XIX, resolvieran a carga cerrada que la carta era auténtica. Aguijó

---

el original de la carta de Jesús se suponía conservado en Constantinopla, bajo el imperio de Miguel Paleólogo (hacia el 1035).

[(536)] *Historia ecclesiastica,* II, VII.

[(537)] Strauss, *Neue Bearbeitung des Leben Jesu,* I, 9.

Valois[538] por la misma pendiente, y citando en su apoyo al protestante Pearson, juzgó temerario rechazar una carta no indigna de Jesús y de una antigüedad respetable.

En prueba de no ser auténtica, y sí solamente un fraude piadoso, la carta de Jesús al rey Abgaro, bastará poner los ojos en algunos testimonios de autores eclesiásticos. Orígenes y San Agustín la excluyen, sin ir más lejos, declarando por modo formal que Jesús nada escribió. Tillemont[539] declara apócrifa la carta, por no tener visos de verosimilitud, y por haberse colocado documentos falsos en los archivos de Edesa. En parecidas razones abunda Ricardo Simon[540], y la misma opinión comparten Belarmino, Rigault, Baillet, Natal Alejandro y otros. Finalmente, el sabio benedictino Ceillier[541] rechaza la autenticidad de la carta con varias pruebas, haciendo notar que las actas sacadas de Edesa son apócrifas, porque a Santo Tomás le dan sobrenombre de Judas y a San Tadeo calidad de apóstol, cosas que no sucedieron. De la fecha de esas actas se infiere su falsedad, puesto que la conversión del reino de Abgaro se dice hecha por San Tadeo el año 340 de la era de los Esenianos, que, según Eusebio, es la misma de los Seleucidas, y que corresponde a la olimpiada CXVII, año 29 ó 30 de nuestra era, en que, si hemos de dar crédito a los Evangelios, Jesucristo no había predicado aún. Además, la misma Iglesia demuestra lo que aquí se afirma, al no haber colocado la carta entre los documentos canónicos, como hubiera tenido interés en hacer, si hubiese ofrecido alguna apariencia de autenticidad[542].

Hay cinco Evangelios apócrifos, de los cuales sólo nos quedan otros tantos pequeños fragmentos, son a saber: el Evangelio de San Bernabé, el de San Bartolomé, el de San Felipe, el de los Ebionitas y el de los Egipcios. También se han conservado, aunque sueltas y desperdigadas, varias sentencias atribuidas a Jesús por los Padres de la Iglesia, y que

---

[538] *Recherches historiques sur la personne de Jésus Christ et sur celle de Marie,* 47. Maillard insertó una traducción de la correspondencia apócrifa de Jesús con Abgaro a continuación de sus *Conformités des mystères de la Messe.* En 1828, Peignot insertó la misma correspondencia en su edición de la *Histoire de la passion de Jésus Christ composée en* 1480 *par Maulard.* La insertó también Fabricio *(Codex apocryphus Novi Testamenti,* I, 317), y de ella se ocuparon Gumael *(De epistola ad Abgarum,* 17, 72), Semler *(De Christi ad Abgarum epistola,* 51, 79) y Kink *(Ueber den Briefe der Konigs Ab gare,* 11, 18).

[539] *Notes sur Eusèbe,* I, 17.

[540] *Mémoires pour servir à l'histoire ecclésiastique,* I, 993.

[541] *Histoire critique du Nouveau Testament,* I, III.

[542] *Histoire des auteurs ecclésiastiques,* I, 476.

constaban en Evangelios apócrifos, cuyo texto se ha perdido. Por último, no faltan fragmentos, como el del Fayum y el de Oxirinco, más aislados aún de toda forma de relato y de todo cuerpo de doctrina y que reproducen algunas sentencias de Jesús no existentes en los Evangelios canónicos. Los historiadores religiosos han dedicado sus trabajos a recoger todos esos trozos de literatura evangélica, que sirven para ilustrar las antigüedades cristianas. Labor penosa y no siempre feliz por no haber llegado casi nunca a visiones sintéticas que satisfagan por completo a la razón. En conjunto, esa labor está todavía reducida al acopio analítico.

El Evangelio de San Bernabé, que los cristianos de Turquía tienen por el único auténtico, es uno de los incluidos en el decreto gelasiano y en una lista griega de obras apócrifas, inserta por Cotelier en sus *Constitutiones Apostolicae.* El nombre de Bernabé o *Barnabas* equivale a *Bar Nebuhah,* que, en hebreo, significa *hijo de la profecía.* Los griegos lo tradujeron por *hijo de la predicación* (υίος παρακλεσήος), considerando que fue el más adicto compañero de San Pablo en la evangelización del mundo. Sobre su persona se han acumulado no pocas fábulas[(543)]. En Milán, el día 13 de abril, se celebra la fiesta de San Bernabé, y se expone una cruz, que dícese haber sido plantada por él. Pero la crítica seria y documentada ha excluido la predicación de aquel apóstol en la Galia Cisalpina. Según un escrito del siglo V, considerado como uno de los apócrifos de Juan Marcos, y arreglado más tarde por el monje cipriota Alejandro y por Teodoro de Constantinopla, llamado *el Lector.* Bernabé presenció la curación del paralítico por Jesús, en la piscina de Bethsaida. Hacia el siglo VI, en Roma y en la iglesia griega, se guardaba el recuerdo de un Evangelio, probablemente gnóstico, puesto bajo el nombre de Bernabé. El autor griego de la *Inventio Reliquiarum Sancti Barnabae,* que escribía a fines del siglo V o comienzos del VI, dice que, en la tumba del apóstol Bernabé, en Chipre, reinando el emperador Zenón, se halló, escrito de su mano, un ejemplar del Evangelio de San Mateo, que el monarca hizo llevar a la capilla palatina de Constantinopla. Evidentemente, ése no es el Evangelio de San Bernabé, del que Fabricio da un fragmento, reproducido del tomo IV de las *Animadversiones ad Menagiana* (1716) de Lamonnoye, el cual a su vez lo había extraído de un manuscrito italiano del siglo XV, propiedad del príncipe Eugenio de Saboya. Los críticos conjeturan que el texto del manuscrito italiano está traducido del texto de un manuscrito árabe. Pero, ni éste se ha encontrado, ni sabemos si habría relación entre su contenido y el del apócrifo Evangelio de San Bernabé, escrito en lengua griega.

[(543)] Bossi, *Gesù Cristo non é nai esistito,* 1.

Grabe[544] ha recogido, en un manuscrito griego de la Biblioteca Bodleiana, un fragmento de dos líneas, atribuido a San Bartolomé, y que reza así: "En las batallas, el más desventurado es el que se va vencedor, porque es el que se va con más pecados". Cuanto al fragmento por mí transcrito, es de un gnosticismo tan agudo, que, en él, supone el autor que se crucificó a Judas en lugar de a Jesús, permitiendo Dios que el discípulo traidor pareciese a los judíos hasta tal punto semejante en su rostro al maestro, que le tomaron por éste, y le entregaron a Pilatos. El autor añade que aquella semejanza era tamaña, que la misma Virgen y los mismos apóstoles fueron engañados por ella. Juzgue el lector, por esta sola muestra, si el argumento de aquel Evangelio apócrifo llevaba razonable fin.

De San Bartolomé y de su Evangelio, sabemos por San Jerónimo, Nicéforo, Beda y otros autores eclesiásticos. Todos convienen en afirmar que San Bartolomé llevó su Evangelio a la India, donde lo halló Panteno, que lo transportó a Alejandría. Por desdicha, su texto íntegro no se ha conservado. El Pseudo-Areopagita, en su tratado *De mystica theologia,* cita unas palabras de San Bartolomé, y Nicetas de Paplagonia, en su *Panegiricum Sancti Bartholomaei,* reproduce también otra sentencia evangélica del santo. Como los demás Evangelios apócrifos, el de San Bartolomé procede del gnosticismo, pero de un gnosticismo entreverado de apocalípticas visiones judaicas. En aquella época, el pueblo cristiano daba una fe absoluta a esas visiones, que ejercían una gran influencia en las comunidades. Los fieles, en lo evangélico, ateníanse principalmente a la tradición, de la que era inseparable la enseñanza. Pero ¿quién puede decir hasta qué punto alteraban la tradición la mitología bíblica, la vanidad de los gnósticos y la ambición de los autores de apocalipsis proféticas?

¿Qué pensar ahora del Evangelio de San Felipe? San Epifanio, Leoncio de Bizancio y Timoteo de Constantinopla, citan un escrito suyo muy extendido entre los maniqueos, y que el Concilio de Nicea declaró herético. Los antiguos gnósticos poseían un Evangelio que llevaba el nombre de San Felipe, y que fue muy estimado por los secuaces del segundo gnosticismo. Algunos críticos (Cornely, Merk, etc.) han señalado la posible identidad del Evangelio de San Felipe con el de Valentino *(Pistis Sophia),* lo que no parece verosímil, pues este último cita a aquél. Anastasio Sinaita, escritor griego del siglo IX, reproduce en su tratado *De tribus quadragemiminis,* un fragmento de ese Evangelio. Calmet[545]

---

(544) Véase a Braunsberger, *Der Apostel Barnabas,* 18, 47.
(545) *Spicilegium Sanctorum Patrum,* L, 302.

traduce así otro: "El Señor me ha descubierto lo que el alma debe decir, cuando llegue al cielo, y lo que debe responder a las virtudes celestes: Me he reconocido y recogido, y no he engendrado hijos al príncipe (de este mundo, al demonio), sino que he arrancado y extirpado sus raíces. He reunido los miembros juntos, y conozco quienes sois, porque yo soy también de las cosas celestiales. Y, en diciendo esto, se la deja pasar. Mas, si ha engendrado hijos, se la retiene, hasta que vuelvan a ella, abandonando los cuerpos que animaron en la tierra".

San Epifanio encontró entre los ebionitas un Evangelio, del que reprodujo algunos fragmentos[(546)], y que quizá sea el mismo Evangelio de los Hebreos, o el de los Doce Apóstoles, o la redacción más antigua de nuestro Mateo canónico. Como quiera, entre estos tres Evangelios judeocristianos, el de los Ebionitas pudo constituir una composición independiente, y tener su círculo propio. Acaso fue uno de los muchos Protoevangelios hebraicos, que se conservaron en original, hasta el siglo V, entre los nazarenos de Siria. Según lo que podemos juzgar por los trozos que nos quedan, el Evangelio de los Ebionitas debió, en efecto, ser afín al *Codex Nazaraeus* en sus concepciones sobre el Espíritu Santo, sobre el Mesías, sobre el bautismo de la luz, etc.

Procede de la misma fuente el Evangelio de los Egipcios[(547)]. Algunos autores han sostenido que este Evangelio se encuentra reproducido en la II de las *Homiliae Clementiae.* Pero semejante afirmación es muy exagerada, porque se trata de una cita larga, y no de una transcripción completa. Si hemos de creer a Clemente Alejandrino, el Evangelio de los Egipcios gozó, entre los encratitas, de gran autoridad. Mostrose San Epifanio[(548)] desazonado con las doctrinas de ese Evangelio, que le parecían execrables y vitandas. Mas en su punto las ponía Orígenes[(549)], tal vez porque algunas de ellas no distaban mucho de las suyas. Efectivamente: en el Evangelio de los Egipcios, se condenaba el matrimonio, se enseñaba la metempsicosis, y se mantenía un unitarismo negador de la Trinidad y análogo al desenvuelto por Sabelio. Grabe, en su *Specilegium,* y Fabricio, en su *Codex,* están conformes en señalar la índole gnóstica del Evangelio de los Egipcios, en compararlo con Evangelios más antiguos, y en

---

(546) *Discours et dissertations sur les livres du Nouveau Testament,* I, 189.

(547) *Haereses,* XIII, XIII.

(548) Especialistas de consulta para su estudio son Emmerich *(De Evangelio secundum Ebraeos, Egyptios atque Justini Martyris,* 78, 81) y Schneckenburger *(Ueber das Evangelium der Aegyptier,* 18, 34).

(549) *Haereses,* LXII, II.

aclararlo por las controversias religiosas de su época. Lástima que el único fragmento que se ha conservado, y que yo transcribo, no sea doctrinal y teológico, sino mera amplificación modificada de un episodio del Pseudo-Tomás.

Entre los Evangelios que la Iglesia Católica entregó para siempre en las manos del olvido, por tenerlos en opinión de espúreos y no dignos de memoria, ha de contarse también el Evangelio de Taciano, uno de los más largos, puntualizados y sintéticos de la literatura cristiana del siglo II. Su título griego de *Diatessaron* muestra el arduo empeño y el atrevido alarde del autor de armonizar los relatos divergentes de los cuatro Evangelios canónicos en un conjunto amplio y detallado a la vez. La necesidad de esa armonía no era perentoria, porque, si bien Taciano escribió su obra en 173, y, desde veintitrés años antes[(550)], la tradición oral y los Evangelios luego declarados apócrifos habían empezado a perder prestigio e importancia en relación con la instrucción catequística de los neófitos y con la edificación espiritual de las iglesias, es lo cierto que nuestros cuatro Evangelios preferidos aún no estaban en vigencia absoluta en el mundo cristiano. De hecho, se les había canonizado ya, sin duda, pero faltábales todavía el refrendo oficial de la autoridad eclesiástica, y, además, había entonces algunos espíritus independientes, que, al ver las contradicciones, las inverosimilitudes y los absurdos que pululaban en las cuatro biografías de Jesús que pasaban por más verídicas, afrontaron los reproches de temeridad, revelando su escaso o nulo valor histórico. Mayor, empero, fue la temeridad de Taciano, al salirles al paso con su prolijo Evangelio armónico, para convencerles de que San Mateo, San Marcos, San Lucas y San Juan no discrepaban en el fondo, y que sus relatos podían conciliarse sin gran esfuerzo. El lector verá si lo consigue, aunque mis notas, sin que él se tome el trabajo de confrontar por sí mismo los textos de los cuatro Evangelios canónicos, le bastarán para persuadirle de lo vano del intento, más noble y generoso que feliz y acertado. A Taciano le pasó lo que suele a los que con amagos de moverse, no ganan tierra, por más que blasonen de hacer y acontecer.

San Epifanio, en la división XLVI de su *Panarion,* pretendió que el plan del Evangelio de Taciano, que llama Evangelio encratita, era conforme al Evangelio hebreo, aunque menos sencillo en su desarrollo. Quizá esta falsa apreciación de San Epifanio dependa de habérsele atribuido a Taciano un libro distinto del que conocemos, y en el que se suprimían las genealogías de Jesús, punto alrededor del cual se libró la

---

[(550)] *Homili in Lucam,* I.

gran batalla del ebionismo. Pero el Evangelio de Taciano, no sólo no rechaza en su ejemplar las tablas genealógicas, sino que admite y trae juntamente la de San Mateo y la de San Lucas. Lo único cierto es que Taciano, a los cuatro Evangelios que más tarde se proclamaron canónicos, unía el de los Hebreos, que entonces gozaba de gran autoridad en Siria. Los maniqueos usaron mucho el Evangelio de Taciano, y el sirio San Efrén escribió sobre él un comentario, señalado por Assemani(551). Entre otros autores orientales, se ocupó del *Diatessaron* otro sirio, Denyo Bar-Salibi, en su explicación del Evangelio de San Marcos, y el autor Bar-Bahlal cayó en el error de creer que Taciano era obispo. Teodoreto consigna que había retirado más de doscientos ejemplares del *Diatessaron* de manos de los fieles, porque muchos católicos lo utilizaban, debido a que concordaba los cuatro Evangelios admitidos, abreviando el estudio religioso.

El texto griego de Taciano se ha perdido, pero el fondo se ha encontrado en una versión armenia del citado comentario de San Efrén, comentario que lleva el título de *Evangelii concordantes expositio,* en la traducción latina de Mossinger (1876). En 1883, el Padre Ciassa publicó una versión árabe, rotulada *De Tatiani Diatessaron arabica versione,* en el tomo IV de los *Analecta sacra* del cardenal Pitra. En 1881, Zahn había tratado de reconstituir el texto griego de Taciano, en su *Tatien' Diatessaron* y en otros ensayos póstumos. Víctor de Capua hizo una nueva traducción latina, *Unum ex quator,* que se encontró en el *Codex Guldensis,* editado por Ranke (1878), y que Migne(552) reprodujo bajo el nombre de Ammonio. El germen de estas tentativas remonta a la segunda mitad del siglo XIII, en que Guido de Perpignan (muerto en 1312) dio a luz su *Concordia Evangeliorum.* Posteriormente, continuó la labor concertadora de los teólogos, y de 1500 a la fecha las armonías de Evangelios fueron más de treinta de católicos (entre ellos, varios españoles) y más de veinte de protestantes. Pero todos los esfuerzos hechos en tal sentido quedaron anulados virtualmente en 1835, cuando Strauss, aplicando el criterio radicalmente desarmonista a la historia evangélica, publicó su *Leben Jesu,* obra de pasmosa intrepidez analítica, que tuvo una resonancia inmensa, y que, por confesión de Ricci(553), ejerció en el campo de los estudios históricos una acción incalculable.

---

(551) *Bibliotheca orientalis,* III, 12.
(552) *Patrologia latina,* LXVIII, 255.
(553) *La documentación de los orígenes del cristianismo,* 34.

Otro documento armonista es el Evangelio de Ammonio (hacia 220), personaje a quien Eusebio[(554)] confundió con el pagano Ammonio Saccas, fundador de la escuela neoplatónica de Alejandría. Las *secciones ammonianas,* debidas a ese autor, introdujeron una división en los Evangelios, tomando por base el de San Mateo, con el fin de concordarlos, trabajo que completaron Juvenco, Eusebio de Cesárea, San Teófilo de Antioquía y otros armonistas, y en el que está el origen remoto de la actual disposición en capítulos y en versículos. Pero Ammonio no es más feliz que Taciano, en su ensayo conciliatorio. Con los más de los acoplamientos de los textos canónicos contenidos en su Evangelio no hace sino plantear un sucinto resumen de relatos más circunstanciados, sin someterlos a un riguroso escrutinio. Y, como su Evangelio es muchísimo más corto que el de Taciano, la brevedad acaba de hacer más ligera y más superficial la armonía, dejando a medias una obra, que, tras tanto dares y tomares, no acaba de resolver la concordancia y la conciliación buscadas.

Ammonio vivió en Alejandría, a comienzos del siglo III, y fue citado por Zacarías, obispo de Crisópolis, en el siglo XII. En el XIV, Ebedjesu, obispo nestoriano de Nisibe, le confundió con Taciano, error reproducido, en el siglo XIX, por Migne, para quien el *Monotessaron* de aquél se puso bajo el nombre de Ammonio. No hay duda sino que Migne desconocía (caso incomprensible en un erudito de su talla) la obra publicada, en Basilea y en 1569, con el título de *Monumenta Sanctum Patrum Ortodoxographia,* y, en cuyo volumen II, el Evangelio de Ammonio, traducido del griego al latín por Luscinio, sigue al de Taciano, y está claramente diferenciado de él en extensión, en capitulación y en estilo. Migne da vueltas y citas constantes, para concluir que la versión de Luscinio no es la obra de Taciano, cosa sabida hace mucho tiempo. Por lo demás, no es fácil precisar la fecha de composición del Evangelio de Ammonio. Yo no la creo muy antigua, aunque, perdido su original griego, sólo cabe decir que la traducción de Luscinio es mucho más reciente, sin duda.

El más doctrinal de los Evangelios gnósticos, y también uno de los más recientes de ellos, es el Evangelio de Valentino o Valentín, llamado asimismo el Evangelio de la Sabiduría Fiel *(Pistis Sophia).* Todas las expresiones de tan singular Evangelio son las propias del vocabulario usado por las sectas gnósticas, que, en su mayor parte, encontraron definitivamente sintetizadas sus ideologías teosóficas en el grandioso

---

[(554)] *Historia ecclesiastica,* VI, XIX.

sistema de Valentino, gran depósito de las reliquias del mundo oriental[555]. En toda la teología del cristianismo primitivo, no hay monumento gnóstico de tan singular trascendencia. Los Padres de la Iglesia, incapaces de comprender en toda su profundidad y en su verdadera significación las doctrinas de aquella secta, nos han hecho de ellas una exposición infiel. Nos han hablado del *politeísmo* valentiniano como de una *herejía,* que creía en treinta divinidades o *eones,* entre los que contaba a Jesucristo, a quien dotaba de un cuerpo fantástico, negando que hubiese sido concebido en las entrañas de María. Y han añadido que de dicha secta salieron las de los *marcosianos, secondianos, colabrasianos, bardesitnianos* y otras sinnúmero, y que todas aquellas sectas no eran otra cosa que sistemas antimosaicos y anticatólicos. Tales superficialidades se han perpetuado hasta nuestros días, y no precisamente por falta de progreso en la investigación histórica. Haré notar que, no solamente la parte exegética, sino que también la parte monumental, del cristianismo primitivo, se ha ensanchado asombrosamente para el teólogo. Empero, a excepción de algunos especialistas imparciales, que reconocen una fuente genuinamente gnóstica en los orígenes de nuestra fe, raros autores he leído, que, al explanar su opinión sobre la primitiva cristiandad, hayan concedido al problema la importancia que merece por sus resultados. Sobre el conjunto de elementos gnósticos, que Valentino desarrolló en los *Philosophumena,* descansó la primitiva cristiandad, como una montaña sobre sus bases de granito. Tal es la enseñanza que deducirá el siglo XX contra las ficciones del cristianismo de los Padres. Esto, a lo menos, espero yo, el último discípulo de Valentino. Y, para mejor refrendarlo, afirmaré que del primer gnosticismo, convertido en segundo, merced a originales perfeccionamientos, por aquel teólogo, provinieron las doctrinas de las antiguas producciones de la literatura cristiana, de las piedras angulares de nuestra fe (no ya sólo en lo supuestamente histórico, como los Evangelios, pero asimismo en lo teóricamente dogmático), de los documentos llamados apostólicos, especialmente de los paulinos.

Egipcio de nacimiento y teósofo por vocación, Valentino aprovechó su destreza como tal teósofo en beneficio del principio cristiano, y su ideología obtuvo gran éxito en los países en que predominaba el influjo de la metafísica griega. Pero tenía que fracasar en Occidente, donde los obispos de la Iglesia Latina, exaltadores del poder papal, miraban con recelo todo lo que de Oriente procedía, y que se oponía, por la sutileza y por la libertad que en sí llevaba, a la grosería religiosa de la imaginación

---

[555] Véase mi libro sobre *El universo invisible,* 169, 171.

europea y al sentido práctico de la ortodoxia católica. En 140, Valentino fue a Roma, donde sufrió tres excomuniones, las cuales le convencieron de que los Papas preferían soportar toda la impedimenta judaica del Antiguo Testamento y todas las innobles fantasmagorías apocalípticas de algunos libros del Nuevo, a aceptar un dogmatismo simbólico y transcendente, pero a la vez filosófico y razonado, que hubiera podido servir maravillosamente a los intereses del cristianismo. El *doctor más profundo de la gnosis* se vio obligado a llamar a Valentino un doctor ortodoxo tan calificado como San Ireneo. Su gnosticismo, que satisfacía las tendencias de la época, invadió los ánimos, y por poco absorbe al cristianismo oficial. No sucumbió en la Iglesia sino hasta después de una lucha de cuatro siglos. Pero, aun cuando desechó los dogmas y las creencias de los gnósticos, el cristianismo oficial quedó penetrado por el exaltado espiritualismo que caracterizaba a los más puros de aquellos sectarios, y hay poca diferencia entre la doctrina de la mayoría de los Padres de la Iglesia acerca del matrimonio y la del gnosticismo[(556)], cuyos secuaces debieron no poca parte de su celebridad a su moralidad elevadísima, a su aversión al vicio, a lo ascéticamente severo de su vida y de sus costumbres.

El Evangelio de Valentino es la misma obra que la *Fidelis Sapientia,* que Tertuliano atribuye a aquel teólogo[(557)]. En opinión de muchos críticos, es una producción ofita, aunque de los últimos tiempos, y que parece condenar lo esencial de las teorías gnósticas anteriores. El autor supone que, cuando resucitó de entre los muertos, Jesús pasó once años hablando con sus discípulos. Los primeros ofitas creían no haber sido once años, sino dieciocho meses, los que Jesús permaneció en el mundo, después de su resurrección, instruyendo a los discípulos en la gnosis, que le envió su hermana *Sophia.* Valentino hace primero a Jesús ascender a los cielos, y descender luego de ellos, para adoctrinar a sus discípulos. Fuera de esto, sus principios son los mismos que los de los ofitas, en punto a concepciones cristológicas. El nombre, por ejemplo, *Ilda-Baoth,* que estaba extendido entre los ofitas, significa el *hijo de las tinieblas,* nacido de *Sophia,* y que dio la existencia a un ángel hecho a semejanza suya, éste

---

[(556)] Laurent, *Le christianisme,* III, II, 2. Véase mi libro sobre *El universo invisible,* 172.

[(557)] En el Museo Británico hay un manuscrito de esa obra, en dialecto coptosahídico. Es un volumen en cuarto, de 348 páginas, y procede de las ediciones del doctor Askew. Por la forma de los caracteres, parece remontarse al siglo VII o al VIII.

a un tercero, el tercero a un cuarto, etc., hasta siete. Los valentinianos, como los ofitas, distinguían a *Christos* de Jesús. Para ellos, el Salvador descendió por las regiones de los siete ángeles, y entró en el hombre Jesús en el bautismo del Jordán. Mas, viendo *Ilda-Baoth* que Jesús destruía su imperio, le hizo crucificar por los judíos. Y *Christos* y su hermana *Sophia,* abandonando a la tierra el cuerpo material y mortal de Jesús, le dieron un cuerpo aéreo y luminoso.

La consecuencia importante que de lo dicho se debe sacar, es que el Evangelio de Valentino carece de relatos, se reduce a una colección de discursos, prescinde de la parte narrativa, y constituye una producción acentuadamente gnóstica. Pero ya vimos que los demás Evangelios apócrifos y el canónico de San Juan, son gnósticos también, en mayor o menor grado. Este hecho tan vasto es de gran momento y de transcendencia suma para el juicio que ha de formarse sobre los verdaderos orígenes de nuestra religión, y llega a trastornar, para el historiador de visión amplia, toda la cronología evangélica. ¿Por qué los Evangelios *Sinópticos* han de haber sido los primeros redactados, no siendo, como no son, gnósticos, y siendo, en cambio, el gnosticismo la forma más antigua de la fe cristiana? Mi hipótesis lo explica de una manera muy sencilla. Cristo no es más que un tipo ideal de perfección, nacido en las comunidades mesiánicas primitivas y evemerizado toscamente por los judeocristianos(558), cuando, al triunfar éstos, después del golpe de Estado de Constantino, impusieron al mundo, con ayuda del emperador, su concepción grosera de la religión del bien, producto de una mala interpretación de la transformación última del culto del dios egipcio *Serapis,* verificada por Filón y por los hebreos helenizantes bajo el Imperio de los Ptolomeos. A esa transformación, o mejor dicho, a los comienzos de esa transformación, corresponde el ciclo evangélico sinóptico, cuya fecha puede adelantarse o retrasarse cuanto se quiera, sin que deje de quedar intacto el abolengo gnóstico del cristianismo primitivo.

Al fin de cuentas, viene a resultar que los autores de los *Sinópticos,* por haberse querido ir tras la sombra del elemento humano del Cristo Jesús, en seguimiento de la afirmación de su existencia personal, se apartaron de la cristología simbólica de los gnósticos anteriores a ellos, cristología que les hacía el camino menos andadero y menos seguro. De semejante desviación surgió una upuesta *historia* evangélica, comprometida por las concepciones menos evemerizantes del Cuarto Evangelio, que ofrecía un cuadro pseudobiográfico completamente distinto. Sin embargo, no todos

---

(558) Véase mi obra sobre *Strauss y su tiempo,* 75.

los gnósticos llegaban al docetismo crudo, que dotaba al Cristo de un cuerpo puramente fantástico, y, entre ellos, se hallaba el autor de aquel Evangelio, que, para refutar a los docetas, puso de relieve la lanzada que hizo manar agua y sangre del costado de Jesús, lo cual probaría su realidad corpórea[(559)]. Pero el conjunto de su obra huele que trasciende a gnosticismo, y acaso el detalle apuntado anteriormente sea interpolación de algún cristiano atenido al historicismo y al evemerismo de los *Sinópticos,* que se dirigían al vulgo, y no a las inteligencias superiores, de la cristiandad. Si los *Sinópticos* estuvieron en boga, entre los hombres de la segunda generación cristiana, fue por ofrecer una forma pseudobiográfica, que poco pedía al humano entendimiento cuanto a dogmas y a principios, motivo bastante para su mejor adaptación a la curiosidad e interés del pueblo. Las cosas elevadas e incomprensibles que los *Sinópticos* tienen, son falsas y burdamente sobrenaturales. Las pragmáticas y más moralizadoras no suben de las tejas arriba, y a cualquier mediano ingenio se le alcanzan. Las que exceden los términos de la humana comprensión, o bien dan en el extremo de ser ridículas y extravagantes, o se han de achacar a la imaginación del escritor. Esta sola cualidad debería bastar a los críticos para que no se atreviesen a comparar a los Evangelios de la *Sinopsis* con los inspirados en el gnosticismo, que, fuera de ser una metafísica superior, llena de verdades esotéricas contenidas en las teosofías de las más antiguas religiones, está colmada de profundísimos dogmas y de altísimos principios, contra los cuales en vano encara sus arietes averiados la maligna pasión de los teólogos ortodoxos, de los protestantes liberales y aun de muchos exégetas que racionalistas se precian. Estos dogmas y esos principios fueron propiedad de la gnosis, y ninguno de ellos profesaron los evangelistas de la colección sinóptica, porque en el carácter impersonal del Cristo reposaban todos, y aquellos evangelistas rechazaban semejante impersonalidad. Si alguna vislumbre enseñaron de ella, era cosa tan apocada y tan mal compuesta, que a mil leguas se descubre cuán ajena de toda teosofía fuese y cuán contraria al ser del gnosticismo, cuyos secuaces hicieron frente a la Iglesia Católica durante más de seis centurias, y no desaparecieron del todo hasta acercarse la Reforma Protestante. El gnosticismo, no me cabe en este punto la menor duda, habría pronto sofocado al catolicismo, y llegado a erigirse en religión universal, si se hubiera puesto de parte suya, y no de la Sede Romana, la política de los monarcas de Occidente. ¿Y quién ignora que, en su teología, se negaba la realidad histórica de Jesús, y que en ella

---

[(559)] Salvador, *Jésus Christ et sa doctrine,* II, II.

cabían las concepciones más impersonales, desde la que veía en el Cristo una mujer, desdoble femenino de la Divinidad, Espíritu Santo, alma del mundo, bajada para purificar con su virginidad la tierra, encarnando en su persona el sufrimiento de la humanidad entera, hasta la de los docetas, que decían que había sido sólo una mera aparición, un divino fantasma, una proyección visible del Dios que estaba en el cielo, y que había pasado por la tierra, y vuelto a confundirse después con el Padre?[(560)]. Gran provecho saca la teoría mítica de aquí, para concluir argumentos y derivar consecuencias en su pro, pues la secta de los docetas, por confesión de San Jerónimo[(561)], fue contemporánea de los apóstoles. Lo fueron asimismo las sectas de los cerintianos, de los cerdonianos, de los tacianitas y de los saturninianos. La existencia de esta última secta es particularmente importante para la historia del cristianismo primitivo, porque su fundador vivió y predicó, no sólo en tiempo de los apóstoles, sino en la fecha canónica de Jesús[(562)], y en los mismos lugares en que los Evangelios canónicos presentan a su héroe propagando sus doctrinas, y realizando sus portentos. ¡Y todas esas sectas negaban cuerpo natural y realidad individual a sus Cristos respectivos!

El error de los teólogos ortodoxos, de los protestantes liberales y aun de muchos exégetas que de racionalistas se precian, consiste en suponer que el cristianismo comenzó bajo la forma de una comunidad apostólica fundada por Jesús, al paso que yo he demostrado que no fue así como el cristianismo comenzó. Por lejos que nos remontemos en la historia primitiva de nuestra fe, hallamos siempre a los cristianos agrupados bajo la forma de pequeñas comunidades aisladas y propiamente *gnósticos.* Las primeras huellas de cristianismo, que datan del período neojudaico o de la fecha canónica de Jesús, prueban claramente que, ya en aquel tiempo, los secuaces de nuestra religión estaban afiliados a sectas o iglesias independientes entre sí, las cuales únicamente convenían todas en admitir un Mesías, Cristo o Verbo, que cada una entendía a su modo. En otro libro[(563)], prestando atención a algunas de las más importantes sectas del núcleo gnóstico, e indicando sus relaciones con la teología dogmática de nuestra religión, puse en claro la procedencia gnóstica de esta teología. El gnosticismo será tan oscuro y tan enrevesado como se les antoje a las

---

[(560)] Véase mi obra sobre *Strauss y su tiempo,* 73.

[(561)] *Contra luciferianos,* VIII.

[(562)] Pluquet, *Dictionnaire des heresies* (en la palabra *Saturniniens).* Compárese con Stefanoni, *Diccionario filosófico* (en la palabra *Docetas).*

[(563)] *El universo invisible,* 167, 169.

mentes estrechas, que únicamente gustan de las doctrinas que ofrecen enfadosa claridad y superficial presentación. Sin embargo, constituye inapreciable fuente para el historiador de los orígenes del cristianismo, y es deplorable que tan poco preocupe hoy a nuestros investigadores independientes. Él, y sólo él, puede explicarnos, amén del espíritu del cristianismo paulino, el más extendido por el Imperio Romano en la primera mitad del siglo I, el estado casi total de la conciencia cristiana desde los indeterminables orígenes de la nueva fe hasta el final del siglo II, que ya podríamos considerar alcanzado, si sólo hiciésemos historia externa de las ideas, y no historia interna de los documentos. Y, sin introducirme en un terreno que me haría salir de los límites de mi plan, cúmpleme indicar cómo, durante siglos, estuvo agitada la cristiandad por disputas sobre la naturaleza del Cristo, y cómo de estas disputas surgieron creencias sobre creencias, que sirvieron de gérmenes a nuestra teología dogmática. Observaré también cómo las sectas e iglesias occidentales tuvieron que combatir el apego aferrado a los ritos hebreos, y con qué dificultad consiguieron separarse del judaísmo, que pareció dominar en los primeros años. Si extendiésemos nuestra investigación a las grandes herejías antitrinarias y a su lucha con la Iglesia Católica, recibiríamos sobre esas mismas cuestiones más luces que las que nos han suministrado en conjunto el orientalismo y la exégesis. Pero tal indagación no sería, en verdad, tan nueva como la emprendida hasta aquí. Autores hay que han dilatado las velas del discurso, inquiriendo la diversidad de influencias que crearon el cristianismo integral en los tiempos primitivos. El célebre Draper[(564)] se preocupó mucho de señalar la diversidad de influencias, reduciéndolas a dos clases generales, correspondientes al Oriente y al Occidente. Su obra lleva consigo la convicción en cada una de sus líneas, y de ella tomo lo siguiente: "El cristianismo, después de haberse extendido por todo el Imperio Romano, conservó visibles huellas de las dos influencias que habían obrado sobre él: la del Oriente y la del Occidente. El Oriente obró sobre él con sus doctrinas especulativas, de las cuales las más importantes se habían desenvuelto por la metafísica platónica de Alejandría, la secta filosófica que suministró más conversos a la nueva fe. El Occidente obró sobre él con su genio utilitario, completamente práctico, hostil al pensamiento, y que, favorecido singularmente por las circunstancias, no se preocupaba más que de engrandecerse materialmente, y de desarrollar su poder territorial. En Oriente, todas las concepciones producidas por las sectas cristianas se pierden en Dios, y, en

---

(564) *History of the intellectual development of Europe,* I, IX.

Occidente, todas tienen al hombre por objeto. Esto es lo que esencialmente distingue al Oriente del Occidente. Por un lado, abundancia de doctrinas referentes a la naturaleza de la Divinidad, y, por otro, abundancia de preceptos para la mejora y para el consuelo de la humanidad." Cita tan sesuda era necesaria para mi propósito, por cuanto demuestra más que nada la relación íntima entre los distintos cristianismos primitivos y el medio en que se desarrollaron. Y lo que se dice en el sentido del espacio, decirse puede también por lo que toca al tiempo. El catolicismo mismo, con ser un organismo tan cerrado e intransigente, se ha acomodado, en cada época, al suelo, al ambiente y a la reinante constitución moral. Por el progreso de la organización eclesiástica, se formó una clase cada vez más numerosa de cristianos, que, por la educación y por las costumbres transmitidas, se conformaban con las exigencias del nuevo régimen religioso de un modo tan instintivo como se conformaban con las variaciones atmosféricas. Ulteriores razonamientos nos lo harán ver con entera claridad, dejando demostrado que el triunfo final del catolicismo no destruyó la herejía, y sí los poderes heréticos solamente, y que, lo mismo que el deuterognosticismo, no pudo menos, para llegar a ser doctrina, que fundarse sobre una base protognóstica, adaptada a las necesidades sociales o populares. Ahora bien: la conclusión última que mi criterio ha deducido de las investigaciones de la historia y de la exégesis, es que los Evangelios, las leyendas apostólicas, las obras a los discípulos de jesús atribuidas, parten de un estado dogmático *polimorfo.* En todos mis trabajos hierológicos, creo haber suficientemente mostrado, en las grandes líneas generales y de conformidad con el programa que me impuse: 1) que esa hipótesis no está formalmente contradicha por ninguno de los hechos conocidos; 2) que da razón del conjunto de los hechos mejor que puede hacerlo la única hipótesis propuesta hasta aquí; 3) que permite explicar y prever hechos nuevos y discordancias inesperadas. Si así es, la hipótesis según la que el *cristianismo* no fue primitivamente un *jesimismo,* sino un conjunto de sectas gnósticas, debe pasar por científicamente establecida, mientras no haya pruebas en contrario. Pero, con la aplicación de este duro y radical criterio, constituido en clave de mis indagaciones, propóngome descubrir la filiación gnóstica de toda la cristiandad paulina, que, si filosóficamente es tan superior a las otras ramas primitivas de nuestra religión, cronológicamente les es muy anterior, así en Asia como en Europa. La religión a que más se parecían las vagas ideas de los primeros, escasos y problemáticos apóstoles (una religión que se supone predicada por el mismo Jesús), es la de la más antigua de las escuelas cristianas, el gnosticismo, el cual, tal como fue enseñado en su pureza clásica, y llevado a la perfección por el último de los iluminados, Montano, basaba su doctrina en la enseñanza *esotérica* de todas las edades, y derivaba en línea recta de los grandes sistemas *teosóficos* del mundo antiguo.

Primitivamente, pues, el cristianismo, repitámoslo, no era más que un conjunto de sectas gnósticas, no sólo diferentes, pero también a veces opuestas, en sus concepciones dogmáticas. La inteligencia entre aquellas múltiples sectas que componían la cristiandad primitiva se verificó de una manera lenta y penosa, sin intervención alguna de un poder religioso central, que, como el catolicismo, les prescribiese leyes ortodoxas y dogmas definidos. Largas etapas hubieron de transcurrir, antes que la Iglesia Católica, llevada del afán de dominación terrena que del Imperio Romano heredara, pretendiese descalificar a aquellas sectas, negándoles abolengo apostólico, y tratándolas fanáticamente de perversas y erróneas *herejías.* Empero el vocablo *herejía,* de *αίρεις,* derívase del verbo griego αιρεω, que, en la antigüedad helénica, se usaba en el sentido de escoger, elegir, preferir, optar, tomar por sí mismo o para sí, determinar, definir, asimilarse, y aun en el de probar o convencer. Herodoto emplea la locución 'O αιρων λόγος en la acepción de evidencia, de razón concluyente, de buen sentido demostrado, y ésta era también la significación de la palabra *haeresis* en la Roma pagana. Mas, en la sucesión de los tiempos, y una vez que la Iglesia Católica condenó el opinar sobre las cosas, sobre su esencia y sobre sus orígenes, la expresión se tornó a mala parte, y fue tomada en el concepto de idea perversa o errónea, y aplicada a los que contravenían a la religión y a la fe[(565)]. Ahora bien: los autores de los escritos apócrifos eran herejes, y, por tal causa, el catolicismo rechazó esos escritos, sin ver que, en los comienzos del cristianismo, el término *apócrifo* no equivalía a escrito *inauténtico* o *falso,* sino a escrito *secreto* u *oculto*[(566)]. Cuando los exégetas racionalistas se esforzaron en demostrar que el Cuarto Evangelio canónico no pudo haber sido redactado hasta bien entrado el siglo II, olvidaron que los indiscutibles argumentos históricos que invocaban en favor de su opinión, perdían toda su fuerza crítica, desde el momento en que se admitiese que la secta a que aquel Evangelio pertenecía, no quiso, por razones dogmáticas, sacarlo a publicidad hasta dicho siglo, y que antes lo habían

---

[(565)] Véase a Pasquier *(Recherches,* VIII, 686) y a Gener *(Herejías,* prólogo).

[(566)] Éste es el significado sencillo y neto de la palabra *apócrifo,* a la cual oponían los griegos el vocablo que quiere decir *público, corriente, común.* Orígenes considera los libros apócrifos en el sentido de ocultos, esto es, que no se leían públicamente. Y, en la *Synose,* atribuida a San Atanasio, se dice que los apócrifos se llamaban así porque, en efecto, merecían estar más escondidos que públicos. Pasémosle al doctor eclesiástico su pulla inocente.

conservado sus secuaces en calidad de escrito *apócrifo,* esto es, *secreto* u *oculto.* No hay que olvidar que los Evangelios apócrifos (como también los canónicos en sus redacciones primordiales, que nada tenían de ortodoxas, en el sentido posterior) eran creaciones de las distintas sectas cristianas, en las cuales se retenían como sagrados depósitos de sus respectivas doctrinas. Así, como creo haber demostrado, el Evangelio de San Pedro fue probablemente escrito por alguno de los iniciados en las doctrinas gnósticas, y seguramente debió su conocimiento circunscribirse a los centros docéticos de Antioquía y de sus inmediaciones, porque las raras veces que vemos citado este documento por los autores de la antigüedad cristiana, induce fundadamente a suponer que su difusión hubo de quedar restringida en los contérminos de aquel ambiente religioso. Lo mismo ocurrió con los demás Evangelios conocidos y publicados hasta fines del siglo III de nuestra era, y, si, a pesar de todo, la Iglesia Católica se obstinó en limitar su canon neotestamentario a los escritos redactados por supuestos discípulos de Jesús en lo que ella llama *época apostólica,* sépase, de una vez para siempre, que semejante época sólo ha existido en la imaginación de los teólogos ortodoxos. A la diligencia de Brandés[(567)] debemos la conclusión, ya antes de él indicada por Couchoud[(568)], de que, en su origen y en su mayor fuerza, el cristianismo judaico no existió hasta el momento en que el Mesías de los profetas, el *siervo del Señor* de Isaías, el justo perseguido del *Sepher Thillim* y de la *Sophia Salomóntos,* se fundieron en una sola figura, la del mismo *Jehovah,* convertido en un Dios que nace, que vive, que muere, que resucita, y que volverá a presentarse en el juicio final del mundo. De esta ojeada fundamental sobre la existencia terrestre del hombre y sobre el destino último de las cosas, y de esta duplicación de *Jehovah* en un *Jehovah-Mestas* o en *Jehovah Jesús,* fue de donde partió el cristianismo judaico, cuyo supuesto fundador no vio la luz por mediación de José y de María, sino por la fe, por la esperanza y por la caridad de los primeros que inventaron, forjaron, crearon, formaron y redondearon su tipo simbólico. Solamente a esa especie de *Jehovah-Mesías* se refiere el alegórico libro que lleva por título el *Apocalipsis* de San Juan, y que era un *Apocalipsis* judaico, imitado del *Sepher Daniel,* antes de convertirse en un *Apocalipsis* cristiano. Nada más que en esto consistía el cristianismo judaico de los ebionitas de San Pedro, y nada más que esto conoció San Pablo, antes de su llamada *conversión* a la secta de Jesús, vale decir, antes de su iniciación en los misterios gnósticos. La

---

(567) *Jesús es un mito,* 75.
(568) *Le mystère de Jésus,* 9, 18, 21, 34, 60.

LACRITICALITERARIA.COM

Epistola Jacobi, falsamente atribuida a Santiago, jefe del ebionismo, carece de todo elemento evangélico, aunque de su sencilla y pobre ideología derivasen todos los demás documentos neotestamentarios de rúbrica pseudoapostólica. No hay en ella vestigios de leyendas acerca de la tentación de Jesús por el diablo; no hay traza alguna de los numerosos proverbios y de las elocuentes parábolas del Evangelio; no hay señal de relatos sobre un generoso varón del pueblo infinitamente superior a la humanidad; no hay la menor noción del dogma de la redención por el Mesías; no hay nada que se refiera a la obra del Espíritu Santo; no hay mención de la muerte del Cristo, ni de su resurrección, ni de su ascensión. En cambio, hállanse allí (I, 18; II, 1, 8; V, 7, 9) todas las esperanzas apocalípticas y mesiánicas del doctrinarismo ebionita, pues se exalta *la ley real conforme a la Escritura* (νόμον Βασιλιχόν χατά τήν γραφήν), se conoce el *nuevo nacimiento* (απεχυησεν ημας) de los hombres, y se habla de *nuestro glorioso Señor* (τοω χυριου ημων), es decir, del *Jehovah-Mesías,* y de su próximo advenimiento *(της* παρουσίας του κυρίου). Si, por último, se quiere tener en cuenta la ausencia que en la *Epistola* se nota de toda alusión a convertidos de origen gentil, sería posible atribuirla a la carta circular conservada en los *Acta apostolorum* (XV, 24, 29), lo cual podría colocarla alrededor del año 45, como nota Ricci[(569)], quien parece estar en lo cierto, al decir que tal escrito es acaso el más antiguo del Nuevo Testamento. Y aun esto es decir muy poco, puesto que, según Spitta[(570)], que ha refutado sólidamente la opinión contraria de otros exégetas (Baur, Jülicher, Brückner, Pfleider, Soden, Hilgenfeld, Weizsäcker, etc.), la *Epistola Jacobi* es, como el *Apocalipsis* canónico y como la *Didaqué tóm, Apostolón,* un documento judío y preapostólico, en el que un celoso cristiano insertó el nombre del Cristo, en los capítulos I y II, con el fin de que la carta en cuestión fuese admitida en la colección neotestamentaria. No atendió Harnach[(571)] a esta hipótesis del origen judaico de la *Epistola,*

---

(569) *La documentación de los orígenes del cristianismo,* 92.

(570) *Zur Geschichte und Litteratur des Urchristentums,* II, 1, 23.

(571) *Chronologie der altchristlichen Litteratur,* I, 487. A creer a Harnack, la *Epistola Jacobi* muestra ya el mismo cristianismo *degenerado* que aparece en Hermas, en San Clemente Romano, en San Justino y en otros escritores del siglo II. Lightfoot, en su obra *The New Testament in the Apostolic Fathers,* recoge más de cuarenta pasajes del *Pastor Hermae,* en los que cree encontrar afinidades, en mayor o menor grado, con la *Epistola Jacobi.* Pero la autoridad de esos dos críticos eminentes no es para hacer a nadie cosquillas. Las afinidades existen, sin duda, pero como probatorias de lo contrario de lo que pretenden Harnack y Lightfoot, cuya tesis debe ser entendida al revés.

cuando retrasó su redacción hasta el año 170, y cuando la consideró como una compilación hecha mediante la combinación de pasajes heterogéneos y de fragmentos de homilías escritas entre 120 y 140, basadas en parte en dichos atribuidos a Jesús, y en parte en los moralistas hebreos y hebreohelenistas de la época[(572)]. Sin embargo, Harnack se ve obligado a confesar que la *Epistola Jacobi* es obra judía, adaptada tardíamente a su forma cristiana, por la introducción subrepticia en ella del nombre del Cristo. Y, si hubieran de trasladarse todos los pareceres clásicos sobre el mismo asunto, sería tarea de nunca acabar. Confiadamente podemos mantener, a pie quedo, no haber escritura en el canon neotestamentario tan desprovista de autenticidad como la dicha *Epistola.* Cuando Lutero la calificaba de "verdadera epistola de paja", y la rechazaba, por no "encontrar en ella nada *evangélico* (nótese la intuición del reformador, al anticipar la idea que antes expuse), no hacía más que seguir la corriente de la más autorizada tradición patrística. Porque Eusebio[(573)] consigna la opinión, común en su tiempo, de ser semejante *Epistola* espúrea (ὡς

[(572)] Insistiendo en su errado punto de vista, que le hace mirar la *Epistola Jacobi* como producto de una literatura cristiana de decadencia, Harnack supone que el autor la compuso combinando elementos fragmentarios de escritos primitivos. No es dificultosa empresa echar por tierra esta conjetura, pues todos los críticos están contestes en reconocer la unidad de estilo del documento como una de sus más notables peculiaridades. Pero Harnack no se da por vencido, e invoca otra de sus notas características, la belleza de lenguaje, para negar que pueda atribuirse la *Epistola* a un rudo escritor palestino. Nadie que la haya leído en su texto original, ocultará la excelencia del griego en que está redactada, ni lo rico y lo variado de su vocabulario helénico, ni lo epigramático y lo eficaz de sus áticos giros. Pero esto no es razón bastante seria para recusar su gran antigüedad, corroborada por otros motivos filológicos e históricos. Traigamos, para probarlo, la autoridad del concienzudo Ricci *(La documentación de los orígenes del cristianismo,* 92): "La objeción de la bondad del idioma como incompatible con el origen judío del autor tiene poca consistencia, si se considera, en primer lugar, la amplia difusión de la lengua griega en Palestina, y luego que, dentro de una estructura exterior helenística, palpita allí un espíritu completamente hebraico, con esos dichos aforísticos o gnómicos tan peculiares a la literatura sabia de los judíos. Su dicción abrupta y sentenciosa recuerda vivamente el *Sepher Misle.* El estudio de la oposición doctrinal existente entre la *Epístola Jacobi* y el paulinismo, o sea, entre la tesis del valor de las *obras* y la del valor de la *fe,* entra en el campo de la alta crítica teológica. Aquí afirmaré solamente que los argumentos que se han querido sacar de esa circunstancia, para negar la primitividad del documento, paréceme que carecen de valor".

[(573)] *Commentarium in Psalmis,* I, 247.

νοθεύετα), y el mismo Orígenes[574], que la cita a menudo, da a entender que *pasaba* por ser de Santiago, sin meterse en más averiguaciones. Cuanto a las epístolas de San Pablo, son aún menos evangélicas que la de su rival, a cuyo ebionismo tradicionalista opone un gnosticismo progresista, que hace del Cristo, no una personalidad histórica, sino una tesis teológica[575]. Para él, Jesús es un ser misterioso, sin padre, sin madre, sin genealogía, que se muestra a los hombres como una encarnación de la Divinidad, para cumplir un gran sacrificio expiatorio[576]. Pero ¿cómo se verificó esa encarnación? San Pablo no nos lo revela. No habla jamás de los parientes de Jesús, ni recuerda siquiera a María, ni nos dice en qué época vino el Cristo al mundo, ni qué hizo y cómo lo hizo, ni por qué y cuándo fue crucificado[577]. Y, aun dejando aparte la escasez y casi nulidad de elementos evangélicos que en la correspondencia epistolar de San Pablo se nota, hoy sabemos que esa correspondencia, lejos de ser neotestamentariamente canónica, es gnósticamente apócrifa en su totalidad. Punto es éste que ya antes traté con toda amplitud, demostrando que los escritos paulinos no son más que la creación progresivamente elaborada de una escuela gnóstica, la cual acumuló en ellos la obra lenta de la tradición cristiana y las ideas nuevas de muchos de sus contemporáneos progresivos. Por eso, la crítica actual, volviendo a la idea ya sugerida por Semler en 1786, ha encontrado, en los escritos paulinos, arreglos, antilogías verbales, interpolaciones de todo género, adaptaciones preparadas para su lectura en las iglesias, todo un mundo progresivo y antijudaico de novedades cristológicas, de concepciones escatológicas, de rapsodias helenizantes, de consejos pastorales, dirigidos contra la tendencia judeocristiana encabezada por los ebionitas de San Pedro.

¿Y para cuándo guardas la *sobriedad,* se me dirá? ¿O es tu crítica una simple y sistemática demolición, que a ningún resultado positivo llega? La contestación no es es difícil. Yo busco, ante todo, *épocas,* no *hombres,* y sacrifico el autosoterismo de las obras al carácter colectivo de las creaciones del espíritu humano, carácter que nos permite apreciar mejor su origen social[578]. Y, al obrar así, creo hallarme con los secuaces de los más orientados métodos. La crítica platónica se ha ennoblecido desde que se ha dejado de considerar las cartas atribuidas al discípulo de Sócrates como

---

[574] *In Joannem,* XIX, VI, XX, x.
[575] Dide, *La fin des religions,* 93.
[576] Bossi, *Gesú Cristo non é mai esistito,* II, 6.
[577] Peyrat, *Histoire élémentaire et critique de Jésus,* 338.
[578] Véase mi obra sobre *El universo invisible,* 171.

auténticas, y se ha visto en ellas expresiones exactas de las opiniones políticas que circulaban entonces por el ambiente griego. De igual modo, el interés de la crítica del cristianismo primitivo reside menos en que sean o no apócrifas las epístolas del Apóstol de las Gentes, que en que sean indudablemente de aquellos tiempos, y en que estén escritas por personas bien informadas. Considerado de esta suerte, creo yo que el cristianismo primitivo nada pierde de su majestad.

Pero, si alguna duda pudiera quedar, y si algún remordimiento crítico pudiera asaltarme en el sostenimiento franco y tenaz de mi hipótesis, una y otro se desvanecerían ante la consideración de haber salido de talleres también gnósticos los demás Evangelios apócrifos de que conservan memoria los anales patrísticos. Porque hasta aquí me he ocupado de los Evangelios apócrifos, que, íntegros o en fragmentos, han llegado hasta nosotros. Pero mi exposición crítica quedaría incompleta, si no hablase de aquellos otros Evangelios apócrifos, cuya existencia nos consta por las noticias que de ellos dieron los Padres de la Iglesia, y cuyos originales, perdidos por completo, o destruidos por el catolicismo triunfante, no han advenido a poder nuestro. Tales son el Evangelio de los Hebreos, el Evangelio de los Nazarenos, el Evangelio de los Doce Apóstoles, el Evangelio Viviente (relacionado en parte con el de los Egipcios), el Evangelio de la Perfección (citado por San Epifanio como uno de los Evangelios gnósticos más condenables), el Evangelio de Apeles (derivado del de su maestro Marción), el Evangelio de Basilides, el Evangelio de Hesiquio, el Evangelio de Luciano, el Evangelio de los Encratitas (asimilable al de Taciano), el Evangelio de Judas Iscariotes o de los Cainitas, el Evangelio de San Tadeo, el Evangelio de San Matías (comúnmente llamado *tradición* de Matías), el Evangelio de San Andrés, el Evangelio de Carpócrates, el Evangelio de Corinto, el Evangelio de los Ammonitas, el Evangelio de los Simonianos (o partidarios de Simón de Gitton, *el Mago)* y el Evangelio de Santiago el Mayor. Pues bien: todos estos Evangelios son gnósticos, sin excluir el de los Hebreos (el que más difusión e importancia obtuvo desde un principio)[(579)], puesto que, amén

---

[(579)] Orígenes testifica que este Evangelio gozó de gran autoridad en la fracción ortodoxa de los judeocristianos. San Jerónimo asegura haber copiado el texto hebreo de Alep, y aun haberlo traducido. Sus palabras sobre él son éstas: *Caldaico quidem siroque sermone sed hebraicis litteris scriptum est.* El original se ha perdido, así como la traducción griega y latina de San Jerónimo. Todos los Padres de la Iglesia encontraron que ese Evangelio hebreo parecíase mucho al Evangelio griego que lleva el nombre de San Mateo, y con frecuencia deducían que éste había sido traducido de aquél. Algunos críticos modernos, que colocan la

de estar inspirado en gran parte en el gnóstico *Codex Nazaraeus,* es el Evangelio que consigna la fábula de que el Jordán se llenó de fuego en el bautismo de Jesús, fábula muy acreditada en toda la tradición popular de los primeros siglos, y que resulta inexplicable de todo punto, si no se le da una interpretación gnóstica. Y el mismo Evangelio revela su gnosticismo en la escena de la transfiguración, en la que, conforme con la concepción de varias sectas gnósticas, hace del Espíritu la *madre* de Jesús.

El decreto del Pseudo-Gelasio introdujo, en su lista, sesenta apócrifos neotestamentarios, muchos de ellos evangélicos. Hoffman cuenta veintisiete, entre los últimos, todos heréticos y gnósticos, y otros críticos hablan de cuarenta y cuatro y hasta de cincuenta y seis. No hay que exagerar, sin embargo, su número, que no debió ser tan considerable como algunos presumen. Es indudable que a un mismo Evangelio se le daban distintos nombres (sólo el Mateo canónico ha tenido *diez*), y que se creyó, en lo sucesivo, que eran otros tantos Evangelios diferentes. Los encratitas tuvieron por jefe a Taciano, de modo que los Evangelios de los unos y del otro constituyen un mismo libro[580]. Los Evangelios de Hesiquio y de Luciano no son más que la revisión de los canónicos, hechos por ambos escritores sobre los manuscritos griegos, y los de Marción y de Apeles se aproximan a la redacción primitiva de San Lucas, porque les faltan algunos pasajes de su texto actual. El Evangelio de Basilides es también un comentario de los canónicos, interpretados gnósticamente.. Ya vimos que el Evangelio de San Felipe, el más notable de los de origen gnóstico, y lleno de un panteísmo pronunciado, confúndenlo e identifícanlo muchos con el de Valentino. También vimos que, en algunos manuscritos, ciertos traductores o copistas del Evangelio de Nicodemo quisieron hacerlo pasar por Evangelio de los Nazarenos. El escritor musulmán Amed Aben Esdris atribuía a San Pedro el Evangelio árabe de la Infancia. Teodoreto menciona el Evangelio de San Pedro, pero solamente para atribuirlo a los nazarenos. Calmet, en la disertación sobre los Evangelios apócrifos que precede al tomo VII de su *Commentaire sur la Bible,* suponía que el Evangelio de San Pedro, el de los Doce Apóstoles, el de los Nazarenos y

---

redacción del Evangelio de los Hebreos a fines del siglo I o comienzos del II, suponen que se ajustaba al texto de San Mateo, y que lo completaba. Pero el mismo Renán *(Les Evangiles,* VI) confiesa que ésta es una consecuencia errónea. La génesis del Evangelio según San Mateo ha seguido caminos más complicados, y su semejanza con el de los Hebreos no llega hasta la identidad. Nuestro Mateo canónico no es una traducción, aunque, de todos los textos evangélicos, sea el que más se aproxime al prototipo hebreo.

[580] Véase a Migne, *Dictionnaire des Apocryphes,* II, 225.

el de los Hebreos, eran aparentemente los mismos bajo diversos títulos. Por lo menos, parece seguro que el Evangelio de los Doce Apóstoles (como el de los Sesenta Discípulos)[581], que ya Orígenes[582] señalaba como herético, debía ser el mismo de los Hebreos, como sugirió San Jerónimo[583]. Algunos le consideran igual o equivalente a las *Memorabilia Apostolorum,* obra muy estimada por los maniqueos occidentales y utilizada por Prisciliano, según nos dice Orosio[584]. Otros, empero, lo colocan entre el Evangelio de los Egipcios, y los de Basilides, San Matías y Santo Tomás[585]. Ni falta quien asimile el Evangelio de los Doce Apóstoles al que San Epifanio encontró entre los ebionitas, y del que reunió algunos fragmentos, traducidos por Preuschen[586]. Lagarde publicó un texto sirio de las *Didascalia Apostolorum,* y las *Reliquiae juris ecclesiastici antiquisimae* contienen un *Testamentum Domini Nostri Jesu Christi,* en que se atribuyen al Salvador palabras pronunciadas ante los apóstoles, después de resucitar de entre los muertos, y otra obra de este género llegó hasta nosotros bajo el nombre de San Clemente Romano[587]. Pero el tal documento no posee mayor autenticidad que los escritos del Cristo a Pedro sobre los milagros, o que el himno atribuido a Jesús por los priscilianistas, y del que San Agustín transcribe algunas estrofas.

Como documentos evangélicos fragmentarios, últimamente encontrados por la arqueología, recordaré dos: el del Fayum y el de Oxirinco[588]. En un lote de papiros hallados en el Fayum y adquiridos, en 1882, por el archiduque Renner, descubrió y descifró Bickell, en 1885, un

---

(581) De este Evangelio de los Setenta Discípulos existe una copia, atribuida a Balamís, y, al comienzo de la cual, se afirma que Salám había recogido el supuesto Evangelio de labios de Salmán Alfarisi. Véase a Bothstein *(De chronographo arabe anonimo qui codice Sprenger XXX continetur comentatio,* 18, 77) y a Schermann *(Texte und Untersuchug&n,* XXXI, III).

(582) *Homiliae in Lucam,* I.

(583) *Adversus pelagiamos,* III, II.

(584) *Commonitorium,* II.

(585) Se ha pretendido que el supuesto Evangelio de los Doce Apóstoles fue *descubierto,* digámoslo así, por Teodoro abu Iturra, obispo de Harran. En 1913, Graf tradujo la obra de Teodoro con el título de *Traktat über den Schöpter und die wahre Religion.*

(586) *Antilegomena,* 9, 12.

(587) De este *Testamentum* habló ya Aristócrito, en su *Theosophia,* y, en 1899, Rahmann hizo de él una edición latina comentada.

(588) Véase a Preuschen *(Antilegomena,* 21), a Zahn *(Geschichte der neuetestamentliche Kanons,* II, 780, 790) y a Ehrhard *(Die altchristliche Litteratur,* 124, 127).

breve fragmento de texto evangélico, correspondiente, por su contenido, a unos pasajes de San Mateo (XX, 30, 34) y de San Marcos (XIV, 26, 30). En él, el diálogo entre Jesús y Pedro es más vivo, más animado y más original, al parecer, que en los textos canónicos. Muy cortos se han quedado ciertos críticos, al mirarle como una cita libre de un Evangelio canónico (San Marcos quizá), inserta en una homilía patrística. Favorece esta conjetura el ser su estilo diferente del de los *Sinópticos,* y el revelar mayor conocimiento del griego clásico. No obstante, parece más verosímil que se trate de un resto de algún Evangelio perdido, probablemente del de los Egipcios o del de los Hebreos. Cuanto a los fragmentos de Oxirinco, son en número de siete, y fueron descubiertos en Behuesa. Aparecen escritos en las caras de una hoja de papiro, que debió pertenecer a un libro, y traen siete *logia* o sentencias, a cada una de las cuales precede esta fórmula: “Dice Jesús”. Algunas (la primera, la quinta y la sexta) corresponden a pasajes de los textos canónicos (San Mateo, V, 14; VII, 5; San Lucas, IV, 24; VI, 42), pero otras no guardan con ellos relación alguna. La más curiosa es la cuarta de estas sentencias: “Donde haya dos o tres, que estén reunidos, allí estará Dios. Donde haya uno solo, allí estaré yo. Levanta la piedra, y me hallarás. Corta la madera, y en ella me encontrarás”. Mientras que unos críticos creen ver, en estos fragmentos, el origen de los *Sinópticos,* otros los juzgan residuos de un Evangelio perdido, el de los Egipcios acaso.

En 1904, Grenfell y Hunt, los descubridores del papiro, publicaron una nueva serie de sentencias de Jesús y un fragmento de otro Evangelio. Y a la serie de sentencias precede un prólogo, que aquellos investigadores traducen así: “He aquí las sentencias (¿admirables?) que Jesús, el Señor viviente, pronunció ante (¿Cephas?) y Tomás, diciéndoles: Quien oiga estos discursos, no gustará la muerte”. Siguen cinco sentencias, las cuatro primeras de las cuales van precedidas de la fórmula: “Dice Jesús”, y la última empieza con una pregunta de los discípulos al Señor. La primera sentencia recuerda una cita del Evangelio de los Hebreos, hecha por Clemente Alejandrino, y las cuatro siguientes resultan de imposible identificación con ningún Evangelio, canónico o apócrifo. El fragmento de Evangelio perdido, editado a la vez que esos *logia,* contiene la conclusión de un discurso de Jesús, análoga en una parte al Sermón de la Montaña, y las primeras líneas, aunque abreviadas, son semejantes a los textos canónicos (San Mateo, V, 25, 28; San Lucas, XII, 27; XXI, 23). El final del fragmento reza así: “Y los discípulos le preguntaron: ¿Cuándo te manifestarás a nosotros, y cuándo te veremos? Y él contestó: Cuando estéis desnudos, y, sin embargo, no sintáis vergüenza”, respuesta que recuerda una frase del Evangelio de los Egipcios, reproducida por Clemente Alejandrino. Pero la forma del *logion* y las alusiones directas al

Sepher Bereschith (III, 7) indican una fecha muy anterior a la del texto actual del Evangelio de los Egipcios.

De 1905 a 1906, Grenfell y Hunt hallaron, también en Oxirinco, un fragmento de cuarenta y cinco líneas, que contiene una discusión de Jesús con los fariseos sobre las purificaciones legales. Aunque las expresiones de Jesús recuerdan a San Mateo (XV, 1, 20; XXIII, 16, 25) y a San Marcos (VII, 1, 23), los giros y las ideas son muy diferentes. ¿Formaban esas expresiones parte del Evangelio hebreo, como estiman algunos críticos? Lo ignoramos, por falta de pruebas suficientes. Esto no obstante, al ver la concordancia y la divergencia, según los casos, creo que los fragmentos del Fayum y de Oxirinco nos conducen a una época en que la canonicidad aún no existía, y en que la Iglesia no había abierto entre ella y la apocrificidad un hiato profundo, en cuya sima yacen sepultadas en eterno olvido riquezas evangélicas de inestimable valor. Semejante proceder nacía de la superficialidad de los Padres de la Iglesia, que, no penetrando la sustancia de las razones críticas, se pagaban de motivos de edificación piadosa. En vez de encauzar el razonable discurso, asentando las zanjas de sólida exégesis, como debieran por su autoridad, los Padres usaron de tanta ligereza en sus juicios y en sus decisiones, que, llevados de su afán de religiosidad y de ortodoxia, dejaron por resolver cuestiones hermenéuticas de importancia suma, y dieron ocasión al extravío de los entendimientos y al dogmatismo en la fijación del canon neotestamentario que hicieron prevalecer, extravío y dogmatismo que reinaron después en la Iglesia con estrago irreparable. Pero la erudición moderna, con sus investigaciones analíticas, ha vuelto por los fueros de la verdad histórica.

Para terminar, diré que no tengo la pretensión de ofrecer al lector una colección definitiva, desde el punto de vista crítico, de los Evangelios apócrifos, y que sólo encontrará en el presente trabajo documentos literarios que se suponen recíprocamente, y que se completan los unos a los otros. Tampoco me lisonjeo de haber hecho una obra acabada, ya que el efecto no puede tener más perfección que su causa eficiente. Únicamente puedo asegurar al lector que emprendí y finé la tarea con todo el celo de que soy capaz. Pero, si le pareciere bien mostrarse riguroso conmigo, negándome su indulgencia, habré de conformarme, me plazca o no. Mi fracaso dependerá de lo dificultoso e intrincado del asunto más que de mi buena voluntad para desarrollarlo. Considérese que es corta la vida de un hombre para arrostrar la consulta de tantos libros, escritos en tantos idiomas antiguos y modernos, como he tenido que consultar yo para componer un solo libro. Por lo demás, la introducción que aquí concluye espero habrá servido para poner al lector en antecedentes sobre cosas acaso por él ignoradas o mal conocidas, y la serie continua de notas que a mi versión de los textos acompaña, confío en que le aclaren los puntos dudosos que, en los textos mismos, se destacan con frecuencia.

EDMUNDO GONZÁLEZ BLANCO

LOS EVANGELIOS APÓCRIFOS

LaCriticaLiteraria.com

EL PROTOEVANGELIO DE SANTIAGO

CAPÍTULO I

DOLOR DE JOAQUÍN

1. Consta en las historias de las doce tribus de Israel[(589)] que había un hombre llamado Joaquín[(590)], rico en extremo, el cual aportaba ofrendas dobles, diciendo: El excedente de mi ofrenda será para todo el pueblo, y lo que ofrezca en expiación de mis faltas, será para el Señor, a fin de que se me muestre propicio.

2. Y, habiendo llegado el gran día del Señor[(591)], los hijos de Israel aportaban sus ofrendas. Y Rubén[(592)] se puso ante Joaquín, y le dijo: No te

---

[(589)] Aunque esta primera frase del texto griego siga el uso tradicional de los relatos judaicos, y aparezca en todos los manuscritos, no es de fácil comprensión, y las versiones etiópica y siriaca la han suprimido. Εν ταίς ίστοριαις es, en principio, una precaución tomada por el autor para garantir la autenticidad documental de su relato. Tanto más le pareció necesario hacerlo cuanto que su ignorancia de las cosas judías muéstrase notoria en todo ese relato, por lo que Michel supone que, al referirse a aquellas "historias de las doce tribus de Israel", quiso afirmar tan sólo que Joaquín era un genuino israelita. Jorge de Nicomedia creyó, sin razón, poder convertir ιστοριαις en γενεαλογίαις, y Fabricio llevó su arbitrariedad hasta traducir: "Entre los supervivientes (υστεραιοις) de las doce tribus...". La versión de Meyer es más sencilla: "Conforme a las historias de las doce tribus, Joaquín era un hombre rico." El mismo dictamen sigue Amann. Entre tanta agua turbia, fácil es a cada cual pescar según su propio y subjetivo parecer.

[(590)] Ἰωαχειμ equivale al nombre hebreo *Yehôydquim,* equivalente a su vez a *Eliachim.* El autor no dice a qué tribu de Israel pertenecía su personaje. San Lucas (III, 23) llama *Eli* (forma radical de *Eliachim)* al padre de José, y leyendas latinas posteriores dieron el mismo nombre al padre de María. Postel entiende que se trata aquí de la αναγραφή de las listas genealógicas.

[(591)] El libro *De nativitate Mariae* (II, 1) identifica esta fiesta con la de la Dedicación o Consagración (έγχαίνία, *emcaeniorum festivitas).* Pero la verdad es que nada permite confundir la última con el ημερα χυριου a que se refiere el *Protevangelium.* Tampoco corresponde éste al "día del Señor" de que hablan en tono apocalíptico los *Acta apostolorum,* (II, 20), ni a la *Neomenia* de un pasaje de Isaías (I, 13), ni al último día de la fiesta de los Tabernáculos, que San Juan (VII, 37) denomina ή ήμερα μεγάλη *της* εορτης.

es lícito aportar tus ofrendas el primero, porque no has engendrado, en Israel, vástago de posteridad.

3. Y Joaquín se contristó en gran medida, y se dirigió a los archivos de las doce tribus de Israel, diciéndose: Veré en los archivos de las doce tribus si soy el único que no ha engendrado vástago en Israel. E hizo perquisiciones, y halló que todos los justos habían procreado descendencia en Israel[(593)]. Mas se acordó del patriarca Abraham, y de que Dios, en sus días postrimeros, le había dado por hijo a Isaac.

4. Y Joaquín quedó muy afligido, y no se presentó a su mujer, sino que se retiró al desierto. Y allí plantó su tienda, y ayunó cuarenta días y cuarenta noches[(594)], diciendo entre sí: No comeré, ni beberé, hasta que el Señor, mi Dios, me visite, y la oración será mi comida y mi bebida[(595)].

---

(592) El autor no especifica quién era este Rubén, si el Gran Sacerdote, o un empleado del templo, o un simple particular, que, teniendo una mujer fecunda, desprecia a Joaquín, aunque todo indique que la segunda suposición sea la más justa, pues el Pseudo-Mateo (II, 1) llama a Rubén un escriba del templo *(scriba templi).* Por lo demás, la prohibición de Rubén está del todo conforme con las ideas judaicas, dado que la esterilidad se consideraba como un oprobio entre los antiguos hebreos.

(593) Σπέρμα ανέστησαν es la expresión tradicional, como se ve en un pasaje del *Sepher Bereschith* (XXXVIII, 8), refrendado por San Mateo (XXII, 24).

(594) Εμέρας τεσσαραχοντα. El número es clásico en el Antiguo y en el Nuevo Testamento *(Sepher Veellesemoth,* XXIV, 18; XXXIV, 28. *Sepher Ellehaddebraim,* IX, 9. I S*epher Malachim,* XIX, 8. San Mateo, IV, 2). Moisés, Elías y Jesús ayunan cuarenta días en el desierto.

(595) La recensión armenia no exagera tanto el ascetismo de Joaquín, y le hace comer pan, y beber agua. Fuera de esto y aun en esto mismo, bueno es advertir, para comprender el retiro de Joaquín a tal yermo, que el sentido que se daba en Oriente a la palabra desierto, hacíale sinónimo de lugar solitario, aunque fértil y cultivado. Así la demuestra el acto ejecutado por Jesús, al multiplicar los cinco panes y los dos peces en el desierto, cuando dispuso que la multitud se recostase sobre la *hierba* (San Mateo, XIV, 13), y así parece comprobado en las abejas y en las langostas, impropios elementos de todo lugar infecundo y sin vegetación, que suministraron (las primeras con su miel y las segundas con su carne) a San Juan Bautista el alimento necesario, en su vida de austeridad y de oración, preparatoria para el ejercicio de su gran ministerio.

CAPÍTULO II

DOLOR DE ANA

1. Y Ana[(596)], mujer de Joaquín, se deshacía en lágrimas, y lamentaba su doble aflicción, diciendo: Lloraré mi viudez, y lloraré también mi esterilidad.

2. Y, habiendo llegado el gran día del Señor, Judith[(597)], su sierva, le dijo: ¿Hasta cuándo este abatimiento de tu corazón? He aquí llegado el gran día del Señor, en que no te es lícito llorar[(598)]. Mas toma este velo[(599)], que me ha dado el ama del servicio[(600)], y que yo no puedo ceñirme, porque soy una sierva, y él tiene el signo real[(601)].

3. Y Ana dijo: Apártate de mi lado, que no me pondré eso[(602)], porque el Señor me ha humillado en gran manera. Acaso algún perverso te ha dado ese velo, y tú vienes a hacerme cómplice de tu falta[(603)]. Y Judith

---

(596) Ανvα, la madre de María, es tipo calcado sobre una de las dos mujeres de Elcana, el padre de Samuel. También aquélla se llamaba Ana, y también "*Jehovah* había cerrado su matriz" (I *Sepher Samuel,* I, 5).

(597) Ἰουδιθ tiene en los "manuscritos formas diferentes (Ἰοόθ, Ἰουθι, Ιουθϊνη, Ιουθήν, etc.), y la versión siríaca la llama *Yonathim.* La versión etiópica hace de ella, no una sierva, sino una vecina, que reprocha a Ana su tristeza, y que le propone también ponerse un ornamento real.

(598) En las fiestas solemnes, estábales prohibido a los judíos toda aflicción, mortificación o ayuno.

(599) La palabra κεφαλοδεσμων, que, etimológicamente, vale por diadema del tocado, y que yo traduzco por velo, significa en realidad ambas cosas a la vez, pues era la cinta o venda, más o menos adornada, que, por debajo de la tiara persa, y para sujetar los cabellos, se ceñían a la cabeza las mujeres judías de sangre noble.

(600) Η κυρία του έργου. Michel *(Evangiles apocryphes,* I, 6) sospecha que se trata quizá de la antigua dueña de Judith.

(601) Χαρακτῆρα ἔχει βασιλιχόν Thilo, con varios manuscritos, lee ἔχεις.

(602) Blass *(Grammatik des Nette Testament,* 189) cree ver en la expresión ουχ έποιησα un aoristo gnómico, que aparece también en San Juan (XV, 6) y en el *Apocalipsis* (X, 7), aunque tal forma fuera muy rara en aquella época.

(603) Tiene Amann *(Le Protévcmgile de Jacques,* 187) para sí que el episodio de la sierva pudo haber sido inspirado en la anécdota que se lee en el *Sepher Tobiah* (III, 9, 11). Por lo menos, es indudable que, como Tobías (*Sepher Tobiah,* II, 21), Ana teme que el obsequio de Judith proceada de origen sospechoso.

respondió: ¿Qué mal podría desearte, puesto que el Señor te ha herido de esterilidad, para que no des fruto en Israel?[(604)].

4. Y Ana, sumamente afligida, se despojó de sus vestidos de duelo, y se lavó la cabeza, y se puso su traje nupcial, y, hacia la hora de nona[(605)], bajó al jardín, para pasearse. Y vio un laurel, y se colocó bajo su sombra, y rogó al Señor, diciendo: Dios de mis padres, bendíceme, y acoge mi plegaria, como bendijiste las entrañas de Sara, y le diste a su hijo Isaac[(606)].

CAPÍTULO III

TRENOS DE ANA

1. Y, levantando los ojos al cielo, vio un nido de gorriones, y lanzó un gemido, diciéndose: ¡Desventurada de mí! ¿Quién me ha engendrado, y qué vientre me ha dado a luz? Porque me he convertido en objeto de maldición para los hijos de Israel, que me han ultrajado y expulsado con irrisión del templo del Señor[(607)].

2. ¡Desventurada de mí! ¿A quién soy semejante?[(608)]. No a los pájaros del cielo, porque aun los pájaros del cielo son fecundos ante ti, Señor.

3. ¡Desventurada de mí! ¿A quién soy semejante? No a las bestias de la tierra, porque aun las bestias de la tierra son fecundas ante ti, Señor.

4. ¡Desventurada de mí! ¿A quién soy semejante? No a estas aguas, porque aun estas aguas son fecundas ante ti, Señor.

5. ¡Desventurada de mí! ¿A quién soy semejante? No a esta tierra, porque aun esta tierra produce frutos a su tiempo[(609)], y te bendice, Señor.

---

(604) La frase hiriente (τι αρασομαι σοι) de Judith a Ana diríase el refrendo de la que Rubén había dirigido a Joaquín. La sierva reproduce aquí rasgos de la segunda mujer de Elcana, según el *I Sepher Sarmiel* (I, 6).

(605) Ωραν ενατην *ἐνάτην,* hacia las tres de la tarde.

(606) La versión etiópica cambia los detalles de este relato. Ana no dirige a Dios su plegaria después de haber bajado al jardín de su casa, sino cuando subía al templo a la hora de oración, que era la de nona, según los *Acta apostolorum* (III, 1). Y la súplica que hace a Días, y el recuerdo de Sara, se lo inspiran el hecho de haber encontrado en su camino un nido de pájaros, símbolo de la fecundidad, en un árbol. En el *Protevangelium* griego, el episodio del nido corresponde al comienzo del capítulo siguiente.

(607) Εκ ναοῦ κυρίου. Esta queja significa que Ana toma por suyo el ultraje inferido a su marido en el templo.

(608) Este τινι ωμοιωθην recuerda el τινι με ωμοιωσατε (XL, 25; XLVI, 5) y el χαί ωμοιωθη λέοντι del primer libro de los Macabeos (III, 4).

CAPÍTULO IV

LA PROMESA DIVINA

1. Y he aquí que un ángel del Señor apareció, y le dijo: Ana, Ana, el Señor ha escuchado y atendido tu súplica. Concebirás, y parirás, y se hablará de tu progenitura en toda la tierra[(610)]. Y Ana dijo: Tan cierto como el Señor, mi Dios, vive[(611)], si yo doy a luz un hijo, sea varón, sea hembra, lo llevaré como ofrenda al Señor, mi Dios, y permanecerá a su servicio todos los días de su vida[(612)].

2. Y he aquí que dos mensajeros[(613)] llegaron a ella, diciéndole: Joaquín tu marido viene a ti con sus rebaños. Porque un ángel del Señor ha descendido hasta él, diciéndole: Joaquín, Joaquín, el Señor Dios ha oído y aceptado tu ruego. Sal de aquí, porque tu mujer Ana concebirá en su seno.

3. Y Joaquín salió, y llamó a sus pastores, diciendo: Traedme diez corderos sin mácula, y serán para el Señor mi Dios; y doce terneros, y serán para los sacerdotes y para el Consejo de los Ancianos; y cien cabritos, y serán para los pobres del pueblo[(614)].

---

(609) Compárese con el *Sepher Thillim* (I, 3).

(610) Es de notar el modo brusco con que la súplica de Ana es acogida y cumplida por Dios. Los demás rasgos del sobrio episodio encuentran sus similares en el Antiguo Testamento (anuncios de Sansón y de Samuel) y en San Lucas (anuncios a Zacarías y a María).

(611) Esta fórmula de juramento (ξη χυριος *ὁ θεός* μου), que reaparece a menudo más lejos, y que, algo cambiada, se encuentra también en el *I Sepher Malachim* (I, 26: κύριε, ζη ἡ ψυχήσοο), es clásica en el Antiguo Testamento, y está tomada a varios de sus libros *(Sepher Sophetim,* VIII, 19; *Sepher Ruth,* III, 13; *I Sepher Samuel,* XXV, 34, etc.).

(612) Este voto que Ana, madre de María, hace inmediatamente después de recibir el anuncio del ángel, la primera Ana, madre de Samuel (sobre cuya leyenda está calcada la evangélica), no lo hace sino después del nacimiento de su hijo (I *Sepher Samuel,* I, 22).

(613) No hay ninguna razón, como advierte Amann *(Le Protévamgile de Jacques,* 193), para traducir por *ángeles,* y no por *mensajeros,* la palabra ἄγγελος, puesto que el acontecimiento que se anuncia a Ana es de orden completamente humano, y no requiere ninguna intervención celeste.

(614) Al proceder así, Joaquín obra con arreglo a las recomendaciones hechas por Dios a los hebreos en varios pasajes del *Sepher Ellehaddebraim.*

LaCriticaLiteraria.com

4. Y he aquí que Joaquín llegó con sus rebaños, y Ana, que le esperaba en la puerta de su casa[(615)], viole venir, y, corriendo hacia él, le echó los brazos al cuello, diciendo: Ahora conozco que el Señor, mi Dios, me ha colmado de bendiciones; porque era viuda, y ya no lo soy; estaba sin hijo, y voy a concebir uno en mis entrañas. Y Joaquín guardó reposo en su hogar aquel primer día.

CAPÍTULO V

CONCEPCIÓN DE MARÍA

1. Y, al día siguiente, presentó sus ofrendas, diciendo entre sí de esta manera: Si el Señor Dios me es propicio, me concederá ver el disco de oro[(616)] del Gran Sacerdote. Y, una vez hubo presentado sus ofrendas, fijó su mirada en el disco del Gran Sacerdote, cuando éste subía al altar, y no notó mancha alguna en sí mismo. Y Joaquín dijo: Ahora sé que el Señor me es propicio, y que me ha perdonado todos mis pecados. Y salió justificado del templo del Señor, y volvió a su casa.

2. Y los meses de Ana se cumplieron, y, al noveno, dio a luz. Y preguntó a la partera: ¿Qué he parido? La partera contestó: Una niña. Y Ana repuso: Mi alma se ha glorificado en este día. Y acostó a la niña en su cama. Y, transcurridos los días legales[(617)], Ana se lavó, dio el pecho a la niña, y la llamó María[(618)].

[(615)] Los arreglos latinos del *Protevangelium* colocan esta escena del encuentro de los esposos, no ante la casa de Joaquín, sino ante la *Puerta Dorada,* que, en su ignorancia de las cosas de Palestina, no menor que la del Pseudo-Jacobo, se figuraban era una de las puertas de la ciudad o del templo de Jerusalén.

[(616)] Este disco o plancha de oro, que el texto hebreo (*Sepher Veellesemoth,* XXVIII, 32, 34; *Sepher Vaiicra,* VIII, 9) llama *ephod,* y los Setenta πέταλον, no era, como han afirmado algunos exégetas, el *urim* y el *thumin* de los oráculos, sino la diadema santa que llevaba sobre su mitra el Gran Sacerdote. Eusebio *(Historia ecclesiastica,* III. xxx, 3) y San Epifanio *(Haereses,* XXIX, IV) suponen, con escaso fundamento, sin duda, que Santiago y San Juan la habían llevado también.

[(617)] Eran catorce *(απεσμηζατο),* porque el *Sepher Vaiicra* (XII, 5) había declarado que, si una mujer daba a luz vastago del sexo femenino, permanecería impura durante dos semanas.

[(618)] Μαρίαν, en el texto griego, de acuerdo con los Setenta (Josefo escribe el nombre como Μοράμιıη). Algunos manuscritos ponen Μαριαָ. Pero ya indiqué, en la introducción, que el nombre hebreo de la Virgen no es *Maria,* sino *Miriam.* Los arreglos latinos y armenio pretenden que el nombre de María le vino del cielo,

CAPÍTULO VI

FIESTA DEL PRIMER AÑO

1. Y la niña se fortificaba de día en día. Y, cuando tuvo seis meses[(619)], su madre la puso en el suelo, para ver si se mantenía en pie. Y la niña dio siete pasos, y luego avanzó hacia el regazo de su madre, que la levantó, diciendo: Por la vida del Señor, que no marcharás sobre el suelo hasta el día que te lleve al templo del Altísimo. Y estableció un santuario en su dormitorio, y no le dejaba tocar nada que estuviese manchado, o que fuese impuro. Y llamó a las hijas de los hebreos que se conservaban sin mancilla, y que entretenían a la niña con sus juegos.

2. Y, cuando la niña llegó a la edad de un año, Joaquín celebró un gran banquete[(620)], e invitó a él a los sacerdotes y a los escribas y al Consejo de los Ancianos y a todo el pueblo israelita. Y presentó la niña a los sacerdotes, y ellos la bendijeron, diciendo: Dios de nuestros padres, bendice a esta niña, y dale un nombre que se repita siglos, y siglos, a través de las generaciones. Y el pueblo dijo: Así sea, así sea. Y Joaquín la presentó a los príncipes de los sacerdotes, y ellos la bendijeron, diciendo:

---

como el de Juan y el de Jesús. El autor del *Protevangelium* anduvo más cuerdo, al no tomar para nada en cuenta esa etimología de simbolismo sobrenatural. Sin embargo, no deja de ser curioso y digno de observar, con Brandés, que todas las mujeres que se hallan cerca de Jesús, por sentimientos de admiración o de adoración hacia él (María Magdalena, la María hermana de Marta, etc.), se llaman María, como su madre. Al parecer, en Asia, la madre de un dios (sobre todo si éste era un dios redentor) llevaba casi siempre un nombre que comenzaba con la sílaba *ma.* Entre otras, mencionadas por el orientalista Jensen, están: *Maria; Mariamna; Maya,* la madre de *Buda; Maritala,* la madre de *Krishna; María de Mariandinio* de Bitinia; y *Mandane,* madre de Ciro, a quien los judíos consideraban como el Mesías del Señor, puesto que, en Isaías (XLV, 1), leemos lo siguiente: "Así dice el Señor a su Ungido, a Ciro". Pudo, pues, haber, en el nombre de la María del Evangelio, un fondo de simbolismo mitológico.

(619) Nueve, según algunas lecciones.

(620) Δοχήν μεγάλην. Nuevamente revela el autor del *Protevangelium* su desconocimiento total de las costumbres judías. Jamás fue una de ellas la celebración del aniversario del nacimiento. El protoevangelista parece haberse inspirado en el relato del *Sepher Bereschith* (XXI, 8), que narra el festín celebrado por Abraham, con motivo del destete de su hijo Isaac.

LACRITICALITERARIA.COM

Dios de las alturas[(621)], dirige tu mirada a esta niña, y dale una bendición suprema[(622)].

3. Y su madre la llevó al santuario de su dormitorio, y le dio el pecho. Y Ana entonó un cántico al Señor Dios, diciendo: Elevaré un himno al Señor mi Dios, porque me ha visitado, y ha alejado de mí los ultrajes de mis enemigos, y me ha dado un fruto de su justicia a la vez uno y múltiple ante Él. ¿Quién anunciará a los hijos de Rubén que Ana amamanta a un hijo? Sabed, sabed, vosotras las doce tribus de Israel, que Ana amamanta a un hijo. Y dejó reposando a la niña en el santuario del dormitorio, y salió, y sirvió a los invitados. Y, terminado el convite, todos salieron llenos de júbilo, y glorificando al Dios de Israel.

[(621)] Expresión griega correspondiente al hebreo *Yâhveh Seba'ôt.* Amann *(Le Protévangile de Jacques,* 202) juzga verosímil que las "alturas" sean las potencias divinas que habitan en el cielo, como se comprueba en San Pablo *(Epistola Pauli ad Romanos,* VIII, 39): Οὔτε δυνάμεις, οὔτε ὕψυμα...

[(622)] Esta bendición suprema (ἔσχατη) era la mayor que, en nombre de Dios, podía dar a un mortal un sacerdote judío, y manifiesta el propósito del autor de conferir honra tamaña a la futura madre del Salvador.

CAPÍTULO VII

CONSAGRACIÓN DE MARÍA EN EL TEMPLO

1. Y los meses se sucedían para la niña. Y, cuando llegó a la edad de dos años, Joaquín dijo: Llevémosla al templo del Señor, para cumplir la promesa que le hemos hecho, no sea que nos la reclame[(623)], y rechace nuestra ofrenda. Y Ana respondió: Esperemos al tercer año, a fin de que la niña no nos eche de menos. Y Joaquín repuso: Esperemos[(624)].

2. Y, cuando la niña llegó a la edad de tres años, Joaquín dijo: Llamad a las hijas de los hebreos que estén sin mancilla, y que tome cada cual una lámpara[(625)], y que estas lámparas se enciendan, para que la niña no vuelva atrás, y para que su corazón no se fije en nada que esté fuera del templo del Señor. Y ellas hicieron lo que se les mandaba[(626)]; hasta el momento en que subieron al templo del Señor. Y el Gran Sacerdote recibió a la niña, y, abrazándola, la bendijo, y exclamó: El Señor ha glorificado tu nombre en todas las generaciones[(627)]. Y en ti, hasta el último día, el Señor hará ver la redención por Él concedida a los hijos de Israel.

[(623)] Joaquín teme que, si se retarda la consagración, el Señor se irrite. El verbo αποστέλλω queda sin complemento. Fabricio supone que, como en Isaías (X, 6) y en Judith (IX, 9) debe sobreentenderse: "No haga caer sobre nosotros *su cólera*". Amann estima que es más sencillo no sobreentender nada, y traducir: "No nos envíe un mensajero a buscarla". Yo he creído mejor poner: "No sea que nos la reclame".

[(624)] Este diálogo es una reminiscencia del habido entre Elcana y Ana, en el *I Sepher Samuel* (I, 21, 23). Joaquín responde a su esposa en los mismos términos que el padre de Samuel a la suya.

[(625)] Ανά λαμπάδα. Sentido distributivo muy raro, que reaparece en el versículo 3 del capítulo VIII *(άνά.* ραβδον) y en el versículo 9 del capítulo XX de San Mateo *(άνά* δηνάριον ελαβον), y que, como ya en Herodoto, era susceptible de emplearse en expresiones tales como ανά πασαν ήμέραε (cada día), o άνά πάν έτος (cada año).

[(626)] Εδέξατο αυτήν ό ίερεύς San Epifanio *(Ancoratila,* LX) dice que los primogénitos debían ser consagrados en el templo y en él educados. Según Michel *(Evongiles apocryphes,* I, 17), este aserto dudoso es quizá una conclusión de la historia de Samuel y de nuestro texto protoevangélico.

[(627)] Estas palabras son el refrendo de las pronunciadas, en el banquete (V. 2), por los príncipes de los sacerdotes.

3. E hizo sentarse a la niña en la tercera grada del altar[628] y el Señor envió su gracia sobre ella, y ella danzó sobre sus pies[629] y toda la casa de Israel la amó.

CAPÍTULO VIII

PUBERTAD DE MARÍA

1. Y sus padres salieron del templo llenos de admiración, y glorificando al Omnipotente, porque la niña no se había vuelto atrás. Y María permaneció en el templo del Señor, nutriéndose como una paloma, y recibía su alimento de manos de un ángel.

2. Y, cuando llegó a la edad de doce años[630], los sacerdotes se congregaron, y dijeron: He aquí que María ha llegado a la edad de doce años en el templo del Señor. ¿Qué medida tomaremos con ella, para que no mancille el santuario? Y dijeron al Gran Sacerdote: Tú, que estás encargado del altar, entra y ruega por María, y hagamos lo que te revele el Señor.

3. Y el Gran Sacerdote, poniéndose su traje de doce campanillas[631], entró en el Santo de los Santos, y rogó por María. Y he aquí que un ángel

---

[628] El altar primitivo de los hebreos no tenía gradas, como consta del *Sepher Veellesemoth* (XX, 24). Aquel de que habla Ezequiel (XLIII, 13, 17) tenía tres, en cuyo caso María fue colocada en la plataforma misma en que se levantaba el altar. Josefo *(De bello judaico,* V, v, 3) cuenta por quince las gradas que conducían al altar, y a este último dato se atuvieron los autores de las leyendas posteriores sobre la infancia de la Virgen.

[629] La danza sagrada o hecha en honor de Dios, cuyo iniciador fue David, estaba muy en uso, y era muy reverenciada, en el pueblo hebreo, como depone el *Sepher Thillim* (LXVIII, 26; CXLIX, 3).

[630] Δωδεκαετής. El Evangelio de la Natividad (VII, 2) y algunos manuscritos del *Protevangelium* ponen la edad de catorce años. Según las ideas de los judíos, la estancia de María en el templo no podía prolongarse después de la edad de la pubertad. Para obviar este inconveniente, el protoevangelista describe la perplejidad de los sacerdotes, y les induce a precipitar el casamiento de la Virgen.

[631] La palabra δωδεκακώδων, empleada para designar este traje, alude, indudablemente, a la magnífica vestidura con que, según el *Sepher Veellesemoth* (XXVIII, 31, 35), se cubría el Gran Sacerdote para entrar en el Santuario, y que estaba adornada por debajo con granadas de púrpura, jacinto y carmesí, mezcladas con campanillas de oro. El número de las campanillas no lo determina el Antiguo Testamento, aunque, a juzgar por el texto del *Sepher Veellesemoth,* debía ser considerable. El *Talmud* cuenta setenta y dos, y Clemente Alejandrino *(Stromata,*

del Señor se le apareció, diciéndole: Zacarías, Zacarías, sal y reúne a todos los viudos del pueblo, y que éstos vengan cada cual con una vara, y aquel a quien el Señor envíe un prodigio, de aquel será María la esposa. Y los heraldos salieron, y recorrieron todo el país de Judea, y la trompeta del Señor resonó, y todos los viudos acudieron a su llamada.

CAPÍTULO IX

JOSÉ, GUARDIÁN DE MARÍA

1. Y José, abandonando sus herramientas, salió para juntarse a los demás viudos[(632)], y, todos congregados, fueron a encontrar al Gran Sacerdote. Este cogió las varas de cada cual, penetró en el templo, y oró. Y, cuando hubo terminado su plegaria, volvió a coger las varas[(633)], salió, se las devolvió a sus dueños respectivos, y no notó en ellas prodigio alguno. Y José cogió la última, y he aquí que una paloma salió de ella, y voló sobre la cabeza del viudo[(634)]. Y el Gran Sacerdote dijo a José: Tú

V, 241) eleva la cantidad a trescientas sesenta. San Justino *(Dialogue cum, Tryphone,* XLII) señala el mismo número de doce que el *Protevangelium,* por relación, sin duda, a las doce tribus de Israel. Pero acaso esto provenga de una confusión con las doce piedras de la túnica del Gran Sacerdote, a que se refiere el *Sepher Veellesemoth* (XXVIII, 17, 21), donde leemos: "Y serán aquellas piedras según los nombres de los hijos de Israel, doce según sus nombres. Y como grabaduras de sello, cada una con su nombre, vendrán a ser según las doce tribus."

(632) Sin ninguna transición, y sin dar el menor antecedente sobre la persona de José, el autor le hace entrar en escena, como si se tratase de un individuo ya conocido por los lectores de su escrito. Esto es extraño, pero no prueba lo que Amann (*Le Protévangile de Jacques,* 214) pretende, a saber: que el protoevangelista supone a los lectores al corriente de los hechos contenidos en los Evangelios canónicos, y que juzga, por ende, inútil presentar circunstanciadamente a un hombre tan célebre. El protoevangelista no necesitaba dar por conocidos de los lectores aquellos Evangelios, que probablemente no existían aún en la época en que él escribió. Bastábale dar por conocida de los lectores la tradición oral o cualquiera de las anteriores fuentes escritas, en que evangelistas canónicos y apócrifos se inspiraban.

(633) Este episodio de las varas está imitado del Antiguo Testamento, en su *Sepher Vaieddaber* (XVII, 2, 9).

(634) El Evangelio de la Natividad, en su capítulo VII, dice que, para que se cumpliese la profecía de Isaías (XI, 1), la vara debía producir en su extremidad una flor sobre la cual se posaría el espíritu de Dios *(et cujuscumque post*

LACRITICALITERARIA.COM

eres el designado por la suerte, para tomar bajo tu guarda a la Virgen del Señor.

2. Mas José se negaba a ello, diciendo: Soy viejo[(635)], y tengo hijos[(636)], al paso que ella es una niña. No quisiera servir de irrisión a los hijos de Israel. Y el Gran Sacerdote respondió a José: Teme al Señor tu Dios, y recuerda lo que hizo con Dathan, Abiron y Coré, y cómo, entreabierta la tierra, los sumió en sus entrañas, a causa de su desobediencia. Teme, José, que no ocurra lo mismo en tu casa.

3. Y José, lleno de temor, recibió a María bajo su guarda, diciéndole: He aquí que te he recibido del templo del Señor, y que te dejo[(637)] en mi hogar. Ahora voy a trabajar en mis construcciones, y después volveré cerca de ti. Entretanto, el Señor te protegerá.

---

allationem virgula florem germvnasset, et in ejus cacumine spiritus Domini in specie columbae consedisset, ipsum esse cui virgo commendari et desponsari deberet). Compárese con el *Sepher Vaieddaber* (XVII, 7): "Y será, que el varón que yo escogiere, su vara florecerá".

(635) En la Historia árabe de José el Carpintero, se da a éste la edad de ochenta años, en la fecha de su casamiento con María. San Epifanio *(Haereses,* LI, χ; LXXVIII, χ) afirma que contaba más de ochenta, que tenía ochenta y cuatro, al volver de Egipto, y que vivió todavía ocho años más. O *somcta simplicitas!*

(636) Según Orígenes *(Commentarium in Matthaeum,* X, XVII), el apócrifo *Evangelium Petri* mencionaba un primer matrimonio de José. La versión siríaca del *Protevangelium* asegura que los hijos de ese matrimonio eran ya hombres, cuando José desposó con María. San Epifanio *(Haeresea,* XVII, 1; XVIII, 1) puntualiza que esos hijos eran en número de seis, cuatro varones y dos hembras.

(637) Απέρχομαι. José parece olvidar expeditivamente su papel de protector, y se aleja en seguida de María, para volver a su trabajo. Meyer halla la razón de esta incoherencia en que se trataba de hacer posibles las escenas referidas en los capítulos siguientes, y especialmente la visita de la Virgen a su prima Isabel, con la que vivió tres meses, según el versículo 3 del capítulo XII.

CAPÍTULO X

EL VELO DEL TEMPLO

1. Y he aquí que los sacerdotes se reunieron en consejo, y dijeron: Hagamos un velo(638) para el templo del Señor. Y el Gran Sacerdote dijo: Traedme jóvenes sin mancilla de la casa de David. Y los servidores fueron a buscarlas, y encontraron siete jóvenes. Y el Gran Sacerdote se acordó de María, y de que era de la tribu de David, y de que permanecía sin mancilla ante Dios. Y los servidores partieron, y la trajeron.

2. E introdujeron a las jóvenes en el templo del Señor, y el Gran Sacerdote dijo: Echad a suertes sobre cuál hilará el oro, el jacinto, el amianto, la seda, el lino fino, la verdadera escarlata y la verdadera púrpura. Y la verdadera escarlata y la verdadera púrpura tocaron a María, que, habiéndolas recibido, volvió a su casa. Y, en este momento, Zacarías quedó mudo(639), y Samuel(640) le reemplazó en sus funciones, hasta que recobró la palabra. Y María tomó la escarlata, y empezó a hilarla(641).

---

(638) Καταπέτασμα era el velo que ocultaba el Santo de los Santos, según el *Sepher Veellesernoth* (XXVI, 31), y el único que menciona el Nuevo Testamento canónico (San Mateo, XXVII, 51; San Marcos, XV, 38; San Lucas, XXIII, 45).

(639) Conrady *(Die Quelle der kanonischen Kmdheitgeschichte Jesu,* 86) considera la mudez de Zacarías como circunstancia capital para la continuación del relato. Sin el silencio forzado de Zacarías, resultaría inverosímil la escena de la comparecencia de José y de María ante las autoridades sacerdotales, que refieren los capítulos XV y XVI. ¿Cómo Zacarías hubiera podido acusar a aquella Virgen, de la que había predicho que traería la redención al mundo?

(640) Amann *(Le Protèvangile de Jacques,* 221) piensa que el Samuel que sustituye provisionalmente a Zacarías debía nombrarse Simeón, no sólo porque así le llaman algunos manuscritos, sino porque el mismo *Protevangelium,* en su capítulo penúltimo (XXIV, 4), al hacer constar el asesinato de Zacarías, le da por sucesor a un Simeón, aquel que "no llegaría a morir, antes de haber visto al Cristo en su propia carne".

(641) Celso, en su libelo calumnioso contra el cristianismo, aprovechó, sin duda, este detalle, para sostener que Jesús, lejos de ser hijo de una virgen, lo era "de una pobre artesana judía, que hilaba, para ganar su sustento". Véase a Orígenes *(Contra Celsum,* I, XXXII).

CAPÍTULO XI

LA ANUNCIACIÓN[642]

1. Y María cogió su cántaro, y salió para llenarlo de agua. Y he aquí que se oyó una voz, que decía : Salve, María, llena eres de gracia. El Señor es contigo, y bendita eres entre todas las mujeres. Y ella miró en torno suyo, a derecha e izquierda, para ver de dónde venía la voz. Y, toda temblorosa, regresó a su casa, dejó el cántaro, y, tomando la púrpura, se sentó, y se puso a hilar.

2. Y he aquí que un ángel del Señor se le apareció[643], diciéndole: No temas, María, porque has encontrado gracia ante el Dueño de todas las cosas, y concebirás su Verbo. Y María, vacilante, respondió: Si debo concebir al Dios vivo, ¿daré a luz como toda mujer da?[644].

---

(642) Esta escena difiere mucho, en el *Protevangelium,* de la que refiere San Lucas (I, 26, 38), como reconoce Amann *(Le Protévangíle de Jacques,* 221). La primera anunciación, en la fuente, no está en San Lucas, y el arte cristiano, que la representó a menudo, la tomó a nuestro texto protoevangélico. La segunda anunciación, en el *Protevangelium,* como en San Lucas, tiene lugar en la casa de María. Con relación a otros episodios anteriores al nacimiento de Jesús y a su infancia, Amann pretende que la sobriedad narrativa de San Lucas y el lujo de detalles del protoevangelista, demuestran la prioridad cronológica del escrito del primero sobre el del segundo. Pero, con respecto a la anunciación, reconoce que "la descripción del apócrifo es más cándida, más popular y menos teológica que la del Evangelio canónico". Aplicando, pues, su criterio para otros casos, el *Protevamgelium* debe ser anterior a San Lucas.

(643) La segunda anunciación, en la morada de María, es la única que menciona el Evangelio de la Natividad, en su capítulo IX.

(644) A diferencia de San Lucas, que pone la preocupación de María en la concepción virginal, ante todo, el protoevangelista la pone en el parto virginal. La ciega confianza en la autoridad del tercer evangelista puso a los Padres de la Iglesia en resbaladiza pendiente, al tratar el primero de esos dos puntos. San Efrén se mostró partidario de la *concepito per aurem,* como puede verse en Assémani *(Bibliotheca orientalis,* I, 91). El mismo criterio se colgó a San Agustín *(Sermonum,* CXXI, 3). Pero que el sermón suyo, de donde se sacó el texto *Virgo per aurem impraegnabatur,* no es auténtico, lo van persuadiendo las recientes averiguaciones de la crítica. Tampoco este problema tiene solución, si se la hemos de pedir a otros escritores eclesiásticos, como Tertuliano *(De virginitate velata,* VI) y Eusebio *(De demonstratione evangelica,* VII, 1). El docto Hofmann *(Das Deben Jesu nach den Apokryphen,* 71) ha reunido gran copia de testimonios

3. Y el ángel del Señor dijo: No será así, María, porque la virtud del Señor te cubrirá con su sombra, y el ser santo que de ti nacerá, se llamará Hijo del Altísimo. Y le darás el nombre de Jesús, porque librará a su pueblo de sus pecados. Y María dijo: He aquí la esclava del Señor. Hágase en mí según tu palabra[(645)].

CAPÍTULO XII

LA VISITACIÓN

1. Y siguió trabajando en la púrpura y en la escarlata, y, concluida su labor, la llevó al Gran Sacerdote. Y éste la bendijo, y exclamó: María, el Señor Dios ha glorificado tu nombre, y serás bendita en todas las generaciones de la tierra.

2. Y María, muy gozosa[(646)], fue a visitar a Isabel, su prima. Y llamó a la puerta. E Isabel, habiéndola oído, dejó su escarlata[(647)], corrió a la puerta, y abrió. Y, al ver a María, la bendijo, y exclamó: ¿De dónde que la madre de mi Señor venga a mí? Porque el fruto de mi vientre ha saltado dentro de mí, y te ha bendecido. Pero María había olvidado los misterios que el arcángel Gabriel[(648)] le revelara, y, alzando los ojos al cielo, dijo: ¿Quién soy, Señor, que todas las generaciones de la tierra me bendicen?

3. Y pasó tres meses con Isabel. Y, de día en día, su embarazo avanzaba, y, poseída de temor, volvió a su casa, y se ocultó a los hijos de Israel. Y tenía dieciséis años cuando estos misterios se cumplieron[(649)].

---

patrísticos, ninguno concordante, ni convincente, acerca de tan embarazosa cuestión.

[(645)] San Justino *(Apología,* I, XXXIII; *Dialogue cum Tryphone,* v) reproduce el relato de la anunciación en términos tales, que hacen pensar a Michel *(Evangiles apocryphes,* I, 24) que lo tomó en la fuente de nuestro relato protoevangélico.

[(646)] Las palabras καραν λαροῦσα se encuentran también en San Justino *(Dialogus cum Tryphone,* v,), lo que comprueba la indicación hecha en la nota anterior.

[(647)] La expresión το χόκζινον cámbiala un manuscrito en το *εριον* (la lana), y la versión siríaca tradúcela por "la criba", lo que, según Nestle *(Zeitschrift für Neutestamentliche Wissenschaft,* 1902, III, 87) supone το ζασζινον en el original.

[(648)] El nombre del numen angélico no había sido indicado antes.

[(649)] María pasa con su prima tres meses, y San Lucas (I, 56) coincide con el protoevangelista. Amann *(Le Protévangile de Jacques,* 229) observa que la expresión εποιησε τρεις μηνας es una expresión hebraica, pero que resulta inútil, para explicarla, recurrir a un original hebreo. Los Setenta habían ya traducido

LACRITICALITERARIA.COM

CAPÍTULO XIII

VUELTA DE JOSÉ

1. Y llegó el sexto mes de su embarazo, y he aquí que José volvió de sus trabajos de construcción, y, entrando en su morada, la encontró encinta. Y se golpeó el rostro, y se echó a tierra sobre un saco[(650)], y lloró amargamente, diciendo: ¿En qué forma volveré mis ojos hacia el Señor mi Dios? ¿Qué plegaria le dirigiré con relación a esta jovencita? Porque la recibí pura de los sacerdotes del templo, y no he sabido guardarla. ¿Quién ha cometido tan mala acción, y ha mancillado a esta virgen? ¿Es que se repite en mí la historia de Adán? Bien como, en la hora misma en que éste glorificaba a Dios[(651)], llegó la serpiente, y, encontrando a Eva sola, la engañó, así me ha ocurrido a mí[(652)].

(Sepher Cohelet, VI, 12) "la vida que pasa como una sombra" (χαι έχοίησεν αυτά), y el protoevangelista ha podido copiar esta expresión. La edad de dieciséis años que se atribuye a María en el momento de la concepción es sorprendente. Si su edad era de doce años, cuando se la confió a José, habían transcurrido cuatro años desde aquel momento, y el patriarca había estado ausente mucho más tiempo que el que le permitía su papel de guardián. Algunos manuscritos han intentado colmar este intervalo demasiado largo, dando unos catorce años a la Virgen, cuando salió del templo, y otros catorce o quince, cuando se le hizo la anunciación. El dictamen crítico sobre esta dificultad muestra el ningún valor histórico de la narración protoevangélica y de su similar, la de San Lucas.

(650) En el Antiguo Testamento *(Sepher Bereschith,* XXXVII, 34; *II Sepher Samuel,* XXI, 10; *Sepher Isaiah,* LVII, 5), el echarse al saco o a la ceniza era un signo de duelo o de penitencia. José se culpa a sí mismo, antes que a María, y por eso se echa al saco. Sin embargo, esta demostración no concuerda con las que después le atribuye el evangelista, haciéndole alzar los ojos al cielo, recordar el trance de Adán, nombrar en su plegaria a la Virgen, y continuar en sus sospechas.

(651) Costumbre judía era que sólo el hombre debía glorificar a cierta hora, y que la mujer no tenía derecho a tomar parte en la plegaria oficial masculina.

(652) San Pablo, varios Padres de la Iglesia y la secta de los ofitas, supusieron que el engaño de la serpiente consistió en tener comercio carnal con Eva, y Everling *(Die paulinische Angelologie,* 5, 8) alude a esta interpretación del texto bíblico. Pero el primer libro de la Escritura *(Sepher Bereschith,* II, 13) no la permite, pues dice sencillamente: "La serpiente me engañó, y comí" (ó όφις ήπάτησένμε). Donde se ve que Eva, según el autor del *Pentateuco,* se limitó a gustar del fruto prohibido, sin ser seducida por la serpiente de un modo material, carnal o sexual.

2. Y José se levantó del saco, y llamó a María, y le dijo: ¿Qué has hecho, tú, que eres predilecta de Dios? ¿Has olvidado a tu Señor? ¿Cómo te has atrevido a envilecer tu alma, después de haber sido educada en el Santo de los Santos, y de haber recibido de manos de un ángel tu alimento?

3. Pero ella lloró amargamente, diciendo: Estoy pura y no he conocido varón. Y José le dijo: ¿De dónde viene entonces lo que llevas en tus entrañas? Y María repuso: Por la vida del Señor mi Dios, que no sé cómo esto ha ocurrido[(653)].

[(653)] Ου γινωσχω πόθεν εοτίν μοι. Para entender esta ignorancia de María, hay que recordar que el protoevangelista dijo algo antes (XII, 2): que "había olvidado los misterios revelados por el arcángel Gabriel".

CAPÍTULO XIV

JOSÉ, CONFORTADO POR UN ÁNGEL

1. Y José, lleno de temor, se alejó de María, y se preguntó cómo obraría a su respecto. Y dijo: Si oculto su falta, contravengo la ley del Señor, y, si la denuncio a los hijos de Israel, temo que el niño que está en María no sea de un ángel[(654)], y que entregue a la muerte a un ser inocente[(655)]. ¿Cómo procederé, pues, con María? La repudiaré secretamente[(656)]. Y la noche le sorprendió en estos pensamientos amargos.

2. Y he aquí que un ángel del Señor le apareció en sueños, y le dijo: No temas por ese niño, pues el fruto que está en María procede del Espíritu Santo, y dará a luz un niño, y llamarás su nombre Jesús, porque salvará al pueblo de sus pecados. Y José se despertó, y se levantó, y glorificó al Dios de Israel, por haberle concedido aquella gracia, y continuó guardando a María.

CAPÍTULO XV

JOSÉ ANTE EL GRAN SACERDOTE

1. Y el escriba Anás fue a casa de José, y le preguntó: ¿Por qué no has aparecido por nuestra asamblea? Y José repuso: El camino me ha fatigado, y he querido reposar el primer día. Y Anás, habiendo vuelto la cabeza, vio que María estaba embarazada.

2. Y corrió con apresuramiento cerca del Gran Sacerdote, y le dijo: José, en quien has puesto toda tu confianza, ha pecado gravemente contra

---

(654) Αγγελιχόν εστίν. La misma suposición hacen, en el capítulo X del Pseudo-Mateo, las jóvenes que estaban con María, mientras José trabajaba en Capernaum. La idea de la fecundación por un ángel era una idea muy corriente en aquella época, y de ella se encuentran vestigios, que parecen autorizarla, en el *Sepher Henoch* (CVI, 6) y en el *Sepher Bereschith* (VI, 2, 4), que habla de la unión de los hijos de Dios o ángeles con las hijas de los hombres.

(655) El *Sepher Ellehaddebraim* (XXII, 13, 21) castigaba con pena de muerte a la joven que se dejaba seducir antes de su matrimonio.

(656) Conrady supone que el texto hebreo original llevaba *basêfer* con una carta de repudio (conforme al *Sepher Ellehaddebraim,* XXIV, 1, 3), que el traductor habría leído *basêter* (= secretamente). La hipótesis es ingeniosa, y, dentro de ella, es indudable que San Mateo (I, 19) tomó la palabra λάθρα al *Protevangelium.*

la ley. Y el Gran Sacerdote le interrogó: ¿En qué ha pecado? Y el escriba respondió: Ha mancillado y consumado a hurtadillas matrimonio con la virgen que recibió del templo del Señor, sin hacerlo conocer a los hijos de Israel. Y el Gran Sacerdote exclamó: ¿José ha hecho eso? Y el escriba Anás dijo: Envía servidores, y comprobarás que la joven se halla encinta. Y los servidores partieron, y encontraron a la doncella como había dicho el escriba, y condujeron a María y a José para ser juzgados[(657)].

3. Y el Gran Sacerdote prorrumpió, lamentándose: ¿Por qué has hecho esto, María? ¿Por qué has envilecido tu alma, y te has olvidado del Señor tu Dios? Tú, que has sido educada en el Santo de los Santos, que has recibido tu alimento de manos de un ángel, que has oído los himnos sagrados, y que has danzado delante del Señor, ¿por qué has hecho esto? Pero ella lloró amargamente, y dijo: Por la vida del Señor mi Dios, estoy pura, y no conozco varón.

4. Y el Gran Sacerdote dijo a José: ¿Por qué has hecho esto? Y José dijo: Por la vida del Señor mi Dios[(658)], me hallo libre de todo comercio con ella. Y el Gran Sacerdote dio a beber a José, y le envió a la montaña, y volvió: Tú has consumado a hurtadillas el matrimonio con ella, sin revelarlo a los hijos de Israel, y no has inclinado tu frente bajo la mano del Todopoderoso, a fin de que tu raza sea bendita[(659)]. Y José se calló[(660)].

[(657)] Esta antigua fórmula cristiana de ξηχυριος, repetida por el protoevangelista, resulta anacrónica puesta en labios de un judío. No obstante, Michel *(Evangiles apocryphes,* I, 32) advierte que quizá alude a las fórmulas solemnes de bendición, que acompañaban a la ceremonia del matrimonio, lo mismo entre los judíos que entre los cristianos, como se comprueba en el *Sepher Ruth* (IV, 11), en el *Sepher Tobiah* (VII, 12) y en Tertuliano *(Ad uxorem,* II, VIII; *De monogamia,* XI; *De puditia,* IV).

[(658)] La rapidez con que Anás procede y con que María y José son llevados a la presencia del Gran Sacerdote, supone que los esposos habitaban en Jerusalén. ¿Cómo conciliar esta hipótesis con la afirmación terminante de San Lucas, que hace residir a los esposos en Nazareth? Una vez más demuestra el protoevangelista su desconocimiento de la topografía judaica.

[(659)] En Teócrito *(Idilia,* XXII, 151), se encuentra la expresión protoevangélica γαμον δώροις ζλεψα, aplicada a un mancebo que, por presentes hechos al padre de la novia, sustituye al desposado legal. Pero Amann *(Le Protévangile de Jacques,* 237) observa que no es ése el sentido que se da aquí a la expresión. Focílides *(Fragmenta,* III) emplea γαμαζλοπείν en el sentido de “cometer un adulterio”, y los oráculos sibilinos llaman γαμολοπί'α al mismo crimen. El sentido del relato protoevangélico se aproxima mucho a este último sentido, pues, por su consagración al Señor, la Virgen María estaba como unida a Dios por un matrimonio místico, y la violación de este voto era una especie de adulterio.

CAPÍTULO XVI

LA PRUEBA DEL AGUA

1. Y el Gran Sacerdote dijo: Devuelve a esta virgen(661) que has recibido del templo del Señor. Y José lloraba abundantemente. Y el Gran Sacerdote dijo: Os haré beber el agua de prueba del Señor, y Él hará aparecer vuestro pecado a vuestros ojos.

2. Y, habiendo tomado el agua del Señor, el Gran Sacerdote dijo: No rindas falso testimonio, y confiesa la verdad, de ésta indemne. Y dio asimismo de beber a María, y volvió también de ésta indemne. Y todo el pueblo quedó admirado de que pecado alguno se hubiera revelado en ellos(662).

3. Y el Gran Sacerdote dijo: Puesto que el Señor Dios no ha hecho aparecer la falta de que se os acusa, yo tampoco quiero condenaros. Y los dejó marchar absueltos. Y José acompañó a María, y volvió con ella a su casa, lleno de júbilo y glorificando al Dios de Israel.

---

(660) El silencio de José, que no consta en varios manuscritos, no sorprende a Amann *(Le Protévangile de Jacques,* 239), por cuanto el patriarca, como su esposa no podía disculparse más que invocando una revelación celeste, a la que con dificultad hubiera concedido crédito nadie, y únicamente de la justicia divina esperaba la manifestación de su inocencia.

(661) Lo que el Gran Sacerdote pide a José no es que María vuelva al servicio del templo, puesto que ya no era virgen, ni podía ser admitida allí en concepto de tal. Meyer conexiona las palabras del Gran Sacerdote con las de Augusto: "Varo, devuélveme mis legiones". Amann las considera como la expresión enfática de un sentimiento de duelo, al cual José no puede responder más que con sus lágrimas.

(662) La prueba del agua, que está tomada del *Sepher Vaieddaber* (V, 11, 31), y que los Setenta traducen por τὸ υδωρ του ελεγμου, era, entre los judíos, el procedimiento a que se sometía a la mujer acusada por su marido de adulterio. El protoevangelista ha modificado mucho la significación y la manera de practicar esa prueba. En la legislación antigua, correspondía al esposo hacer la acusación, mientras que, en el *Protevangelium,* la hace el Gran Sacerdote. Además, en la legislación antigua, la prueba se imponía solamente a la esposa, al paso que, en nuestro apócrifo, se impone también a José. Michel *(Evangiles apocryphes,* I, 33) recuerda que el arte bizantino representó la escena protoevangélica a menudo, y que se la encontró también en San Marcos de Venecia, en un mosaico correspondiente al siglo XII.

CAPÍTULO XVII

VISIÓN DE LOS DOS PUEBLOS

1. Y llegó un edicto del emperador Augusto, que ordenaba se empadronasen todos los habitantes de Bethlehem de Judea[(663)]. Y José dijo: Voy a inscribir a mis hijos. Pero ¿qué haré con esta muchacha? ¿Cómo la inscribiré? ¿Como mi esposa? Me avergonzaría de ello. ¿Como mi hija? Pero todos los hijos de Israel saben que no lo es. El día del Señor será como quiera el Señor.

2. Y ensilló su burra, y puso sobre ella a María, y su hijo llevaba la bestia por el ronzal[(664)], y él les seguía. Y, habiendo caminado tres millas[(665)], José se volvió hacia María, y la vio triste, y dijo entre sí de esta manera: Sin duda el fruto que lleva en su vientre la hace sufrir. Y por segunda vez se volvió hacia la joven, y vio que reía, y le preguntó: ¿Qué tienes, María, que encuentro tu rostro tan pronto entristecido como sonriente? Y ella contestó: Es que mis ojos contemplan dos pueblos[(666)], uno que llora y se aflige estrepitosamente, y otro que se regocija y salta de júbilo.

[(663)] Algunos manuscritos no limitan el censo ordenado por Augusto a Bethlehem, y lo extienden a toda la Judea. San Lucas va más lejos, y lo universaliza al Imperio todo. Credner *(Beiträge,* I, 234) supone que las palabras de San Lucas παντα̑ν τηѵ *οιχουμενηѵ* provienen de que este evangelista entendió mal el texto hebreo de su fuente protoevangélica, texto en que *kolha'âres* vale solamente por "toda la región", y que él tradujo por "toda la tierra".

[(664)] En el capítulo siguiente, el autor habla de "varios" hijos, lo que es más conforme a lo consignado en capítulos anteriores.

[(665)] No sabiendo cuál había sido el punto de partida del viaje, ignoramos también la distancia a que la pequeña caravana familiar podría encontrarse de Bethlehem. Los repetidos descuidos del protoevangelista denuncian de continuo el carácter fabuloso de su relato.

[(666)] Δυο λαοίς βλέπο). Harnack *(Geschichte des altchristlichen Litteratur,* II, 599) ve aquí a los gentiles y a los judíos, y Meyer *(Handbuch zu den neutestamentlichen Apohryphen,* 125) a los incrédulos o infieles y a los creyentes o fieles. Amann *(Le Protévangile de Jacques,* 246) se inclina a esta última interpretación, y ve un antecedente del episodio en el Antiguo Testamento *(Sepher Bereschith,* XXV, 33), recordando las palabras de Dios a Rebeca: "Dos naciones se albergan en tu seno, y se separarán al salir de tus entrañas". Pero los dos pueblos del *Protevangelium* no están en el seno de María, sino ante sus ojos, y es el niño que va a nacer quien causa la tristeza del uno y el júbilo del otro.

LACRITICALITERARIA.COM

3. Y, llegados a mitad de camino, María dijo a José: Bájame de la burra, porque lo que llevo dentro me abruma, al avanzar[(667)]. Y él la bajó de la burra, y le dijo: ¿Dónde podría llevarte, y resguardar tu pudor? Porque este lugar está desierto.

[(667)] La expresión επειγει με προελθειν es de difícil inteligencia, y ciertos manuscritos han intentado corregirla, escribiendo, ora του προελΘειν, ora εξελειν. La versión de Michel *(Evangiles apocryphes,* I, 36) no es más que un calco del texto. Amann *(Le Protévangile de Jacques,* 247) traduce las palabras de José που... ασχημοσύνην, como si hubiese aquí la expresión αισχυνεν, que traen varios manuscritos. Pero se equivoca al suponer que, en uno, como en otro caso, el sentido general permanece idéntico. La bajada de María de su montura puede obedecer, o simplemente a que está próxima a dar a luz, si admitimos el carácter doceta del *Protevangelium,* o a que empieza a sentir los dolores del parto, si admitimos su carácter ebionita.

CAPÍTULO XVIII

PAUSA EN LA NATURALEZA

1. Y encontró allí mismo una gruta[(668)], e hizo entrar en ella a María. Y, dejando a sus hijos cerca de ésta[(669)], fue en busca de una partera al país de Bethlehem.

2. Y yo, José, avanzaba, y he aquí que dejaba de avanzar. Y lanzaba mis miradas al aire, y veía el aire lleno de terror. Y las elevaba hacia el cielo, y lo veía inmóvil, y los pájaros detenidos. Y las bajé hacia la tierra, y vi una artesa, y obreros con las manos en ella, y los que estaban amasando, no amasaban. Y los que llevaban la masa a su boca, no la llevaban, sino que tenían los ojos puestos en la altura. Y unos carneros conducidos a pastar, no marchaban, sino que permanecían quietos, y el pastor levantaba la mano para pegarles con su vara, y la mano quedaba suspensa en el vacío. Y contemplaba la corriente del río, y las bocas de los cabritos se mantenían a ras de agua y sin beber[(670)]. Y, en un instante[(671)], todo volvió a su anterior movimiento y a su ordinario curso.

---

(668) Por la introducción sabemos que este detalle de la gruta, que no aparece en los Evangelios canónicos, lo dan también algunos Padres de la Iglesia, como San Justino *(Dialogue cum Tryphone,* LXXVIII), Orígenes *(Contra Celsum,* I, LI) y San Jerónimo *(Ad Paulvnum,* LVIII, III). Preuschen *(Zeitschrift für Neuetestamentliche Wissenschaft,* 1902, III, 360) ha descubierto que una antigua traducción armenia de aquellos Evangelios, que data del siglo IX, introdujo la mención de la gruta en el versículo correspondiente de San Mateo (II, 9), y el fragmento sahídico del *Protevangelium* pretende que, en el lugar desierto de que éste habla, había una hostería (πανδοχιον), donde José habría instalado a su esposa. ¡Fábula sobre fábula!

(669) En algunos manuscritos, los hijos de José, aunque próximos a María, para prestarle, en caso necesario, el oportuno socorro, permanecen "fuera de la gruta", mientras su padre va en busca de una partera, lo que se acomoda mejor a las reglas de decencia familiar seguidas por los judíos.

(670) La brusca detención de todas las cosas naturales poco antes de nacer el Cristo no tiene antecedente conocido en el Antiguo Testamento. Ciertos exégetas han sacado a colación un pasaje de la *Sophia Salomóntos* (XVIII, 14), en que se habla del *silencio* de todas las cosas a medianoche, en el momento en que se dejaría oír la palabra (λόγος) de Dios. Pero el *Protevangelium* no cuenta nada ocurrido a medianoche, sino verosímilmente hacia la tarde, y no da licencia, por ende, para estatuir la conexión. Tampoco la da San Ignacio, cuando, en su epístola a los de Éfeso, afirma que los tres misterios fundamentales del cristianismo se

CAPÍTULO XIX

EL HIJO DE MARÍA, EN LA GRUTA

1. Y he aquí que una mujer descendió de la montaña, y me preguntó: ¿Dónde vas? Y yo repuse: En busca de una partera judía. Y ella me interrogó: ¿Eres de la raza de Israel? Y yo le contesté: Sí[(672)]. Y ella replicó: ¿Quién es la mujer que pare en la gruta?[(673)]. Y yo le dije: Es mi desposada. Y ella me dijo: ¿No es tu esposa? Y yo le dije: Es María, educada en el templo del Señor, y que se me dio por mujer, pero sin serlo, pues ha concebido del Espíritu Santo. Y la partera le dijo: ¿Es verdad lo que me cuentas? Y José le dijo: Ven a verlo[(674)]. Y la partera le siguió[(675)].

2. Y llegaron al lugar en que estaba la gruta[(676)], y he aquí que una nube luminosa[(677)] la cubría. Y la partera exclamó: Mi alma ha sido exaltada en

---

cumplieron en la *tranquilidad* de Dios. De aquí viene uno a sospechar que el protoevangelista inventó el relato por su cuenta y riesgo, o que lo sacó de una fuente para nosotros desconocida.

(671) Υπὸ θηξιν. Esta expresión, que es singular, y que el texto siríaco y San Epifanio *(Haereses,* XLI, III) traducen por *súbitamente,* en el mismo sentido que yo le doy, varios copistas la han modificado de diversas formas (θριξιν, θηξει, θειξης, θιζει, etc.), y Hesiquio la hace equivaler a ροπη, στιγμή, τάχος. A vista de tantas variantes, no parece fácil formar argumento sobre su exacta acepción.

(672) El hecho de que José busque una partera judía, parécele a Amann *(Le Protévcmgile de Jacques,* 250) indicar que, en la mente del autor del *Protevangelium,* podía haber en el país otros habitantes que los judíos, suposición inverosímil de todo punto, y que una vez más revela la ninguna historicidad del relato. Meyer *(Handbuch zu den neutestamentlichen Apokryphem,* 128) piensa que esa mención especial está destinada a atraer la atención sobre las comadronas judías, cuya gloria había establecido el *Sepher Veellesemoth* (I, 15, 21).

(673) La crítica gradúa la pregunta de superflua, y, a la par que superflua, extraña e incomprensible. ¿Cómo pudo hacerla la comadrona, si José no le había hablado de la estancia de María en la gruta?

(674) El protoevangelista vuelve a hacer hablar a José en tercera persona.

(675) Notará el lector que el diálogo entre José y la partera es rápido, cortado, vivo, como convenía al trance referido en la narración.

(676) Ciertos manuscritos tornan aquí al relato en primera persona, diciendo: "Cuando llegamos a la gruta".

(677) Esta nube luminosa (νεφέλη φωτεινή), que acompaña aquí al prodigio, se corresponde con diversas teofanías del Antiguo Testamento *(Sepher Veellesemoth,* XVI, 10; *I Sepher Malachim,* VIII, 10; *Sepher Daniel,* VII, 13), con

este día, porque mis ojos han visto prodigios anunciadores de que un Salvador le ha nacido a Israel. Y la nube se retiró en seguida de la gruta, y apareció en ella una luz tan grande, que nuestros ojos no podían soportarla. Y esta luz disminuyó poco a poco, hasta que el niño apareció, y tomó el pecho de su madre María. Y la partera exclamó: Gran día es hoy para mí, porque he visto un espectáculo nuevo.

3. Y la partera salió de la gruta, y encontró a Salomé, y le dijo: Salomé, Salomé, voy a contarte la maravilla extraordinaria, presenciada por mí, de una virgen que ha parido de un modo contrario a la naturaleza. Y Salomé repuso: Por la vida del Señor mi Dios, que, si no pongo mi dedo en su vientre, y lo escruto, no creeré que una virgen haya parido[678].

---

el relato de la transfiguración en los dos primeros Evangelios canónicos (San Mateo, XVII, 5; San Marcos, IX, 7), y con el de la ascensión en los *Acta apostolorum* (I, 9). Según Meyer *(Handbuch zu den neutestamentlichen Apokryphen,* 130), la nube simboliza la aparición del Redentor a los hombres (entre nubes pone también el Evangelio su segunda y definitiva llegada al mundo), y la escena del nacimiento del Cristo se presenta como un levantarse el sol por Oriente, lo que comprueba la índole mítica del relato.

(678) Meyer *(Handbuch zu den neutestamentlichen Apokryphen,* 131) convierte a esta *Salomé* en *Semelé,* madre, según unas tradiciones, y, según otras, nodriza, de *Dionysos,* el dios redentor del orfismo, que también nace en una gruta. Amann *(Le Protévangile de Jacques,* 253) estima esta conjetura aventurada, por lo que tiene de interpretación, mítica. Sin embargo, no se atreve a dar valor histórico al relato, y, adoptando un punto de vista simbólico, entiende que la partera podría muy bien representar a la humanidad dócil a las enseñanzas divinas, mientras que Salomé representa a la humanidad escéptica, dura en creer, y que no se rinde sino a la evidencia de los hechos consumados. No cabe suponer que la escena del capítulo XX guarde la menor relación con la referida en el Cuarto Evangelio canónico acerca de la incredulidad de Tomás y de sus dudas en lo tocante a la resurrección del Cristo, dudas que no desaparecen de su ánimo hasta que ve a Jesús, y mete el dedo en las cicatrices de sus heridas. El apócrifo Evangelio de los Egipcios habla igualmente de Salomé, y la pinta como una infatigable cuestionadora.

LACRITICALITERARIA.COM

CAPÍTULO XX

IMPRUDENCIA DE SALOMÉ

1. Y la comadrona entró, y dijo a María: Disponte a dejar que ésta haga algo contigo[(679)], porque no es un debate insignificante el que ambas hemos entablado a cuenta tuya. Y Salomé, firme en verificar su comprobación, puso su dedo en el vientre de María, después de lo cual lanzó un alarido, exclamando: Castigada es mi incredulidad impía, porque he tentado al Dios viviente, y he aquí que mi mano es consumida por el fuego, y de mí se separa.

2. Y se arrodilló ante el Señor, diciendo: ¡Oh Dios de mis padres, acuérdate de que pertenezco a la raza de Abraham, de Isaac y de Jacob! No me des en espectáculo[(680)] a los hijos de Israel, y devuélveme a mis pobres[(681)], porque bien sabes, Señor, que en tu nombre les prestaba mis cuidados, y que mi salario lo recibía de ti.

[(679)] Σχημάτίσον σεαυτήν es frase oscura, cuya primera palabra explican ciertos manuscritos por ανακλινον.

[(680)] Los mejores críticos admiten que παραδειγματξω tiene aquí el sentido etimológico de no ofrecer un mal ejemplo a los judíos, si Dios niega a Salomé su perdón. Al recordar ésta a Aquél, en las palabras anteriores, que es de la posteridad abrahamida e israelita, afirma un derecho singular a que la bendición divina recaiga sobre ella. La manera especial como Salomé, en las palabras posteriores, habla de sus buenas acciones, ofrece cierta semejanza con la plegaria del fariseo en el templo (San Lucas, XVIII, 11). Para el protoevangelista, Salomé representa a los judíos, engreídos con sus buenas acciones, por las cuales exigen siempre recompensa, y que no quieren creer sino después de haber desvanecido todas sus dudas sobre cualquier motivo u objeto de fe.

[(681)] Varios copistas, que parecen no haber comprendido el τοις πενσιν del texto, lo han corregido poniendo γονεῦσι μου

Bien está en la cuenta de la impropiedad de πένησιν Meyer *(Handbuch su den neutestamentlichen Apokryphen,* 133), cuando lo considera como una falta de transcripción, y propone sustituirlo por γονευςιν, que es la lección del siríaco y de algunos manuscritos. Amann *(Le Protévangile de Jacques,* 255) no se muestra conforme con estas modificaciones, alegando que la frase siguiente muestra que se trata de los pobres. Con todo eso, el fundar Amann su dictamen en que, privada de sus manos, no podría Salomé socorrer a los pobres que acostumbraba a cuidar, no es congruente razón para justificar la consecuencia que de ahí saca, al pretender que era partera, siendo así que el protoevangelista no habla para nada de su profesión.

3. Y he aquí que un ángel del Señor se le apareció[682], diciendo: Salomé, Salomé, el Señor ha atendido tu súplica. Aproxímate al niño, cógele en tus brazos, y él será para ti salud y alegría.

4. Y Salomé se acercó al recién nacido, y lo incorporó, diciendo: Quiero prosternarme ante él, porque un gran rey ha nacido para Israel. E inmediatamente fue curada, y salió justificada de la gruta[683]. Y se dejó oír una voz, que decía: Salomé, Salomé, no publiques los prodigios que has visto, antes de que el niño haya entrado en Jerusalén[684].

---

[682] ¡Todavía un ángel para advertir a Salomé de cómo obtendrá su curación! Amann *(Le Protévamglle de Jacques,* 256) encuentra extraño que María juegue, en todo el episodio, un papel enteramente pasivo y mudo.

[683] Esta curación y justificación súbitas son el primer milagro de Jesús, contado con toda sencillez, y que no se halla en contradicción con la manera de obrar del Cristo en los Evangelios canónicos, como puede verse, verbigracia, en San Mateo (IX, 20).

[684] La prohibición *(μη* ἀναγγειλης) de no anunciar los milagros por ella presenciados, es una idea familiar a los *Sinópticos* (léase, por ejemplo, a San Mateo, VIII, 4; XII, 16), y que se explica aquí por la necesidad de sustraer al niño a las próximas persecuciones de Herodes.

LACRITICALITERARIA.COM

CAPÍTULO XXI

VISITA DE LOS MAGOS

1. Y he aquí que José se dispuso a ir a Judea[685]. Y se produjo un gran tumulto en Bethlehem, por haber llegado allí unos magos, diciendo: ¿Dónde está el rey de los judíos, que ha nacido?[686]. Porque su estrella hemos visto en el Oriente, y venimos a adorarle.

2. Y Herodes, sabedor de esto, quedó turbado, y envió mensajeros cerca de los magos, y convocó a los príncipes de los sacerdotes, y les interrogó, diciendo: ¿Qué está escrito del Cristo? ¿Dónde debe nacer? Y ellos contestaron: En Bethlehem de Judea, porque así está escrito. Y él los despidió. E interrogó a los magos, diciendo: ¿Qué signo habéis visto con relación al rey recién nacido? Y los magos respondieron: Hemos visto que su estrella, extremadamente grande, brillaba con gran fulgor entre las demás estrellas, y que las eclipsaba hasta el punto de hacerlas invisibles con su luz. Y hemos reconocido por tal señal que un rey había nacido para Israel, y hemos venido a adorarle. Y Herodes dijo: Id a buscarle, y, si lo encontráis, dadme aviso de ello, a fin de que vaya yo también, y le adore.

3. Y los magos salieron. Y he aquí que la estrella que habían visto en Oriente les precedió hasta que llegaron a la gruta, y se detuvo por encima

---

[685] He discutido, en la introducción, la cuestión de saber cómo José podía ir a Judea, hallándose en ella, y apuntado el hecho de ser la topografía del protoevangelista tan pobre como su cronología, lo que demuestra que no tenía un conocimiento exacto de las condiciones regionales del país que sirve de escenario a la narración. Amann *(Le Protévangile de Jacques,* 257) pretende que "ir a Judea" significa, en la mente del protoevangelista, ir a Jerusalén, de suerte que, para él, Bethlehem no está en Judea. Explicación fantástica que ha inducido a ciertos copistas a leer "salir de Judea", probablemente para regresar a Galilea.

[686] Al hacer llegar directamente a los magos a Bethlehem, el apócrifo protoevangelista discrepa de su canónico imitador (San Mateo, II, 1), que les hace llegar directamente a Jerusalén. En el resto del relato, la coincidencia es casi continua, sin más divergencia que la de que el *Protevangelium* no reproduce, como San Mateo, el vaticinio de Miqueas, en la respuesta de los sacerdotes a Herodes. El cual, por no hallarse los magos en Jerusalén, sino en Bethlehem, según el *Protevangelium,* no llama directamente a los magos, como en San Mateo, sino que envía mensajeros a buscarlos. Hay, pues, en esto un cambio cronológico de consultas. Compárese el *Protevangelium* (XXI, 2) con San Mateo (II, 4, 7).

de la entrada de ésta. Y los magos vieron al niño con su madre María, y sacaron de sus bagajes presentes de oro, de incienso y de mirra.

4. Y, advertidos por el ángel de que no volviesen a Judea[687], regresaron a su país por otra ruta.

CAPÍTULO XXII

FUROR DE HERODES

1. Al darse cuenta de que los magos le habían engañado, Herodes montó en cólera, y despachó sicarios, a quienes dijo: Matad a todos los niños de dos años para abajo.

2. Y María, al enterarse de que había comenzado el degüello de los niños, se espantó, tomó al suyo, lo envolvió en pañales, y lo depositó en un pesebre de bueyes.

3. Isabel, noticiosa de que se buscaba a Juan, lo cogió, ganó la montaña, miró en torno suyo, para ver dónde podría ocultarle, y no encontró lugar de refugio. Y, gimiendo, clamó a gran voz: Montaña de Dios, recibe a una madre con su hijo. Porque le era imposible subir a ella. Pero la montaña se abrió, y la recibió. Y había allí una gran luz, que les esclarecía, y un ángel del Señor estaba con ellos, y les guardaba.

---

[687] Amann cree ver en la expresión μη εισελθειν εις τήν Ιουδαιαν, que reemplaza a la de μή ἀναχαδμψαι πρὸς de San Mateo, la prueba de que, para el protoevangelista, Judea era Jerusalén y sus alrededores inmediatos. Sobre este punto, ya emití mi parecer en una nota anterior.

LaCriticaLiteraria.com

CAPÍTULO XXIII

MUERTE DE ZACARÍAS[688]

1. Y Herodes buscaba a Juan, y envió sus servidores a Zacarías, diciendo: ¿Dónde has escondido a tu hijo? Y él repuso: Soy servidor de Dios, permanezco constantemente en el templo del Señor, e ignoro dónde mi hijo está.

2. Y los servidores se marcharon del templo, y anunciaron todo esto a Herodes. Y Herodes, irritado, dijo: Su hijo debe un día reinar sobre Israel. Y los envió de nuevo a Zacarías, ordenando: Di la verdad. ¿Dónde se halla tu hijo? Porque bien sabes que tu sangre se encuentra bajo mi mano. Y los servidores partieron, y refirieron todo esto a Zacarías.

3. Y éste exclamó: Mártir seré de Dios, si viertes mi sangre. Y el Omnipotente recibirá mi espíritu, porque sangre inocente es la que quieres derramar en el vestíbulo del templo del Señor. Y, a punto de amanecer, Zacarías fue muerto, y los hijos de Israel ignoraban que lo hubiese sido.

---

[688] Este episodio de la muerte de Zacarías, padre de San Juan Bautista, no se encuentra en los demás Evangelios apócrifos. Los críticos explican esta circunstancia por el hecho de que el *Apocryphum Zachariae* no se incorporó al *Protevangelium Jacobi,* sino con bastante posterioridad a la redacción de aquellos otros Evangelios.

CAPÍTULO XXIV

NOMBRAMIENTO DE NUEVO GRAN SACERDOTE

1. Pero los sacerdotes fueron al templo, a la hora de la salutación, y Zacarías no fue en su busca, para bendecirles, según costumbre. Y se detuvieron, esperando a Zacarías, para saludarle, y para celebrar al Altísimo.

2. Y, como tardaba, se sintieron poseídos de temor. Y uno de ellos, más audaz, penetró en el tempĺó, y vio cerca del altar sangre coagulada, y oyó una voz que decía: Zacarías ha sido asesinado, y su sangre no desaparecerá de aquí hasta que llegue su vengador. Y, al escuchar estas palabras, quedó espantado, y salió, y llevó la nueva a los sacerdotes.

3. Y éstos, atreviéndose, al fin, a entrar, vieron lo que había sucedido, y los artesonados del templo gimieron, y ellos mismos rasgaron sus vestiduras de alto abajo[(689)]. Y no encontraron el cuerpo de Zacarías, sino sólo su sangre, maciza como una piedra. Y salieron llenos de pánico, y anunciaron a todo el pueblo que se había dado muerte a Zacarías. Y todas las tribus del pueblo lo supieron, y lo lloraron[(690)], y se lamentaron durante tres días y tres noches.

4. Y, después de estos tres días, los sacerdotes deliberaron para saber a quién pondrían en lugar de Zacarías, y la suerte recayó sobre Simeón, el

---

[(689)] Se ha relacionado este rasgo con lo que San Mateo (XXVII, 51) cuenta como ocurrido, al morir Jesucristo en la cruz: "Y el velo del templo se rasgó en dos partes, de alto abajo, y la tierra tembló, y las piedras se hundieron". Los artesonados del templo harían las veces de las piedras, si, como en algunos manuscritos, se leyere: *Y los artesonados se hundieron* (αυτά δε περιεσχισαντο). Meyer *(Handbuch zu dem neutestamentliche Apokryphen,* 147), que rechaza esta lección, estima que el empleo del medio τεριεαχισαντο en lugar del pasivo εαχίσθη, que se lee en San Mateo, indica más naturalmente un acto realizado por personas, y que, al mismo tiempo, la preposición περί conviene mejor también al acto de rasgar las vestiduras. Contra esto, Amann (*Le Protévangile de Jacques,* 269) alega que περιαχίζω se emplearía difícilmente sin complemento para designar una desgarradura de la indumentaria, y que, por otra parte, ese verbo se usa como medio con un nombre de cosa como sujeto. No es, pues, imposible que primitivamente se leyere αυτοι en vez de αυτοί.

[(690)] Επένθησαν αυτόν. Este duelo de las tribus de Israel recuerda el descrito, en el Antiguo Testamento, por el profeta Zacarías (XII, 11, 14).

LACRITICALITERARIA.COM

mismo que había sido advertido por el Espíritu Santo de que no moriría sin haber visto al Cristo encarnado[(691)].

[(691)] Compárese con San Lucas (II, 25). Amann *(Le Protéyangile de Jacques,* 270) observa que el tercer evangelista ignoraba completamente la calidad de Gran Sacerdote concedida a Simeón, calidad que las leyendas posteriores no vacilaron en atribuirle, como lo hizo ya el autor de la glosa insertada en el *Protevangelium* (X, 2).

CAPÍTULO XXV

CONCLUSIÓN

1. Y yo, Jacobo, que he escrito esta historia, me retiré al desierto, cuando sobrevinieron en Jerusalén disturbios, con motivo de la muerte de Herodes.

2. Y, hasta que se apaciguó la agitación en Jerusalén, en el desierto permanecí, glorificando al Dios Omnipotente, que me ha concedido favor e inteligencia suficientes para escribir esta historia.

3. Sea la gracia con los que temen a Nuestro Señor Jesucristo, a quien corresponde la gloria por los siglos de los siglos. Amén.

LACRITICALITERARIA.COM

EL EVANGELIO DEL PSEUDO-MATEO

PRÓLOGO

A

A SU MUY QUERIDO HERMANO EL SACERDOTE JERÓNIMO, LOS OBISPOS CROMACIO Y HELIODORO, SALUD EN EL SEÑOR[(692)]

Habiendo encontrado, en libros apócrifos, relatos del nacimiento y de la infancia de la Virgen María y de Nuestro Señor Jesucristo, y, considerando que dichos escritos contienen muchas cosas contrarias a nuestra fe, juzgamos prudente rechazarlos de plano, a fin de que, con ocasión del Cristo, no diésemos motivo de júbilo al Anticristo. Y, mientras nos entregábamos a estas reflexiones, sobrevinieron dos santos personajes, Parmenio y Virino[(693)], y nos informaron de que tu santidad había descubierto un volumen hebreo, redactado por el bienaventurado evangelista Mateo, y en el que se referían el nacimiento de la Virgen Madre y la niñez del Salvador. He aquí por qué, en nombre de Nuestro Señor Jesucristo, suplicamos de tu benevolencia seas servido de traducir aquel volumen de la lengua hebrea a la latina, no tanto para hacer valer los títulos del Cristo, cuanto para desvirtuar la astucia de los herejes. Porque éstos, con objeto de acreditar sus malvadas doctrinas, han mezclado sus mentiras funestas con la verdadera y pura historia de la natividad y de la infancia de Jesús, esperando ocultar la amargura de su muerte, al mostrar la dulzura de su vida. Harás, pues, una buena obra, acogiendo nuestro ruego, o enviando a tus obispos, en razón de este deber de caridad que tienes hacia ellos, la respuesta que juzgues más conveniente a la presente carta. Salud en el Señor, y ora por nosotros.

[(692)] Estos dos personajes tienen carácter histórico, porque sus nombres figuran a menudo en la correspondencia auténtica de San Jerónimo. Cromacio era obispo de Aquilea, y amigo, no sólo de San Jerónimo, sino que también de San Ambrosio y de Rufino. Heliodoro era obispo de Aitino, ciudad próxima a Aquilea, y hombre íntimamente relacionado con su colega Cromacio.

[(693)] Según Michel (*Evangiles apocryphes,* I, 55), estos dos personajes no tienen carácter histórico. Algunos manuscritos llaman al primero *Armenio.*

B

A LOS SANTOS Y BIENAVENTURADOS OBISPOS CROMACIO Y HELIODORO, JERÓNIMO, HUMILDE SERVIDOR DEL CRISTO, SALUD EN EL SEÑOR

El que cava el suelo en un lugar en que presume hay oro, no se lanza inmediatamente sobre todo lo que la parte de tierra abierta echa a la superficie, sino que, antes de levantar en su azada el brillante metal, mueve y remueve los terrones, acuciado por una esperanza que ningún provecho anima aún. En tal concepto, ardua labor es la que me habéis encomendado, venerables obispos, al pedirme dé curso a relatos que el mismo santo apóstol y evangelista Mateo no quiso publicar. Porque, si no hubiese en esos relatos cosas secretas, a buen seguro que las hubiese unido al mismo Evangelio que lleva su nombre. Pero, cuando escribió este opúsculo, lo ocultó bajo el velo de su idioma natal, y no deseó su divulgación, aunque hoy día su obra, escrita de su puño y letra en caracteres hebreos, se encuentra en manos de hombres muy religiosos, que, a través de los tiempos, la han recibido de sus predecesores. Usando de su derecho de depositarios, no han autorizado nunca a nadie para traducirlo, y se han limitado a explicar su contenido de diversas maneras. Pero ocurrió que un maniqueo llamado Leucio[(694)]*, que ha redactado igualmente falsas historias de los apóstoles, lo sacó a luz, proporcionando así materia, no de edificación, sino de perdición, y el libro fue aprobado, bajo esta forma, por un sínodo, a cuya voz ha hecho bien la Iglesia en no prestar oídos. Cesen, por ende, los ultrajes de los que ladran contra nosotros. No pretendemos añadir a los escritos canónicos este de un apóstol y de un evangelista, y lo traducimos tan sólo para desenmascarar a los herejes. Y aportamos a esta empresa igual cuidado en cumplir las órdenes de piadosos obispos que en oponernos a la herética impiedad. Por amor al Cristo, pues, satisfacemos, llenos de confianza, los deseos y*

[(694)] Este personaje, calificado de maniqueo, cuya época es desconocida, y que Focio *(Bibliotheca,* 114) llama Leucio Carino, pasó, desde el siglo IV, por autor de varios anales heréticos y apócrifos, concernientes a las predicaciones y a los martirios de San Pedro, San Juan, San Andrés, etc. El catálogo *De libris non recipiendis,* atribuido al Papa Gelasio, se refiere a él en estos términos: *Libros omnes quos falsavit Leucius, discipulus diaboli.* Véase a Lipsio *(Die apokryphen Apostelgeschichten,* 44, 117) y a Harnack (*Geschichte der altchristlichen Litteratur,* II, 541).

los ruegos de aquellos que, por nuestra obediencia, podrán familiarizarse con la santa niñez de nuestro Salvador.

C

OTRA EPÍSTOLA QUE SE LEE AL FRENTE DE CIERTAS EDICIONES

Me pedís mi opinión sobre cierto librito referente a la natividad de Santa María, que algunos fieles poseen, y quiero que sepáis que en él se encuentran no pocas falsedades: La causa de ello es haberlo compuesto un tal Seleuco[(695)]*, autor de varias gestas sobre predicaciones y martirios de apóstoles. El cual dice verdad en todo lo concerniente a los milagros y a los prodigios por éstos realizados, pero enseña mentira en lo que a su doctrina toca, y, además, ha inventado por su cuenta y riesgo muchas cosas que no han sucedido. Me esforzaré, pues, en traducir el escrito, palabra por palabra, del hebreo, dado que resulta haber sido el santo evangelista Mateo quien lo redactó, y quien lo puso al frente de su Evangelio, bien que ocultándolo bajo el velo de aquel idioma. Para la exactitud de este detalle, me remito al autor del prefacio y a la buena fe del escritor. Porque, aun admitiendo que el opúsculo sugiera dudas, no afirmaría de un modo absoluto que encierre falsedades. Pero puedo decir libremente (y ningún fiel, a lo que pienso, me contradecirá) que, sean verídicos o completamente imaginarios los relatos que en él se contienen, no deja de ser cierto que la muy santa natividad de María ha sido precedida de grandes milagros, y seguida de otros no menores. Sentado lo cual con toda buena fe, estimo que el libro puede ser leído y creído, sin peligro para las almas de los que saben que en la omnipotencia de Dios está hacer esas cosas. Finalmente, en cuanto mis recuerdos me lo han permitido, induciéndome a seguir el sentido más que las palabras, he procurado, ora avanzar por la misma ruta del escritor, sin por ello poner mis pies en la huella de sus pasos, ora volver a la misma ruta por caminos de travesía. Así he intentado redactar esta historia, y no diré otra cosa que lo que en ella está escrito, o lo que hubiera podido lógicamente escribirse*[(696)].

[(695)] Seleuco y el Leucio de la epístola anterior son, sin duda, la misma persona.

[(696)] Muy diferente respuesta da esta epístola a los deseos de los prelados, si la comparamos con la anterior. El autor, ni afirma, ni niega, con respecto a la

LaCriticaLiteraria.com

D

OTRO PRÓLOGO

Yo, Jacobo[(697)]*, hijo de José, que vivo en el temor de Dios, he escrito todo lo que, ante mis ojos, he visto realizarse en las épocas de la natividad de la Santa Virgen María y de la de nuestro Señor y Salvador. Y doy gracias a Dios por haberme concedido la sabiduría necesaria para escribir los relatos de su advenimiento, manifestando a las doce tribus de Israel, el cumplimiento de los tiempos mesiánicos*[(698)].

---

veracidad o a la suposición del escrito que traduce *(ipse enim ut haec dubia esse pronuncio, ita liquido falsa non afirmo).* Todo el texto de la epístola es un tejido de vacilaciones y de contradicciones. El comienzo indica que el traductor del libro ha encontrado en él muchas falsedades *(multa in eo falsa inveniri).* Luego, de un modo brusco, atribuye el libro a San Mateo, inmediatamente después de haber afirmado que cuidará de traducir, palabra por palabra, el original hebreo del evangelista *(verbum ex verbo transferire curabo).* Pero no tarda en desmentirse, porque, considerando que el contenido del libro (especialmente en la sección milagrosa) no ofrece peligro para las almas pías, y que hasta puede servirles de edificación, asevera, al final, que no traducirá, ni literal, ni fielmentte, el original hebreo, cuyo sentido más que sus palabras seguirá *(sensum non verba scriptoris sequens),* y que compondrá con atenimiento a lo lógico posible más que a lo real efectivo *(quae consequenter scribi potuerunt).* El conjunto de la epístola deja la impresión turbia de que la versión latina del supuesto original hebreo es un documento de segunda mano, sin valor histórico alguno, y en el que el redactor no ha vacilado en inventar episodios completos.

[(697)] Si no nos enterase la lectura de la conclusión del *Protevangelium,* nunca hubiéramos entrado en sospecha de que a un escrito atribuido a San Mateo se le pusiese por preámbulo un segundo prólogo tan semejante a aquella conclusión, y cuyo autor se llama a sí mismo Jacobo (*ego Jacobus),* y hasta pretende ser hijo de José y testigo ocular de los hechos que narra. Compréndese que algunos manuscritos hayan suprimido tan extraño fragmento, que se halla en total contradicción con las epístolas del primer prólogo, no embargante que se halle en estrecha relación con el *Protevangelium.*

[(698)] Por la expresión *ostendens plenitudinem,* el autor designa la época del advenimiento del Mesías, siguiendo las expresiones similares de San Pablo: το *πλήρωσα* του χρονου *(Epistola Pauli ad Galatas,* IV, 4) y των καιρών *(Epistola Pauli ad Ephesios,* I, 10).

CAPÍTULO I

VIDA PIADOSA DE JOAQUÍN

1. En aquellos días, había en Jerusalén[(699)] un varón llamado Joaquín, de la tribu de Judá[(700)]. Y era pastor de sus propias ovejas, y temía al Altísimo en la sencillez y en la bondad de su corazón. Y no tenía otro cuidado que el de sus rebaños, que empleaba en alimentar a todos los que, como él, temían al Altísimo. Y ofrecía presentes dobles[(701)] a los que trabajaban en la sabiduría y en el temor de Dios, y presentes simples a los que a éstos servían. Así, de las ovejas, de los corderos, de la lana y de todo lo que poseía[(702)], hacía tres partes. La primera la distribuía entre las viudas, los huérfanos, los peregrinos[(703)] y los pobres. La segunda la daba a

---

(699) El Pseudo-Mateo parece coincidir con el *Protevangelium,* que, aunque no de un modo muy claro, da a entender que Jerusalén era la residencia de Joaquín y de Ana. Pero se pone en contradicción con el Evangelio de la Natividad, que, en su capítulo I, taxativamente dice de María: *Domus paterna ex Galilea et civitate Nazareth.*

(700) El Pseudo-Mateo, al precisar la tribu a que pertenecía Joaquín, quiere afirmar su descendencia davídica y la de su hija, contra las dificultades suscitadas por ciertos libros apócrifos, de uso entre los herejes, que sólo admitían su descendencia levítica.

(701) Las palabras *duplicia offerens* recuerdan las del *Protevangelium* (I, 1): χαι προσέφερε *τά δωρα αυτου δ πλα.* Sin justificado motivo hace Amann *(Le Protévangile de Jacques,* 283) sonar el azote contra los que niegan que el sentido sea diferente en ambos textos. Para él, en el Pseudo-Mateo no se trata, como en el *Protevangelium,* de sacrificios, sino solamente de las limosnas que hacía Joaquín. Pero las palabras que inmediatamente siguen, y que pueden asimilarse a las del final del versículo, suscitan una seria duda a este propósito. Pase que fuesen limosnas los presentes simples *(Simplicia munera)* que Joaquín ofrecía a los que servían a aquellos a quienes los daba dobles. Pero éstos, "que trabajaban en la sabiduría y en el temor de Dios" *(in timore Dei et doctrina laborantibus),* ¿podían ser otros que los sacerdotes, es decir, los levitas, comprendiendo en ellos a los escribas y a los demás guardadores de la ley?

(702) La frase *possidere videbatur* indica que Joaquín era ya un asceta cristiano, o dígase, un pobre en espíritu, y aquí doy la razón a Amann.

(703) Traduzco *peregrini* literalmente, como hace Amann, y no por "extranjeros", como hace Michel. Es incuestionable que a los extranjeros se refiere el *Sepher Ellehaddebraim* (XXIV, 19, 21). Pero el Pseudo-Mateo se refiere, a no dudarlo, a peregrinos, en el sentido de romeros, trashumantes,

los que se consagraban al servicio de Dios, y celebraban su culto. Cuanto a la tercera, la reservaba para sí y para toda su casa.

2. Y, porque obraba de este modo, Dios multiplicaba sus rebaños, y no había, en todo el pueblo israelita, nadie que le igualase en abundancia de reses[(704)]. Y todo eso comenzó a hacerlo desde el año quinceno de su edad. Y, cuando llegó a los veinte años, tomó por esposa a Ana, hija de Isachar[(705)] y de su propia tribu, es decir, de la raza de David. Y, a pesar de haber transcurrido otros veinte años, a partir de su casamiento, no había tenido hijos, ni hijas.

CAPÍTULO II

DOLOR DE JOAQUÍN Y DE ANA

1. Y sucedió que, un día de fiesta, Joaquín se encontraba entre los que tributaban incienso[(706)] y otras ofrendas al Señor, y él preparaba las suyas. Y, acercándose un escriba del templo llamado Rubén[(707)], le dijo: No puedes continuar entre los que hacen sacrificios a Dios, porque éste no te ha bendecido, al no otorgarte una posteridad en Israel. Y, habiendo sufrido esta afrenta en presencia del pueblo, Joaquín abandonó, llorando, el templo del Señor, y no volvió a su casa, sino que marchó adonde estaban sus rebaños, y llevó consigo a sus pastores a las montañas de una comarca

---

transeúntes, la hospitalidad concedida a los cuales figuró siempre en toda la Biblia, aun en la del Antiguo Testamento, como una de las obras de misericordia.

(704) La bendición material concedida por Dios es un rasgo frecuente en el Antiguo Testamento.

(705) El dato de ser Ana *filiam Isachar* (palabra la última que otros manuscritos vierten por *Achar, Agar* o *Aguar)* no aparece más que en este solo lugar del Pseudo-Mateo. Con mucha oportunidad nota Amann que los griegos, que conocían una genealogía de Ana, no han conocido ésa.

(706) El hallarse Joaquín entre los que incensaban es una circunstancia extraña y poco verosímil, pero que explica el hecho de que ciertos apócrifos hayan hecho de él un sacerdote, y no un pastor.

(707) Aquí el Pseudo-Mateo vuelve a coincidir con el *Protevangelium* en el nombre dado al intromisor, aunque, más concreto en la presentación de los personajes, hace de aquél, no un simple particular, sino un personaje oficial, escriba o sacerdote. Pero vuelve también a ponerse en contradicción con el Evangelio de la Natividad, que, en su capítulo II, nombra, en lugar de Rubén, al pontífice Isachar.

lejana[(708)], y, durante cinco meses, su esposa Ana no tuvo ninguna noticia suya.

2. Y la triste lloraba, diciendo: Señor, Dios muy fuerte y muy poderoso de Israel, después de haberme negado hijos, ¿por qué me arrebatas también a mi esposo? He aquí que han pasado cinco meses[(709)], y no le veo. Y no sé si está muerto, para siquiera darle sepultura. Y, mientras lloraba abundantemente en el jardín de su casa, y levantaba en su plegaria los ojos al Señor, vio un nido de gorriones en un laurel, y, entreverando sus palabras de gemidos, se dirigió a Dios, y le dijo: Señor, Dios omnipotente, que has concedido posteridad a todas las criaturas, a los animales salvajes, a las bestias de carga, a las serpientes, a los peces, a los pájaros, y que has hecho que todos se regocijen de su progenitura, ¿por qué has excluido a mí sola de los favores de tu bondad? Bien sabes, Señor, que, desde el comienzo de mi matrimonio, hice voto de que, si me dabas un hijo o una hija, te lo ofrecería en tu santo templo.

3. Y, a punto de terminar su clamor dolorido, he aquí que de súbito apareció ante ella un ángel del Señor, diciéndole: No temas, Ana, porque en el designio de Dios está que salga de ti un vástago, el cual será objeto de la admiración de todos los siglos hasta el fin del mundo. Y, no bien pronunció estas palabras, desapareció de delante de sus ojos. Y ella, temblorosa y llena de pavor, por haber tenido semejante visión, y por haber oído semejante lenguaje, se echó en el lecho como muerta[(710)], y todo el día y toda la noche permaneció en oración continua y en terror extremo.

4. Al fin, llamó a su sierva, y le dijo: ¿Cómo, viéndome desolada por mi viudez y abatida por la angustia, no has venido a asistirme? Y la sierva le respondió, murmurando: Si Dios ha cerrado tu matriz, y te ha alejado de tu marido, ¿qué puedo hacer por ti yo? Y, al oír esto, Ana lloraba más aún.

[(708)] Divergencia palmaria con el *Protevangelium,* que lleva a Joaquín, no a las montañas de una comarca lejana, sino al desierto próximo.

[(709)] Nueva divergencia con el *Protevangelium,* que hace durar la ausencia de Joaquín, no cinco meses, sino cuarenta días.

[(710)] La expresión *quasi mortua* recuerda otra semejante del *Sepher Sophetim* (XIII, 22).

LACRITICALITERARIA.COM

CAPÍTULO III

EL ÁNGEL GUARDIÁN DE JOAQUÍN. EL ENCUENTRO EN LA PUERTA DORADA

1. En aquel mismo tiempo, un joven apareció en las montañas en que Joaquín apacentaba sus rebaños, y le dijo: ¿Por qué no vuelves al lado de tu esposa? Y Joaquín repuso: Durante veinte años la he tenido por compañera. Pero ahora, por no haber querido Dios que ella me diese hijos, he sido expulsado ignominiosamente del templo del Señor. ¿Cómo volvería al lado suyo, después de haber sido envilecido y despreciado? Continuaré, pues, aquí con mis ovejas, mientras Dios conceda a mis ojos luz. Sin embargo, por intermedio de mis servidores, seguiré repartiendo de buen grado su parte a los pobres, a las viudas, a los huérfanos y a los ministros del Altísimo.

2. Y, no bien hubo en tal guisa hablado, el joven le respondió: Soy un ángel de Dios, que ha aparecido hoy a tu mujer, la cual oraba y lloraba. Yo la consolé, y ella sabe por mí que ha concebido de ti una hija[(711)]. Ésta vivirá en el templo del Señor, y el Espíritu Santo reposará en ella, y su beatitud será mayor que la de todas las mujeres, aun de las más santas, de suerte que nadie podrá decir que hubo, ni que habrá, mujer semejante a ella en este mundo. Baja, pues, de las montañas, y vuelve al lado de tu esposa, a quien encontrarás encinta, porque Dios ha suscitado progenitura

---

[(711] *Ex semine tuo concepisse filiam.* Cuatro manuscritos dan esta lección. Otro, que sigue Thilo, pone *concipere,* y otro *concepì.* El Evangelio de la Natividad, en su capítulo III, dice: *Anna uxor tua pariet Ubi filiam.* Pero ¿cómo comprender esto, si Joaquín llevaba cinco meses ausente de su esposa? Más adelante, el Pseudo-Mateo agrega: *Et invenies earn habentem in utero.* La extraña alianza de palabras da al conjunto del texto un sentido completamente inverosímil, que ha inducido a algunos críticos a creer que el *ex semine tuo* es una adición posterior, destinada a restringir el milagro. Los cuatro manuscritos de referencia añaden algunas líneas más lejos: *Excitavit enim Deus semen in ea, unde gratias referas Deo, et semen ejus erit benedictum.* Un solo manuscrito, entre los colacionados por Tischendorf, ha leído: *Excitabit enim Deus semenin ea, et faciet earn tnatrem benedictionis aeternae.* Los coliridianos creían que María había nacido fuera de las reglas ordinarias de la naturaleza, mientras que San Epifanio, al refutarlos, afirmó un comercio habitual, en que tomó parte el semen varonil (ουδέ ανεν σπέρματος ανδρός. Pero ¿cómo conciliar el *excita vit enim Deus semen in ea* con el *semen ejus erit benedictum*? La incoherencia es evidentísima en todo el pasaje).

en ella, y su posteridad será bendita, y Ana misma será bendita y establecida madre con una eterna bendición.

3. Y Joaquín, adorándole, dijo: Si he encontrado gracia ante ti, reposa un instante en mi tienda, y bendíceme, puesto que soy tu servidor. Y el ángel le contestó: No te llames servidor mío[(712)], pues ambos somos los servidores de un mismo dueño. Mi comida es invisible[(713)], y mi bebida lo es también, para los mortales. Así, no debes invitarme a entrar en tu tienda, y lo que habrías de darme, ofrécelo en holocausto a Dios. Entonces Joaquín cogió un cordero sin mancilla, y dijo al ángel: No me hubiera atrevido a ofrecer un holocausto a Dios, si tu orden no me hubiese dado el poder sacerdotal de sacrificarlo[(714)]. Y el ángel le dijo: Tampoco yo te hubiera invitado a ofrecerlo, si no hubiese conocido la voluntad de Dios. Y ocurrió que, en el momento en que Joaquín ofrecía su sacrificio a Dios, al mismo tiempo que el olor del sacrificio, y en cierto modo con su mismo humo, el ángel se elevó hacia el cielo.

4. Y Joaquín inclinó su faz contra la tierra, y permaneció así prosternado desde la hora sexta del día hasta la tarde. Y sus mercenarios y jornaleros llegaron, e, ignorando la causa de su actitud, llenáronse de temor, y pensaron que quería matarse. Y se acercaron a él, y no sin esfuerzo le levantaron. Y, cuando les contó su visión, estremecidos de estupor y de sorpresa, exhortáronle a cumplir sin demora el mandato del ángel, y a volver prontamente al lado de su esposa. Y, como Joaquín discutiese todavía en su interior si debía o no debía volver, le invadió el sueño, y he aquí que el ángel que le había aparecido estando despierto, le apareció otra vez mientras dormía, diciéndole: Yo soy el ángel que Dios te ha dado por guardián. Baja con seguridad, y retorna cerca de Ana, porque las obras de caridad que tú y tu mujer habéis hecho, han sido proclamadas en presencia del Altísimo, el cual os ha legado una posteridad tal como, ni los profetas, ni los santos, han tenido, ni tendrán, desde el comienzo del mundo[(715)]. Y, cuando Joaquín hubo despertado, llamó a sus pastores, y les

---

(712) Compárese con el *Apocalipsis* (XXII. 9).

(713) *Nam cibus meus invisibilis est.* He aquí algo que apenas se explica. Ciertos manuscritos lo han corregido en sed *et,* y Thilo hace notar que se requeriría *quoniam vero cibus meus.* Yo, como Michel, no he traducido *nam.*

(714) Thilo deduce de esto que Joaquín no era sacerdote, y que, por ende, no tenía derecho a ofrecer un sacrificio.

(715) Todo este episodio del ángel guardián de Joaquín está imitado, en la mayor parte de sus detalles, de la leyenda de Sansón *(Sepher Sophetim,* VI, 19, 22; XIII, 15, 20, 22) y de la de Tobías *(Sepher Tobiah,* XII, 12, 19, 22). El

dio a conocer su sueño. Y ellos adoraron al Señor, y dijeron a Joaquín: Guárdate de resistir más al ángel del Señor. Levántate, partamos, y avancemos lentamente, haciendo pastar a los rebaños.

5. Y, después de caminar treinta días, cuando se aproximaban ya a la ciudad, un ángel del Señor apareció a Ana en oración, diciéndole: Ve a la llamada Puerta Dorada[(716)], al encuentro de tu esposo, que hoy llega. Y ella se apresuró a ir allí con sus siervas, y en pie se puso a orar delante de la puerta misma. Y aguardó largo tiempo. Y se cansaba y se desanimaba ya de tan dilatada espera, cuando, levantando los ojos, vio a Joaquín, que llegaba con sus rebaños. Y corrió a echarle los brazos al cuello, y dio gracias a Dios, exclamando: Era viuda, y he aquí que no lo soy. Era estéril, y he aquí que he concebido. Y hubo gran júbilo entre sus vecinos y conocidos, y toda la tierra de Israel la felicitó por aquella gloria.

Pseudo-Mateo combina los relatos respectivos de esos dos libros del Antiguo Testamento.

[(716)] *Ad portam quae aurea vocatur.* ¿Qué puerta podía ser ésta a que el Pseudo-Mateo alude? Imposible saberlo. Josefo (*De bello judaico,* V, v, 3) habla, no de una puerta, sino de varias puertas del templo, recubiertas de oro o de plata. ¿Se trata quizá de "la puerta del templo que se llama la Hermosa" (πρὸς τήν θύραν του ιερου την λεγομένην *ὡραῖαν),* y a la que se refieren los *Acta apostolorum* (III, 2)? La circunstancia de que, según el autor, Ana, en pie, se pusiese a orar delante de la puerta misma *(in ipsa porta stans orare),* podría autorizar la conjetura de que dicho autor pensaba en una puerta del templo. Pero ¿es verosímil que Joaquín llegase a esta puerta con sus rebaños? ¿No parece más lógico, dadas las circunstancias todas del relato, que fuese una puerta de las murallas de Jerusalén? El Evangelio de la Natividad, en su capítulo III, consigna sencillamente haber anunciado el ángel a Joaquín, que encontraría a Ana *en la Puerta Dorada que está en Jerusalén,* sin hacer mención del templo para nada. Por lo demás, el arte de la Edad Media, especialmente la iconografía francesa del siglo XIII, adoptó la escena de la Puerta Dorada como uno de los asuntos que representaba con más frecuencia. Al decir de Male *(L'art religieux en France au XIII siècle,* 280), *c'était la seule facon qu'on eùt encore imaginée de représenter l'Inmaculée Conception.*

CAPÍTULO IV

MARÍA CONSAGRADA AL TEMPLO

1. Y nueve meses después, Ana dio a luz una niña, y llamó su nombre María[(717)]. Y, destetada que fue al tercer año, Joaquín y su esposa Ana se encaminaron juntos al templo, y ofrecieron víctimas al Señor, y confiaron a la pequeña a la congregación de vírgenes, que pasaban el día y la noche glorificando a Dios[(718)].

2. Y, cuando hubo sido depositada delante del templo del Señor, subió, corriendo, las quince gradas[(719)], sin mirar atrás, y sin reclamar la ayuda de sus padres, como hacen de ordinario los niños. Y este hecho llenó a todo el mundo de sorpresa, hasta el punto de que los mismos sacerdotes del templo no pudieron contener su admiración.

---

(717) En el capítulo V del Evangelio de la Natividad, el nombre de María se da a la niña por orden del ángel.

(718) El redactor del Pseudo-Mateo tiene una falsa idea de las dependencias del templo, y se representa a algunas como una especie de monasterio u oratorio, en el que se educaban y hacían sus devociones las vírgenes de Israel. El autor del *Protevangelium,* también poco informado en la materia, no incurre en ese error, aunque sí en otro de mayor cuantía, cual es el de suponer que María estaba en el templo, no como una monja en un convento, sino espiritualizada e hieratizada como una santa en un altar, y recibiendo su alimento de manos de un ángel.

(719) La subida de las quince gradas *(quindecim gradus)* por la niña María, sola y con grandes bríos, sustituye aquí a los siete pasos que, según el *Protevangelium* (VI, 1), da a la edad de seis meses. El Evangelio de la Natividad, en su capítulo VI, pone las quince gradas en relación con los quince salmos graduados (CXIX a CXXXIV del *Sepher Thillim),* porque cada uno de ellos se intitulaba φδή των αναβαθμών *(camticum graduum)*, y añade que, por aquel milagro, el Señor había hecho ver la futura grandeza de María. La tradición judía imaginó que los salmos graduados habían sido compuestos para ser recitados, en subidas sucesivas, sobre cada una de las gradas que conducían al templo. Así, el número de los salmos correspondía, en dicha tradición, al número de las gradas.

LACRITICALITERARIA.COM

CAPÍTULO V

GRATITUD DE ANA AL SEÑOR

1. Entonces Ana, llena del Espíritu Santo, exclamó en presencia de todos:
El Señor, Dios de los ejércitos, ha recordado su palabra, y ha recompensado a su pueblo con su bendita visita, para humillar a las naciones que se levantaban contra nosotros, y para que su corazón se vuelva hacia Él. Ha abierto sus oídos a nuestras plegarias, y ha hecho cesar los insultos de nuestros enemigos. La que era estéril, es ahora madre(720), y ha engendrado la exaltación y el júbilo en Israel. He aquí que yo podré ofrecer dones al Señor, y que mis enemigos no podrán ya impedírmelo nunca más. Vuelva el Señor sus corazones hacia mí, y procúreme una alegría eterna(721).

CAPÍTULO VI

OCUPACIÓN DE MARÍA EN EL TEMPLO. ORIGEN DEL SALUDO "DEO GRATIAS"

1. Y María causaba admiración a todo el mundo. A la edad de tres años, marchaba con paso tan seguro, hablaba tan perfectamente, ponía tanto ardor en sus alabanzas a Dios, que se la habría tomado, no por una niña pequeña, sino por una persona mayor, pues recitaba sus plegarias como si treinta años hubiera tenido. Y su semblante resplandecía como la nieve, hasta el extremo de que apenas podía mirársele. Y se aplicaba a trabajar en la lana, y lo que las mujeres adultas no sabían hacer, ella, en edad tan tierna, lo hacía a perfección.

2. Y se había impuesto la regla siguiente. Desde el amanecer hasta la hora de tercia, permanecía en oración. Desde la hora de tercia hasta la de nona, se ocupaba en tejer. A la de nona, volvía a orar, y no dejaba de hacerlo hasta el momento en que el ángel del Señor le aparecía, y recibía el alimento de sus manos. En fin, con las jóvenes de más edad, se instruía tanto, haciendo día por día progresos, en la práctica de alabar al Señor, que

---

(720) Palabras tomadas textualmente del *I Sepher Samuel* (II, 5).

(721) Todo este cántico de Ana está inspirado en el *Protevangelium* (VI, 3). Compárese con San Lucas (I, 68).

ninguna le precedía en las vísperas, ni era más sabia que ella en la ley de Dios, ni más humilde, ni más hábil en entonar los cánticos de David, ni más graciosa en su caridad, ni más pura en su castidad, ni más perfecta en toda virtud, ni más constante, ni más inquebrantable, ni más perseverante, ni más adelantada en la realización del bien.

3. Nunca se la vio encolerizada, ni se la oyó murmurar de nadie. Toda su conversación estaba tan llena de dulzura, que se reconocía la presencia de Dios en sus labios. Continuamente se ocupaba en orar y en meditar la ley, y, llena de solicitud por sus compañeras, se preocupaba de que ninguna pecase ni siquiera en una sola palabra, de que ninguna alzase demasiado la voz al reír, de que ninguna injuriase o menospreciase a otra. Bendecía al Señor sin cesar, y, para no distraerse de loarle, cuando alguien la saludaba, por respuesta decía: Gracias sean dadas a Dios. De ahí vino a los hombres la costumbre de contestar: Gracias sean dadas a Dios, cuando se saludan. A diario comía el alimento que recibía de manos del ángel, y, cuanto al que le proporcionaban los sacerdotes, lo distribuía entre los necesitados. A menudo se veía a los ángeles conversar con ella, y obedecerla con el afecto de verdaderos amigos. Y, si algún enfermo la tocaba, inmediatamente volvía curado a su casa.

CAPÍTULO VII

MÉRITO DE LA CASTIDAD

1. Entonces el sacerdote Abiathar[722] ofreció presentes considerables a los pontífices, para obtener de ellos que María se casase con un hijo suyo. Pero María los rechazó, diciendo: Es imposible que yo conozca varón, ni que un varón me conozca. Los pontífices y todos sus parientes trataron de disuadirla de su resolución, insinuándola que se honra a Dios por los hijos, y se le adora con la creación de progenitura, y que así había sido siempre en Israel. Pero María les respondió: Se honra a Dios por la castidad, ante todo, como es muy fácil probar.

2. Porque, antes de Abel, no hubo ningún justo entre los hombres, y aquél fue agradable a Dios por su ofrenda, y muerto por el que había desagradado al Altísimo. Y recibió dos coronas, la de su ofrenda y la de su

---

[722] Algunos manuscritos, en vez de *Abiathar,* escriben *Abiachar, Abiacar, Abyacar y Abichar.* Michel *(Evangiles apocryphes,* I, 78) recuerda que en el *I Sepher Samuel* (XXII, 20, 22) y en el *I Sepher Malachim* (II, 26), se menciona a un Gran Sacerdote llamado *Abiathar.*

virginidad, puesto que había evitado continuamente toda mancilla en su carne. De igual modo, Elías fue transportado al cielo en su cuerpo mortal, por haber conservado intacta su pureza(723). Cuanto a mí, he aprendido en el templo, desde mi infancia, que una virgen puede ser grata a Dios. He aquí por qué he resuelto en mi corazón no pertenecer jamás a hombre alguno.

CAPÍTULO VIII

LA GUARDA DE MARÍA

1. Y María llegó a los catorce años, y ello dio ocasión a los fariseos para recordar que, conforme a la tradición, no podía una mujer continuar viviendo en el templo de Dios(724). Entonces se resolvió enviar un heraldo a todas las tribus de Israel, a fin de que, en el término de tres días, se reuniesen todos en el templo. Y, cuando todos se congregaron, Abiathar, el Gran Sacerdote, se levantó, y subió a lo alto de las gradas, a fin de que pudiese verle y oírle todo el pueblo. Y, habiéndose hecho un gran silencio, dijo: Escuchadme, hijos de Israel, y atended a mis palabras. Desde que el templo fue construido por Salomón, moran en él vírgenes, hijas de reyes, de profetas, de sacerdotes, de pontífices, y estas vírgenes han sido grandes y admirables. Sin embargo, no bien llegaban a la edad núbil, seguían la costumbre de nuestros antepasados, y tomaban esposo, agradando así a Dios. Únicamente María ha encontrado un nuevo modo de agradarle,

---

(723) San Basilio y San Ambrosio, del argumento puramente negativo de que la Biblia no diga si Abel se casó o no, sacan por escotillón la consecuencia de que fue virgen. San Jerónimo *(Adversus Jovinianum,* I, XXV), San Epifanio *(Haereses,* LXXXIX, v), Sozomeno *(Historia eclesiástica,* I, XII), Casiano *(De coenobiorum vnstitutis,* I, II) y otros escritores eclesiásticos, citan a Elías como modelo de castidad.

(724) El Pseudo-Mateo coincide aquí con el *Protevangelium* (VIII, 2) en gran parte, pero sin acomodarse del todo a sus detalles y a su sentido. No sólo atribuye circunstanciadamente y de intento a los fariseos el escrúpulo de que María continuase en el templo (por ser los fariseos los más fieles y celosos guardadores de las costumbres y de las leyes judaicas), sino que da otro giro a la perplejidad de los sacerdotes. En el *Protevangelium,* éstos desean simplemente y de buen grado preservar la virginidad de María, mientras que en el Pseudo-Mateo, al ver que ella es la primera de las mujeres judías que haya hecho voto de castidad perpetua, dudan que el caso sea lícito según la ley, y dejan a la suprema decisión de Dios la solución definitiva del conflicto que plantea aquel insólito caso. El Pseudo-Mateo es el único apócrifo que introduce en su narración esta extraña novedad.

prometiéndole que se conservaría siempre virgen. Me parece, pues, que, interrogando a Dios, y pidiéndole su respuesta, podemos saber a quién habremos de darla en guarda.

2. Toda la asamblea aprobó este discurso. Y los sacerdotes echaron suertes entre las doce tribus, y la suerte recayó sobre la tribu de Judá. Y el Gran Sacerdote dijo: Mañana, venga todo el que esté viudo en esa tribu, y traiga una vara en la mano. Y José hubo de ir con los jóvenes, llevando también su vara[(725)]. Y, cuando todos hubieron entregado sus varas al Gran Sacerdote, éste ofreció un sacrificio a Dios, y le interrogó sobre el caso. Y el Señor le dijo: Coloca las varas en el Santo de los Santos, y que permanezcan allí[(726)]. Y ordena a esos hombres que vuelvan mañana aquí, y que recuperen sus varas. Y de la extremidad de una de ellas saldrá una paloma, que volará hacia el cielo, y aquel en cuya vara se cumpla este prodigio, será el designado para guardar a María.

3. Y, al día siguiente, todos de nuevo se congregaron, y, después de haber ofrecido incienso, el Pontífice entró en el Santo de los Santos, y presentó las varas. Y, una vez estuvieron todas distribuidas, se vio que no salía la paloma de ninguna de ellas. Y Abiathar se revistió con el traje de las doce campanillas y con los hábitos sacerdotales, y, entrando en el Santo de los Santos, encendió el fuego del sacrificio. Y, mientras oraba, un ángel le apareció, diciéndole: Hay aquí una vara muy pequeña, con la que no has contado, a pesar de haberla depositado con las otras. Cuando la hayas devuelto a su dueño, verás presentarse en ella la señal que se te indicó. Y la vara era la de José, quien, considerándose descartado, por ser viejo, y temiendo verse obligado a recibir a la joven, no había querido reclamar su vara. Y, como se mantuviese humildemente en último término, Abiathar le gritó a gran voz: Ven y toma tu vara, que es a ti a quien se espera. Y José avanzó temblando, por el fuerte acento con que le llamara el Gran Sacerdote. Y, apenas hubo tendido la mano para tomar su vara, de la extremidad de ésta surgió de pronto una paloma más blanca que

---

[(725)] *Unde factus est ut Joseph cum juvenibus virgam deferret.* En el capítulo VIII del Evangelio de la Natividad, aparece una variante notable de la narración, pues José oculta su vara *(solus ipse suam virgam substraxit).* Mas como nada aparecía que correspondiese al oráculo divino, el Gran Sacerdote consulta de nuevo al Señor, que le responde: "El que debe casarse con la Virgen, es cabalmente el unico que no ha presentado su vara." Y José es así descubierto *(proditus itaque est Joseph).*

[(726)] En la edición de Thilo, un manuscrito precisa el número de varas en tres mil *(ad tria milia).*

LACRITICALITERARIA.COM

la nieve y extremadamente bella, la cual, después de haber volado algún tiempo en lo alto del templo, se perdió en el espacio[(727)].

4. Entonces todo el pueblo felicitó al anciano, diciéndole: Feliz eres en tu vejez, pues Dios te ha designado como digno de recibir a María. Y los sacerdotes le dijeron: Tómala, puesto que has sido elegido por el Señor en toda la tribu de Judá. Pero José empezó a prosternarse, suplicante, y les dijo con timidez: Soy viejo, y tengo hijos. ¿Por qué me confiáis a esta joven? Y el Gran Sacerdote le dijo: Recuerda, José, cómo perecieron Dathan, Abirón y Coré, por haber despreciado la voluntad del Altísimo, y teme no te suceda igual, si no acatas su orden. Y José le dijo: En verdad, no menosprecio la voluntad del Altísimo, y seré el guardián de la muchacha hasta el día en que el mismo Dios me haga saber cuál de mis hijos ha de tomarla por esposa. Entretanto, dénsele algunas vírgenes de entre sus compañeras, con las cuales more. Y Abiathar repuso: Se le darán vírgenes, para su consuelo, hasta que llegue el día fijado para que tú la recibas, porque no podrá casarse con ningún otro que contigo.

5. Y José tomó a María con otras cinco doncellas, que habían de habitar con ella en su casa[(728)]. Y las doncellas eran Rebeca, Sefora, Susana, Abigea y Zahel[(729)], a las cuales los sacerdotes dieron seda, lino, jacinto, violeta, escarlata y púrpura. Y echaron suertes entre ellas, para saber lo en que cada una trabajaría, y a María le tocó la púrpura destinada al velo del templo del Señor. Y, al cogerla, las otras le dijeron: Eres la más joven de todas, y, sin embargo, has merecido obtener la púrpura. Y, después de decir esto, empezaron a llamarla, por burla, la reina de las vírgenes. Pero, apenas acabaron de hablar así, un ángel del Señor apareció en medio de ellas, y exclamó: Vuestro apodo no será un apodo sarcástico, sino una profecía muy verdadera. Y las jóvenes quedaron mudas de terror, ante la presencia del ángel y sus palabras, y suplicaron a María que las perdonase, y que rogase por ellas.

[(727)] En este punto, el Pseudo-Mateo omite el detalle, apuntado por el Pseudo-Jacobo, de haber reposado la paloma sobre la cabeza de José.

[(728)] Contradiciendo este dato, el Evangelio de la Natividad, en su capítulo VIII, dice que María volvió a Galilea a casa de sus padres.

[(729)] El Pseudo-Jacobo y el Evangelio de la Natividad hablan, no de cinco, sino de siete compañeras de María, y no mencionan sus nombres.

CAPÍTULO IX

LA ANUNCIACIÓN

1. Al día siguiente, mientras María se encontraba en la fuente, llenando su cántaro, un ángel del Señor le apareció(730), y le dijo: Bienaventurada eres, María, porque has preparado en tu seno un santuario para el Señor. Y he aquí que vendrá una luz del cielo a habitar en ti, y, por ti, irradiará sobre el mundo entero.

2. Y, al tercer día, mientras tejía la púrpura con sus manos, se le presentó un joven de inenarrable belleza. Al verle, María quedó sobrecogida de temor, y se puso a temblar. Pero el visitante le dijo: No temas, ni tiembles, María, porque has encontrado gracia a los ojos de Dios, y de Él concebirás un rey, que dominará, no sólo en la tierra, sino que también en los cielos, y que prevalecerá por los siglos de los siglos.

CAPÍTULO X

VUELTA DE JOSÉ

1. Y, en tanto que ocurría todo esto, José, que era carpintero, estaba en Capernaum, al borde del mar(731), ocupado en sus trabajos. Y permaneció allí nueve meses. Y, vuelto a su casa, encontró a María encinta. Y todos sus miembros se estremecieron, y, en su desesperación, exclamó: Señor Dios, recibe mi alma, porque más vale morir que vivir. Y las jóvenes que con María estaban, le arguyeron: ¿Qué dices, José? Nosotras sabemos que ningún hombre la ha tocado, y que su virginidad continúa íntegra, intacta e inmaculada. Porque ha tenido por guardián a Dios, y ha permanecido

---

(730) El Pseudo-Mateo da aquí una redacción más concreta que el Pseudo-Jacobo. Éste habla vagamente de una voz, al paso que aquél se refiere a un ángel semejante al de la segunda aparición. En el resto del relato, se asemejan ambos en los términos de la salutación angélica, que quizá se había convertido ya entonces en una fórmula litúrgica. En el capítulo IX del Evangelio de la Natividad, la salutación angélica está más desarrollada que en el Pseudo-Mateo, pues reza así: *Ave Maria, virgo Domini gratissima, virgo gratia plena, Dominus tecum, benedicta tu prae omnibus mulieris, benedicta prae omnibus hactenus natis hominibus.*

(731) *Capharnaum marítima.* Compárese con San Mateo (IV, 13): εις Καφαρναουμ τήν παραΘαλασσίαν (al borde del mar de Galilea).

LACRITICALITERARIA.COM

siempre orando con nosotras. A diario un ángel conversa con ella, y a diario recibe su alimento de manos de ese ángel. ¿Cómo podría existir un solo pecado en ella? Y, si quieres que te declaremos nuestras sospechas, nadie la ha puesto encinta, si no es el ángel de Dios[(732)].

2. Pero José dijo: ¿Por qué queréis embrollarme, haciéndome creer que quien se ha unido a ella es un ángel de Dios? ¿No parece más seguro que un hombre haya fingido ser un ángel de Dios, y la haya engañado?[(733)]. Y, al decir esto, lloraba y exclamaba: ¿ Con qué cara me presentaré en el templo del Señor? ¿Cómo osaré mirar a los sacerdotes? ¿Qué haré? Y, mientras hablaba así, pensaba en esconderse, y en abandonarla.

CAPÍTULO XI

JOSÉ CONFORTADO POR UN ÁNGEL

1. Y ya había decidido levantarse en la noche, y huir, para habitar en un lugar oculto, cuando, aquella misma noche, le apareció en sueños un ángel del Señor, que le dijo: José, hijo de David, no temas de recibir a María tu mujer, porque lo que en ella es engendrado, del Espíritu Santo es. Y parirá un hijo, que será llamado Jesús[(734)], porque salvará al pueblo de sus pecados.

2. Y, desvanecido el sueño, José se levantó, dando gracias a su Dios, y habló a María y a las vírgenes que estaban con ella, y les contó su visión. Y, consolado con respecto a María, dijo: He pecado, por haber abrigado sospecha contra ti.

---

(732) *Nisi angelus Dei.* Un solo manuscrito sustituye esta frase por la de *nisi Spiritus Sanctus.*

(733) Este diálogo de José con las compañeras de María falta, tanto en el Pseudo-Jacobo, como en el Evangelio de la Natividad.

(734) *Qui vocabitur Jesus.* San Mateo (I, 21) y el Evangelio de la Natividad (X, 2) dan otro giro a la frase: "Y llamarás su nombre Jesús" *(et vocabis nomen ejus Jesum).* Y el Evangelio apócrifo añade: *id est, salvatorem.*

CAPÍTULO XII

LA PRUEBA DEL AGUA[735]

1. Tras esto, se extendió la nueva[736] de que María estaba encinta. Y José fue conducido ante el Gran Sacerdote por los servidores del templo, y aquél, con los demás sacerdotes, le colmó de reproches, diciéndole: ¿Por qué has seducido[737] a una doncella de tanto mérito, que los ángeles de Dios han nutrido en el templo como una paloma, que no quiso nunca ni aun ver a un hombre[738], y que estaba tan instruida en la ley de Dios? Si tú no la hubieses violentado, ella permanecería virgen hasta ahora. Pero José juraba[739] que nunca la había tocado. Entonces el Gran Sacerdote Abiathar le dijo: Por vida de Dios, yo te haré beber el agua de la bebida del Señor[740], y en el acto tu pecado será demostrado.

---

(735) Compárese este capítulo con el XVI del *Protevangelium.* En el capítulo anterior (XV), el Pseudo-Jacobo pone el episodio del escriba Anás, que el Pseudo-Mateo suprime. Cuanto al Evangelio de la Natividad, los mejores manuscritos se detienen después de las palabras dichas a José por el ángel, para tranquilizarle. Pueda o no admitirse que el texto primitivo acabase de una manera tan brusca, es lo cierto que el final de ese Evangelio (X, 2) se corresponde con el capítulo XI del Pseudo-Mateo.

(736) Literalmente, *el rumor.*

(737) *Fraudatus es nuptias.* Esta frase coincide exactamente con la del texto griego *(τον γαμονς εχλεψας)* del *Protevamgelium* (XV, 4). La única diferencia entre ambos documentos es que, en el último, el Gran Sacerdote increpa a María primero que a José, mientras que el Pseudo-Mateo sigue un orden inverso en el requerimiento hecho a ambos cónyuges.

(738) *Quae virum numquam nec videri voluit.* Estas palabras aluden al voto hecho por María, y que era un voto de virginidad, no sólo *perpetua,* sino que también *perfecta,* aun en sus menores detalles.

(739) *Devotabat se,* juraba por sus grandes dioses. Uno de los manuscritos trae la siguiente variante: "José juraba que ningún hombre había tocado jamás a María". Amann *(Le Protévangile de Jacques,* 318) encuentra la lección inexacta, por cuanto José no debía comunicar a nadie el secreto que le había revelado el ángel.

(740) *Aquam potationis Domini,* rezan todos los manuscritos. Pero Amann *(Le Protévangile de Jacques,* 318) estima que se obtendría un sentido más satisfactorio leyendo *aquam probationis Domini,* que es la traducción literal de ὕδωρ ἐλέγξεως.

2. Entonces todo Israel se reunió en una muchedumbre innumerable[741], y también María[742] fue conducida al templo del Señor. Y los sacerdotes y los parientes de María le decían, llorando: Confiesa tu pecado a los sacerdotes, tú que eras como una paloma en el templo de Dios, y que recibías tu alimento de la mano de un ángel. José fue llevado al altar. Y se le dio el agua de la bebida del Señor. Si un hombre, después de haber mentido, la probaba, y daba siete veces la vuelta al altar[743], Dios ponía alguna señal sobre su rostro[744]. Y, cuando hubo bebido reposadamente, y dado siete vueltas al altar, ningún signo de pecado apareció en su cara. Entonces, todos los sacerdotes y los servidores del templo y la multitud proclamaron su virtud[745], diciendo: Feliz eres, porque en ti no se ha hallado falta.

3. Y, llamando a María, le dijeron: Pero tú, ¿qué disculpa[746] podrías dar? ¿Y qué mayor signo podría mostrarse en ti que ese embarazo que te traiciona? Sólo te pedimos que digas quién te ha seducido, ya que José está puro de toda relación contigo. Más te valdrá confesar tu pecado que dejar que la cólera de Dios te marque con su signo ante todo el pueblo. Empero María les dijo con firmeza y sin temblar: Si hay alguna mancha o pecado o concupiscencia impura en mí, que Dios me designe a la faz de todos los pueblos, para que yo sirva a todos de ejemplo saludable. Y se aproximó confiadamente al altar del Señor, y bebió el agua de la bebida del Señor, y dio las siete vueltas al altar, y no se vio en ella ninguna marca.

---

(741) *Tan numerosa, que no se la podía contar,* es la versión exacta del texto latino *(quae dinumerari non poterat),* coincidente con el *Apocalipsis* (VII, 9): "Y he aquí una gran compañía, la cual ninguno podía contar".

(742) *Etiam Mariae,* para carearla con José, que sostiene su inculpabilidad individual. Y, como María la sostiene asimismo, se les somete a lo que, en la Edad Media, se llamaba *ordalia o juicio de Dios.* Pero este juicio en nada se parecía a la formalidad legislativa que preceptuaba el Se*pher Vaieddaber,* y el Pseudo-Mateo, que probablemente no la conocía, se atuvo a lo que había leído en el Pseudo-Jacobo (XVI, 1).

(743) Esta formalidad consígnala el *Talmud* (en la sección *Sota,* I, 6) con relación a la prueba del agua.

(744) *In facie ejus.* En el *Sepher Vaieddaber,* la esterilidad era el castigo del cónyuge infiel.

(745) Literalmente, "le proclamaron santo" *(sanctificarerunt eum).*

(746) Literalmente, "qué excusa" *(quam excusationem).* Declarada la inocencia de José, la culpabilidad recaía por entero sobre María. El redactor del Pseudo-Mateo machaconea con exceso sobre ese argumento dilemático.

4. Y, como todo el pueblo estaba lleno de estupor y de duda[(747)], viendo el embarazo de María, sin que signo de impureza apareciese en su rostro, se elevó entre la muchedumbre un gran vocerío de palabras contradictorias. Unos loaban su santidad, al paso que otros la acusaban. Entonces María, advirtiendo que el pueblo no estimaba su justificación completa, dijo con clara voz, para ser entendida de todos: Por la vida del Señor[(748)], Dios de los Ejércitos, en cuya presencia me hallo, que yo no he conocido ningún hombre, y más que no lo debo conocer[(749)], porque desde mi infancia he tomado esa resolución[(750)]. Y desde mi infancia he hecho a Dios el voto de permanecer pura para Él, que me ha creado, y así quiero vivir para Él solo, y para Él solo permanecer sin mácula mientras exista.

5. Entonces todos la abrazaron, pidiéndola que perdonase sus maliciosas sospechas. Y todo el pueblo y los sacerdotes y todas las vírgenes la llevaron a su casa, regocijados, gritando y diciendo[(751)]: Bendito sea el nombre del Señor, porque ha manifestado tu santidad a todo el pueblo de Israel.

---

(747) *Et haesitaret.* En el *Protevangelium* (XVI, 2), el pueblo no vacila un punto en asombrarse del prodigio. Pero Amann *(Le Protévangile de Jacques,* 321) no lleva razón al afirmar que, si el Pseudo-Mateo, recordando ser judíos, los que el prodigio presenciaban, "los pinta como incrédulos, el Pseudo-Jacobo "no da esta nota agria", antes bien hace que "el pueblo *admire* y *glorifique* a Dios". Al aseverar esto, Amann había olvidado, o no tenía a la vista, el pasaje protoevangélico a que alude. El protoevangelista se limita a decir que "todo el pueblo quedó sorprendido de que no se hubiese revelado pecado alguno en ellos" (χαι εθαυμασεν τας *ό* λαυς δτ. *απαρτία* ούχ έφανη έν *αυτί*), y quien glorifica a Dios no es el pueblo, sino José, el cual acompañó a María, y volvió con ella a su casa, lleno de júbilo, "y glorificando al Dios de Israel" (χαιδοξαζων τὸν θεὸν Ἰσατίλ) (XVII, 3).

(748) La fórmula del juramento, que, en el texto griego del Pseudo-Jacobo, como en todo el Nuevo Testamento, es Ζη ό Κόρ ος, el texto latino del Pseudo-Mateo, de acuerdo con la vulgata, lo traduce por *Vivit Dominus.*

(749) *Sed nec cognoscere habeo* es un giro de que, según Thielmann, en su estudio *Habere mit Infinitiv un die Entstehung des romanischen Futurums* (en el *Archiv für latmische Lexicographie,* II, 49, 157), hay muchos ejemplos en los casos de infinitivo y de futuro del latín clásico.

(750) A liturgia monástica huele que transciende este *et hoc Deo meo votum feci.*

(751) *Clamantes et dicentes* es también expresión de carácter litúrgico. Baste recordar la antífona del Domingo de Ramos: *Pueri hebraeorum. clamantes et dicentes.*

CAPÍTULO XIII

VISIÓN DE LOS DOS PUEBLOS. NACIMIENTO DE JESÚS EN LA GRUTA. TESTIMONIO DE LOS PASTORES

1. Y ocurrió, algún tiempo más tarde, que un edicto de César Augusto obligó a cada uno[(752)] a empadronarse en su patria. Y este primer censo fue hecho[(753)] por Cirino, gobernador de Siria. José, pues, se vio obligado a partir con María para Bethlehem, porque él era de ese país, y María era de la tribu de Judá[(754)], de la casa y patria de David. Y, según José y María iban por el camino que conduce a Bethlehem, dijo María a José: Veo ante mí dos pueblos[(755)], uno que llora, y otro que se regocija. Mas José le respondió: Estate sentada y sostente sobre tu montura, y no digas palabras inútiles[(756)]. Entonces un hermoso niño[(757)], vestido con un traje magnífico, apareció ante ellos, y dijo a José: ¿Por qué has llamado inútiles las palabras que María ha dicho de esos dos pueblos? Ella ha visto al pueblo judío[(758)] llorar, por haberse alejado de su Dios, y al pueblo de los gentiles

---

(752) *Ut profiteretur unusquisque.* Aquí el Pseudo-Mateo se separa del Pseudo-Jacobo, que limita a Bethlehem la orden de empadronamiento dada por el emperador romano, y, en cambio, coincide con San Lucas, que lo considera universal.

(753) *Haec professio prima Jacta est.* Thilo y Michel, en varios manuscritos, añaden *prima,* que otros manuscritos y San Lucas (II, 3) ponen *primo,* y que Tischendorf y Amann suprimen, en sus respectivas versiones.

(754) San Lucas (II, 4) no atribuye descendencia davídica más que a José. El Pseudo-Mateo quiere que corresponda a María igual procedencia.

(755) *Duos populos video.* El *Protevangelium* (XVII, 2) presenta esas palabras como contestación de María a una pregunta de José. El Pseudo-Mateo, menos cuidadoso de la concatenación narrativa, deriva la frase de la iniciativa de María, y ni aun se preocupa de indicar el cambio fisionómico que en ella ocasiona la visión de los dos pueblos.

(756) *Sede et tene te in jumento tuo et noli superflua verba loqui.* ¿Por qué eran superfluas las palabras de la Virgen? No ha faltado quien conjeture que acaso haya en el reproche del patriarca cierta reminiscencia de las reglas monásticas, una de las cuales era el silencio.

(757) *Puer speciosus.* De nuevo interviene un numen angélico, bajo la figura de un adolescente vistoso, para interpretar el sentido de fenómenos y de prodigios, que desconciertan a José.

(758) Por estas palabras *(populum judaeorum),* se advierte que el Pseudo-Mateo no se refiere, como el Pseudo-Jacobo, a creyentes e incrédulos, sino a hebreos y a

alegrarse, por haberse aproximado al Señor, según la promesa hecha a nuestros padres, puesto que ha llegado el tiempo en que todas las naciones deben ser benditas en la posteridad de Abraham.

2. Dichas estas palabras, el ángel hizo parar la bestia, por cuanto se acercaba el instante del alumbramiento, y dijo a María que se apease, y que entrase en una gruta[(759)] subterránea en la que no había luz alguna, porque la claridad del día no penetraba nunca allí. Pero, al entrar María, toda la gruta se iluminó y resplandeció[(760)], como si el sol la hubiera invadido, y fuese la hora sexta del día, y, mientras María estuvo en la caverna, ésta permaneció iluminada, día y noche, por aquel resplandor divino. Y ella trajo al mundo un hijo[(761)] que los ángeles rodearon desde que nació, diciendo: Gloria a Dios en las alturas y paz en la tierra a los hombres de buena voluntad[(762)].

---

paganos. Las últimas palabras que el redactor pone en boca del ángel, se corresponden con el *Sepher Bereschith* (XII, 3; XVIII, 18; XXII 18; XXVI, 4; XXVIII, 14) y con la *Epistola Pauli ad Galatas* (III, 8). En el comienzo del versículo siguiente, el ángel vuelve a intervenir, para anunciar la proximidad del parto. El *Protevangelium* parece indicar que los dolores que a éste preceden, los sintió la misma María.

(759) El Pseudo-Jacobo (XVIII, 1) habla de una gruta a secas, sin puntualizar, como el Pseudo-Mateo, que era subterránea *(spelunca subterranea),* y, por ende, impropia para servir de albergue de personas, y aun de pesebre de animales, lo que explica las repeticiones enfadosas en que el autor a continuación se enreda. Por lo demás, su detalle narrativo concuerda con cierta tradición fabulosa, recogida por algunos historiadores eclesiásticos. Así, Sozomeno *(Historia ecclesiastica,* II, II) refiere que Santa Elena, madre del emperador Constantino, hizo construir una iglesia ἀμφίτο τῆς γεννήσεως Χρφτου σπήλαιον, y Eusebio *(De vita Constantini.* I, XLIII), que emplea la palabra αντρος, añade: Και γαρ χαι γέννησιν ὑπο γή'ν *ὁ* μεθ'ημας θήος διημάς ήνέσχειο.

(760) La iluminación resplandeciente que ocurre en la gruta *ad ingressum Mariae,* es aquí súbita, y no graduada, como en el *Protevangelium,* y es, además, tan larga como la permanencia de María en dicha gruta.

(761) *Et ibi peperit masculum.* Un manuscrito agrega que *sine dolore.* San Lucas (II, 7) dice sencillamente que *peperit filium suum primogenitum,* palabra la última que no aparece en el Pseudo-Mateo.

(762) Compárese con San Lucas (II, 14). En el Pseudo-Jacobo, José y la partera son, a distancia, testigos del parto de María, mientras que, en el Pseudo-Mateo, sólo los ángeles lo son de modo próximo e inmediato.

LaCriticaLiteraria.com

3. Y José había ido a buscar comadronas[763]. Mas, cuando estuvo de vuelta en la gruta, María había ya parido a su hijo. Y José le dijo: Te he traído dos comadronas, Zelomi y Salomé[764], mas no osan entrar en la gruta a causa de esta luz demasiado viva. Y María, oyéndole, sonrió. Pero José le dijo: No sonrías, antes sé prudente, por si tienes necesidad de algún remedio. Entonces hizo entrar a una de ellas. Y Zelomi, habiendo entrado, dijo a María: Permíteme que te toque. Y, habiéndolo permitido María, la comadrona dio un gran grito y dijo: Señor, Señor, ten piedad de mí. He aquí lo que yo nunca he oído, ni supuesto, pues sus pechos están llenos de leche, y ha parido un niño, y continúa virgen. El nacimiento no ha sido maculado por ninguna efusión de sangre[765], y el parto se ha producido sin dolor. Virgen ha concebido[766], virgen ha parido, y virgen permanece.

4. Oyendo estas palabras, la otra comadrona, llamada Salomé, dijo: Yo no puedo creer eso que oigo, a no asegurarme por mí misma[767]. Y Salomé, entrando, dijo a María: Permíteme tocarte, y asegurarme de que lo que ha dicho Zelomi es verdad. Y, como María le diese permiso, Salomé adelantó la mano. Y al tocarla, súbitamente su mano se secó, y de dolor se puso a llorar amargamente, y a desesperarse, y a gritar: Señor, tú sabes que siempre te he temido, que he atendido a los pobres sin pedir nada en cambio, que nada he admitido de la viuda o del huérfano, y que nunca he despachado a un menesteroso con las manos vacías. Y he aquí que hoy me veo desgraciada por mi incredulidad, y por dudar de vuestra virgen.

---

[763] *Ad quaerendas obstetrices.* En el *Protevangelium* (XIX, 3), no figura más que una partera, y no se atribuyen a Salomé funciones de tal,

[764] Algunos manuscritos ponen *Zelemi* o *Zaelem,* en vez de *Zelomi,* que, por lo demás, se reduce a una alteración del vocablo *Salomé.*

[765] *Nulla pollutio sanguinis.* Los Padres de la Iglesia Latina han consignado siempre este detalle, unido al de dar a luz sin dolor, como signo inequívoco del alumbramiento virginal.

[766] *Virgo concepii.* Denzinger *(Enchiridion,* 204) observa que ésa es la expresión de que se sirve la enseñanza eclesiástica, y la que, bajo el Papa Martín I, formuló el Concilio de Latran por el siguiente tenor: *Mariam incorruptibile genuisse, indis solubili permanente et post partum ejusdem virginitate.*

[767] En lo tocante a la incredulidad de Salomé, el Pseudo-Mateo va de acuerdo con el Pseudo-Jacobo. No estando enterada por José del carácter sobrenatural del nacimiento de Jesús, Salomé quiere comprobar experimentalmente la virginidad de María, y, sólo después de castigada por Dios, queda convencida de aquella virginidad.

5. Y, hablando ella así, un joven de gran belleza apareció a su lado, y le dijo: Aproxímate al niño, adórale[(768)], tócale con tu mano, y él te curará, porque es el Salvador del mundo y de cuantos esperan en él. Y tan pronto como ella se acercó al niño, y le adoró, y tocó los lienzos en que estaba envuelto[(769)], su mano fue curada. Y, saliendo fuera, se puso a proclamar a grandes voces los prodigios que había visto y experimentado[(770)], y cómo había sido curada, y muchos creyeron en sus palabras[(771)].

6. Porque unos pastores afirmaban a su vez que habían visto a medianoche ángeles cantando un himno, loando y bendiciendo al Dios del cielo, y diciendo que el Salvador de todos, el Cristo, había nacido[(772)], y que en él debía Israel encontrar su salvación.

7. Y una gran estrella[(773)] brillaba encima de la gruta, de la tarde a la mañana, y nunca, desde el principio del mundo, se había visto una tan

---

[(768)] *Adora eum.* El Pseudo-Jacobo atiende solamente al acto de tocar al niño, pero sin hacer que le adore Salomé, la cual adora solamente al Dios Padre.

[(769)] Salomé hace aquí lo mismo que, en San Mateo (IX, 21) y en San Lucas (VIII, 44) hace la mujer enferma de flujo de sangre, que queda curada, con sólo tocar la franja del vestido de Jesús. Los *fimbrias pannorum* de nuestro apócrifo equivalen al *fimbria vestimenti ejus* de los dos Evangelios canónicos.

[(770)] *Et exiens foros clamare coepit et dicere magnalia virtutum quae viderat et quae passa fuerat.* La publicidad que implica el *clamare coepit* contradice lo que el *Protevangelium* (XXI, 1) asevera sobre la voz que ordena a Salomé que, hasta la entrada del niño en Jerusalén (εως οϋ εισέλθη εις Ιερουσαλήμ ό παις), no anuncie nada de los milagros que ha visto. Cuanto a estos milagros o *magnalia virtutum* (frase repetida más lejos, en el capítulo XXIV, *tantis virtutibus),* la palabra *virtutes* tiene aquí el mismo sentido que en cierto pasaje del Mateo canónico (VII, 22): Δυνάμεις πολλάς έποιήσαμεν *(virtutes multas fecimus).* Compárese con San Lucas (X, 13) y con los *Acta apostolorum* (XIX, 11).

[(771)] Lo mismo hace la Samaritana, en San Juan (IV, 39), y el mismo resultado logra, haciendo creer a muchos *(multi creder ent,* en los dos textos).

[(772)] *Quia natus est Salvator.* Impropiedad muestra San Lucas (II, 11), al agregar que *in civitate David.* No cuadra la adición, y el Pseudo-Mateo, con ser menos conciso, es más exacto, puesto que en su relato, como en el del evangelista canónico (II, 7), el nacimiento de Jesús no tiene lugar en aquella ciudad, sino en plena campiña.

[(773)] Aunque esta *stella ingens* se describe, en el Pseudo-Mateo, con rasgos muy parecidos a como se describe, en el Pseudo-Jacobo (XXI, 2), la estrella de los magos, no puede confundirse con la última, que se mueve en el cielo, para guiarles, mientras que la otra permanece inmóvil en lo alto de la gruta.

LACRITICALITERARIA.COM

grande. Y los profetas que estaban en Jerusalén[(774)] decían que esa estrella indicaba el nacimiento del Cristo, el cual debía cumplir las promesas hechas, no sólo a Israel, sino a todas las naciones.

CAPÍTULO XIV

EL BUEY Y EL ASNO DEL PESEBRE

1. El tercer día después del nacimiento del Señor, María salió de la gruta, y entró en un establo, y depositó al niño en el pesebre, y el buey y el asno le adoraron. Entonces se cumplió lo que había anunciado el profeta Isaías: El buey ha conocido a su dueño y el asno el pesebre de su señor.

2. Y estos mismos animales, que tenían al niño entre ellos, le adoraban sin cesar. Entonces se cumplió lo que se dijo por boca del profeta Habacuc: Te manifestarás entre dos animales. Y José y María permanecieron en este sitio con el niño durante tres días.

CAPÍTULO XV

LA CIRCUNCISIÓN[(775)]

1. El sexto día entraron en Bethlehem, donde pasaron el séptimo día. El octavo, circuncidaron al niño, y le llamaron Jesús, como le había denominado el ángel antes de su concepción. Cuando se cumplieron, según la ley de Moisés, los días de la purificación de María, José condujo

---

[(774)] ¿A qué personajes referir estos *prophetae qui fuerant?* ¿A los profetas de la antigüedad judía? ¿A los entonces existentes? Ambas suposiciones resultan poco fundadas.

[(775)] Varios manuscritos, seguidos por Thilo, suprimen toda referencia a la circuncisión. Otras, que la mencionan, adoptan, a partir de ella, un orden muy diverso en el relato de los hechos. El texto preferido por Amann da la disposición siguiente: 1) ocho días después de la natividad, la circuncisión; 2) treinta y tres días más tarde (es decir, cuarenta días después de la natividad), la purificación de María y la presentación de Jesús en el templo; 3) posteriormente, la llegada de los magos. Otro texto ordena y dispone los hechos de diferente modo, es, a saber: 1) circuncisión; 2) transcurridos trece días desde el nacimiento, adoración de los magos; 3) a los cuarenta días del nacimiento, presentación en el templo. Adviértese que esta segunda sucesión de acontecimientos no se basa en un criterio histórico, sino en un criterio litúrgico.

al niño al templo del Señor. Y, como el niño había sido circunciso[(776)], ofrecieron por él dos tórtolas y dos pichones.

2. Y había en el templo un hombre de Dios, perfecto y justo, llamado Simeón, y de edad de ciento doce años. Y el Señor le había hecho saber que no moriría sin haber visto al Cristo, hijo de Dios encarnado. Cuando hubo visto al niño gritó en alta voz: Dios ha visitado a su pueblo y el Señor ha cumplido su promesa. Y adoró al niño. Luego, tomándole en su manto, le adoró otra vez, y le besó los pies, diciendo: Ahora, Señor, deja partir a tu servidor en paz, según tu promesa, puesto que mis ojos han visto tu salvación, que has preparado a la faz de todos los pueblos: luz que debe disipar las tinieblas de las naciones, e ilustrar a Israel, tu pueblo[(777)].

3. Había también en el templo del Señor una profetisa llamada Ana[(778)], hija de Fanuel, de la tribu de Aser, que había vivido con su marido siete años después de su virginidad, y que era viuda hacía ochenta y cuatro

---

[(776)] *Cumque accepisset vnfams peritomen.* La transcripción latina de la voz griega περιτομήν es completamente absurda, traída a este lugar, y algunos manuscritos la omiten. Pero otros redactores, completamente ayunos en griego, la vierten por *perithomen, parhithomum* o *parhithomus,* y uno de ellos añade: *Id est circumcisio.* Pero ¿a qué viene esto, si la circuncisión de Jesús queda relatada unos renglones más arriba? Amann *(Le Protévangile der Jacques,* 333) y Michel *(Evangiles apocryphes,* I, 106) suponen que el autor debió transcribir, sin comprenderlo, algún viejo texto que situaba en el templo la ceremonia de la circuncisión.

[(777)] En esta narración, el Pseudo-Mateo ofrece algunas variantes con respecto a San Lucas (II, 25, 32), pues da detalles que éste no aduce, como el señalar la edad de Simeón *(annorum centum duodecim),* y señalar dos momentos en el episodio. Simeón ve primero de lejos al niño, que le arranca la exclamación del *visitavit,* y después se precipita al encuentro de Jesús, le adora dos veces, le besa los pies, y pronuncia el *nunc dimittis,* circunstancias todas ellas que faltan en San Lucas. Y uno de los manuscritos añade otra, disparatadísima por cierto, y consistente en hacer hablar a Jesús ¡a los cuarenta días de su edad!, causando la lógica estupefacción del personal del templo. *Tune locutus est Jesus dicens: Exaudita est oratio tuo, Symeon. Et stupefacti sunt omnes magìstri templi de verbo quod imfans locutus est.*; y estas palabras las dice Jesús, cuando no había proferido una sola Simeón, en el instante en que éste lo llevaba al santuario! Con razón advierte el narrador de tan fantástico prodigio que *senex puerum. portabat, sed puer senem regebat.*

[(778)] Más coincidente con San Lucas (II, 36, 38) se muestra esta indicación sobre la profetisa Ana. Sin embargo, un manuscrito presenta la variante de atribuir a esa mujer la profecía de Simeón sobre la espada de dolor que atravesaría el pecho de la Virgen.

LaCriticaLiteraria.com

años. Nunca se había alejado del templo del Señor, entregándose siempre a la oración y al ayuno. Y, acercándose, adoró al niño, y proclamó que era la redención del siglo.

CAPÍTULO XVI

VISITA DE LOS MAGOS

1. Y, transcurridos dos años[779], vinieron de Oriente a Jerusalén unos magos, que traían consigo grandes ofrendas, y que interrogaron a los judíos, diciéndoles: ¿Dónde está el rey que os ha nacido? Porque hemos visto su estrella en Oriente, y venimos a adorarle. Y la nueva llegó al rey Herodes, y le asustó tanto, que consultó a los escribas, a los fariseos y a los doctores del pueblo para saber por ellos dónde habían anunciado los profetas que debía nacer el Cristo. Y ellos respondieron: En Bethlehem de Judea. Porque está escrito: Y tú, Bethlehem, tierra de Judá, no eres la menor entre las ciudades de Judá, porque de ti debe salir el jefe que regirá a Israel, mi pueblo. Entonces el rey Herodes llamó a los magos, e inquirió de ellos el tiempo en que la estrella había aparecido. Y les envió a Bethlehem, diciéndoles: Id, e informaos exactamente del niño, y, cuando lo hayáis encontrado, anunciádmelo, a fin de que yo también le adore.

2. Y, al dirigirse los magos a Bethlehem, la estrella les apareció en el camino, como para servirles de guía, hasta que llegaron adonde estaba el niño. Y los magos, al divisar la estrella, se llenaron de alegría, y, entrando en su casa, vieron al niño Jesús, que reposaba en el seno de su madre.

---

[779] *Secundo anno,* reza el texto impreso. Pero, si nos hemos de gobernar por los manuscritos, uno hay que pone la adoración de los magos antes de la presentación *(tertia decima vero die),* y otro dos días después *(transactis duobus diebus).* Ambas versiones parecen concordar con San Mateo (II, 1), en cuyo relato la adoración de los magos se indica como un suceso que siguió bastante de cerca al nacimiento del Cristo. La mayor dificultad se halla en que, si la degollación de los inocentes siguió también bastante de cerca a la adoración de los magos, no se explica por qué Herodes, que debió tomar exactos informes al respecto, englobase en la degollación a todos los niños de dos años para abajo. De aquí que otros manuscritos y varios exégetas medioevales hayan admitido un intervalo, no de días, sino de uno o dos años, que permitiese intercalar, entre la natividad de Jesús y su adolescencia, los sucesos narrados por San Lucas. Empero, al proceder así, olvidaron que la redacción del tercer evangelista (II, 39) no consiente conciliación tan artificiosa, por cuanto consigna que, inmediatamente después de la presentación, los padres de Jesús volvieron a Galilea.

Entonces descubrieron sus tesoros, e hicieron a María y a José muy ricos presentes. Al niño mismo cada uno le ofreció una pieza de oro. Después, uno ofreció oro, otro incienso y otro mirra[780]. Y, como quisieran volver a Herodes, un ángel les advirtió en sueños que no hiciesen tal. Adoraron, pues, al niño con alegría extrema, y volvieron a su país por otro camino.

CAPÍTULO XVII

DEGOLLACIÓN DE LOS INOCENTES

1. Viendo el rey Herodes que había sido burlado por los magos, ardió en cólera, y envió gentes para que los capturaran y los mataran. Y, no habiéndolos apresado, ordenó degollar en Bethlehem a todos los niños de dos años para abajo, según el tiempo que había inquirido de los magos.

2. Pero la víspera del día en que esto tuvo lugar, José fue advertido en sueños por un ángel del Señor, que le dijo: Toma a María y al niño, y dirígete a Egipto por el camino del desierto[781]. Y José partió, siguiendo las palabras del ángel[782].

---

[780] Conforme a esto, el número de los magos no era indefinido (como en otros apócrifos y en el primer evangelista canónico), pues el Pseudo-Mateo parece reducirlo a tres, y uno de los manuscritos sabe hasta sus nombres (Gaspar, Melchor y Baltasar). Michel (*Evangiles apocryphes,* I, 110) reconoce que todo el relato de la adoración de los magos debe provenir de muy antigua fuente. Pero sólo mucho más tarde aparecieron en él el número de los magos, sus nombres y su condición de reyes, detalle el último que no creo fuese conocido por los apologistas cristianos hasta Tertuliano *(Adversus judaeos,* IX), que quizá fue el primero que lo apuntó.

[781] Un manuscrito (B) apostilla esta circunstancia por el tenor siguiente: *Et arripuit iter per montana et per desertum ut in Ægyptum securus perveniret, non enim per maritimam, propter insidias pergere voluerunt.*

[782] Con el viaje a Egipto, comienzan amplificaciones y leyendas, que no pertenecen al ciclo de la natividad del Cristo, y que están adaptadas, en general, a los textos del Antiguo Testamento. Michel (y yo asimismo) las conserva en su traducción. Amann las descarta de la suya, bien que anunciando que las reservará un lugar en un libro consagrado a las infancias de Jesús.

LACRITICALITERARIA.COM

CAPÍTULO XVIII

JESÚS Y LOS DRAGONES

1. Habiendo llegado a una gruta, y queriendo reposar allí, María descendió de su montura, y se sentó, teniendo a Jesús en sus rodillas. Tres muchachos hacían ruta con José, y una joven con María. Y he aquí que de pronto salió de la gruta una multitud de dragones, y, a su vista, los niños lanzaron gritos de espanto. Entonces Jesús, descendiendo de las rodillas de su madre, se puso en pie delante de los dragones, y éstos le adoraron, y se fueron. Y así se cumplió la profecía de David: Alabad al Señor sobre la tierra, vosotros, los dragones y todos los abismos[(783)].

2. Y el niño Jesús, andando delante de ellos, les ordenó no hacer mal a los hombres. Pero José y María temían que el niño fuese herido por los dragones. Y Jesús les dijo: No temáis, y no me miréis como un niño, porque yo he sido siempre un hombre hecho, y es preciso que todas las bestias de los bosques se amansen ante mí.

CAPÍTULO XIX

LOS LEONES GUÍAN LA CARAVANA

1. Igualmente los leones y los leopardos le adoraban, y les acompañaban en el desierto. Por doquiera que iban José y María, ellos les precedían, señalaban la ruta, e, inclinando sus cabezas, reverenciaban a Jesús. El primer día que María vio venir leones y toda clase de fieras hacia ella, tuvo gran temor. Pero el niño Jesús, mirándola alegremente, le dijo: No temas nada, madre mía, que no es por hacerte mal, sino para obedecerte, por lo que vienen a tu alrededor. Y, con estas palabras, disipó todo temor del corazón de María.

2. Los leones hacían camino con ellos y con los bueyes y los asnos y las bestias de carga que llevaban los equipajes, y no les causaban ningún mal, sino que marchaban con toda dulzura entre los corderos y las ovejas que José y María habían llevado de Judea, y que conservaban con ellos. Y andaban también por entre los lobos, y nadie sufría ningún mal. Entonces se cumplió lo que había dicho el profeta: Los lobos pacerán con los

---

[(783)] Palabras tomadas al *Sepher Thillim* (CXLVIII, 7).

corderos[(784)], y el león y el buey comerán la misma paja. Porque había dos bueyes y una carreta en la que iban los objetos necesarios, y los leones los dirigían en su marcha.

CAPÍTULO XX

MILAGRO DE LA PALMERA

1. Y ocurrió que, al tercer día de su viaje, María estaba fatigada en el desierto por el ardor del sol, y, viendo una palmera[(785)], dijo a José: Voy a descansar un poco a su sombra. Y José la condujo hasta la palmera, y la hizo apearse de su montura. Cuando María estuvo sentada, levantó los ojos a la palmera, y, viendo que estaba cargada de frutos, dijo a José: Yo quisiera, si fuese posible, probar los frutos de esta palmera. Y José le dijo: Me sorprende que hables así, viendo la altura de ese árbol, y que pienses en comer sus frutos. Lo que a mí me preocupa es la falta de agua, pues ya no queda en nuestros odres, y no tenemos para nosotros, ni para nuestros animales.

2. Entonces el niño Jesús, que descansaba, con la figura serena y puesto sobre las rodillas de su madre, dijo a la palmera: Árbol, inclínate, y alimenta a mi madre con tus frutos. Y a estas palabras la palmera inclinó su copa hasta los pies de María, y cogieron frutos con que hicieron todos refacción. Y, no bien hubieron comido, el árbol siguió inclinado, esperando para erguirse la orden del que lo había hecho inclinarse. Entonces le dijo Jesús: Yérguete, palmera, recobra tu fuerza, y sé la compañera de los árboles que hay en el paraíso de mi Padre. Descubre con tus raíces el manantial que corre bajo tierra, y haz que brote agua bastante para apagar nuestra sed. Y en seguida el árbol se enderezó, y de entre sus

---

(784) *Lupi cum agnis pascentur.* El Pseudo-Mateo traduce de los Setenta el texto de Isaías (LXV, 25), porque la Vulgata trae: *Lupus et agnus pascentur simul, leo et bos comedent paleas.*

(785) *Videns arborem palmae.* Sozomeno *(Historia ecclesiastica,* V, XXI) refiere que, en la huída a Egipto, al llegar Jesús a Hermópolis, un gran melocotonero, que se encontraba cerca de la puerta de la ciudad, inclinó sus ramas hasta tierra, y adoró al Cristo. Michel *(Evangiles apocryphes,* I, 116) juzga muy probable que Vicente de Beauvais haya conocido ese relato por intermedio de Casiodoro. Así, al contar el prodigio realizado por Jesús, para satisfacer el deseo de su madre, reemplazó la palmera por un melocotonero *(persica).* Male *(L'art religieux en France au XIII siècle,* 255) ha demostrado que fue seguido, en ese detalle, por la iconografía de la Edad Media.

LACRITICALITERARIA.COM

raíces brotaron hilos de un agua muy clara, muy fresca y de una extremada dulzura. Y, viendo aquel agua, todos se regocijaron, y bebieron, ellos y todas las bestias de carga, y dieron gracias a Dios.

CAPÍTULO XXI

LA PALMA DE LA VICTORIA

1. A la mañana siguiente, partieron, y, en el momento en que se ponían en camino, Jesús se volvió hacia la palmera y dijo: Yo te concedo, palmera, el privilegio de que una de tus ramas sea llevada por mis ángeles y plantada en el paraíso de mi Padre. Te quiero conferir este favor, para que se diga a aquellos que hayan vencido en cualquier lucha: Has obtenido la palma de la victoria. Y, mientras decía esto, he aquí que un ángel del Señor apareció sobre la palmera, y, tomando una de sus ramas, voló hacia el cielo con ella en la mano.

2. Y, viendo tal, todos cayeron de hinojos, y quedaron como muertos. Mas Jesús les dijo: ¿Por qué ha invadido el temor vuestros corazones? ¿Ignoráis que esa palmera que he hecho transportar al paraíso será dispuesta para todos los santos en un lugar de delicias, como ha sido preparada para vosotros en este desierto? Y todos se levantaron llenos de alegría.

CAPÍTULO XXII

LOS ÍDOLOS DE SOTINA

1. Y, según caminaban, José dijo a Jesús: Señor, el calor nos abruma. Tomemos, si quieres, el camino cercano al mar, para poder reposar en las ciudades de la costa. Jesús le respondió: No temas nada, José, que yo abreviaré nuestra ruta, de suerte que la distancia que habíamos de recorrer en treinta días la franqueemos en esta sola jornada. Y, mientras hablaban así, he aquí que, mirando ante ellos, divisaron las montañas y las ciudades de Egipto.

2. Alegremente, entraron en el territorio de Hermópolis y llegaron a una ciudad denominada Sotina, y, como no conocían a nadie que hubiese podido darles hospitalidad, penetraron en un templo que se llamaba el capitolio de Egipto. Y en este templo había trescientos sesenta y cinco ídolos, a quienes se rendían a diario honores divinos con ceremonias sacrílegas.

CAPÍTULO XXIII

CUMPLIMIENTO DE UNA PROFECÍA DE ISAÍAS

1. Pero ocurrió que, cuando la bienaventurada María, con el niño, entró en el templo, todos los ídolos cayeron por tierra[786], cara al suelo y hechos pedazos[787], y así revelaron que no eran nada.

2. Entonces se cumplió lo que había dicho el profeta Isaías: He aquí que el Señor vendrá sobre una nube ligera, y entrará en Egipto, y todas las obras de la mano de los egipcios temblarán ante su faz.

CAPÍTULO XXIV

AFRODISIO ADORA A JESÚS

1. Y, anunciada la nueva a Afrodisio[788], gobernador de la ciudad, éste vino al templo con todas sus tropas. Y, al verle acudir, los pontífices del templo esperaban que castigase a los que habían causado la caída de los dioses.

2. Pero, entrando en el templo, cuando vio a todos los ídolos caídos de cara al suelo, se acercó a María, y adoró al niño, que ella llevaba sobre su seno, y, cuando lo hubo adorado, se dirigió a su ejército y a sus amigos, diciendo: Si éste no fuera el Dios de nuestros dioses, éstos no se prosternarían ante él, por lo que atestiguan tácitamente que es su Señor. Conque, si nosotros no hacemos prudentemente lo que vemos hacer a nuestros dioses, correremos el riesgo de atraer su indignación y de perecer,

---

(786) *Universa idola protrata sunt in terram.* Male *(L'art religieux en France au XIII siècle,* 254) ha probado que esta leyenda, nacida del texto de Isaías (XIX, 1), se encuentra a menudo en la iconografía de la Edad Media. "El siglo XIII (dice) dio a la leyenda una forma abreviada, casi jeroglífica. No se ven, ni la ciudad, ni los sacerdotes, ni el templo, como en ciertas obras de arte de épocas posteriores. Dos estatuas que caen de su pedestal, y que se rompen por la mitad, bastan para recordar el prodigio. Una vidriera de la catedral de Mans presenta la particularidad curiosa de que los ídolos egipcios son multicolores, su cabeza de oro, su pecho de plata, su vientre de cobre, sus piernas, pintadas de azul, como de hierro, y sus pies de color de barro. A no dudarlo, el pintor pensó en la estatua del sueño de Nabucodonosor, que se convirtió, para él, en el ídolo por excelencia."

(787) Compárese con el *I Sepher Malachim* (V, 3).

(788) Unos manuscritos traen *Affrodisio,* y otros *Fradosio.*

como ocurrió al Faraón de Egipto, que, por no rendirse a grandes prodigios, fue ahogado en el mar con todo su ejército[789]. Entonces, por Jesucristo, todo el pueblo de aquella ciudad creyó en el Señor Dios[790].

CAPÍTULO XXV

REGRESO DE EGIPTO A JUDEA

1. Poco tiempo más tarde, el ángel dijo a José:

2. Vuelve al país de Judá, pues muertos son los que querían la vida del niño.

CAPÍTULO XXVI

JUEGOS DEL NIÑO JESÚS[791]

1. Después de su vuelta de Egipto, y estando en Galilea, Jesús, que entraba ya en el cuarto año[792] de su edad, jugaba un día de sábado con los niños a la orilla del Jordán. Estando sentado, Jesús hizo con la azada siete pequeñas lagunas, a las que dirigió varios pequeños surcos, por los que el agua del río iba y venía. Entonces uno de los niños, hijo del diablo, obstruyó por envidia las salidas del agua, y destruyó lo que Jesús había hecho. Y Jesús le dijo: ¡Sea la desgracia sobre ti, hijo de la muerte, hijo de Satán! ¿Cómo te atreves a destruir las obras que yo hago? Y el que aquello había hecho, murió.

2. Y los padres del difunto alzaron tumultuosamente la voz contra José y María, diciendo: Vuestro hijo ha maldecido al nuestro, y éste ha muerto. Y, cuando José y María los oyeron, fueron en seguida cerca de Jesús, a causa de las quejas de los padres, y de que se reunían los judíos. Pero José dijo en secreto a María: Yo no me atrevo a hablarle, pero tú adviértele y dile: ¿Por qué has provocado contra nosotros el odio del pueblo y nos has abrumado con la cólera de los hombres? Y su madre fue a él, y le rogó,

---

[789] Compárese con el *Sepher Veellesemoth* (XV, 4).

[790] *Credidit Domino Deo.* Según Male *(L'art religieux en France au XIII siècle,* 254), la tradición añadía que, más tarde, Afrodisio había ido a Galia, y que había predicado el Evangelio en la Narbonense. Hasta pretendía que fue el primer obispo de Béziers.

[791] En este capítulo, el Pseudo-Mateo ha convertido, por amplificación, en dos relatos, el que figura en el capítulo II del Pseudo-Tomás.

[792] En el quinto, según el Pseudo-Tomás.

diciendo: Señor, ¿qué ha hecho ese niño para morir? Pero él respondió: Merecía la muerte, porque había destruido las obras que yo hice.

3. Y su madre le insistía, diciendo: No permitas, Señor, que todos se levanten contra nosotros. Y él, no queriendo afligir a su madre, tocó con el pie derecho la pierna del muerto, y le dijo: Levántate, hijo de la iniquidad, que no eres digno de entrar en el reposo de mi Padre, porque has destruido las obras que yo he hecho. Entonces, el que estaba muerto, se levantó, y se fue. Y Jesús, por su potencia, condujo el agua por los surcos a las pequeñas lagunas.

CAPÍTULO XXVII

LOS GORRIONES DE JESÚS

1. Después de esto, Jesús tomó el barro de los hoyos que había hecho y, a la vista de todos, fabricó doce pajarillos. Era el día del sábado, y había muchos niños con él. Y, como uno de los judíos hubiese visto lo que hacía, dijo a José : ¿No estás viendo al niño Jesús trabajar el sábado, lo que no está permitido? Ha hecho doce pajarillos con su herramienta. José reprendió a Jesus, diciéndole: ¿Por qué haces en sábado lo que no nos está permitido hacer? Pero Jesús, oyendo a José, batió sus manos y dijo a los pájaros: Volad. Y a esta orden volaron, y, mientras todos oían y miraban, él dijo a las aves: Id y volad por el mundo y por todo el universo, y vivid[(793)].

2. Y los asistentes, viendo tales prodigios, quedaron llenos de gran asombro. Unos le admiraban y le alababan, mas otros le criticaban. Y algunos fueron a buscar a los príncipes de los sacerdotes y a los jefes de los fariseos, y les contaron que Jesús, hijo de José, en presencia de todo el pueblo de Israel, había hecho grandes prodigios, y revelado un gran poder. Y esto se relató en las doce tribus de Israel.

[(793)] Mahoma *(Alcorán,* III, 43; V, 110) recuerda este milagro del niño Jesús, a quien hace decir: "Formaré con lodo la figura de un pájaro, soplaré sobre él, y, con permiso de Dios, el pájaro vivirá".

LACRITICALITERARIA.COM

CAPÍTULO XXVIII

MUERTE DEL HIJO DE ANÁS

1. Y otra vez un hijo de Anás, sacerdote del templo[794], que había venido con José, y que llevaba en la mano una vara, destruyó con ella, lleno de cólera y en presencia de todos, los pequeños estanques que Jesús había hecho, y esparció el agua que Jesús había conducido, y destruyó los surcos por donde venía.

2. Y Jesús, viendo esto, dijo a aquel muchacho que había destruido su obra: Grano execrable de iniquidad, hijo de la muerte, oficina de Satán, a buen seguro que el fruto de tu semilla quedará sin fuerza, tus raíces sin humedad, tus ramas áridas y sin sazonar. Y en seguida, en presencia de todos, el niño se desecó, y murió.

CAPÍTULO XXIX

CASTIGO DE LOS HIJOS DE SATÁN[795]

1. Entonces José se espantó, y llevó a Jesús y a su madre a casa.

2. Y he aquí que un niño, también agente de iniquidad, corriendo a su encuentro, se arrojó sobre un hombro de Jesús, por burlarse de él, o por hacerle daño, si podía. Pero Jesús le dijo: No volverás sano y salvo del camino que haces. Y en seguida el niño feneció. Y los padres del muerto, que habían visto lo que pasara, dieron gritos, diciendo: ¿Dónde ha nacido ese niño? Manifiesta que toda palabra que dice es verdadera, y aun a menudo se cumple antes de que la pronuncie. Y se acercaron a José, y le dijeron: Conduce a Jesús fuera de aquí, porque no puede habitar con nosotros en esta población. O, a lo menos, enséñale a bendecir, y no a maldecir. Y José fue a Jesús y le dijo: ¿Por qué obras así? Muchos tienen ya quejas de ti, y nos odian por tu causa, y por ti sufrimos vejaciones de las gentes. Mas Jesús, respondiendo a José, dijo: No hay más hijo prudente que aquel a quien su padre ha instruido siguiendo la ciencia de este tiempo, y la maldición de su padre no daña a nadie, sino a los que hacen el mal.

---

[794] El Pseudo-Jacobo, en su capítulo XV, y el Pseudo-Tomás, en su capítulo III, califican a Anás de escriba (γραμματεύς).

[795] Compárese con el capítulo IV del Pseudo-Tomás.

3. Entonces las gentes se amotinaron contra Jesús, y le acusaron ante su padre. Y, cuando José vio aquello, se asustó mucho, temiendo un acceso de violencia y una sedición en el pueblo de Israel. En aquel momento, Jesús cogió por la oreja al niño que había muerto, y le alzó de tierra en presencia de todos. Y se vio entonces a Jesús conversar con él, como un padre con su hijo. Y el espíritu del niño volvió en sí, y se reanimó, y todos quedaron llenos de sorpresa.

CAPÍTULO XXX

ZAQUÍAS

1. Un maestro judío, llamado Zaquías[(796)], habiendo oído asegurar de Jesús que poseía una sabiduría más que eminente, concibió propósitos intemperantes e inconsiderados contra José, a quien dijo: ¿No quieres confiarme a tu hijo, para que le instruya en la ciencia humana y en la religión?[(797)]. Pero bien veo que tú y María preferís vuestro hijo a las tradiciones de los ancianos del pueblo. Deberíais respetar más a los sacerdotes de la Sinagoga de Israel, y cuidar de que vuestro hijo compartiese con los otros niños una afección mutua, y de que se instruyese, al lado de ellos, en la doctrina judaica.

2. José respondió diciendo: ¿Y quién es el que podrá guardar e instruir a ese niño? Mas, si tú quieres hacerlo, nosotros no nos oponemos en modo alguno a que le ilustres en todo aquello que los hombres enseñan. Habiendo oído Jesús las palabras de Zaquías, le respondió, y le dijo: Maestro de la ley, a un hombre como tú, conviénele parar en todo lo que acabas de decir y de nombrar. Yo soy extraño a vuestras instituciones, y estoy exento de vuestros tribunales[(798)], y no tengo padre según la carne. Cuanto a vosotros que leéis la ley, y que os instruís en ella, debéis permanecer en ella. Aunque presumas de no tener igual en materia de ciencia, aprenderás de mí que ningún otro que yo puede enseñar las cosas de que has hablado. Y, cuando haya salido de la tierra, aboliré toda mención de la genealogía de tu raza. Tú, en efecto, ignoras de quién he nacido, y de dónde vengo. Pero yo os conozco a todos exactamente, y sé

[(796)] Compárese con el capítulo VI del Pseudo-Tomás. Los diferentes manuscritos del Pseudo-Mateo dan del nombre del maestro las formas siguientes: *Zachyas, Zachameus, Zacheus, Zachaeus.*

[(797)] Literalmente, "en el temor", *timor* de la redacción latina.

[(798)] *Extraneus a foris vestris = extraneus foris a vobis*

LACRITICALITERARIA.COM

cuándo habéis nacido, y qué edad tenéis, y cuánto tiempo permaneceréis en este mundo.

3. Entonces cuantos habían oído estas palabras quedaron asombrados, y exclamaron: He aquí un verdaderamente grande y admirable misterio. Nunca hemos oído nada semejante. Nada de este género ha sido dicho por otro, ni por los profetas, ni por los fariseos, ni nunca tal se ha oído. Nosotros sabemos dónde él ha nacido, y que tiene cinco años apenas. ¿De dónde viene que pronuncie esas palabras? Los fariseos respondieron: Jamás oímos a un niño tan pequeño pronunciar tales palabras.

4. Y Jesús, contestándoles, dijo: ¿Os sorprende oír a un niño pronunciar tales palabras? ¿Por qué, pues, no dais fe a lo que os he dicho? Y puesto que, cuando yo os he dicho que sé cuándo habéis nacido, os habéis asombrado, os diré más, para que os asombréis más aún. Yo he tratado a Abraham, a quien vosotros llamáis vuestro padre, y le he hablado, y él me ha visto. Oyendo estas palabras, todos callaban, y nadie osaba hablar. Y Jesús les dijo: He estado entre vosotros con los niños, y no me habéis conocido. Os he hablado como a sabios, y no me habéis comprendido, porque, en realidad, sois más jóvenes que yo, y además, no tenéis fe.

CAPÍTULO XXXI

SABIDURÍA DE JESÚS. CONFUSIÓN DE LEVÍ

1. Otra vez el maestro Zaquías, doctor de la Ley, dijo a José y María: Dadme al niño, y le confiaré al maestro Leví[(799)], que le enseñará las letras, y le instruirá. Entonces José y María, acariciando a Jesús, le condujeron a la escuela, para que fuese instruido por el viejo Leví. Jesús, luego que entró, guardaba silencio. Y el maestro Levi, nombrando una letra a Jesús,

---

[(799)] Michel *(Evangiies apocryphes,* I, 136) observa que la introducción de *Leví* pertenece exclusivamente al Pseudo-Mateo, que le atribuye en parte el papel jugado por otro maestro, como se corrobora comparando su capítulo XXXVIII con el XIV del Pseudo-Tomás. La escena de la explicación del alfabeto, según que se cuenta aquí, era conocida por ciertas sectas gnósticas del siglo II, si hemos de creer a San Ireneo *(Adversus haereses,* I, XIII, 1), en cuyo texto, como en el del Pseudo-Tomás, el comentario se aplica al alfabeto griego, mientras que el Pseudo-Mateo, como es más verosímil, lo aplica a las letras hebraicas. En la versión armenia del Evangelio de la Infancia, tal como nos la da a conocer Chardin *(Voyages en Perse,* IX, 124), la explicación de Jesús atañe a la forma de la letra A, forma en que el niño ve una alusión a la Trinidad.

y comenzando por la primera, *Aleph,* le dijo: Responde. Pero Jesús calló, y no respondió nada. Entonces el maestro, irritado, cogió una vara, y le pegó en la cabeza.

2. Pero Jesús dijo al profesor: Sabe, en verdad, que el que es golpeado instruye al que le pega, en vez de ser instruido por él. Pero todos los que estudian y que escuchan, son como un bronce sonoro o como un címbalo resonante, y les falta el sentido y la inteligencia de las cosas significadas por su sonido. Y, continuando Jesús, dijo a Zaquías: Toda letra, desde la *Aleph* a la *Thau,* se distingue por su disposición. Dime, pues, primero lo que es *Thau,* y te diré lo que es *Aleph.* Y aún dijo Jesús: Hipócritas, ¿cómo los que no conocen lo que es *Aleph* podrán decir *Thau?* Di primero lo que es *Aleph,* y te creeré cuando digas *Beth.* Y Jesús se puso a preguntar el nombre de cada letra, y dijo: Diga el maestro de la Ley lo que es la primera letra, o por qué tiene numerosos triángulos, graduados, agudos, etc.[800]. Cuando Leví le oyó hablar así del orden y disposición de las letras, quedó estupefacto.

3. Entonces comenzó a gritar ante todos, y a decir : ¿Es que este niño debe vivir sobre la tierra? Merece, por el contrario, ser elevado en una gran cruz. Porque puede apagar el fuego, y burlarse de otros tormentos. Pienso que existía antes del cataclismo, y que ha nacido antes del diluvio. ¿Qué entrañas le han llevado? ¿Qué madre le ha puesto en el mundo? ¿Qué seno le ha amamantado? Me arredro ante él, por no poder sostener la palabra que sale de su boca. Mi corazón se asombra de oír tales palabras, y pienso que a ningún hombre es dable comprenderlas, a menos que Dios no esté con él. Y ahora, desgraciado de mí, he quedado entregado a sus burlas. Ahora que creía tener un discípulo, he encontrado un maestro, sin saberlo. ¿Qué diré? No puedo sostener las palabras de este niño, y huiré de esta ciudad, porque no puedo comprenderle. Viejo soy, y he sido vencido por un niño. No puedo encontrar ni el principio ni el fin de lo que afirma. Os digo, en verdad, y no miento, que, a mis ojos, este niño, juzgando por sus primeras palabras y por el fin de su intención, no parece tener nada de común con los hombres. No sé si es un hechicero o un dios, o si un ángel

---

[800] Michel *(Evangiles apocryphes,* 138) no se atreve a traducir todas las palabras del texto latino *(triángulos, gradatos, subacutos, mediatos, obductos, productos, erectos, stratos, curvistratos),* a las cuales resulta harto difícil dar un sentido inteligible. Es probable que nos las hayamos con un eco de las especulaciones de los gnósticos, sobre cuyo fondo metafísico nada comprendía, sin duda, el autor de nuestro texto latino.

LACRITICALITERARIA.COM

de Dios habla en él. Lo que es, de dónde viene, lo que llegará a ser, lo ignoro.

4. Entonces Jesús, con aire satisfecho, le sonrió, y dijo en tono imperioso a los hijos de Israel, que estaban presentes, y que le escuchaban: Los estériles sean fecundos, los ciegos vean, los cojos anden derechos, los pobres tengan bienes, y los muertos resuciten, para que cada uno vuelva a su estado primero, y viva en aquel que es la raíz de la vida y de la dulzura perpetua. Y, cuando el niño Jesús hubo dicho esto, todos los que estaban aquejados de enfermedades fueron curados. Y nadie osaba ya decirle nada, ni oír nada de él.

CAPÍTULO XXXII

JESÚS RESUCITA A UN NIÑO MUERTO[801]

1. Después de esto, José y María fueron con Jesús a la ciudad de Nazareth, y él estaba allí con sus padres. Un día de sábado, en que Jesús jugaba en la terraza de una casa con otros niños, uno de ellos hizo caer de la terraza al suelo a otro, que murió. Y como los padres del niño no habían visto esto, lanzaron gritos contra José y María diciendo: Vuestro hijo ha hecho caer al nuestro, y lo ha matado.

2. Pero Jesús callaba, y no respondía palabra. José y María fueron cerca de Jesús, y su madre le interrogó, diciendo: Mi Señor, dime si tú lo has tirado. Entonces Jesús descendió de la terraza, y llamó al muerto por su nombre de Zenón. Y éste respondió: Señor. Y Jesús le preguntó: ¿Te he tirado yo de la terraza al suelo? El niño contestó: No, Señor.

3. Y los padres del niño que había muerto se maravillaron, y honraron a Jesús por el milagro que había hecho. Y de allí José y María partieron con Jesús para Jericó.

CAPÍTULO XXXIII

JESÚS EN LA FUENTE[802]

1. Jesús tenía seis años, y su madre le envió a buscar agua a la fuente con los niños. Y sucedió que, cuando había llenado su vasija de agua, uno de los niños le empujó y le destrozó la vasija.

---

(801) Compárese con el capítulo IX del Pseudo-Tomás.
(802) Compárese con el capítulo XI del Pseudo-Tomás.

2. Pero Jesús extendió el manto que llevaba, y recogió en él tanta agua como había en el cántaro, y la llevó a su madre. La cual, viendo todo esto, se sorprendía, meditaba dentro de sí misma, y lo guardaba todo en su corazón.

CAPÍTULO XXXIV

MILAGRO DEL GRANO DE TRIGO

1. Otro día Jesús fue al campo, y, tomando un grano de trigo del granero de su madre, lo sembró él mismo.

2. Y el grano germinó, y se multiplicó extremadamente. Lo recolectó él mismo, y recogió tres medidas de trigo, que dio a sus numerosos parientes.

CAPÍTULO XXXV

JESÚS EN MEDIO DE LOS LEONES

1. Hay un camino que sale de Jericó, y que va hacia el Jordán, en el lugar por donde pasaron los hijos de Israel, y donde se dice que se detuvo el arca de la alianza. Y Jesús, siendo de edad de ocho años, salió de Jericó, y fue hacia el Jordán.

2. Y había, al lado del camino, cerca de la orilla del Jordán, una caverna en que una leona nutría sus cachorros, y nadie podía seguir con seguridad aquel camino. Jesús, viniendo de Jericó, y oyendo que una leona tenía su guarida en aquella caverna, entró en ella a la vista de todos. Mas, cuando los leones divisaron a Jesús, corrieron a su encuentro, y le adoraron. Y Jesús estaba sentado en la caverna, y los leoncillos corrían aquí y allá, alrededor de sus pies, acariciándole y jugando con él. Los leones viejos se mantenían a lo lejos, con la cabeza baja, le adoraban, y movían dulcemente su cola ante él. Entonces el pueblo, que permanecía a distancia, no viendo a Jesús, dijo: Si no hubiesen él o sus parientes cometido grandes pecados, no se hubiera ofrecido él mismo a los leones. Y, mientras el pueblo se entregaba a estos pensamientos, y estaba abrumado de tristeza, he aquí que de súbito, en presencia de todos, Jesús salió de la caverna, y los leones viejos le precedían, y los leoncillos jugaban a sus pies.

3. Los parientes de Jesús se mantenían a distancia, con la cabeza baja, y miraban. El pueblo permanecía también alejado, a causa de los leones, y no osaba unirse a ellos. Entonces Jesús dijo al pueblo: ¡Cuánto más valen las bestias feroces, que reconocen a su Maestro, y que le glorifican, que vosotros, hombres, que habéis sido creados a imagen y semejanza de Dios,

y que le ignoráis! Las bestias me reconocen, y se amansan. Los hombres me ven, y no me conocen.

CAPÍTULO XXXVI

JESÚS DESPIDE EN PAZ A LOS LEONES Y LES ORDENA QUE NO HAGAN DAÑO A NADIE[803]

1. Luego Jesús atravesó el Jordán con los leones, a la vista de todos, y el agua del Jordán se separó a derecha e izquierda. Entonces dijo a los leones, de forma que todos le oyeran: Id en paz, y no hagáis daño a nadie, pero que nadie os enoje hasta que volváis al lugar de que habéis salido.

2. Y las fieras, saludándole, no con la voz, pero sí con la actitud del cuerpo, volvieron a la caverna. Y Jesús regresó cerca de su madre.

CAPÍTULO XXXVII

MILAGRO DEL TROZO DE MADERA[804]

1. Como José era carpintero, y no fabricaba más que yugos para los bueyes, arados[805], carros, instrumentos de labranza y camas de madera[806], ocurrió que un hombre joven le encargó hacerle un lecho de seis codos. José mandó a su aprendiz cortar la madera mediante una sierra de hierro, según la medida que había sido dada. Pero el aprendiz no guardó la medida prescrita, e hizo una pieza de madera más corta que la otra. Y José empezó a preocuparse y a pensar en lo que convenía hacer al respecto.

2. Y, cuando Jesús le vio preocupado con que no había arreglo posible, le habló para consolarle, diciéndole: Ven, tomemos las extremidades de las dos piezas de madera, coloquémoslas una junto a otra, y tiremos de ellas hacia nosotros, para que podamos hacerlas iguales. José obedeció,

---

(803) Algunos críticos han indicado que, en este capítulo, parece haber una alusión al paso del Jordán, primero por Josué, según lo cuenta el *Sepher Johosua* (III, 14, 17), y después por Elías y por Elíseo, conforme lo relata el *IV Sepher Malachim* (II, 8).

(804) Compárese con el capítulo XIII del Pseudo-Tomás.

(805) San Justino *(Dialogus cum, Tryphone,* LXXXVIII) consigna el mismo detalle de los *juga bobum et aratra.*

(806) El Pseudo-Mateo añade a otros apócrifos la mención de las *camas,* para conexionarlas con el relato de su capítulo.

porque sabía que podía hacer cuanto quisiera. Y tomó los extremos de los trozos de madera, y los apoyó contra un muro, cerca de él, y Jesús tomó los otros extremos, tiró del trozo más corto, y lo hizo igual al más largo. Y dijo a José: Ve a trabajar, y haz lo que has prometido. Y José hizo lo que había prometido.

CAPÍTULO XXXVIII

EXPLICACIÓN DEL ALFABETO[(807)]

1. Por segunda vez pidió el pueblo a José y María que enviasen a Jesús a aprender las letras a la escuela. No se negaron a hacerlo, y, siguiendo la orden de los ancianos, le llevaron a un maestro para que le instruyese en la ciencia humana. Y el maestro comenzó a instruirle con un tono imperioso, ordenándole: Di *Alpha.* Pero Jesús le contestó: Dime primero qué es *Beth,* y te diré qué es *Alpha.* Y el maestro, irritado, pegó a Jesús, y, apenas le hubo tocado, cuando murió.

2. Y Jesús volvió a casa de su madre. José, aterrado, llamó a María y le dijo: Mi alma está triste hasta la muerte por causa de este niño. Porque puede ocurrir que cualquier día alguien le hiera a traición, y muera. Pero María, respondiéndole, dijo: Hombre de Dios, no creo que eso pueda pasar, antes creo con certeza que aquel que le ha enviado para nacer entre los hombres le protegerá contra toda malignidad, y le conservará en su nombre al abrigo del mal.

CAPÍTULO XXXIX

EL NIÑO JESÚS EXPLICA LA LEY[(808)]

1. Por tercera vez rogaron los judíos a María y José que condujeran con dulzura al niño a otro maestro, para ser instruído. Y José y María, temiendo al pueblo, a la insolencia de los príncipes y a las amenazas de los sacerdotes, le llevaron de nuevo a la escuela, aun sabiendo que nada podía aprender de un hombre el que tenía de Dios una ciencia perfecta.

2. Cuando Jesús hubo entrado en la escuela, guiado por el Espíritu Santo, tomó el libro de manos del maestro que enseñaba la Ley, y en

---

[(807)] Compárese con el capítulo XIV del Pseudo-Tomás. Nótase que, en este segundo relato, es el alfabeto griego el que se enseña a Jesús.

[(808)] Compárese con el capítulo XV del Pseudo-Tomás.

LACRITICALITERARIA.COM

presencia de todo el pueblo, que le veía y oía, se puso a leer, no lo que estaba escrito en el libro, sino que hablaba en él el espíritu del Dios vivo, como si un torrente de agua brotase de una fuente viva, y como si esa fuente estuviese siempre colmada. Y enseñó al pueblo con tanta energía la grandeza de Dios, que el mismo maestro cayó a tierra, y le adoró. Pero el corazón de los que allí estaban, y le habían oído hablar, fue presa del estupor. Y cuando José lo hubo oído, fue corriendo hacia Jesús, temeroso de que el maestro muriese. Y, viéndole, el maestro dijo: No me has dado un discípulo, sino un maestro. ¿Quién sostendrá a la fuerza de sus palabras? Entonces se cumplió lo que fue dicho por el salmista: El río de Dios está lleno de agua. Tú has preparado su nutrición, porque así es como se prepara[(809)].

CAPÍTULO XL

JESÚS RESUCITA A UN MUERTO A RUEGOS DE JOSÉ[(810)]

1. Y José partió de allí con María y Jesús, para ir a Capernaum, a orillas del mar, a causa de la maldad de sus enemigos. Y, cuando Jesús moraba en Capernaum, había en la ciudad un hombre llamado José e inmensamente rico. Pero había sucumbido a la enfermedad, y estaba extendido muerto sobre su lecho.

2. Y, cuando Jesús hubo oído a los que gemían y se lamentaban sobre el muerto, dijo a José: ¿Por qué no prestas el socorro de tu bondad a ese hombre que lleva el mismo nombre que tú? Y José le respondió : ¿Qué poder o qué medio tengo yo de prestarle socorro? Y le dijo Jesús: Coge el pañuelo que llevas en la cabeza, ponlo sobre el rostro del muerto, y dile: El Cristo te salve. Y en seguida el muerto quedará curado, y se levantará de su lecho. Después de haberle oído, José fue corriendo a cumplir la orden de Jesús, entró en la casa del muerto, y colocó sobre su rostro el pañuelo que él llevaba sobre su cabeza, diciéndole: Jesús te salve. Y al instante el muerto se levantó de su lecho, preguntando quién era Jesús.

[(809)] Palabras tomadas al *Sepher Thillim* (LXIV, 10).

[(810)] Michel *(Evangiles apocryphes,* I, 154) consigna que el manuscrito de Florencia reemplaza el relato de este capítulo por resúmenes harto torpes de hechos relatados en los Evangelios canónicos, como la multiplicación de los panes, la curación del ciego y la resurrección de Lázaro.

CAPÍTULO XLI

CURACIÓN DE JACOBO[811]

1. Y fueron a la ciudad que se llama Bethlehem, y José estaba en su casa con María, y Jesús con ellos. Y un día José llamó a Jacobo, su primogénito, y le envió a la huerta a recoger legumbres para hacer un potaje. Jesús siguió a su hermano a la huerta, y José y María no lo sabían. Y he aquí que, mientras Jacobo cogía las legumbres, una víbora salió de un agujero, y mordió la mano del muchacho, que se puso a gritar, por el mucho dolor. Y, ya desfalleciente, clamaba con voz llena de amargura: ¡Ah, una malvada víbora me ha herido la mano!

2. Pero Jesús, que estaba al otro lado, corrió hacia Jacobo, al oír su grito de dolor, y le tomó la mano, sin hacerle otra cosa que soplarla encima, y refrescarla. Y enseguida Jacobo fue curado, y la serpiente murió. Y José y María no sabían lo que pasaba. Pero a los gritos de Jacobo, y al mandárselo Jesús, corrieron a la huerta, y vieron a la serpiente ya muerta y a Jacobo perfectamente curado.

CAPÍTULO XLII

JESÚS Y SU FAMILIA

1. Cuando José iba a un banquete con sus hijos Jacobo, José, Judá y Simeón, y con sus dos hijas, y con Jesús y María, su madre, iba también la hermana de ésta, María, hija de Cleofás, que el Señor Dios había dado a su padre Cleofás y a su madre Ana, porque habían ofrecido al Señor a María, la madre de Jesús. Y esta María había sido llamada con el mismo nombre de María para consolar a sus padres.

2. Siempre que estaban reunidos, Jesús les santificaba, y les bendecía, y comenzaba el primero a comer y a beber. Porque ninguno osaba comer, ni beber, ni sentarse a la mesa, ni partir el pan, hasta que Jesús, habiéndolos bendecido, hubiere hecho el primero estas cosas. Si por casualidad no estaba allí, esperaban que lo hiciese. Y, cada vez que él quería aproximarse para la comida, se aproximaban también José y María y sus hermanos, los hijos de José. Y estos hermanos, teniéndole ante sus

---

[811] Compárese con el capítulo XVI del Pseudo-Tomás. Quizá haya también, en el relato del Pseudo-Mateo, un recuerdo de los *Acta apostolorum* (XXVIII, 3, 6).

ojos como una luminaria, le observaban y le temían. Y, mientras Jesús dormía, fuese de día o de noche, la luz de Dios brillaba sobre él. Alabado y glorificado sea por los siglos de los siglos. Amén[(812)].

---

(812) El manuscrito de Florencia termina este último capítulo en los siguientes términos: "El santo apóstol y evangelista Juan escribió este librito de su puño y letra y en lengua hebrea, y Jerónimo, el doctor ilustre, lo vertió de esa lengua a la latina". Nuevamente comprobamos aquí el origen sospechoso de toda la literatura evangélica, y la facilidad con que los cristianos antiguos se pagaban de atribuciones falsas y aun contradictorias en lo concerniente a los autores de los diversos ejemplares de aquella literatura. Ya vimos que el quinto prólogo de nuestro apócrifo cuelga su redacción a Santiago, en desarmonía con los otros cuatro prólogos, que le suponen obra de San Mateo. Ahora el manuscrito de Florencia nos sorprende con la afirmación de ser nuestro apócrifo producción de San Juan. Todo ello viene a demostrar que la traza de los cristianos antiguos consistía en dar por redactores de los Evangelios a los propios discípulos de Jesús, a pesar de que se rozaba con lo imposible la dificultad de recibir por apostólico cualquier libro procedente de tradiciones tan falsas por su abolengo legendario como susceptibles de que se las aceptase con veneración, a causa de su misterioso nacimiento.

EL EVANGELIO DE LA NATIVIDAD DE MARÍA

PREFACIO

El suave requerimiento que me dirigís reclama de mí un trabajo relativamente fácil, pero penoso en grado sumo, por las cuidadosas precauciones que hay que tomar contra el error. Me pedís, en efecto, que ponga por escrito lo que haya encontrado en diversas fuentes sobre la vida y la natividad de la bienaventurada Virgen María hasta su incomparable parto y hasta los primeros momentos del Cristo, empresa poco difícil de ejecutar, pero singularmente presuntuosa, como os digo, por los peligros a que expone a la verdad. Porque lo que de mí exigís, hoy que las canas blanquean mi cabeza, lo he leído, sabedlo, cuando era joven, en un librito que cayó en mis manos. Ciertamente, después de ese lapso de tiempo, colmado por otras preocupaciones nada triviales, ha podido muy bien suceder que varios rasgos se hayan escapado de mi memoria. Por ende, si accedo a vuestra súplica, habría injusticia en acusarme de haber querido suprimir, añadir o cambiar un ápice de la historia. Si esto ocurriese, y no lo niego, sería, a lo menos, cosa independiente de mi voluntad. En estas condiciones, y en estas solamente, satisfago vuestros deseos y la curiosidad de los lectores, previniéndoos, empero, tanto a vosotros como a ellos, que el susodicho opúsculo, si no me es infiel la memoria, comenzaba por el siguiente prefacio, que recuerdo, a lo menos en su sentido[(813)].

---

(813) No cabe duda que este prefacio abunda en los mismos distingos y en las mismas reservas que los prólogos primero y segundo del Pseudo-Mateo. Quizá haya sido esta circunstancia la que lo hiciese atribuir a San Jerónimo. Pero los tres documentos son inauténticos de todo punto, como en la introducción creo haber dejado bien establecido.

LACRITICALITERARIA.COM

CAPÍTULO I

MARÍA Y SUS PADRES

1. Sabemos que la bienaventurada y gloriosa María siempre virgen, salida del tronco real de la familia de David, nació en la ciudad de Nezareth, y fue educada en Jerusalén, en el templo del Señor. Su padre se llamaba Joaquín, y su madre Ana. Su familia paterna era de Galilea, de la ciudad de Nazareth, y su familia materna era de Bethlehem[(814)].

2. Y la vida de ambos esposos era sencilla y santa ante Dios, y piadosa e irreprensible ante los hombres. Todos sus bienes, en efecto, los habían dividido en tres partes, consagrando la primera al templo y a sus servidores, distribuyendo la segunda entre los pobres y los peregrinos, y reservándose la tercera para sí mismos y para los menesteres de su hogar.

3. Y de esta manera, amados por Dios y buenos para los hombres, habían vivido durante cerca de veinte años en un casto connubio[(815)], sin tener descendencia. No obstante, habían hecho voto, si por acaso Dios les daba un hijo, de consagrarlo al servicio del Señor. Y, así, cada año, acostumbraban, en los días festivos, a ir, piadosos, al templo.

[(814)] La presentación de los personajes, de su abolengo, de su país y de su pueblo natal es aquí más natural y más concreta que en el Pseudo-Jacobo y que en el Pseudo-Mateo. Pero esta precisión individual, racial, geográfica y topográfica no indica en modo alguno que las reseñas del autor del *De nativitate,* comparadas con las de los otros dos apócrifos, tengan una base más segura en informes más directos de la tradición.

[(815)] *Castum conjugium* parece implicar una observancia severa de la castidad en las relaciones matrimoniales. Pero el voto de que a continuación se habla, y que consta también en el Pseudo-Mateo (II, 2), prueba que el autor del *De nativitate* no ha querido referirse a una castidad rigurosa.

CAPÍTULO II

MALDICIÓN DE JOAQUÍN POR ISACHAR

1. Y, como se aproximase la fiesta de la Dedicación, Joaquín, con algunos de sus compatriotas, subió a Jerusalén[(816)]. Y, en aquella época, Isachar era Gran Sacerdote[(817)]. Y, habiendo visto a Joaquín con su ofrenda, en medio de sus conciudadanos, le miró con desprecio, y desdeñó sus presentes, preguntándole por qué él, que no tenía hijos, se atrevía a estar entre los que eran fecundos. Y le advirtió que, habiéndole Dios juzgado indigno de posteridad, no podían serle aceptos sus presentes, por cuanto la Escritura dice: Maldito sea quien no engendre hijos en Israel[(818)]. Y le conminó para que se librase de esta maldición[(819)], creando una progenitura, porque sólo entonces le sería lícito acercarse, con sus ofrendas, a la presencia del Señor.

2. Y este reproche que se le lanzaba, cubrió de extremo oprobio a Joaquín, el cual se retiró al sitio en que estaban sus pastores con sus rebaños. Y no quiso volver a su casa, temiendo sufrir los mismos reproches de sus comarcanos, que habían asistido a la escena, y que habían oído al Gran Sacerdote.

[(816)] El Pseudo-Jacobo vagamente, y el Pseudo-Mateo con alguna más claridad, indican a Jerusalén como lugar de residencia de Joaquín. El autor del *De nativitate* niega formalmente este dato, y hace a Joaquín natural y habitante de Nazareth de Galilea. Por eso dice que "subió" *(ascesndit)* a Jerusalén, refrendando lo que consignara en el versículo 1 del capítulo I.

[(817)] Se advertirá que aquí el denostador de Joaquín no es un particular, como en el Pseudo-Jacobo, ni un escriba, como en el Pseudo-Mateo, sino el Gran Sacerdote en persona.

[(818)] Estas palabras no figuran en parte alguna del Antiguo Testamento, y el autor del *De nativitate,* en su escaso conocimiento de todo lo referente al mundo judaico, inventó un texto, acaso sin advertirlo.

[(819)] Obsérvese que, mientras que, en el Pseudo-Jacobo y en el Pseudo-Mateo, el denostador de Joaquín se limita a decirle que no es bendito de Dios, aquí le maldice positivamente.

LACRITICALITERARIA.COM

CAPÍTULO III

APARICIÓN DE UN ÁNGEL A JOAQUÍN

1. Y permanecía allí desde hacía algún tiempo[820], cuando, cierto día que estaba solo, le apareció un ángel del Señor, rodeado de una gran luz. Y, a su vista, Joaquín quedó turbado. Pero el ángel apaciguó su turbación, diciéndole: No temas, Joaquín, ni te turbe mi vista, porque soy un ángel del Señor, enviado por Él a ti, para anunciarte que tus súplicas han sido escuchadas, y que tus limosnas han subido a su presencia. Ha visto tu oprobio, y ha considerado el reproche de esterilidad que sin razón se te ha dirigido. Porque Dios es vengador del pecado, mas no de la naturaleza. Y, cuando cierra una matriz, lo hace para abrirla después de una manera más admirable, y para que se sepa que lo que nace así no es fruto de la pasión, sino presente de la Providencia.

2. La primera madre de vuestra nación, Sara, permaneció estéril hasta los ochenta años, a pesar de lo cual, en los últimos días de su vejez, dio a luz a Isaac, en quien le había sido prometido que serían benditas todas las naciones. Asimismo Raquel, tan agradable a Dios y tan amada por Jacob, permaneció estéril durante mucho tiempo, y, no obstante, parió a José, que fue, no solamente el dueño de Egipto, sino el salvador de numerosos pueblos que iban a morir de hambre. ¿Quién, entre los jueces, más fuerte que Sansón y más santo que Samuel? Y, sin embargo, ambos a dos tuvieron por madres a mujeres por mucho tiempo estériles. Si, pues, la razón no te persuade por mi boca, cree a lo menos que las concepciones dilatadamente diferidas y los partos tardíos son de ordinario los más portentosos.

3. Así, tu esposa Ana te parirá una niña, y la llamarás María. Y, conforme a vuestro voto, se consagrará al Señor desde su niñez, y estará

---

(820) *Verum cum ibi aliquamdiu esset.* He traducido *ibi* por "allí", a sabiendas de que la versión no es correcta, como tampoco lo habría sido sustituir el vocablo por un "fuera o alejado de su casa", a pesar de que lo hubiera permitido la vaguedad del texto. En efecto: el autor del *De nativitate* no lleva a Joaquín al desierto, como el Pseudo-Jacobo, ni a montes muy distantes de su país, como el Pseudo-Mateo, sino que parece dejarle en el sitio mismo en que se reunió con sus pastores, y que bien podía hallarse bastante alejado de su casa. Hay igualmente una divergencia en la duración de la estancia de Joaquín en su retiro. El Pseudo-Jacobo habla de cuarenta días, el Pseudo-Mateo de cinco meses, y el autor del *De nativitate* de "cierto tiempo" *(aliquamdiu)* a secas.

llena del Espíritu Santo desde el vientre de su madre. Y no comerá ni beberá nada impuro, ni vivirá en medio de las agitaciones populares del exterior, sino en el templo, a fin de que no pueda enterarse, ni aun por sospecha, de nada de lo que existe de vergonzoso en el mundo. Y, con el curso de la edad, bien como ella nació milagrosamente de una mujer estéril, de igual modo, por un prodigio incomparable y permaneciendo virgen, traerá al mundo al hijo del Altísimo, que será llamado Jesús o salvador de todas las naciones, conforme a la etimología de su nombre.

4. Y he aquí el signo(821) de la verdad de las cosas que te anuncio. Cuando llegues a la Puerta Dorada de Jerusalén, encontrarás a Ana tu esposa, la cual, inquieta hasta hoy por tu retardo, se regocijará sobremanera, al volver a verte. Y, dicho esto, el ángel se separó de Joaquín.

(821) *Signum* es el equivalente del "signo" que Zacarías pide al ángel en San Lucas (I, 18). La diferencia entre los dos relatos está en que, en el Evangelio de la Natividad, Joaquín no pide signo alguno, y es el ángel mismo quien espontáneamente se lo da.

CAPÍTULO IV

APARICIÓN DE UN ÁNGEL A ANA[822]

1. Y después apareció a Ana su esposa, diciéndole: No temas, Ana, ni imagines que es un fantasma lo que ves[823]. Yo soy el ángel que ha llevado vuestras oraciones y vuestras limosnas a la presencia de Dios[824], y que ahora he sido enviado a vosotros para anunciaros el nacimiento de una hija, que se llamará María, y que será bendita entre todas las mujeres. Llena de la gracia del Señor desde el instante de su nacimiento, permanecerá en la casa paterna durante los tres años de su lactancia. Después, consagrada al servicio del Altísimo, no se apartará del templo hasta la edad de la discreción. Y allí, sirviendo a Dios día y noche con ayunos y con plegarias, se abstendrá de todo lo que es impuro, y no conocerá varón jamás, manteniéndose sin tacha, sin corrupción, sin unión con hombre alguno. Empero, virgen, parirá un hijo, y, sierva, parirá a su Señor, el que será por gracia, por título, por acción, el salvador del mundo.

2. Así, pues, levántate, sube a Jerusalén, y, cuando llegues a la llamada Puerta Dorada, allí, a manera de signo, encontrarás a tu esposo, sobre cuyo paradero anda inquieta tu alma. Y, cuando hayan sucedido estas cosas, lo que yo te anuncio se cumplirá al pie de la letra.

---

[822] Amann *(Le Protévangile de Jacques,* 349) observa que del relato de la aparición a Ana han desaparecido, en este capítulo del *De nativitate,* todas las circunstancias graciosas que hacen tan poética la narración del *Protevangelium,* no quedando aquí más que el esquema general.

[823] La expresión *neque phantasma putes esse quod vides,* recuerda las expresiones semejantes que se hallan en los relatos de las apariciones del Cristo resucitado en los Evangelios canónicos.

[824] Frases parecidas a ésta se encuentran en el *Sepher Tobiah* (XII, 12, 15) y en el *Apocalipsis* (VIII, 3, 5).

CAPÍTULO V

NACIMIENTO DE MARÍA

1. Y, obedeciendo al mandato del ángel, ambos esposos, abandonando uno y otro los parajes respectivos en que estaban, subieron a Jerusalén. Y, al llegar al lugar designado por el oráculo del ángel, se encontraron mutuamente. Entonces, gozosos de volver a encontrarse, y poseídos de confianza en la verdad de la promesa de que tendrían descendencia, rindieron acción de gracias bien debidas al Señor, que exalta a los humildes[(825)].

2. Y, habiendo adorado al Altísimo, regresaron a su casa[(826)], y, llenos de júbilo, esperaron la realización de la divina promesa. Y Ana concibió y parió una hija, y, conforme a la orden del ángel, sus padres le pusieron por nombre María.

[(825)] *Domino humilium exaltatori.* Compárese con el pasaje similar de San Lucas (I, 52): *Et exaltavit humiles.*

[(826)] Es decir, a Nazareth *(domum regressi).*

CAPÍTULO VI

PRESENTACIÓN DE MARÍA EN EL TEMPLO

1. Transcurridos tres años y terminado el tiempo de la lactancia, llevaron a la Virgen con ofrendas al templo del Señor. Y había alrededor del templo, según el número de los salmos graduales, quince gradas que subir. Porque, estando el templo situado sobre una altura, sólo por gradas era accesible el altar de los holocaustos, que estaba situado en el exterior(827).

2. Y sobre la primera de aquellas gradas colocaron los padres a la bienaventurada María, todavía muy pequeña. Y, en tanto que ellos se quitaban los vestidos de viaje, para ponerse, siguiendo la costumbre, trajes más bellos y más propios de la ceremonia, la Virgen del Señor subió todas las gradas, sin mano alguna que la condujese, de tal suerte que todos pensaron que no le faltaba nada, a lo menos en aquella circunstancia, de la perfección de la edad(828). Es que el Señor, en la infancia misma de la Virgen, operaba ya grandes cosas, y mostraba por aquel milagro lo que sería un día.

3. Y, después de haber celebrado un sacrificio conforme al uso de la ley(829), dejaron allí a la Virgen, para ser educada en el recinto del templo, con las demás vírgenes(830). Y ellos regresaron a su casa.

---

(827) *Erant autem circa templum.* En su ignorancia de las cosas judías, el autor considera el templo como una especie de iglesia cristiana, con la única diferencia de que el altar de los holocaustos estaba situado en el exterior, e imagina a las gradas como rodeando todo el perímetro del edificio. Amann *(Le Protévangile de Jacques,* 352) recuerda a este propósito ser una idea muy antigua en la exegesis que el número de los salmos graduales se hallaba en relación con el número de las gradas del templo.

(828) *Cumque ipsi vestimenta* es una manera ingeniosa de hacer que la Virgen, durante algunos momentos, quedase sola en la primera de las gradas. *In hac duntaxat causa* tiene el sentido vago de la palabra española "cosa", porque, desde otros puntos de vista, María era todavía muy pequeña. Según Amann *(Le Protévangile de Jacques,* 253), esta pudiera ser un modo discreto de protestar contra las piadosas exageraciones del Pseudo-Mateo (VI, 1).

(829) Este detalle está imitado del *I Sepher Samuel* (I, 25).

(830) Nuevamente incurre el autor en un error vísceo, al suponer que había en el templo algo así como un convento de monjas.

CAPÍTULO VII

NEGATIVA DE LA VIRGEN A CONTRAER MATRIMONIO ORDINARIO

1. Y la Virgen del Señor, a la vez que en edad, crecía igualmente en virtud[(831)], y, según la palabra del salmista, su padre y su madre la habían abandonado, pero Dios la había recogido[(832)]. A diario, en efecto, era visitada por los ángeles[(833)], y a diario gozaba de la visión divina, que la libraba de todo mal, y que la hacía abundar en toda especie de bienes. Así llegó a los catorce años, y, no solamente los malos no podían encontrar en ella nada reprensible, sino que todos los buenos que la conocían, juzgaban su vida y su conducta dignas de admiración.

2. Entonces el Gran Sacerdote anunció en público que todas las vírgenes que habían sido educadas en el templo, y que tenían catorce años, debían volver a sus hogares, y casarse, conforme a la costumbre de su nación y a la madurez de su edad. Todas las vírgenes obedecieron con premura esta orden. Sólo María, la Virgen del Señor, declaró que no podía hacerlo. Como sus padres la habían consagrado primero a Dios, y ella después había ofrendado su virginidad al Señor[(834)], no quería violar este voto, para unirse a un hombre, fuese el que fuese. El Gran Sacerdote quedó sumido en la mayor perplejidad. Él sabía que no era lícito violar un voto contra el mandato de la Escritura, que dice: Haced votos, y cumplidlos[(835)]. Mas, por otra parte, no le petaba introducir un uso extraño a la nación. Ordenó, pues, que, en la fiesta próxima, se reuniesen los notables de Jerusalén y de los lugares vecinos, por cuyo consejo podría saber cómo le convendría obrar en una causa tan incierta.

3. Y así se hizo, y fue común parecer que había que consultar sobre ese punto a Dios. Y, mientras todos se entregaban a la oración, el Gran Sacerdote avanzó para consultar al Señor, según la costumbre. Y, a poco, una voz, que todos oyeron, salió del oráculo y del lugar del

---

[(831)] Compárese con el *I Sepher Samuel* (II, 26) y con San Lucas (II, 52).

[(832)] El salmo a que se refiere el autor es el XXVI, en su versículo 10.

[(833)] El autor admite la visita de los ángeles, pero pasa cuidadosamente en silencio la supuesta comida cotidiana que uno de éstos le servía, según el *Protevangelium* y el Pseudo-Mateo.

[(834)] *Virginitatem vovisse* es la idea que, de buen grado, ve Amann en las palabras ανδρα *ου* γίνωσκω de San Lucas (I, 34). Pero, en rigor, los dos textos no tienen tanta conexión entre sí, que sea lícito aproximarlos.

[(835)] Este texto corresponde al *Sepher Thillim* (LXXV, 12).

propiciatorio[836]. Y esa voz afirmaba que, de acuerdo con la profecía de Isaías, debía buscarse a quien debía desposar y guardar aquella virgen. Porque es bien sabido que Isaías vaticinó: Y saldrá una vara del tronco de Isaí, y un vástago retoñará de sus raíces. Y reposará sobre él el espíritu del Señor, espíritu de inteligencia y de sabiduría, espíritu de fortaleza y de consejo, espíritu de conocimiento y de temor del Altísimo[837].

4. Y, conforme a esta profecía, el Gran Sacerdote ordenó que todos los hombres de la casa y de la familia de David, aptos para el matrimonio y no casados[838], llevasen cada uno su vara al altar, y que debía ser confiada y casada la virgen con aquel cuya vara produjera flores, y en la extremidad de cuya vara reposase el espíritu del Señor en forma de paloma.

---

(836) Amann (*Le Protévangile de Jacques,* 356) advierte que no había diferencia entre el oráculo y el propiciatorio, es decir, la cobertera del arca que llevaba los dos querubines, conforme a las reseñas del *Sepher Veellesemoth* (XXV, 17, 22). Las leyendas anteriores no hablan del propiciatorio, y con razón, porque el arca de la alianza no existía ya en el segundo templo. Demasiado cuidadoso de mostrar su erudición escrituraria, el autor del *De nativitate* olvidó, sin embargo, particularidad tan notoria.

(837) Este texto corresponde al *Sepher Isaiah* (XI, 1).

(838) Las leyendas anteriores no incluyen en la prueba de la vara más que a los viudos, que aquí quedan excluidos virtualmente por la expresión *nuptui habiles non conjugatos.* Tampoco se hace de José un viudo, puesto que, en el comienzo del capítulo siguiente, se habla de lo avanzado de su edad, mas no de un primer matrimonio, ni se alude para nada a los hijos de este primer matrimonio, como en el Pseudo-Jacobo y en el Pseudo-Mateo.

CAPÍTULO VIII

RECAE EN JOSÉ LA ELECCIÓN DE ESPOSO PARA LA VIRGEN

1. Y había, entre otros, un hombre de la casa y de la familia de David, llamado José y ya avanzado en edad. Y, al paso que todos fueron ordenadamente a llevar sus varas, él omitió llevar la suya. Y, como nada apareció que correspondiese al oráculo divino, el Gran Sacerdote pensó que había que consultar de nuevo al Señor. El cual respondió que, de todos los que habían sido designados, sólo el que no había llevado su vara, era aquel con quien debía casarse la Virgen. José fue así descubierto. Y, cuando hubo llevado su vara, y en su extremidad reposó una paloma venida del cielo, todos convinieron en que a él le pertenecía de derecho desposar con María.

2. Y, una vez celebrados los desposorios, se retiró a Bethlehem, su patria, para disponer su casa, y preparar todo lo necesario para las nupcias[(839)]. Cuanto a María, la Virgen del Señor, volvió a Galilea, a casa de sus padres[(840)], con otras siete vírgenes de su edad y educadas con ella, que le había dado el Gran Sacerdote[(841)].

CAPÍTULO IX

REVELACIÓN HECHA POR UN ÁNGEL A LA VIRGEN

1. Y, en aquellos días, es decir, desde los primeros tiempos de su llegada a Galilea, el ángel Gabriel fue enviado a ella por Dios, para anunciarle que concebiría al Señor, y para exponerle la manera y el orden según el cual las cosas pasarían. Y, entrando en su casa, inundando con gran luz la habitación en que se encontraba, y saludándola muy graciosamente, le dijo: Salve María, virgen muy agradable a Dios, virgen llena de gracia, el Señor es contigo, bendita eres entre todas las mujeres,

---

[(839)] El autor, siempre desconocedor de las costumbres de Palestina, habla como un occidental, y distingue los desposorios de las nupcias.

[(840)] *Ad domum parentum* no supone necesariamente, según Amann *(Le Protévangile de Jacques,* 359), que sus padres viviesen aún.

[(841)] A diferencia del Pseudo-Mateo, el autor del *De nativitate* no llama a María reina de las vírgenes. Pero la rodea de un cortejo de ellas, que implica tamaña distinción.

bendita eres por encima de todos los hombres que hasta el presente han nacido.

2. Y María, que conocía ya bien las fisonomías angélicas, y que estaba habituada a recibir la luz celeste, no se amedrentó ante la visión del enviado divino, ni quedó estupefacta ante aquella luz. Únicamente la palabra del ángel la turbó en extremo. Y se puso a reflexionar sobre lo que podía significar una salutación tan insólita, sobre lo que presagiaba, sobre el fin que tenía. Y el ángel divinamente inspirado previno estas dudas, diciéndole: No temas, María, que mi salutación oculte algo contrario a tu castidad. Has encontrado gracia ante el Señor, por haber escogido el camino de la pureza, y, permaneciendo virgen, concebirás sin pecado, y parirás un hijo.

3. Y él será grande, porque dominará de un mar a otro, y hasta las extremidades de la tierra. Y será llamado hijo del Altísimo, porque, naciendo en la humildad, reinará en las alturas de los cielos. Y el Señor Dios la dará el trono de David su padre, y prevalecerá eternamente en la casa de Jacob, y su poder no tendrá fin. Es, en efecto, rey de los reyes y señor de los señores, y su trono durará por los siglos de los siglos.

4. Y, a estas palabras del ángel, la Virgen, no por incredulidad, sino por no saber la manera como el misterio se cumpliría, repuso: ¿Cómo eso ha de ocurrir? Puesto que, según mi voto, no conozco varón ¿cómo podré dar a luz, a pesar de ello? Y el ángel le dijo: No pienses, María, que concebirás al modo humano. Sin unión con hombre alguno, virgen concebirás, virgen parirás, virgen amamantarás. Porque el Espíritu Santo descenderá sobre ti, y la virtud del Altísimo te cubrirá con su sombra contra todos los ardores de la pasión. El que de ti saldrá, por cuanto ha de nacer sin pecado, será el único santo y el único merecedor del nombre de hijo de Dios. Entonces, María, con las manos extendidas y los ojos elevados al cielo, dijo: He aquí la esclava del Señor. Hágase en mí según tu palabra.

5. Sería quizá demasiado largo, y para muchos enojoso, insertar en este opúsculo todos los sucesos que conforme a nuestros textos, precedieron y siguieron a la natividad de Nuestro Señor. Omitiendo, pues, lo que está suficientemente referido en el Evangelio, pasemos a la narración de lo que allí aparece menos detallado.

CAPÍTULO X

REVELACIÓN HECHA POR UN ÁNGEL A JOSÉ

1. Habiendo ido José de Judea a Galilea, tenía la intención de tomar por esposa a la virgen que le había sido confiada. Porque, desde el día de los desposorios, habían transcurrido ya tres meses, y había comenzado el cuarto. Y, en el intervalo, el vientre de la Virgen se había hinchado, hasta el punto de manifestar su embarazo, cosa que no pudo escapar a José, quien, según la costumbre de los desposados, entraba más libremente a ver a María, y conversaba más familiarmente con ella, por lo que descubrió su estado. Y comenzó a agitarse y a turbarse, ignorando lo que le sería preferible hacer. Como hombre justo, no quería entregarla, y, como hombre piadoso, no quería infamarla, haciendo recaer sobre ella sospecha de fornicación. Pensó, pues, en secretamente disolver su matrimonio, y en secretamente devolverla[842].

2. Y, estando en estas cavilaciones, he aquí que un ángel del Señor le apareció en sueños, y le dijo: José, hijo de David, no temas, ni imagines que hay en la virgen nada de vergonzoso, porque lo que ha nacido en ella, y que hoy angustia tu corazón, no es obra de un hombre, sino del Espíritu Santo. Entre todas las mujeres, sólo ella, permaneciendo virgen, traerá el hijo de Dios al mundo. Y darás a este hijo el nombre de Jesús, es decir, Salvador, porque salvará a su pueblo de sus pecados.

3. Y José, conforme a la orden del ángel, tomó a María por esposa. Mas no la conoció, sino que la guardó en castidad[843]. Y, llegado el final del noveno mes del embarazo, José, tomando consigo a la Virgen y a las demás cosas que le eran necesarias, partió para la ciudad de Bethlehem, de donde era oriundo. Y sucedió que, durante su estancia en aquel lugar, sobrevino el tiempo del parto de María[844], la cual trajo al mundo, como

---

[842] *Itaque cogitabat clam dissolvere conjugium et occulte dimittere earn.* Aquí el autor del *De nativitate* se pone en divergencia manifiesta con el Mateo canónico (I, .19) y con el Pseudo-Mateo apócrifo (XI, 1), quienes no admiten la devolución de María, sino que atribuyen a José el designio de secretamente huir él mismo, y secretamente abandonar a su esposa.

[843] En esto, San Mateo (I, 25) difiere del Evangelio de la Natividad, pues taxativamente afirma que José "no la conoció (a María) hasta que parió a su hijo primogénito". Acerca de este punto, ya hablé de pasada en la introducción.

[844] Con esta brevedad termina su narración el autor del *De Nativitate,* y su pobreza de detalles sobre el nacimiento del Cristo contrasta, en verdad, con el lujo

los evangelistas nos han enseñado, a su hijo primogénito, Nuestro Señor Jesucristo, que vive y reina, con el Padre y con el Espíritu Santo, por todos los siglos de los siglos.

FIN DEL TOMO PRIMERO

---

de pormenores que resplandece en los otros Evangelios, así canónicos como apócrifos, que del mismo asunto tratan. No obstante, empero, la brusca detención del relato, éste alcanza su fin, y colma con algunas breves indicaciones las lagunas de los otros Evangelios relativamente a la infancia de Maria. Además, como nota Amann (*Le Protéycmgile de Jacques,* 365), la elección de las leyendas marianas hecha por el autor es inteligente, puesto que únicamente los episodios que él menciona se han conservado como clásicos en la Iglesia Latina.

EL CRÍTICO y EDITOR - JUAN BAUTISTA BERGUA

Juan Bautista Bergua nació en España en 1892. Ya desde joven sobresalió por su capacidad para el estudio y su determinación para el trabajo. A los 16 años empezó la universidad y obtuvo el título de abogado en tan sólo dos años. Fascinado por los idiomas, en especial los clásicos, latín y griego, llegó a convertirse en un célebre crítico literario, traductor de una gran colección de obras de la literatura clásica y en un especialista en filosofía y religiones del mundo. A lo largo de su extraordinaria vida tradujo por primera vez al español las más importantes obras de la antigüedad, además de ser autor de numerosos títulos propios.

SU LIBRERÍA, LA EDITORIAL Y LA "GENERACIÓN DEL 27"

Juan B. Bergua fundó la Librería-Editorial Bergua en 1927, luego Ediciones Ibéricas y Clásicos Bergua. Quiso que la lectura de España dejara de ser una afición elitista. Publicó títulos importantes a precios asequibles a todos, entre otros, los diálogos de Platón, las obras de Darwin, Sócrates, Pitágoras, Séneca, Descartes, Voltaire, Erasmo de Rotterdam, Nietzsche, Kant y los poemas épicos de La Ilíada, La Odisea y La Eneida. Se atrevió con colecciones de las grandes obras eróticas, filosóficas, políticas, y la literatura y poesía castellana. Su librería fue un epicentro cultural para los aficionados a literatura, y sus compañeros fueron conocidos autores y poetas como Valle-Inclán, Machado y los de la Generación del 27.

EL PARTIDO COMUNISTA LIBRE ESPAÑOL Y LAS AMENAZAS DE LA IZQUIERDA

Poco antes de la Guerra Civil Española, en los años 30, Juan B. Bergua publicó varios títulos sobre el comunismo. El éxito, mucho mayor de lo esperado, le llevó a fundar el Partido Comunista Libre Español que llegaría a tener mas de 12.000 afiliados, superando en número al Partido Comunista prosoviético oficial existente. Su carrera política no duró mucho después que estos últimos le amenazaran de muerte viéndose obligado a esconderse en Getafe.

LA CENSURA, QUEMA DE LIBROS Y SENTENCIA DE MUERTE DE LA DERECHA

Juan B. Bergua ofreció a la sociedad española la oportunidad de conocer otras culturas, la literatura universal y las religiones del mundo, algo peligrosamente progresivo durante esta época en España.

En el 1936 el ejército nacionalista de General Franco llegó hasta Getafe, donde Bergua tenía los almacenes de la editorial. Fue capturado, encarcelado y sentenciado a muerte por los Falangistas, la extrema derecha.

Mientras estuvo en la cárcel temiendo su fusilamiento, los falangistas quemaron miles de libros de sus almacenes por encontrarlos contradictorios a la Censura, todas las existencias de las colecciones de la Historia de Las Religiones y la Mitología Universal, los libros sagrados de los muertos de los Egipcios y Tibetanos, las traducciones de El Corán, El Avesta de Zoroastrismo, Los Vedas (hinduismo), las enseñanzas de Confucio y El Mito de Jesús de Georg Brandes, entre otros.

Aparte de los libros religiosos y políticos, los falangistas quemaron otras colecciones como Los Grandes Hitos Del Pensamiento. Ardieron 40.000 ejemplares de La Crítica de la Razón Pura de Kant, y miles de libros más de la filosofía y la literatura clásica universal. La pérdida de su negocio fue un golpe tremendo, el fin de tantos esfuerzos y el sustento para él y su familia...fue una gran pérdida también para el pueblo español.

Protegido por General Mola y exiliado a Francia

Cuando General Emilio Mola, jefe del Ejército del Norte nacionalista y gran amigo de Bergua, recibe el telegrama de su detención en Getafe intercede inmediatamente para evitar su fusilamiento. Le fue alternando en cárceles según el peligro en cada momento. No hay que olvidar que durante la guerra civil, los falangistas iban a buscar a los "rojos peligrosos" a las cárceles, o a sus casas, y los llevaban en camiones a las afueras de las ciudades para fusilarlos.

–El General y "El Rojo"–Su amistad venia de cuando Mola había sido Director General de Seguridad antes de la guerra civil. En 1931, tras la proclamación de la Segunda República, Mola se refugió durante casi tres meses en casa de Bergua y para solventar sus dificultades económicas Bergua publicó sus memorias. Mola fue encarcelado, pero en 1934 regresó al ejército nacionalista y en 1936 encabezó el golpe de estado contra la República que dio origen a la Guerra Civil Española. Mola fue nombrado jefe del Ejército del Norte de España, mientras Franco controlaba el Sur.

Tras la muerte de Mola en 1937, su coronel ayudante dio a Bergua un salvoconducto con el que pudo escapar a Francia. Allí siguió traduciendo y escribiendo sus libros y comentarios. En 1959, después de 22 años de exilio, el escritor regresó a España y a sus 65 años comenzó a publicar de nuevo hasta su fallecimiento en 1991. Juan Bautista Bergua llegó a su fin casi centenario.

Escritor, traductor y maestro de la literatura clásica, todas sus traducciones están acompañadas de extensas y exhaustivas anotaciones referentes a la obra original. Gracias a su dedicado esfuerzo y su cuidado en los detalles, nos sumerge con su prosa clara y su perspicaz sentido del humor en las grandes obras de la literatura universal con prólogos y notas fundamentales para su entendimiento y disfrute.

Cultura unde abiit, libertas nunquam redit.
Donde no hay cultura, la libertad no existe.

LA CRÍTICA LITERARIA

WWW.LACRITICALITERARIA.COM

TODO SOBRE LITERATURA CLÁSICA, RELIGIÓN, MITOLOGÍA, POESÍA, FILOSOFÍA...

La Crítica Literaria es la librería y distribuidor oficial de Ediciones Ibéricas, Clásicos Bergua y la Librería-Editorial Bergua fundada en 1927 por Juan Bautista Bergua, crítico literario y célebre autor de una gran colección de obras de la literatura clásica.

Nuestra página web, LaCriticaLiteraria.com, es el portal al mundo de la literatura clásica, la religión, la mitología, la poesía y la filosofía. Ofrecemos al lector libros de calidad de las editoriales más competentes.

LEER LOS LIBROS GRATIS ONLINE

www.LaCriticaLiteraria.com

La Crítica Literaria no sólo está dedicada a la venta de libros nacional e internacional, también permite al lector la oportunidad de leer la colección de Ediciones Ibéricas gratis online, acceso gratuito a más que 100.000 páginas de estas obras literarias.

LaCriticaLiteraria.com ofrece al lector un importante fondo cultural y un mayor conocimiento de la literatura clásica universal con experto análisis y crítica. También permite leer y conocer nuestros libros antes de la adquisición, y tener la facilidad de compra online en forma de libros tradicionales y libros digitales (ebooks).

COLECCIÓN LA CRÍTICA LITERARIA

Nuestra nueva **"Colección La Crítica Literaria"** ofrece lo mejor de los clásicos y análisis de la literatura universal con traducciones, prólogos, resúmenes y anotaciones originales, fundamentales para el entendimiento de las obras más importantes de la antigüedad.

Disfrute de su experiencia con nosotros.

www.LaCriticaLiteraria.com

www.ingramcontent.com/pod-product-compliance
Lightning Source LLC
Chambersburg PA
CBHW030910090426
42737CB00007B/149

* 9 7 8 8 4 7 0 8 3 9 6 0 3 *